凯洛格营销论

Kellogg on Marketing

（第二版）

〔美〕艾丽斯·M.泰伯特　博比·J.考尔德　编著

康蓉　吴越　译

商务印书馆
创于1897　The Commercial Press
2014年·北京

Edited by Alice M.Tybout and Bobby J.Calder
KELLOGG ON MARKETING（SECOND EDITION）

Published by John Wiley & Sons, Inc., Hoboken, New Jersey.
Published simultaneously in Canada.

目 录

序言：

关于市场营销的思考

《凯洛格营销论》（第一版）出版时，我推介了那本经过大幅修订和内容扩充的书，当时我就提到，认真深入剖析市场营销思想的书籍是非常急需的，因为相对于市场营销学而言，市场的变化更快更大。市场变化速度之快，以至于当今的市场已不同于 20 世纪 90 年代，更不用说 50 年代了。但是营销人员秉承的许多概念和框架并没有跟上这个变化的步伐。

无论你观察什么市场，其变化的速度都是加快了的。广告已经突破了原有的主流电视广告的范畴，几乎出现在任何一种可以成为媒介的地方，比如博客、网站、视频共享平台（YouTube）、三维视频社交网站、电子布告栏，甚至购物袋和餐巾纸等等。分销也不再仅仅局限在一两种实物渠道，而是越来越多地采取五花八门的形式，包括增值的数据传播渠道。定价也随着经济衰退的压力和全球化的竞争格局变得越来越复杂。品牌一如既往地至关重要，但是确立品牌、留住客户却变得越来越困难。

所有这一切当中最突出的一点，就是竞争加剧的经济格局。随着大量企业追逐统一市场，创新和寻找新的消费人群就变成企业生存必须解决的问题。现在企业中的每一个人，而非仅仅营销人员或销售人员，都必须思考关于营销的问题，必须思考如何齐心协力，共同推动企业发展。

这本新书的目的就是帮助管理人员以一种与时俱进的方式思考市场营销的问题。它不仅介绍了引领卓越营销实践的基本概念，而且还更新了许多概念，来反映当今的市场形势。除此以外，本书的诸位作者还讨论了现如今营销人员面对的许多新机遇和新挑战，不仅包含了学术研究成果，而且还介绍了他们多年来与全球知名企业共事的经历。他们在一些问题上，提出了非常重要的启发性观点，比如针对金字塔底层消费者的营销、社交媒体对品牌化的影响，以及有效实现创新的战略等等。他们还论及了营销与销售、运营等其他职能之间的联系，提出了如何促进这些领域协同合作的战略。

《凯洛格营销论》（第二版）是独一无二的。学术专家编写教材，目的是让学习营销的学生全面地了解它。管理专家、咨询顾问，偶尔也有一些学术专家会写一些关于营销的畅销书，他们的典型目的就是分析某个主题，根据作者的实践经验提出一个解决方案。这本书不仅兼而有之，而且还不止于此。它涵盖了基础知识，而且分析了当前的新主题。但最重要的一点，它提出了一些极其重要的问题，鼓励读者深入思考新的解决途径。如果你并不熟悉市场营销，那么这本书是一本很好的入门导读书籍。而如果你觉得自己对所有需要了解的主题都很清楚了，比如品牌化、营销调研、广告、定价、分销、创新等等，那么仍然必须看这本书。因为你一定会为将读到的内容而惊喜不已。随着市场变得越来越复杂，我们都需要认真思考，都需要更深入地了解市场营销。我总说一句话："学营销用不了几周，但要掌握它，却需要一生。"

菲利普·科特勒

2010 年 7 月

于伊利诺伊州埃文斯顿

前　言

2001 年出版《凯洛格营销论》（第一版）时，主要目的是与学界、校友以及更广泛的业界人士分享凯洛格商学院各位营销学教授的独到观点。它一出版，就受到了读者的欢迎，因此也就有了后续几本深入探讨营销具体问题的著作，它们包括《凯洛格整合营销论》（2003）、《凯洛格品牌论》（2005）以及《凯洛格广告及媒体论》（2008）。

十年过去了，《凯洛格营销论》（第一版）当中强调的一些主要营销战略原则依然有效，但是同时还出现了许多挑战和机遇。这本书论及了其中一些，例如：

- 精明的企业认识到要取得成功，它们必须聚焦于客户。但是具体到一线员工、销售团队以及各个经营环节中的人们，这种思想究竟意味着什么呢？
- 企业要保持竞争优势，就必须面对越来越短的产品生命周期以及越来越大的创新压力。那么企业怎样才能更加成功地实现创新呢？
- 如今的消费者“上网冲浪”、“发短信”、“网上聊天”，还会看网络共享视频，信息就像病毒一样快速传播，这有时对品牌有益，但有时则会损害品牌。这些新媒体会对管理品牌有什么影响呢？或者说究竟是谁真正控制着品牌呢？
- 在欠发达国家和发展中国家，有着数十亿的潜在消费者。企业怎样调整它们的产品和营销渠道，才能满足这一收入水平总体低下、分销体系有限的市场呢？

正是关注着这些问题，我们着手撰写了这本《凯洛格营销论》（第二版）。新版书中不仅对卓越营销战略的核心概念做了更新、更深入的分析。而且，我们还编写了八章完全崭新的内容，让读者们了解凯洛格商学院的营销教授们对关于营销行业未来的新兴问题的观点看法。与这本书一样，十年过后的凯洛格商学院的营销学与从前既有相同之处，也有各异的地方。第一版的许多作者仍然非常活跃。同时一些新老师的加盟，也带来了崭新的思想。

本书概况

本书分为三个部分。第一部分的标题是“制定营销战略”，其中的各章节介绍了制定营销战略的基本概念和工具。第一章“创造客户与引领竞争格局”的作者格雷戈里·S. 卡彭特（Gregory S.Carpenter）首先向读者们介绍分析了彼得· 德鲁克（Peter Drucker）的观点，即企业的根本目的是创造客户。而企业面临的挑战就是，如果消费者根本不知道他们要什么，或者竞争对手迅速模仿了差异化的做法，那么企业该怎么办呢。卡彭特指出，企业必须认识到：“竞争不再是各家争取达到某一具体的目标人群，而是各家企业争相影响消费者的知识结构，进而影响他们的行为方式。”他引入了“市场范式”的概念，指代消费者拥有的知识以及源自这些知识的社会共识，这些因素决定了竞争格局。之后他分析了可以在市场范式中创造价值的各种竞争战略，包括市场领先战略、快速跟进战略、差异化战略以及重新定义市场战略。

第二章“确定细分市场及选择目标市场”中，艾丽斯·M. 泰伯特（Alice M.Tybout）和肯特·格雷森（Kent Crayson）首先分析了一个观点，即任何企业的产品都不可能吸引全部的消费者。因此，创造消费者就要求企业细分市场，并选择最有吸引力的目标市场。他们建议企业首先根据消费者现有的行为方式或者产品使用模式来划分消费人群，然后描述这些人群的独有的人口统计特征及心理特征，以及他们对企业利润的潜在贡献预期。最后依据“抵抗因素最小的道路”原则，来优先选定目标市场，相对于营销投入，最有可能产生最大收益的市场就可以作为首要开发的目标市场。

一旦企业明确了目标人群，它就应该深入了解消费行为背后的动机要素。因为企业和消费者看待问题拥有截然不同的角度，所以必须要进行市场调研，综合二者的差异。在第三章“营销调研和了解消费者”中，博比·J. 考尔德（Bobby J.Calder）就如何有效地运用营销调研，提出了一个挑战传统思想的观点。他鼓励企业不要聚焦于所采用的调研技术手段或者收集到的数据，而要聚焦于清楚地理解消费者，并合理地解释消费者的行为。

深入地了解目标消费人群的思想和动机是确立品牌定位的基础。品牌定位是企业希望在目标客户心中确定的一个具体含义。因此，它引导企业作出各种决策，影响消费者体验品牌的各个细节。品牌定位对于有效的营销战略非常关键，因此我们撰写了两章来分析这个问题。第四章是“确定合理的品牌定位”，其中艾丽斯·M. 泰伯特和布赖恩·施特恩塔尔（Brian Sternthal）提出了两种互补的思想，都可以用以确定强有力的品牌定位。他们提出的基于竞争的方法强调一个品牌在哪些方面与竞争品牌类似，在哪些方面优于竞争品牌。他们提出的基于客户的方法则强调品牌的差异特色如何创造出与客户目标相关联的抽象的品牌利益。在第五章“撰写品牌定位文本，并将之落实到品牌设计上”中，博比·J. 考尔德深入地分析了如何撰写一个文本，简洁地概括品牌定位。他指出，随着品牌含义深入人心，品牌定位会变化，随后他还建议企业，应该在设计向消费者传递定位信息的文本元素和视觉元素时开发确定品牌的定位陈述。

第一部分的最后一章是第六章“品牌的创建与管理”。在这一章中，艾丽斯·M. 泰伯特和格雷戈里·S. 卡彭特分析了打造品牌的过程，并分析了企业打造的三类品牌：功能性品牌、形象品牌以及体验品牌，然后他们分析了与管理这三类品牌紧密关联的挑战。

第二部分名为“实施营销战略”，其中的章节分析了将品牌定位转化为针对消费者体验的各个要素，比如：消费者拨打免费热线电话时感受到的服务水平；产品或服务的真实特点、价格；产品在广告和促销等传播方式中的表现以及购买体验等等。在第七章“让品牌在企业里生根发芽”中，丽莎·福尔蒂尼－坎贝尔（Lisa Fortini-Campbell）强调分析了品牌的预设含义（品牌定位）与企业内部事件之间的关联。她提出企业文**化本身就是**它的品牌。如果企业内部人员不了解品牌定位或者并不全心投入地执行品牌定位，即使企业提供一流的产品、高效的服务、快速可靠的送货或者最低的成本，消费者的体验也会变差，而品牌定位只会仅仅驻足于开发它的营销经理的脑海中。为了保证企业文化支撑品牌定位，福尔蒂尼－坎贝尔建议企业应密切关注组织内部的四个关键环节，即招聘、企业文化宣传、工作岗位设计、奖励及激励措施以及领导艺术等等。

第八章名为“三明治战略：为创造价值和捕捉价值而进行的新产品及新服务管理”，迪帕克·C. 贾因（Dipak C. Jain）提出了一个实现“三方共赢”的发布新产品和新服务的方法框架——为公司、合作伙伴及顾客三方创造价值并实现价值的方法。他指出，当企业遇到价格竞争时，应该采取的回应措施是创造出至少两种新产品或新服务，从价值链的两端有效地夹击竞争对手：即低端和高端。进而他分析了如何从横向角度管理产品线（即某个价位点上的差异水平）以及纵向管理产品线（即企业所提供的价格范围），其中的目的是将企业的客户沿着价值链向上推动。

第九章“为利润而定价”中进一步分析了价格竞争及定价的其他问题。在本章中，拉克什曼·克里希纳穆尔蒂（Lakshman Krishnamurthi）提出了一种定价决策的战略方法，这种方法首先要求企业的重中之重是获取市场份额还是增加利润。然后他详细分析了决定价格的五个关键要素——成本、客户价值、竞争、分销渠道以及政策法规。本章最重要的主题思想就是实际价格必须能让企业包住成本，允许渠道成员赢得利润，并遵守相关政策法规。但最终企业能够实现的价格是由企业产品的价值而决定的（它的基础是产品给消费者带来的功能上的、经济上的以及情感上的益处），这里企业产品的价值指的是在目标消费人群心中的那个价值，以及目标消费人群将产品与竞争产品对比时认同的那个价值。

在第十章“广告战略”中，德里克·D. 拉克（Dereck D.Rucker）和布赖恩·施特恩塔尔（Brian Sternthal）分析了通过媒体传播品牌定位的问题。首先，他们分析了广告的角色，以及什么情况适于采用广告来传递品牌信息，而非其他方法，诸如人员推销。然后，他们描述了消费者依据广告来决定的方法，列出了通过创意和媒体思路加深消费者参与度的各种战略。之后他们又分析了传播品牌信息的其他战略方法，并评估了相应的效果。一个重要的思想就是单纯记住广告信息对于实现广告效果是远远不够的。

无论产品或服务多么吸引人，但如果某些销售渠道中没有它们，那么消费者是买不到它们的。在第十一章“营销渠道的设计与管理”中，安妮·T. 考夫兰（Anne T.Coughlan）提出了一个设计和管理分销渠道的框架。她指出，渠道设计一定要首先理解最终用户对渠道服务的需求（例如他们需要快速送货上门，或者看重品种繁多，或量大价廉等等），而这些需求非常典型地，会随消费者类型以及产品使用场合而有所不同。然后企业可以利用对需求的把握来设计能满足这些需求的最佳渠道体系。相应地，渠道的管理也要求企业必须清楚地了解每个渠道成员拥有的能力及优势的源泉，这样才能很好地管理渠道成员之间的冲突，实现协同发展的目标。这个框架还辅有简短的案例说明，其中一个案例描述了一家墨西哥的公司如何开发出创新的分销渠道，向低收入的消费者推销产品。

在许多情况下（特别是企业间的营销业务），销售人员在推销、分销企业的产品和服务中扮演了关键的角色。在第十二章“建立一支优秀的销售团队”中，安德里斯·扎特尼尔斯（Andris A.Zoltners）、普哈卡·沙恩（Prabhakant Sinba）、萨利·罗瑞摩尔（Sally E.Lorimer）指出，对于这样的一些消费者而言，销售人员**就是**企业。但是通常情况下，销售人员高度自治，而且难以控制、引导和管理。首先，几位作者明确了企业能够从销售人员这种方式中获益的条件，进而分析了什么情况下，企业应该将销售业务外包出去，以及什么情况下应该自己管理这项工作。之后他们又分析了激励和管理销售团队面临的挑战。他们明确提出了实现销售团队效率的五个关键驱动因素，总结了管理这几个方面的最佳方法。

第三部分名为“当代营销中的新问题”，各章着重分析当前环境下，营销企业面临的各种重大挑战和机遇。第十三章“针对金字塔底层消费者的市场营销”中，博比·J.考尔德（Bobby J.Calder）、理查德·科尔斯基（Richard Kolsky）、玛丽亚·弗洛里斯·莱特列尔（Maria Flores Letelier）三位作者与读者分享了他们参与墨西哥水泥集团的“今日遗产”项目，从针对贫穷人口营销中获得的大量经验教训。这个案例仍然在推进，人们不断地有新的收获，它呈现给我们一个重要的观点，即企业必须怎样来调整传统的经营方法，才能成功地向金字塔底层的消费者作营销。

另一方面，企业要把握处理好新型社交媒体带来的益处和责任，这些新媒体包括博客、网络社交平台 Facebook、微博网站 Twitter、网络视频共享网站 YouTube、网络论坛等等。在第十四章“社交媒体的影响”中，拉克什曼·克里希纳穆尔蒂（Lakshman Krishnamurthi）和希亚姆·戈皮纳特（Shyam Gopinath）指出，这类媒体可以成为有力的工具，帮助企业得到客户的反馈意见，但是它们也可能削弱企业对品牌信息的控制。他们认为并不是所有的企业都必须融入社交媒体，进而提出了一系列问题，供企业思考决定是否将一些资源投入到社交媒体领域。除此以外，他们还回顾综述了关于网络口碑及在线客户评价的影响的学术文献。

有效的创新一直以来都是企业面临的一大挑战。随着产品生命周期的缩短，它的重要性愈加突出了。接下去两章从不同角度分析了企业如何才能有效地创新。在第十五章“从车轮到微博：创新源自何处？”中，戴维·盖尔（David Gal）从历史角度探究成功创新的来源。他的分析得出了三个主要结论：（1）创新的焦点应该放在现有创新思想的崭新运用上，而不是发明从未有过的新东西；（2）在营销领域实现成功创新的关键在于挖掘识别消费者未被满足的需求，并有创意地运用新思路来满足这些需求；（3）创新思想的最佳源泉是在企业外部以及所处的行业之中。第十六章“由品牌引发的创新”中，博比·J. 考尔德和爱德华·S. 考尔德扩展了对创新问题的分析，提出成功实现创新的途径有许多。传统地讲，企业是依赖对消费者的理解 、技术进步以及综合这些要素，实现创新。近年来，改进商业模式或者产品设计的各种方法也都成为创新思想的源泉。两位作者提出了另一种实现创新的方法：由品牌引发的创新。这种方法将品牌在消费者心目中的定位和抽象含义作为一个跳板，借以推出某类产品中的创新产品，而这类产品如果在缺乏崭新思路或者技术进步的前提下原本是根本无法获得成功的。

企业努力满足消费者各异的需求，这往往会导致产品类别中花色品种繁多。从直觉上讲，好像这种做法会惠及消费者，因为更多品种选择能让他们找到完全符合其需求的产品。但是在第十七章“管理产品花色品种：源自消费心理学的一些启示”中，瑞安· 汉密尔顿（Ryan Hamilton）和亚历山大· 切尔内夫（Alexander Cherner）指出，提供大量品牌选择也有缺点。过多的选择会给消费者带来“选择负担”，有些消费者干脆什么都不选了。二位作者从自己及他人的研究出发，提出应对选择负担、使产品花色“恰到好处”的战略。

正如前面第三章“营销调研和了解消费者”分析过的那样，营销调研是一种联结企业与目标客户的桥梁。但是，当经济不景气、企业必须压缩预算时，如果营销调研没有一个清楚定义的目标，那么企业可能（应该）很难认定这些用于营销调研的成本花费是合理的。第十八章名为“聚焦目标的营销调研：应对预算减少的方法”，其中安杰拉·Y. 李（Angelar Y.Lee）介绍了一种开展营销调研的方法，它可以保证用于调研的花费能够得到一些真正有益于营销决策的结果。作者运用了一个案例来说明这种调研方法。

最后两章的内容关乎营销与其他业务职能之间的关系。可能有一点看上去很明显，即销售与营销需要合作才能开创并维持好企业与客户的关系。但是非常常见的情况就是，由于每个职能部门的职责没有得到清晰的描述，因而导致大量的冲突，使企业无法很好地服务于客户。第十九章“整合销售与营销，提升客户价值、实现企业增长”中，安德里斯· 扎特尼尔斯（Andris A. Zoltners）、普哈卡· 沙恩（Prabbakant Sinha）、萨利· 罗瑞摩尔（Sally E. Lorimer）分析了在销售和营销部门明确各自责任的方法，进而论证了四个可以促成二者协调发展的要素。第二十章名为“管理营销与生产，创造一流价值”，其中安妮·T. 考夫兰（Anne T. Coughlan）和杰弗里·D. 舒尔曼（Jeffrey D. Shulman）着重分析了营销与经营两个职能部门之间的互动问题。大多数时候，经营角度的要素、刺激因素以及成本都是被人忽视的，或者在营销决策过程没有得到足够的重视，反之亦然。几位作者运用案例有力地证明了，协调这两种职能对于企业传递一致的品牌信息、并与竞争对手区别开来十分关键。

本书的使用

这本书是针对较广的读者而撰写的。每一章都可以单独采用，这样读者就可以用各种不同的方法来阅读本书。

教师可以采用这本书，作为工商管理硕士项目或者高管人员工商管理项目中营销管理课程的教材。此时，教师可以将第一及第二部分的各章布置为每周的阅读作业，第三部分的各章根据教师及学生的兴趣，可以成为辅助补充资料。例如，关于向金字塔底层消费者作营销的第十三章可以和关于确定细分市场和选择目标市场的第二章或者关于分销渠道的第十一章结合起来使用。关于社交媒体的第十四章则可以和关于广告战略的第十章配合使用。关于创新的第十五和第十六章，以及关于产品花色品种的第十七章可以很好地配合关于新产品和服务的第八章。第十八章分析了以目标驱动的市场调研，它可以补充关于营销调研的第三章。而涉及营销与其他职能关系的第十九及第二十章可以拓展第十一章关于营销渠道和第十二章关于管理销售团队的内容。

不跟班学习的营销专业的学生可以用类似的方法来读这本书。他们可以先读前两部分，基本了解营销学中的核心概念，然后再根据自己的爱好，通过阅读第三部分各章加深对当前营销问题的理解。

专业教师及经验丰富的业内人士可能会浏览第一、二部分的各章，就当作是在回顾营销基本原理（在日复一日的现实经营环境中很容易会忽略掉这些基本原理），然后深入了解第三部分中讨论的现实挑战问题。

我们希望无论你采用何种方式阅读本书，你都会认为它是内容翔实、而且有启迪性的。我们认为撰写这本书以及阅读同事所写章节的过程，使我们丰富和加深了对21世纪营销的理解。

艾丽斯·M. 泰伯特
博比·J. 考尔德

致 谢

许多人都对本书作出过直接或间接的贡献。我们感激那些与我们共享真知灼见的人们。更广泛地讲，我们要感谢多年来在凯洛格商学院市场营销学与我们共事的所有同仁们。这本书中有他们的许多灵感和观点启迪。我们还要感谢西北大学凯洛格商学院院长办公室所提供的大力支持。

有几个人因在完成本书的过程中扮演了极其重要的角色，所以我们必须着重提出感谢佩蒂 · 多德 · 施米茨（Patty Dowd Schmitz）担任了本书的责任编辑。她给我们提出很有启发性的反馈意见和有益的建议，改善了本书的内容和结构。如果没有市场营销学的行政助理詹姆斯 · 沃德（James Ward）和萨宾 · 古隆（Sabin Gurung）的鼎力支持，这本书也无法面世。他们不知疲倦地工作，还不失幽默地督促大家，让我们根据预期计划按时地完成了初稿，而且保证格式符合要求。

最后，我们要感谢约翰 · 威利（John Wiley & Sons）出版社的编辑理查德 · 纳拉莫尔（Richard Narramore），他鼓励我们写这本书，并在整个过程中一如既往地给予支持。除此之外，我们还要借此机会感谢我们的家人，谢谢他们的耐心、支持和鼓励。

艾丽斯 · M. 泰伯特

博比 · J. 考尔德

第一部分

制定营销战略

第一章

创造客户与引领竞争格局

格雷戈里·S. 卡彭特

引　言

彼得· 德鲁克在其经典著作《管理学》中，指出企业的目的不是**一个组织**，而是**它的业务**。传统观点普遍认为企业唯一有意义的经营目的就是获取利润，而德鲁克的观点恰恰与其相反，他清楚地阐明了当今得到广泛认同的营销的概念，即“企业经营唯一的目的就是**创造客户**……客户是企业存在的基础”。[1] 按照这种观点，企业里的产品、技术或者品牌本身都不会产生利润，它们只是企业为客户创造价值所凭借的工具。企业实现利润、获得成功是它创造客户并成功地管理其经营过程的**结果**，不能简单地将之归为营销工作的责任。德鲁克指出：“营销是非常基础性的工作，因此不能将之看作是一种独立的职能。它是站在企业经营的最终结果的角度，换句话说，就是站在客户的角度来看待整个企业。因此对营销工作的关注及责任必须渗透到企业的各个环节当中。”[2] 按照德鲁克的观点，只有营销和创新才会给企业带来利润，而所有其他的活动都只是企业的成本投入。

[1] Drucker, Peter(1973), *Management: Tasks, Responsibilities, Practices*, NewYork: Harper & Row, 61.

[2] Drucker, Peter(1973), *Management: Tasks, Responsibilities, Practices*, NewYork: Harper & Row, 63.

德鲁克所提出的观点已经成为营销学中的**核心**概念，正如前文所说，营销已经超越了职能部门的界限，变得越来越重要，已经成为企业管理的核心概念。[3] 而大量验证其价值的证据也促进了营销概念的传播。许多知名的学者专家多年来著书立说，揭示了市场导向是企业获得成功的根本原因。[4] 他们引用的证据大多是轶事型的。然而，近年来，一些实证数据揭示了一些人们猜测但却无法清晰证实的结论。图 1-1 所示为其中一些证据，该图对五年间两类企业的投资回报率进行了比较，一类是标准普尔 500 家上市企业；另一类是重视客户满意度指标排在前 1/4 的企业，这个满意度采用的是美国客户满意度指数。数据显示，拥有更高满意度客户的企业获得的回报率更高——在统计的五年当中均高于市场平均值——而且随着时间的推移，变化幅度更低。[5] 大量证据表明如果企业能够创造出满意的客户，那么它就会实现更高的投资回报率，而且降低经营风险。[6]

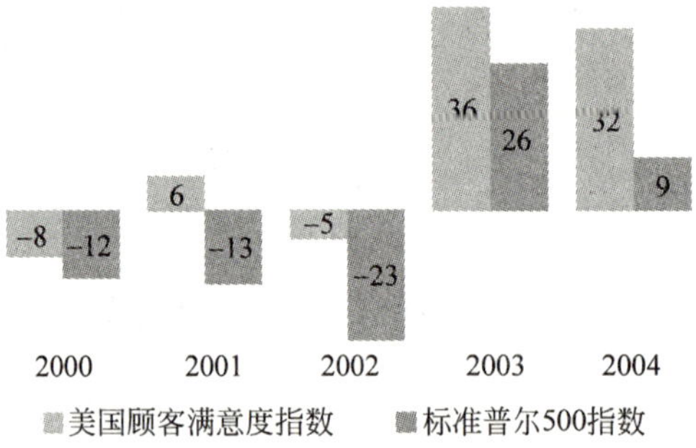

图 1-1　顾客满意度和投资回报率

随着营销的作用得到广泛的认可，越来越多的企业开始向市场导向型方向转化。一些长期坚持营销理念的企业，例如宝洁公司、联合利华等等也不断地努力保持着领先的做法。还有一些行业中的企业，过去在其经营中营销并未起到核心的作用，而如

---

[3] 在营销领域关于市场营销的重要性，见 P.Kotler, and K.Keller(2003), *Marketing Management,* Englewood Cliffs, NJ: Prentice Hall. For a discussion of the role of the marketing concept in strategic management, see Besanko, Dranove, and Shanley(2009), *Economics of Strategy*, New York: John Wiley & Sons.

[4] For example, see Peters, Thomas J., and Robert H.Waterman, Jr.(1982), *In Search of Excellence:Lcssons from America's Best Run Companies*, New York: Harper & Row, and P.Barwise, and S.Meehan(2004), *Simply Better:Winning and Keeping Custorners by Delivering What Matters Most,* Boston: Harvard Business School Press.

[5] Fornell, C., S.Mithas, E Morgeson, and M.Krishnan(2006), "Customer Satisfaction and Stock Prices: High Returns, Low Risk," *Journal of Marketing,* January, 15-33.

[6] Aksoy, L., B.Cooil, C.Groening, T Keiningham, and A.Yalcinet(2008), "The Long Term Stock Market Valuation of Customer Satisfaction," *Journal of Marketing,* January, 105-122.Kapil, T.R., and S.Bharadwaj(2009), "Customer Satisfaction and Stock Returns Risk," *Journal of Marketing,* 73(November), 184-197.

今也开始全面接受营销的概念。这类企业各行各业随处可见，它们中既有发展迅速的高科技企业，也有成熟的传统企业。例如，在 2005 年前后，英特尔公司的首席执行官就宣布，他们要在企业中推行改革，其方向就是“所有的决策及所有的技术解决方案从一开始就要立足于满足客户的需求”。[7]

尽管营销概念看上去并不复杂——即企业要以创造客户为核心——然而要将其付诸实施，企业还要面临两大挑战。首先，客户很复杂、很有意思、要理解起来并不容易。通常情况下，客户追求的是他们了解的价值，但还有一些东西他们根本不知道，对于这些潜在的需求，他们知之甚少。因此从整体上全面把握客户是卓越营销的企业所必需的。其次，通过创造客户来实现竞争优势，要求企业非常深入地了解客户在竞争过程中所扮演的角色。传统的观点认为营销从根本上讲就是回应购买者的需求，而回应得好就会创造出竞争优势。越来越多的证据表明营销的作用远不止此。营销活动还能对客户起到教育的作用，进而显著地影响竞争的态势。成功的竞争战略能够帮助企业制定或者重新制定企业所参与的竞争博弈的规则。理解营销的这个作用非常重要，因为只有这样企业才能全面地理解营销在创造竞争优势方面所扮演的角色。

制定旨在创造客户的营销战略

图 1-2 所示为制定旨在创造客户的营销战略的过程。它表明，企业在理解市场（客户及竞争对手）的基础上确定目标。目标是企业希望通过利用资源实现的结果，一般而言，它包括市场结果（比如销售量）、财务指标（投资回报）以及对客户知识的评价（比如品牌认知度或者客户的感知度）。在这些目标的基础上，企业制定关键的战略决策，并执行战略，之后观察执行的结果。客户在市场上积累了经验，有所收获，而企业也学习到如何实现客户希望的结果。这个过程循环往复。在此，我们聚焦整个过程，重点放在市场分析和创造客户价值的过程上。

[7] Edwards, Cliff(2005), “Shaking Up Intel’s Inside,” *Business Week*, January 31, 35.

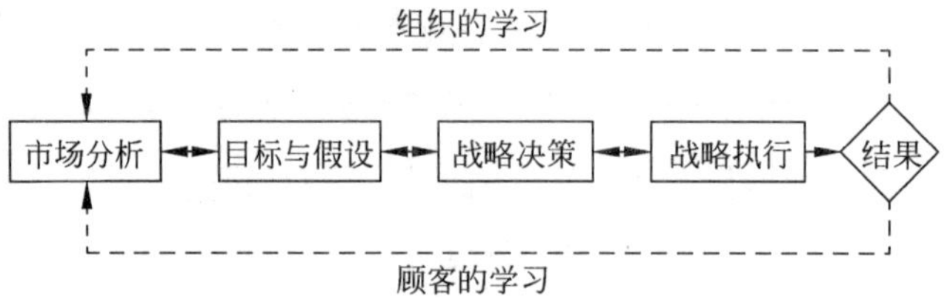

图 1-2　制定营销战略

市场分析

成功的竞争营销战略的基础是企业深入全面地理解其客户，例如他们的行为动机、他们看重什么、他们如何选择商品等等。许多时候，个人或者企业正是由于缺乏对客户的充分了解，才无法为竞争营销战略奠定坚实的基础。由于缺乏相关的信息，企业就会用一些似是而非的假设来替代。这些假设大多数情况下都是关于产品购买者或个人的泛泛的一般观点。例如，我们经常会认为，客户知道他们想要什么；在寻求产品时他们是理性的；企业提供更多的选择要优于较少的选择；低价优于高价；更多的信息会改善人们所作的决策。正如研究表明，某些情况下，尽管这些结论表面看上去都非常有道理，但是它们明显存在着一定程度的误导。客户比我们想象得更复杂；某些方面他们非常老练，某些方面他们经验又很不足。

例如，我们并非所有的时候都清楚我们究竟要什么，而且也并非总能作出理性的选择。对于任何一类产品或服务——比如机油、家庭医生或者人寿保险——要了解我们究竟需要什么，我们就必须掌握数据，还要有时间、有专业的知识以及经验等等。而我们在做选择的时候，往往会缺少一样或者几样。不仅如此，由于人类是有情感的动物，驱动人类行为的因素我们并未了如指掌。因此，我们并不能或者并不愿意清楚地说明我们的欲望或需求。而为竞争性战略奠定坚实的基础就要求对顾客有深入的了解，把握顾客在没有准备时间、未掌握相关数据，而且不具备专业知识的情况下作出决策的行为特点，以及无法明确顾客驱动因素时的行为特点。

顾客的目标

人类行为的一个基本原则表明，无论是个体，还是群体，其行为都是由其追求的目标所驱动的。简而言之，目标就是希望达到的一种状态。虽然这听上去很简单，但具体到人类，会十分复杂。目标反映了我们希望未来达到的境界——包括我们的心愿、我们的梦想、我们的希望以及我们对经济方面的渴求等等。简单地说，目标就是我们的希望和梦想。个人追求的目标是一系列的——比如成为好的父母、职业上取得成功、生活得平静安宁、对世界有所贡献，以及活得快乐等等。一个人在一生中追求的目标实际上是很多的，而且还会随着时间的推移发生变化。

这么多这么广泛的目标，每一种又有多重的含义，就产生了一些根本性的问题。因为时间有限，无法实现所有的目标，因此我们必须有所选择。正如图 1-3 所示，人们的目标是分等级的，它表明作为消费者，人们追求至少三个方面的价值：情感方面的、功能方面的和经济方面的。情感方面的追求是更高一级的目标，比如对个人形象、权力、控制力和归属感的追求。我们在很长一段时间内追求这些目标，它们非常复杂，而又非常重要。这些目标变化得很慢，而且从数量上讲是有限的，人们的追求可能是自觉的，也有可能是潜意识的——比如，个人形象这个概念就是一个多层次的目标。在等级图中处在较低地位的包括功能方面和经济方面的目标。比如选择一辆四轮驱动、坚固耐用的汽车不仅传递了明确的功能目标，而且也能对别人显示某种形象。功能和经济方面的目标往往没有情感目标那么复杂，相对而言，人们追求这些目标的时间也较短，而且往往也没有情感目标那么重要。[8]

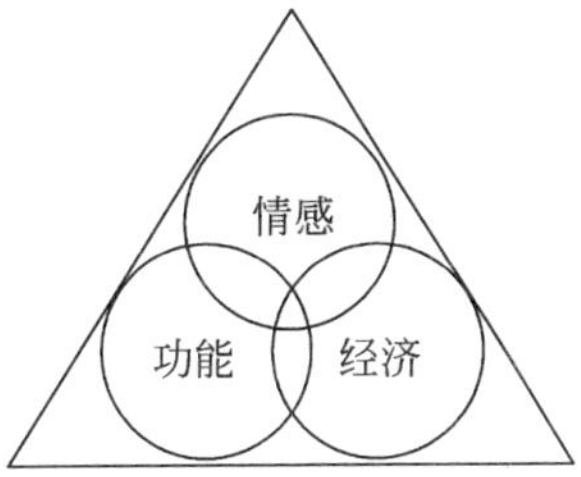

图 1-3　顾客的目标层次

情感的、功能的和经济的这一系列目标在企业对消费者的消费品市场和企业间的工业品市场都是存在的，但是这些目标的结合状态会有所差别。对于消费者而言，个人形象和归属人群在其购买啤酒、运动鞋或者汽车之类的产品时可能非常重要。而在企业间市场中，购买工业品的客户往往更加“理性”，强调产品的功能和经济性，而非情感因素。但是从根本上讲，人类是情感型动物。我们的情感已经成为我们推理系统

[8] Bagozzi, R., and U. Dholokia (1999), “Goal Setting and Goal Striving in Consumer Behavior,” *Journal of Marketing*, 63, 19-32.

的一部分——也就是我们潜意识当中的一部分——已经经历了数千年的进化。要改变我们的情感系统是不可能的，即使那些最专业的消费者也是一样。比如美国航空公司采购飞机发动机，谷歌公司上市，或者大学将捐赠所得用于投资，所有这些机构都会在决策时依据许多专业知识，但是所有这些决策都会面临巨大的风险，因为情感因素在每个决策中仍然是居于核心的地位。

创造价值、聚焦资源和竞争性定位

要实现的目标会给个人或组织表明需要解决的问题。比如我们如何才能拥有更高的社会地位？我们如何才能保证更高的财务安全性？我们怎样才能有一个放松愉快的假期？它们每个都是一个问题，反映了重要的个人目标。组织同样也是有目标的。企业要实现更快的增长，要获得更高的同行认可，当然还要实现利润。它们同样也给组织带来了需要解决的**问题**，而个人和组织都是通过解决这些问题创造出价值的。

因为需要解决的问题的重要性不同，所以我们赋予这些问题的解决方案的价值也不同。尽管许多因素会影响目标的重要性，但是肯定有某个因素在整个等级体系中所居的地位是最重要的。在等级体系中居于较高地位的情感目标，实现起来就更加困难、耗时更久、更为复杂、层次繁多，需要个人或组织大量的投入。实现较高地位的目标，要求个人作出更大的努力，因此与相对较容易实现的目标相比，它也就更加重要。情感方面的目标通常是人们下意识追求的目标。相对而言，消费者关注到的还有更加具体的或者某个**焦点**目标，例如“**减肥**”是更加具体的目标，而“**拥有健康的生活**”是较抽象的目标。尽管消费者更加清楚那些具体的目标，但是它们却不是那么重要，因为它们处于目标等级图的中间地位。这些目标中的次级目标都是非常具体的，而且涉及的时间更短。较低层次的目标从属于它们服从的焦点目标，最终从属于为数不多的高层次目标。

竞争性的营销战略是要针对消费者的问题提出解决方案——也就是要为消费者实现他们的目标提供方法。但是成功的营销战略决不简单地是为消费者创造价值。成功的战略一定是针对消费者面对的最重要的问题，创造出一种独一无二的解决方案。要做到这一点，就需要集中优势资源。尽管所有的消费者都拥有目标，但是不同的消费者追求的是解决不同问题的方案。这样的差异就产生了细分市场，它给竞争性战略带来了一个根本性的挑战。因为资源有限，所以企业无法解决客户的所有问题，它当然也无法针对客户的所有问题提供独一无二的解决方案。但选择是必需的。所有的战略都反映了如何配置利用资源的决定。通过聚焦所拥有的资源，企业可能创造出更显著的效果。这个概念源自军事战略领域，可以追溯到罗马时代，当时的指挥官集结大部队，打败对手。聚焦资源的根本就像打游击战。毛泽东是最擅长打游击战的，他曾经写道："我们的战略是'以一当十'，我们的战术是'以十当一'，这是制胜敌人的根本法则之一"（资料来源：《中国革命战争的战略问题》，《毛泽东选集》第一卷，人民出版社，1991 年版，第 225 页——译者注）。聚焦于资源会让有限的资源放大发挥优势作用。

一旦企业决定了将资源聚焦于何处来解决消费者的问题，那么下一个关键决策就是要选择竞争性的定位。简单地说，定位就是企业服务于其选定消费者人群、向其提供独特价值的一种表述。从消费者的角度而言，竞争性定位就是一种**价值主张**，它说明企业将为解决目标消费人群的问题所提供的独特的解决方案。因此，它描述了企业给客户提供哪些价值以及它不提供哪些价值。明确一种价值主张要求企业能够识别出消费者认为能够解决其问题的不同方法。这些方法都拥有一个共同点，称为"**平价点**"，但同时它们还能提供给消费者独特的价值，这样的价值被称为"**差异点**"。以休闲食品为例，可能所有的产品的平价点就是热量都很高，但是一些产品可能会加入巧克力，这就成为它们的差异点。定位的目标是斟酌提出一种独特的、有力的解决消费者问题的方法，并把现有的竞争性方案以及企业的优势、劣势考虑在内。表 1-1 所示为一些经典的价值定位。[9]

[9] Tybout, A.M., and G.S. Carpenter(1998), "Meeting the Challenge of the Post-Modern Consumer," *Financial Times, Mastering Marketing supplement,* October 5, 1-2.

专栏表 1-1 经典的价值定位

极佳地满足消费者的普通目标。当一个品牌能够极佳地满足某类产品中的核心功能，那么就造就了一个强有力的差异点。尽管这种方式很吸引消费者，而且对企业而言也合乎逻辑，但是这种定位经常会招致竞争品牌的模仿和升级，从而削弱这样一个定位。

独一无二地满足一种被忽视的目标。如果一个品牌能够满足消费者一种被忽视的目标，从而形成自己与竞争对手之间的差异，那么它就可以获得更加持久的优势。许多消费者面对时间压力，这意味着有一些人追求的就是某种紧急的目标，例如金融安全、社会责任、社会接受度等等，此时他们会愿意放弃一些内在的（也许更为重要的）利己的目标。

企业满足消费者被独特地组合起来的普通目标。即使企业没有能力针对消费者的任何一个目标传递更高的价值，然而如果它能够满足消费者一些被独特组合起来的普通目标，那么它同样可以获得突出的差异点。通过将一些消费者的目标独特地组合起来，传递价值，企业就能够创造出强大的价值定位，这样消费者就很难作出简单比较。

解决目标之间的冲突。许多时候各种目标是相互冲突的。做个更好的家长、在专业上获得更高的认同、在社区服务上投入更多的时间，这些都是很好的目标，但是从根本上说，它们之间是相互冲突的。如果企业可以将一个品牌定位于能够独一无二地、有效地解决这些难题，那么它就可以创造出有力的差异点。

执行

从企业内部而言，竞争性定位是企业协调其组织资源，全力以赴，为消费者提供解决问题的方案。因此，竞争性营销战略不仅仅是集中企业的资源服务于某些市场中的细分人群，而是要进一步利用企业的资源为消费者创造独一无二的价值。通过聚焦资源，企业可以扩大这些资源的影响。但是，聚焦资源会在企业内部产生冲突。每个部门都有自己的观点，认为有些任务是很重要，必须完成的。竞争性定位提供了一种协调各部门、减少部门之间冲突的方法。因此，价值主张就像是交响乐一样，是要把企业的优势力量集中起来，服务于选定的市场或目标人群，并提供独一无二的竞争性定位。

消费者学习和竞争

一旦企业制定并开始执行其战略，企业之间竞争的核心就变成了创造客户。目标市场中的消费者面对一系列价值主张，每种主张都是一个企业提出的解决某种问题的方案。消费者会针对这些不同的方案采取行动。他们可能购买或不买，他们的目标有可能实现，也可能实现不了。在这个过程中，企业和消费者都会在各自的经历中学习。

消费者学习的演化过程

要理解竞争，了解消费者是如何**学习**的，这非常重要。消费者会慢慢地系统地学习，他们的问题解决过程也不断推进。当消费者早期处在某个市场中时，他的经验非常不足。例如如果我们要买一台新的家庭机器人，这件事会很难，因为我们对它知之甚少。这个阶段可以称为**“广泛寻求问题解决方案”**，此时消费者会积极地寻找、处理信息，并积累基本知识。当消费者积累了更多经验，他们再买某类商品时，面临的就不会是完全崭新的一项任务了。他们熟悉情况，但还未熟悉到成为惯常行为的程度。此时消费者对各种产品有基本的了解，对不同的方案都有感知，对于感知到的产品之间的差异和相同点有自己的偏好意见，而且在选择产品上有自己的逻辑思路。此时，消费者对信息的处理不再那么积极，而且不会运用那么多复杂的策略来做品牌的选择。这种情况下，消费者的行为可以被称为**“有限的问题解决行为”**。在最后一个阶段，消费者会变得经验十分丰富。他们了解相关的产品品牌、生产厂家，而且非常清楚它们之间的差别。他们对于这些差别产品或厂家有着明确的偏好，而且也有在其中进行选择的成熟策略。此时消费者的购买行为更为实际——它已经变成了**“惯常的解决问题的行为”**。[10][此时，学习的速度会放缓，会出现一个稳定期，消费者主要依据其掌握的知识作决策。以这样的学习行为为基础，一种社会共识就会慢慢形成，它进而会定义竞争的格局。

市场稳定性：消费者知识的种类

在稳定期期间，竞争指的就是消费者在这个演进过程中学习到了什么，但是消费者的学习是一个不太精确的过程。消费者的学习过程是不同的，有别于学生学习微积分或者艺术史。作为消费者，我们并非是系统性地学习，有时我们根本是无意识地在学习，有时通过短暂的观察我们就学会了，而有时我们是在深思熟虑后才有收获。我们的经验和经历都是有限的，而我们会把有限的精力用来解释所经历的、所观察到的东西。在那个基础上得到的结论会指导我们的消费行为。这些行为所依据的知识是我们在学习的过程中掌握的，它们至少有四类：**类别、感知、偏好和选择**。

类别 我们日常行为的一个基本因素就是我们发现的一套潜在的产品解决方案。比如对于想上大学的人来说，美国可以提供 3000 多种方案；许多杂货店销售的产品有两万多种；苹果公司为 iPhone 用户提供 10 万多种应用程序。要了解所有这些解决方案是不可能的。消费者决策时会减少备选方案的数量。要做到这一点，他们会在所了解的备选方案基础上选出一组产品或品牌，然后从这一小组方案当中，再选择加以认真思考。典型的消费者会考虑 3 到 5 种方案。例如，消费者在购买抗酸药时，会平均思考 3 个品牌；买汽车时，会考虑 8 个；而在买洗发香波时，会考虑 4 种。[11] 因此

---

[10] Professor John A.Howard's pioneering research describes how buyer decision making evolves over the product lifecycle.See Howard, John A.(1989), *Consumer Behavior in Marketing Strategy*, Upper Saddle River, NJ: Prentice Hall.

[11] Hauser, J.R., and Birger Wernerfelt(1990), "An Evaluation Cost Model of Consideration Sets, " *Journal of Consumer Research,* March 16, 393-408.

购买的首要任务是要学习如何剔除掉大多数方案，进而对剩下的好好考查。

消费者只考虑少数几种方案的原因有几个。了解品牌的过程，无论是从时间，还是从精力角度，都是需要很多投入的。不管是从网上搜索，还是去实地了解，搜集品牌信息都需要某些搜索成本。当搜索另一个品牌的成本相同，随着考虑的品牌数量的增加，给消费者带来的收益会下降，所以消费者只会搜索他最青睐的几个品牌。其他品牌消费者就会不知道。而且，因为人们的认知能力是有限的，所以如果以洗发香波为例，人们愿意给不同品牌的香波投入的记忆认知空间就只有那么一点点。消费者会在比较他感知到的成本与收益的基础上，增减愿意考虑的品牌，但在这个过程当中，他始终了解的是那一系列最有名、而且经常想到的品牌。

感知 消费者会在他考虑的各种方案当中形成对这些方案的感知。感知指的是我们对复杂物体所赋予的想法、感觉和形象定位。消费者的感知就是将现实做了有用的简化。对于大多数消费者而言，即使针对为数不多的几种产品，如果要把所有重要的产品属性和特征进行全面完整的对比，这也会是一项极其艰巨、非常麻烦、异常复杂的任务。例如，如果我们是第一次购买电脑，那么这是一项困难的任务，一部分原因在于我们还未形成自己的认知，我们还不知道如何去处理所面临的海量信息。我们会根据自己的经验，利用感知到的信息把这些想法整理一下。我们会从一系列共有的和独特的指标角度简化各种方案，然后突出它们的异同点，让这种对比简单明了。在这个过程中，我们会剔除许多相关的信息，只因这些信息处理起来或组织起来需要大量投入或者难以操作。因此，我们最终形成的认知也许可以说是完成了，但一般情况下，这些认知都是不完整的。

偏好 消费者会在感知的基础上，对各种方案异同点的价值形成一种判断。这些判断建立在经验的基础上。在初次经历之前，消费者并没有任何偏好。除了一些人们先天偏爱的食物以外（例如有人喜欢吃甜的），消费者了解一样产品之前，是不可能对它有偏好的。如果不了解一样产品，那么消费者就无法形成感知，没有感知的情况下，他对产品的具体属性有何价值也就无法客观判断。即使消费者对品牌属性有了客观的认识，一种属性组合优于其他属性组合的价值也不是明摆着的。消费者通过试用产品、积累经验，才能针对其价值形成一种接近于理论的感知。[12] 例如，我们知道我们喜欢蓝色衬衫，而不喜欢白色的；喜欢白葡萄酒，而不喜欢红葡萄酒；喜欢到暖和的地方去度假，而不喜欢去寒冷的地方。除了少数例外的情形，我们的偏好大多是经过学习形成的。

选择 最后一点，消费者会基于其消费目标、对各种方案的感知及其偏好，从考虑的几种方案中作出选择。我们会形成一种选择的逻辑。尽管有时候，我们会仔细地、审慎地、认真地作出选择，但是大多数时候（即使是一些重要的决策）我们在决策时，都会尽量采取省劲儿的办法。无论决策重要与否，这种简化都是有必要的。走进一家百货店，面对两万多种商品，确实需要一种简单的处理方法。假如我们的朋友或邻居去商店买东西，我们很可能会下意识地表现出这种简化的方式，例如我们会说："看看这两个品牌，选个便宜的"，或者"就买这一个牌子"。即使是最重要的决策，我们也会用简化的办法。当我们选择个人医生的时候，大多数情况下，我们并不是经过广泛地搜索，比较病人的治疗效果，衡量风险或优势，而是简单地询问一个朋友或同事，了解他们有什么建议。表 1-2 列出了消费者决策时常用的一些简化方法。

[12] Carpenter, G.S., and K.Nakamoto(1989), "Consumer Preference For mation and Pioneering Advantage," *Journal of Marketing Research,* 285-298.

专栏表 1-2　消费者决策的战略

弥补战略。弥补战略意味着消费者针对所有备选方案的感知特征进行权衡比较，进而作出总体判断。某一个感知到的特征所具备的优点可能被另一个缺点抵消掉，或者弥补这个缺点。

词典式战略。根据查词典式的原则进行选择的消费者会识别出最重要的目标，然后选出最能够满足那个目标的几种方案，同时忽略所有其他的方案。词典式战略的好处就是非常简单好用，因此对认知资源的要求也就不是很高。但是，消费者图省事，自然就会忽略掉相当一部分信息。

满足战略。采用这种战略的消费者会就每个感知层面确定一个最低标准，然后顺序地考虑每一种备选方案。消费者通过分析第一个品牌的各个方面，然后确定它是否满足预设的最低标准。如果某个方面达不到标准，那么它就会被淘汰掉，接着消费者再考虑下一个备选方案。消费者会选择满足所有最低标准的第一个品牌。如果没有哪种方案满足预设的标准，那么标准会进一步加以调整，整个流程重新再来一遍。

要素排除战略。这是一种多阶段选择战略，在其中的第一阶段，消费者会选择最重要的产品特征，确定一个排除标准，达不到这个标准的所有备选方案都被排除掉。面对数量减少的方案，消费者再来确定第二级最重要的产品特征标准，再在此层面上确定新的排除标准，把不满足第二级标准的方案再排除出去。这个过程一直会持续到只剩下一个方案为止。

阶段性决策战略。有的时候，消费者在整个过程中会顺序地结合好几种战略。例如在早期，消费者会采用一种方法筛查各种备选方案，减少其数量；然后他们会依据更为精确的战略在已经筛选出来的方案中进行选择。

市场模式：竞争的规则

消费者掌握的知识以及从中衍生出来的社会共识，会决定**市场模式**。它意味着对消费者有充分的了解，知道如何让他们实现目标，这些目标包括一系列消费者考虑的品牌、消费者评判这些品牌的要素、消费者赋予其感知到的品牌异同的价值，以及为实现其目标作出选择所秉承的一套逻辑。这种知识尽管不完备，但却定义了**竞争的规则**。例如，如果你的目标是寄一个次日抵达的包裹，那么你的脑海中会冒出几个选择（包括可能的联邦快递、联合包裹速递服务公司以及美国邮政服务）；它们拥有某些共同之处，但在某些方面也有所不同（例如可靠性、形象、价格、方便性等等）。你可能已经在心中对这些差异有了一个判断，而且也明白自己愿意出多少钱，根据货物的紧急程度和重要性，你可能也已经明确如何选择了。

这种市场模式取决于消费者相互之间的经历和观察，以及源自这些经历所形成的一种共识。但是，它并不意味着消费者的全面了解。消费者通过非刻意的学习就积累了这些知识，成为市场模式的基础。消费者只会学习来解决跟前的问题，而不会有动力学习更多。尽管这个模式是有效的，但是构成它的基础却是从消费者角度出发的、关于现实情况的有限（尽管很正确）的观点。例如，尽管我们并不太了解寄次日抵达的包裹的事情，但是我们却非常清楚需要把包裹交给谁，而且我们也不会想去了解得更多。

理解竞争的态势

一种市场模式一旦确定下来了，就会保持稳定许多年。但是到最后，所有的市场模式都会因为社会共识发生变化而被重新定义。打破原有的社会共识、确立一套新的共识并开创一种新的竞争模式的驱动因素有三个：**技术创新、战略创新和消费者的变化**。

技术创新

对于市场上原有的企业或者新进入市场的企业而言，技术的创新会提供崭新的机会，因为它能够提供解决消费者问题的崭新方法。市场模式的隐性基础就是定义行业经济规则的那种技术，它对于市场模式有着虽不凸显，却非常有利的影响。创新出现的方式有三种。[13]第一种是最常见的，被称为“**增量创新**”。它是将现有的技术向确定的改进方向推进。例如，微处理器会变得速度更快，用电量更少；而手机会变得越来越复杂，越来越小。增量创新往往不是破坏性的。第二种被称为“**结构创新**”，它不多见，但影响深远。它是在子系统层面或者一些机制关联的子系统上发生的创新。[14]结构创新会改变子系统彼此之间发生关联作用的方式，因此带来根本性的变化。佳能公司推出的更小的打印机就是一个例子。第三种创新被称为“**间断性创新**”，我们平常说创新这个术语，大多指的属于这一类，它是指某种技术的关键子系统发生根本性的变化。数字成像的发明就是一种“间断性创新”。结构创新和间断性创新因为会为解决消费者的问题提供崭新的方法，所以会提供重新定义竞争格局的机会。

战略创新

即使没有出现新技术，如果现有市场格局存在不公平，那么那些弱势的企业（或者完全处于竞争格局之外的企业）就会有动力重新定义市场格局。尽管从概念上讲，对现有的市场模式任何层面提出一种新的战略，都属于战略创新，但是实际上，许多创新的战略要么始于一种崭新的市场范畴；要么始于一种新的竞争战略。**崭新的市场范畴**能够让创新企业识别出那些从前被忽略的消费者或者聚焦于消费者中某些被忽略的部分或者小众人群。美国西南航空公司是全美赢利最好的航空公司之一，它通过极低的票价吸引了许多客户搭乘其航班，在市场中确立了强有力的地位。西南航空公司创造了一种低成本经营的模式，而这一模式又被一些航空公司模仿并推进，比如爱尔兰的瑞安航空公司（RyanAir）和捷蓝航空公司（JetBlue）。印度的塔塔汽车（Tata Nano）也是一个类似的例子，其Nano系列经济型汽车仅售2500美元。目标就是数量庞大的印度目前尚未买车的消费者。这种基本的低成本交通工具的概念尽管并不新颖，但是在全球汽车市场的现有战略中确属创新。

战略创新的一种有效做法就是设计崭新的一套活动方案，来实现相同或者更优

[13] Tushman, M., and W. Smith (2002), “Organizational Technology, ” in J. Baum (Ed.), *The Blackwell Companion to Organizations.* United Kingdom: Blackwell Publishers, 386-414.

[14] Henderson, R., and K.Clark (1990), “Architectural Innovation: The Reconfiguration of Existing Product Technologies and the Failure of Established Firms, ” *Administrative Science Quarterly*, 35, 9-30.

的组织业绩。这种创新会重新定义**竞争战略的范围**。在任何竞争的格局中，随着时间的推移，企业都会了解哪些行为能够产生预期的结果。当然，经验是有限的。企业不能把各种可能的行动方案组合都实验一下。在这种有限的经验基础上，企业会形成一种虽不尽善，但却非常有用的理解，知道什么样的行为能取得效果。随着经验的积累，企业会加深一种理解，即因为没有证据证明其他战略可行，所以其他的战略决策就是不可行的。超越现行战略局限的战略创新实际上在所有的市场都是可行的。很流行的蓝海战略显示的就是战略创新的巨大影响，太阳马戏团就是一个例子。[15] 丰田公司用雷克萨斯品牌进入豪华汽车市场以及苹果公司推出 iPod 产品，这些都是战略创新的经典例证。这两个例子中，企业都采用了崭新的战略。实际上，就 iPod 而言，战略的核心创新点就是通过 iTunes 下载音乐的功能。而雷克萨斯区别于奔驰以及其他豪华汽车的关键点就在于通过产品改进实现的完美服务。

消费者的变化

即使技术和战略都没有创新，变革也是会发生的。因为目前的消费者，无论是个人还是企业，都会不断地变化。随着消费者的变化，其目标也会发生变化。例如我们 15 岁时的目标肯定与我们 55 岁时的目标不同。一方面，这些变化是因为年龄增长以及随之而来的不同挑战（例如第一份工作、新家、工作变动等等）而引发的。另一方面，是由于外界的压力所引发的（例如社会变动、经济机会和问题等等）。我们的生活始终处于变动的状态。除此而外，每一天都会有新的消费者进入现有的市场。这些新的消费者与原来的消费者相比，会拥有不同的目标、不同的感觉以及完全不同的偏好。当然，随着时间的推移，现有的消费者会慢慢地退出市场。消费者进入和退出市场的这个过程虽然缓慢，但却不可避免，新消费者人群的存在会带来一个重新定义竞争规则的机会。消费者方面的这些变化非常重要，因为它会影响到社会共识，而社会共识是每个市场存续的基础。[16]

---

[15] Chan, W K., and R.Mauborgne (2004). "Blue Ocean Strategy, " *Harvard Business Review,* October. 76-84.

[16] 关于营销变革的社会影响的深入分析，见 H.Rao(2009), *Market Rebels: How Activists Make or Break Radical Innovations,* Princeton, NJ: Princeton University Press.

连续的范式过程

在营销战略的发展过程中，竞争会产生一系列范式过程。最初，企业制定战略，解决消费者的问题，随着这些战略的实施，消费者观察、积累经验，并不断地学习。随着消费者的学习加深，就会出现一种社会共识，于是市场竞争规则不断演化，最终达到相对的稳定。最后的规范会让几家欢喜几家愁。而技术也会改变，那些处于不利地位的企业会不断争取，而且消费者也会不断变化。最后已经定型的规范会随着消费者的变化而改变，或者随着创新技术的出现彻底消失。如图 1-4 所示，自此就会诞生新的规范，周而复始。

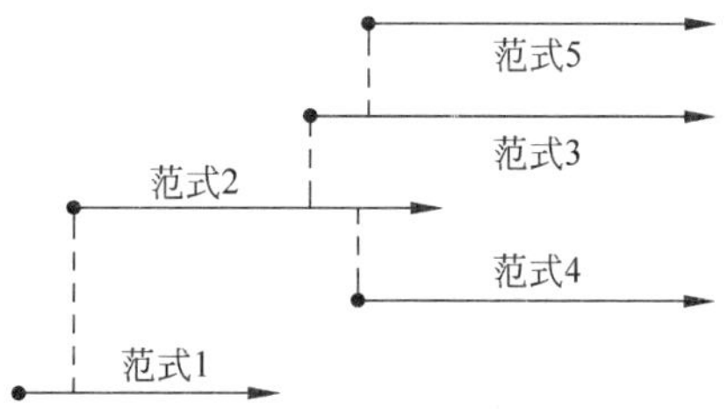

图 1-4　连续的竞争范式

汽车行业可以很好地例证这个竞争的过程。卡尔· 奔茨（Karl Benz）发明了世界上最早的汽车，当时它们就是手工制造的奢侈品。而亨利· 福特（Henry Ford）开创了低成本、无差异化的概念，将汽车带进了千家万户。就在他之后，阿尔福雷德 · P. 斯隆（Alfred P. Sloan）创立了通用汽车公司，开创了大众差异化的概念，而这一概念被福特、克莱斯勒以及其他一些汽车厂商广泛模仿。丰田创立了如今最盛行的概念，它集有限的差异性、高品质和低价格于一身。同样，也有众多的企业模仿它。在每一种范式过程中，竞争的规则都会发生巨大的变化。有些变化是由技术创新所驱动的，例如大规模生产；还有一些是由战略创新驱动的，比如通用汽车的例子。很清晰的是每一种范式都会让一些企业获得竞争优势，另一些企业则处于竞争劣势。例如，福特虽然把握了低成本的概念，但通用汽车却利用大众差异化的概念胜过了福特。

理解竞争优势

竞争战略的目标是创造竞争优势。传统竞争优势的概念核心集中在行业分析、独享资源和聚焦客户几个方面。某些行业因为结构特点，能够限制企业进入、减少竞争，并增加利润，因此天然具有优于其他行业的吸引力。而且，在一个行业内部，一些企业拥有独一无二的、非常有价值的能力，能让它提高业绩。有些企业能够更高效地满足客户的需求，能给客户创造价值，而这些都会直接地让企业更好地赢利。如图 1-4 所示，除了这些资源，竞争的过程中还蕴含着获取竞争优势的新机会。要明白这些新机会，就必须深入理解竞争的过程。

社会竞争

图 1-4 所示的竞争过程属于**社会领域**的过程。与生态过程（即适者生存）相比，社会过程中的竞争至少在四个方面存在差异。首先，市场竞争规则是由消费者和厂家之间的共识所确定的。换句话说，制定规则的是游戏中的玩家。第二，改变竞争的规则要求达到一种新的共识。第三，竞争各方会在这个过程中决出胜负。处于不利局面的厂家会努力用新规则取代旧规则；有利的企业则会努力维持现状，这样双方之间就会出现对立。第四，在竞争中被淘汰——即生物领域中的死亡——并非不可避免，也并非毫不含糊，或者始终不变。与生物不同的是，企业是社会性的，有无限存续下去的可能性。破产可能意味着一种形式的企业告一段落，但它绝不是**终结**。只要投资人对企业有信心，它就能够起死回生，这与自然界的生物不一样。

社会上还有一种看法，即可以将竞争看成一系列的扑克牌游戏，而不是一个自然选择的过程。每一个玩家都是从拥有某些资源开始玩的，而所有的玩家面临各种可能性。例如，牌会掉在地上。但是游戏规则并不是自然选择的结果。规则是所有玩家协议制定的。例如，所有的玩家都必须同意某些问题，包括玩多少张牌、打牌的程序、出牌的方式（明牌还是暗牌）、出牌的顺序等等。如果大家不能达成一致意见，那就不是一场游戏。在这些大家都认同的规则基础上，玩家会采用不同的战略；这样就有赢有输。如果有的玩家钱输完了，就玩不成了；但是如果他们能找到钱，那么他们还可以接着玩儿，也有可能会赢。到最后，赢家只有一个。这种情况下，能赢就不仅仅靠水平或者运气。胜出靠的是能够明智地设计游戏，并能发挥自己的优势，利用对手的劣势（而且希望一路有好运相伴）。当然，始终有益的是要有对自己充满信心的投资人。

市场上的竞争远比扑克牌游戏要复杂得多，而且风险也更大。但是二者的根本是一样的。在所有的市场上，游戏的特征，至少在一开始都是没有完全明确好的。消费者缺乏相关的知识，无法开始有实际意义的游戏。定义的过程是慢慢来的。比如在摩托罗拉开创手机生产的技术之前，消费者对移动通讯技术对其生活会产生什么影响，并没有一个足够清晰的认识，因此无法有效地进行判断。类似地，在市场中任何一个环节上，未来都是未知的。很多东西需要明确。但一旦规则确定下来，游戏也就开始了。

定义游戏规则：市场领先

定义未来以及制定游戏规则的战争始于对市场的定义。箭牌（Wrigley) 的口香糖、可口可乐的饮料、李维斯（Levi’s）的牛仔装、嘉宝（Gerber) 的婴儿食品以及舒洁（Kleenex）的纸巾都是开创了一个它们始终引领的市场。尽管像这样的市场领袖企业实际上是会被后来者取代的，但是许多先驱型企业会领先于竞争对手许多年，有时会长达数十年，有的时候，这些品牌领先的时间长得令人折服。李维斯公司成立于1853年，150多年后，它仍然是世界上生产牛仔服最大的公司；成立于1886年的可口可乐公司也一样。

引领市场会给企业带来许多重要的竞争优势。领袖企业往往知名度更高、消费者更容易记起，因此也就会更多地选择购买这些企业的产品，即使在所有的重要方面这些企业与其他企业的产品完全同质，也是一样。人类的记忆与电脑完全不同，电脑在调用所有编码的信息时，精度一样，处理的复杂程度也一样。所以领袖企业会更容易地被消费者想起，也就更多地成为消费者的选择。领袖企业可以制定标准，影响后来进入市场的企业，而且会与产品类别形成很强的关联，有时甚至成为产品类别的代名词（例如舒洁和可口可乐就是这样）。领袖企业确立下的标准会影响消费者的感知，会影响消费者对不同品牌的价值判断。可口可乐和李维斯对于消费者如何看待可乐类饮料或牛仔装有着强大、持久的影响力。而消费者使用领袖企业的产品所积累的经验会影响其选择策略。因为更加出名，所以领袖企业面临的风险就低，而这会影响消费者的价格敏感度。所有这些因素，包括消费者了解程度、感知程度、偏好情况以及选择的情况，结合在一起，会带来相当显著的竞争优势。[17]

有大量的经验证据可以证明领袖企业会拥有明显的优势。图 1 -5 所示为一项与领袖企业的市场份额有关的研究结果，说明了随着进入市场的品牌数量增加，领袖企业拥有的市场份额的变化情况。[18] 从该图可以看出，就所有的品牌和产品类别而言，第二个进入市场的品牌所取得的市场份额典型地是领袖企业的 70% 左右；而第三个约为 60%，第六个企业取得的市场份额不到领袖企业的一半。这种情况和人们的普遍预期是相互矛盾的。人们一般会认为如果两个品牌秉承相同的营销战略，那么二者应该实现相同的结果，应该平分市场才对。但这个图显示人们的这种预期与现实并不相符。要实现相同的销量，后来进入的企业就必须在广告上投入更多，或者选择更低的定价、而且提供质量更好的产品。这种问题领袖企业就不会面对。这种效应被称为“领先优势”，在许多市场中都有大量的例证。

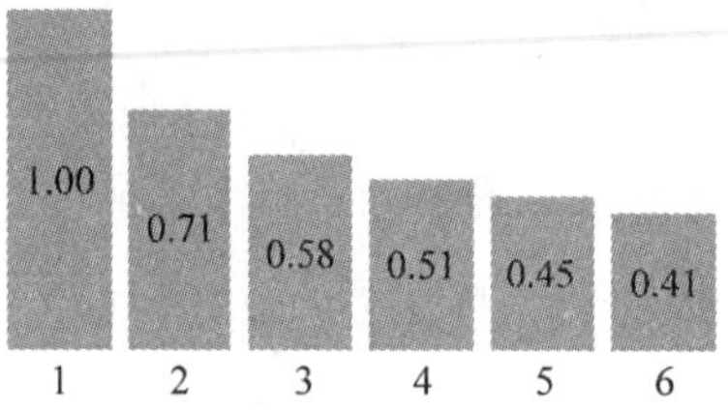

图 1 -5　基于进入市场顺序的相对市场份额

快速跟进

对企业的观察表明，有些企业获得成功并不是通过领先战略，而是通过快速跟进的战略。快速跟进型企业往往是在市场出现之后很快地进入市场，而且规模庞大，但并不拥有显著的创新。在许多市场上，这种模仿的办法证明非常成功。例如虽然雅虎引领了互联网搜索引擎市场，但谷歌后来取代了它；虽然彗星公司（de Havilland Comet）开创了商业飞机的制造市场，但是很快波音公司（Boeing）就取代了其领先的地位；雷神公司（Raytheon）生产出了最早的微波炉，也被其他企业超过了；在大

---

[17] Lieberman, M., and D.B. Montgomery(1998), “First-Mover (Dis) Advantages: Retrospective and Link with the Resource-Based View” *Strategic Management Journal,* 19, 1111-1122.

[18] Urban, G.L., T.Carter, S.Gaskin, and Z.Mucha(1986), “Market Share Market share Rewards to Pioneering Brands: An Empirical Analysis and Strategic Implications, ” *Management Science,* 32, 645-659.

型计算机市场上，IBM 也超越了斯佩里 - 通用计算机公司（Sperry-Univac）。[19]

那么快速跟进的战略会带来哪些优势呢？有一项研究对我们有重要的启发。研究人员分析了 6 个市场中的 29 种制药公司品牌的销量情况，对比了各家企业的营销活动、进入市场的顺序、销售的扩展以及进入市场的时机选择（即是领先进入、还是在产品成熟期进入，或者后期进入）等因素所产生的影响。在这些市场上，快速跟进型企业比领袖企业成长得更快，因为消费者对其产品质量反映更积极，而且竞争对手的成功对快速跟进型企业的损伤相对较小。[20] 这些研究表明如果在市场发展的过程中选择合适的时机进入，那么可以加速企业的发展，而且让企业免受竞争对手的巨大影响。如果企业在一个市场出现后很快跟进，那么这个企业的产品会成为许多消费者获得初次消费经验的产品。这样，消费者就会认为这种企业风险更低、名气更大，或者定位更突出。它们也可以在市场上确定一种标准，并享有许多与领袖企业一样的优势。但是快速跟进型战略必须有规模、资源、速度的保证，而这些又不是所有企业都具备的。

差异化

差异化是一种经典的竞争战略。差异化的目标是创造与竞争对手在现有模式下一种有意义的差别，目的不是重新定义竞争规则，而是构建一种竞争规则。消费者的知识的任何一个方面都可以成为差异化的基础。比如一个品牌可以通过独一无二的形象让自己区别于其他品牌，这样就能形成一种优势，让消费者经常更容易地想起这个品牌。例如莫顿盐业公司（Morton Salt）许多年来，一直采用一则名为“盐如雨下”（When it rains it pours）的广告。盐就是氯化钠，并没有任何实质的产品差异，但是因为非常有效的广告，所以它就更知名，消费者购买时经常会选它，类似的例子还有，巴黎水（Perrier）矿泉水就比拉夸（La Croix）矿泉水精致；沃尔沃和宝马相比安全性能更好（如果不说它有点儿刻板的话）。

有的品牌鹤立鸡群，靠的是比竞争对手为消费者提供更高的价值。比如丰田汽

---

[19] Schnaars, S.P(1994), *Managing Imitation Strategies: Hou Later Entrants Seize Markets from Pioneers,* New York: The Free Press.

[20] Shankar, V., G. S. Carpenter, and L.Krishnamurthi(1999), “The Advantages of Entry in the Growth Stage of the Product Lifecycle: An Empirical Analysis,” *Journal of Marketing Research,* 36, 2(May), 269-276.

车就比其他汽车更可靠。品牌拥有差异化特点的角度有很多，比如更容易选择、或者能够很好地帮助消费者在许多类似方案之间作出选择。甚至有时候，品牌采用一种不太相关但却很突显的特征定位，让消费者的选择变得简单，也可以获得差异化的特点。[21] 这些差异化特点一旦变成社会共识，那么它就有意义了。虽然沃尔沃不需要成为最安全的汽车，但它需要在消费者的心目中实现与安全性的紧密关联。因此重要的差异性特点是**被创造出来的**，而不是原本就存在，后来**被发现的**。

差异化拥有许多优势。强大的品牌会让企业的产品更易被消费者识别出来、牢牢记住，而且比竞争对手更突出。那种独特性是竞争优势的基础，就是品牌本身的价值所在。如果没有了独特性，品牌就丧失了根本价值。因此，品牌就是企业的无形资产。品牌在消费者心目中的价值会转化为拥有这些品牌的人的价值。那些关键的无形因素的改变，例如品牌价值的改变对企业市值表现有很大的影响。品牌和市场价值之间的联系在各类市场及环境中都有研究记载。这些研究表明品牌优势和股市回报之间存在明确的正相关的关系，这就表明品牌是一种能够为企业在未来创造现金流的资产。[22]

重新定义市场

创造竞争优势的另一种方法就是重新定义现有的市场。这就意味着定义下一轮的竞争模式。正如前文说过的那样，技术创新、战略创新和利用消费者的改变都能够在一个现有市场中开创一种崭新的模式。比如在个人电脑产业中，IBM 公司处于市场领先地位，而微软公司因为把握住价值焦点从硬件向软件的转化，所以超过了 IBM，而谷歌又领先了微软，因为技术又向云端式计算机转变了。新一代的技术会带来重新定义市场的机会。即使没有技术的改变，战略改变也会开创新的竞争模式，汽车行业的例子就说明了这一点。当有新的消费人群进入市场时，品牌可以利用它来重新定义市场，百事可乐与可口可乐的竞争以及丰田进入美国市场就是这样的例子。

研究表明这些具有创新力的后发制人的企业能够享有更长久的竞争优势，作用的

---

[21] Brown, C., and G.S. Carpenter(2000), "Why is the Trivial Important? A Reasons-Based Account for the Effects of Trivial Attributes on Choice," *Journal of Consumer Research*, 26(4), 372-385.

[22] See, for example, Aaker, D.A., and R.Jacobson(1994), "The Financial Information Content of Perceived Quality," *Journal of Marketing Research*, May, 191-201, and Barth, M.E., M.Clement, G.Foster, and R.Kasznik(1998) "Brand Values and Capital Market Valuation," *Review of Accounting Studies*, 3, 41-68.

机理与市场领袖企业占据竞争优势一样。曾经有一项研究，针对两个处方药的市场，分析了三类企业的成功情况，包括市场领袖型企业、创新跟随型企业以及模仿跟随型企业。这项研究分析了随着时间的推移，一些因素对品牌销售的影响，包括品牌的营销活动、竞争对手成功的情况等等，它表明市场领袖型企业拥有明显的优势：消费者对模仿型企业的营销活动的反应低于对市场领袖型企业，而模仿型企业发展得更慢，潜在销量更低，重复购买率也更低，而且几乎无法打击市场领袖型企业的销售。而创新跟随型企业则拥有领袖企业的那些重要的竞争优势。创新跟随型企业拥有更大的潜在市场，成长得更快，而且拥有更高的重复购买率。随着这类企业的成功，它们的销售劲头会扼制领袖企业，从而降低市场领袖型企业的营销活动的效果。换句话说，创新跟随型企业赋予市场领袖型企业一种明显的**劣势**。要达到相同的销售量，现在市场领袖型企业必须付出更多、降低价格，或者提供更有吸引力的产品。这样创新就给跟随型企业带来了优势，有点滑稽的是，所经历的过程与领先优势形成的过程完全一样。[23]

总　结

德鲁克呼吁企业创造客户，这将企业引上了一条很有意思的道路。企业创造客户——包括细分市场、选择目标市场、选择价值定位并传递价值、解决消费者的问题——然后消费者不断地学习，随着消费者的学习加深，市场就确立下来。同时营销战略会为消费者创造价值、会开辟市场、确定竞争规则。竞争的目的不再是满足已经明确的消费者某些目标，而变为企业之间影响消费者思想和行为的一场战争。企业在消费者获得的知识的各个方面展开竞争，包括如何定义产品类别、消费者对产品类别中的品牌有何种感觉、品牌应该培植有多大价值的差异性，以及消费者在某个产品类别的众多品牌中应该如何选择等等。定义竞争规则，哪怕时间再短暂，也能给企业带来丰厚的回报。处于不利地位的企业会最终创造一种新的模式，或者处于领先地位的企业会因消费者变化而一败涂地。而这种前所未有的打破规矩的过程会带来另一轮的战略动荡，自此又会形成新的稳定格局，然后这个过程周而复始。竞争不仅仅是企业

---

[23] Shankar, V., G.S. Carpenter, and Lakshman Krishnamurthi (1998), "Late Mover Advantage: How Innovative Late Entrants Outsell Pioneers," *Journal of Marketing Research*, 35, 54-70.

比赛着制造出更好的产品，也不仅仅是找到最佳的竞争战略，竞争会形成一系列循环往复的模式。每一轮模式都会造就赢家和输家，每一轮又会不断地变化。竞争成了一场定义市场未来的战争，一场创造未来客户的战争。也许德鲁克会同意，在这样一个环境下，竞争优势是营销和创新的结果。

作者简介

格雷戈里·S. 卡彭特（Gregory S. Carpenter）是美国西北大学凯洛格商学院市场营销学系的 James Farley/Booz Allen Hamilton 营销战略教授及前任系主任。他担任凯洛格商学院的市场领先研究中心主任，该中心专门研究竞争战略和竞争优势。他在俄亥俄州卫斯廉大学（Ohio Wesley an University）获得学士学位，在哥伦比亚大学（Columbia University）获得工商管理硕士学位、哲学硕士学位和博士学位。

第二章

确定细分市场和选择目标市场

艾丽斯·M. 泰伯特

肯特·格雷森

引 言

凯悦连锁酒店（Hyatt）针对各类不同的旅游者和消费目的，推出了不同的品牌。柏悦酒店（Park Hyatt）针对的是富裕的商务散客，他们追求的是精致的、时尚奢侈的，以及专属的私人服务。这一品牌的酒店都坐落在世界的大都会城市，其公共空间都布置着高档的艺术品，餐饮部聘请的都是获过各类奖项的优秀厨师。而凯悦品牌针对的是相对不是那么精英化的客人，因此，酒店的装璜和餐饮就普通一点。而柏悦与凯悦品牌都还拥有一个子品牌，即"度假酒店"（resorts），这类酒店的客户需要全方位的度假服务，他们不同于出于商务或观光的目的短期逗留的客人。而凯悦的夏日品牌（Hyatt Summerfield Suites）则针对的是需要长住的商务客人，这类酒店提供的是带家具的套间客房，提供旅行者所需要的一切服务，包括餐饮、休息，以及一些社交活动。

最近，凯悦又推出了另一个品牌，叫作"Hyatt Place"。这类酒店的开发源自于市场调研所确定的一类新出现的旅游者细分市场，这类旅游者的生活方式无时无刻与技术联系在一起，其工作与休闲之间已无明显差别。他们在家工作，工作时听着音乐，看着电视；他们把花在路上的时间也看得十分宝贵，会利用这段时间干些工作，或丰富自己，或者休息娱乐等等。凯悦推出的“Hyatt Place”品牌满足的就是这类旅游者的需求，提供的是一种类似于家居生活的休闲式接待服务。这类酒店的客房中有居住区，配有沙发床、42英寸的平板高清电视，电视的频道选择很多，而且还提供接口，客人可以把自己的娱乐设备和高清电视连接起来，另外，酒店还提供免费的无线网络服务。公共区域提供咖啡酒廊、糕点服务、电视收看区，客人们可在此开展社交活动，酒店还提供健身房供客人使用。

虽然凯悦拥有许多品牌，但它也不会努力去满足所有的旅客的需求，满足所有的消费目的。凯悦的酒店品牌当中就没有廉价的经济型酒店。

凯悦的战略说明了营销规则中两个关键的问题：**细分市场**和**市场定位**。细分市场是将潜在客户划分成同质的亚群体。这些亚群体在行为方式、态度、人口统计特点、心理因素等方面存在明显的区别。市场定位则是选取企业有能力提供服务的亚群体，并针对其需求设计产品和服务。尽管举出细分市场和选择目标市场方面的成功实例并不难，比如像凯悦这样的例子，但是许多管理者在针对其自身的产品和服务时，却发现这项任务是非常艰巨的。其中一个原因在于用于细分市场的方法无穷无尽，从哪里入手就变得非常困难。而且，一旦做完了细分市场的分析，有许多甚至所有的亚群体看上去都是很有吸引力的目标市场，因此确定配置资源的优先顺序也会变得十分困难。

本章的目的是强调企业细分市场和选择目标市场时面临的挑战，我们提出了一种聚焦于用户使用产品方式的**战略**方法。这种方法对于那些刚刚开始思考市场细分和选择目标市场的企业而言，可能尤其有益。对于那些已经有了一些经验，而又正在思考采用创新方法的企业，这种方法可能也会有所帮助。客户人群可以细分为亚群体，依据的标准可以是产品类别、品牌，或者是购买某类产品或品牌的频率、场合或者目的。因此细分出来的亚群体就拥有一些特征，涉及诸如人口统计因素、地理分布、态度以及生活方式等因素，这些特征将亚群体区分开来，而且对于营销决策是有意义的。一旦完成了细分市场，企业就要选择目标市场，即根据与竞争对手相比，自己服务亚群体的能力对亚群体进行优先排序。下面我们首先简单地分析一下市场细分是否必要，然后再详细地解释如何细分市场以及选择目标市场。

为什么要细分市场？

对于营销者而言，细分市场通常被认为是最后的战略。企业宁愿去吸引一个单一的、数量庞大的潜在客户群，也不愿意去把市场细分成亚群体，然后再选择一个或几个作为目标市场。在一些偶然的情况下，如果消费者的偏好同质的程度很高，那么企业吸引某个市场中几乎所有的消费者的确是有可能的（详见稍后对“大众营销”的分析）。例如，铁锤品牌（Arms & Hammer）就能够服务烘焙苏打粉的几乎所有潜在用户，因为这个市场它没有什么竞争对手，而且消费者的偏好也没有什么差别。

当一种新产品或者新的服务类别面世的时候，消费者没有什么别的选择，只能接受首创这类产品的企业所提供的“普遍适用型”产品或服务。但是，如果市场表现出诱人的获利性以及较低的进入门槛，那么竞争对手很有可能进入这个市场，并且通过更贴近一些亚群体客户的需求，使自己呈现出不同于市场领袖企业的差异化特点。例如，苹果公司进入个人电脑市场，采用了一种对用户更为友好、更直观的操作系统，之前 IBM 有效地将个人电脑的用户定为一种无差异的市场，但苹果的进入使得这个市场被细分为两大人群：一类是偏爱易于使用的苹果软件的用户，另一类是喜欢因为是行业标准而用起来比较“安全”的个人电脑用户。类似地，当基于微软操作系统所开发出来的掌上电脑（PDA）进入市场的时候，它也将先前由 Palm 公司的“Palm pilot”产品所定义的市场重新进行了细分。细分后的市场包含两个大类人群，有一类消费者希望掌上电脑可以与企业的个人电脑软件实现无缝对接，而还有一类消费者则痴迷于 Palm pilot 的精致、简约和易于操作。

尽管看上去可能与直觉不太相符，但是细分市场会将企业的营销战略调整到针对潜在客户中的一个亚群体，与服务大众消费者相比，可能会给企业带来更丰厚的收益。英国的 Yorkie 长条糖果就是一个很好的例子。Yorkie 是一种高热量的“能代替正餐”的食品，在其广告中，它选取了蓝领工人来拍摄。但是，从其销售的历史数据来看，有 40% 的产品是女士买的，这一群体对“代替正餐”的概念根本没兴趣。市场研究表明女士越来越关心热量的问题，而 Yorkie 的主要竞争对手已经表明了要针对女士开发产品，因此 Yorkie 公司决定强化其产品针对男性的定位焦点，在广告中明确指出“不是给女孩儿吃的”。尽管这种广告让女性客户减少了，但是它却加大了吸引男性消费者的力度，结果是其销量大增。

正如这个例子所显示的那样，细分市场、选择目标市场和市场定位是如影随形的，这正是第四章“确定合理的品牌定位”的要点。成功的市场细分一定能够提供一个或几个目标市场，而针对这些市场，企业不仅能够实现有力的定位，而且也能实现自己的目标。如果产品战略是要尽力吸引两类要求截然不同的客户群，那么采用一种定位的方式一定是会失败的，因为这种定位对于任何一个市场都不会是最优的。有时可以通过针对不同细分市场采用不同的定位战略，来解决这个问题。但是如果传递定位所采用的媒体是两个细分市场均能看到的话，那么这种定位会引起混淆，甚至会伤及核心客户群。

举个例子，东部山区运动品公司（EMS）是位于美国东北部的一家专营户外运动服饰、装备的企业。它发现其产品吸引的客户中，除了其目标人群——即热衷于户外活动，而且购买户外运动型服饰、装备来满足其爱好的人们以外，还有一群客户，他们仅仅只是喜欢那些户外休闲的服装而已。但是，当公司调整产品线和广告，希望取悦两个细分市场时，它遇到了麻烦。热衷于户外运动的那群客户认为公司这么做，是降低了对其需求的重视。EMS担心会损及核心客户群，所以很快转向，重新聚焦于服务那些热衷于户外运动的忠实客户。

因为在大多数产品类别中，消费者对产品和服务的偏好都是同质的，所以企业通常会发现，如果采用单一一种营销方案，想要吸引全部市场的关注，那是非常困难的。这也就是细分市场非常重要的原因，它让企业能够将营销活动针对一些亚群体展开，而这些亚群体对企业的产品和服务更有兴趣，这样企业就可以获得最高的利润。

细分市场方法的演变

企业并不总是关注市场细分和目标市场选择的。在美国，第二次世界大战结束之后，企业所处的环境使其完全能够推行一种被称为“大众营销”的方法，这种方法强调人类的共性，而非差异性。男人们从战场上归来，结婚生子，造就了“婴儿潮”。许多人依据《退伍军人权利法案》上了大学，将自己的经历与学识结合起来，快速地成长，造就了一大批中产阶级。而美国政府对诸如高速公路这样的基础设施项目的投资，又使得这些中产阶级的家庭可以生活在郊区的社区里，在这里他们不仅过着各自的日子，而且因为广播和电视（当时只有很有限的节目），他们开始过上了一种相互影响的生活。而这些因素造就了一大群消费者，其需求和偏好的相对同质性很高，而且通过网络式的节目就可以有效地接触到这群消费者。于是 20 世纪 60 年代，如果企业同时在哥伦比亚广播公司（CBS），国家广播公司（NBC）以及美国广播公司（ABC）的电台里播送一条广告，那么 80% 的美国女性听众都能听到它。

当时的企业就是要锻造这种服务大众市场需求的能力。制造业的新发明使得企业可以低成本地高效生产出大量的相同产品，而通过广播和电视节目播送的商业广告可以有效地到达消费者，传递产品的优势信息。新型的、大规模的零售商店也出现了，专门服务郊区社区，为制造企业提供了一种非常有效的分销途径。这样，当时的美国企业就乐于服务广大消费者，只聚焦于其共同点，而非其差别。

从那儿以后，许多已经明确的市场开始变得具有差异化，被进一步的细分。一些企业仍然聚焦于非常重要的消费者的共同特征，努力寻找到一个有规模、包容性强的市场。例如沃尔玛聚焦于低价格和性价比高——这种定位对于低层次和高层次的消费者都有吸引力，也正因为如此，1/3 的美国消费者每周都会去一家沃尔玛店中购物。而对每周都来沃尔玛购物的一亿名消费者，企业通常会根据其所处的生活阶段及所持的生活态度进一步作细分。但是沃尔玛主要是根据消费者对价值需求来定义目标市场的，之所以它能够专注于服务各类消费者，是因为尽管这些消费者存在差异，然而他们却拥有共同的重要需求。

在现实当中，很少有企业在细分市场时，能够找到这样一大群目标客户。因此近几十年来，企业的管理者更多地强调小众市场，这些市场中的人群在人口统计要素、生活方式、生活阶段或者价值观、态度等等方面，表现出不同的偏好。例如，一位 32 岁的女士，她有一个年幼的孩子，她可能结婚了，也可能没结；她可能有工作，也可能没有；她也许会认为环保型购物很重要，也许不会。所有这些因素都有可能影响她对某类产品的不同品牌的看法，比如洗衣粉或者汽车。而且，尽管各类消费者都会在沃尔玛里购物，但是其客户群的收入总体情况是低于社会平均水平的，其政治观点也比一般情况更为保守，与好市多（Costco）的客户相比，拥有银行账户的可能性也低于平均水平。因此，即使是沃尔玛，它与客户的相符程度也是有高有低的。

消费者的偏好有差异，他们对针对其需求定制的营销活动反应更大，这种观点并不新颖。然而，与过去相比，技术的进步使得企业可以更加高效地满足更小目标市场的需求。互联网和智能电话技术，以及传统媒体（例如有线电视频道和专业杂志等等）的快速发展都使企业可以用一种低成本的方式到达较小的客户人群。而且，大众定制的技术使得生产商能够很快而且很有效地根据客户的口味定制其产品，你想不想让玛氏（M&M）的糖果更符合你们公司的风格，带上公司的标识？没问题，网上下个订单就行了。也许你非常喜欢吃巧克力，正想着去加勒比海度假，那么简单地从网上一搜，你就会发现好几种选择，比如有一种就是住在中美洲伯利兹（Belize）的棉花树度假酒店（Cotton Tree Lodge），可以去收可可荚，自己动手做巧克力，还可以与“托莱多（Toledo）地区可可种植者协会”的成员聊一聊公平贸易的事儿。

克里斯·安德森（Chris Anderson）在他所著的《长尾理论》（*The Long Tail*）一书中提出，技术领域的创新使得针对目标人群的营销与传统主流产品的营销一样，从经济的角度而言对企业是很有意义的。[1] 例如电影、游戏、书籍或者软件之类的产品。从前，大规模的生产、分销以及促销成本使得只有数量很少的资金雄厚的企业才能参与竞争，而他们需要聚焦在规模上。但是，技术领域的进步，例如数码摄像机、电脑上的音乐编辑软件、电脑上传发布等等，使得任何一个有创意思维的个体都可以录制一首歌，或者拍摄一部电影，出版一本书，或者设计一款新游戏。而且这些产品的数字版可以实现数字储存和网络分销的成本为零，这与分销实物产品所必须依赖的批发商及零售商的高额存货成本形成鲜明的对比。最后一点，传统的制造商会投入大量资金来作大众媒体广告，用以吸引潜在的客户，现在与以往不同，搜索引擎、博客以及其他的过滤手段都使得消费者能够很有效地搜索海量的产品，并从中找到符合他们特别口味的产品。尽管对安德森的观点有一些争议，但是毫无疑问，技术已经使得企业能够采用针对性更强的产品及服务达到较少的细分人群。[2] 因此，像“TCHO”这样的新企业，就能够很有效地服务小众市场，这家公司是一家手工生产巧克力的公司，它针对的客户是那些非常在乎巧克力原料源地的消费者。类似地，诸如亚马逊网络书店这样的成熟企业也能够有力地掌握图书市场，它不仅能满足搜索畅销书的客户，同样也能很好地满足搜索珍本、孤本书籍的客户。

如何细分市场，这个问题是随时间推移不断变化的。在市场细分实践的早期，企

[1] Anderson, Chris(2008),The Long Tail, New York: Hyperion.

[2] Elberse, Anita(2008), “Should You Invest in the Long Tail?” *Harvard Business Review*, July-August, 88-96, for a critique of *The Long Tail*.

业主要是根据人口统计及地理因素等描述特征寻找到一些消费者的亚群体。其中的逻辑就是男人和女人、年轻人和老年人、富人和穷人、北方人和南方人在偏好上是有差异的，因此也就需要企业开展不同的营销。尽管这种观点有些情况下是对的，但是通常情况下，那些拥有相同人口统计特征的个体之间还存在显著的差别。因此，人们就又开发了基于态度、价值观、观点、生活方式的细分框架。这种被称为“心理细分”的方法能够确定一些亚群体，例如“思想者”、“体验者”等等，而每个亚群体中的人们都拥有某些心理和态度方面的共同特征。根据心理因素定义的细分市场对于制定营销沟通方案是特别有帮助的。但是心理因素分析通常不能指明与某个产品类别和品牌相关的特别行为。因此，最近对于细分市场，帮助管理者制定战略，强调的一种方法就是根据使用方式和相关的行为来细分市场。[3] 使用一个品牌的客户可以和那些使用竞争品牌的客户以及根本不使用这类产品的客户区别开来。如果进一步地细分，那么根据客户什么时候使用、使用的频率及其忠诚度就可以确定出一些亚群体。

我们认为，有实效的，而且有启发的市场细分，并不是要在各种不同的方法当中取舍，而是要将它们结合在一起。非常重要的一点是要理解谁（人口统计特征及地理特征）作了什么（用途）以及为什么（心理因素和具体的动机）。同时，市场细分的各种方法所呈现的启示也会随着决策的不同而不同。

Vosges 公司生产极具异域风情的“东西方结合式”巧克力。例如它的“黑珍珠巧克力棒”，里面就有姜、海苔、黑芝麻以及黑巧克力。如果它要根据**谁**最有可能购买产品来细分市场，那么它会依据性别（男或女）、年龄（25—35 或者 35—45）或者地理等因素（城市还是农村）。如果它根据消费者在购买此类产品时所表现出来的**那种行为**来细分市场，那么它就可以按照消费者是否购买高档巧克力、是否经常买，以及是否购买竞争品牌等行为方式将市场加以细分。还有一种选择，那就是聚焦于**为什么**消费者会购买这种产品，这时它有可能把人们划分为买来给自己吃和买给别人当礼物两种情况，或者也可以把人们划分为因为特别喜欢巧克力而购买的人和喜欢所有精致食品的人。

正如上述这个例子所示，所有这些因素（包括谁、什么以及为什么）对于充分理

---

[3] Yankelovich, Daniel, and David Meer (2006), “Rediscovering Market Segmentation,” Harvard Business Review, February.

解细分市场以及评价其吸引力程度都很重要。然而，根据要制定的决策的不同，目标市场的各个方面具有的相关性就有高有低。例如，如果 Vosges 公司要确定的是选择新的零售网点，那么与目标客户居住和购物地点相关的信息就会是非常关键的；而如果公司是要设计广告，那么关于购买动机的信息，以及关于消费者普遍的价值观、愿望以及态度方面的信息就会更有价值。

基于产品使用情况的市场细分

我们的建议是企业在进行市场细分时，可以首先根据客户对产品的使用方式进行划分。一般而言，客户当前的使用情况很有可能预示着（尽管不完全准确）未来的使用情况。因此，理解消费者当前的产品使用方式就能够帮助企业准确地判断众多目标市场的重要程度，也就能够帮助企业制定营销战略，通过改变消费者现有的产品使用方式来实现企业的目标。

基于产品使用情况的市场细分方法，首先是要根据消费者当前的行为方式把市场细分为诸个亚群体。把此类产品的使用者和不使用此类产品的消费者首先区别开来，而使用产品的消费者可以根据其购买的品牌进一步分组。使用某个品牌的用户可以依据其使用频率、场合和使用动机再加以细分。

然后，可以对这些细分市场从人口统计、地理、心理、动机特征等角度加以分析和理解，这些要素将细分市场的差异特征显现出来。这些特征可以帮助企业从人口数据角度评估细分市场的现有规模和成长潜力，以及选择能够有效达到这个细分市场的媒体，还可以根据这类人群普遍的生活方式、价值观和态度特点定制广告及促销信息。

最后一点，要估算与某个细分市场相关的当前和潜在的利润情况。虽然有些细分市场从客户使用情况以及描述特征角度而言，是很明确的，但是也许因为从长远来看，其价值太低，或者这个细分市场中消费者数量过少，所以并不是有吸引力的目标市场，不值得企业付诸努力进行营销。

市场细分的步骤

根据消费者对产品的使用情况来细分市场时，第一步就是要把市场划分为这个产品类别的使用者和非使用者两大类。这种归类是很有价值的，因为针对这两类人群，营销企业面临不同的挑战。非使用者有可能不知道这个类别的产品及其价值，也有可能他们认为这类产品不符合他们的需求。也有可能他们使用这类产品是违法的（比如，从法律上讲，16 岁的孩子是不允许喝啤酒的）。在针对这类非使用者时，营销企业必须克服这些障碍。比如，如果一家游轮度假公司要吸引从未购买过此类产品的消费者时，它就需要投入资源，来向这些消费者描绘乘坐游轮的体验，消除人们对游轮的一些潜在的误解，解释游轮与其他度假方式的区别（以及优势），例如，它就不同于待在度假山庄。

而已经使用过某类产品的用户，他们熟知情况，（有可能）会在消费产品时追求某些特别的价值。因此，针对他们时，任务就变成了维持他们的使用状态，也许还可以扩大他们的使用程度。通常情况下，企业会根据品牌来进一步细分产品的使用者——即他们使用的是你的品牌还是竞争对手的品牌？一般而言，消费者选择某个品牌的原因在于，他们认为这个品牌所提供的价值不同于（也许优于）其他品牌。这样，当前选择了品牌的消费者有可能更能敏感地察觉到企业的营销努力。而且，与选择竞争对手品牌的消费者相比，企业往往可以从选择自己品牌的消费者那里获得更详尽的数据。这些数据可以让企业针对现有客户开展更为高效、定制化程度更高的营销活动。这些优势在企业希望吸引竞争品牌的用户时，就变成了对方要克服的挑战。

市场中经常有一些对任何一个品牌都不忠诚的消费者。例如，有些消费者追求的就是不同的品牌，所以他们习惯于购买许多不同的品牌，而非只买一个品牌。还有一些对价格敏感的消费者，无论什么品牌，只要价格最低，或者他们感觉到性价比最好，他们就会购买。这些额外的基于产品使用情况划分出来的细分市场（及其相应的挑战），在开发制订细分计划时一定要考虑在内。

将消费者基本地细分为非使用者、品牌使用者和竞争品牌使用者之后，通常还可以依据使用的程度及场合来进一步定义。这些变量帮助企业明确与其他群体价值观不同的消费人群。通常情况下，数量并不多的消费者或者产品使用场合却占据了品牌的销售的大部分。实际上，品牌的购买使用通常会遵循“80/20 原则”，也就是说 20% 的使用者贡献了品牌销售量的 80%。这个统计数据不仅适用于绝大多数啤酒知名品牌，而且还适用于诸如麦当劳这样的连锁餐厅。而且，品牌的使用场合和品牌的忠诚度可能与消费者使用产品的程度相关联，使用得多的消费者会在各种场合消费产品，因此也就非常忠诚于品牌。例如，经常喝百威淡啤酒的人，他可能每天晚上在家里要喝，周末在酒吧里也喝，而且他还会向朋友推荐这个品牌。与之不同的是，不常喝这个品牌啤酒的人可能会是偶尔在酒吧里喝一下，而且他还会喝其他品牌的啤酒。类似地，经常住凯悦酒店的人是那些非周末住在酒店里的商务客人，而且其公司与酒店签有住房协议；而不常住凯悦的人则是只在周末住一住的观光游客。

另外，还应该考虑消费者购买产品和服务的动机和目的。消费者购买产品，有可能是看中了产品的特点，比如价格、性能或方便性等等，也有可能追求的是产品赋予的形象，即他使用某种产品时，别人会有什么感觉或者看法。了解消费者最主要的动机对于定位产品是很有价值的。例如如果推销的是一种价值 1299 美元的生态环保型洗衣机，而消费者可能的购买动机或者是注重功能，或者是注重情感方面的因素，那么相对应地，营销定位就可以分别表述为“每年节约水费 90 美元”以及“利于环境”（详细的论述见第四章“确定合理的品牌定位”以及第六章“品牌的创建与管理”）。

影响消费者购买动机的一个因素是企业选定的目标消费者个体在整个购买过程中所起的作用，有时它又被称为“采购中心”。采购中心这个概念涵盖了发挥不同作用的个体，其中有影响者、决策者、购买者和使用者。比如玩具或者甜麦片这些产品类别，父母往往扮演的是决策者和采购人的角色，而孩子则是影响者和使用者。父母很有可能更多地关注产品功能方面的特点，例如营养价值、产品是否安全等等。而孩子则更可能关心使用产品的体验本身（例如味道、好玩等等）。

在企业之间的营销中，采购中心的角色则包括工程师（影响者）、负责营销或财务工作的副总经理（决策者）、采购部（采购者）以及操作员（使用者）等等。企业对这些个体通常有不同的报酬激励体系，所以导致他们会有完全不同的动机。例如首席财务官的薪酬和企业总体的赢利情况挂钩，而采购员的薪酬可能是基于价格回扣决定的，而工人（即实际使用产品的人），其报酬则会与生产效率指标相联。

敏锐的营销者会很清楚，那些决策过程中不同角色的动机会各不相同，因此应该把营销工作聚焦在家庭中或企业中动机与企业品牌定位最吻合的人身上。有一个很好的例子，说的是飞利浦公司努力切入通用电气占主导地位的照明器材市场。通用电气的主要客户是企业，它们追求价格低廉、灯泡寿命更长。而通用公司强大的实力让其实现了规模经济，它营销传统的荧光灯泡的成本可以低至 80 美分，这个价位没有任何一家竞争对手可以匹敌。但是，这种灯泡存在着一个隐形的成本，其中有毒的汞成分很高。如果要更换一个传统的荧光灯泡，则会需要 1 美元，原因在于收集处理灯泡方面的严格规定以及法律保护垃圾倾倒地点不受破坏。尽管采购人员对这些更换成本并不会太在意，然而企业的财务官则会很在意。飞利浦公司开发了一种名为“Alto”的汞含量很低的灯泡，可以当成常规垃圾处理，它将之推荐给企业的财务官。由于这种灯泡很环保，所以媒体进行了正面报道，它也得到了政界的支持。更重要的是，正是由于飞利浦公司决定瞄准采购中心的不同对象，它才能够赢得新的客户，实现更高的利润，尽管通用电气在照明器材领域一直占有主导地位，但飞利浦还是达到了预期效果。

图 2-1 所示为“大众型一流”酒店行业中的客户，按其使用情况作出的细分树图。为简明起见，这里只列出了两个酒店连锁品牌，凯悦（Hyatt）和万豪（Marriott）。尽管这个树图可以加入更多的品牌，比如西斯汀（Westin）、喜来登（Sheraton）以及万丽（Renaissance）等等，然而一般情况下，当企业根据消费者使用的情况细分市场时，主要关注的是最直接的竞争对手。

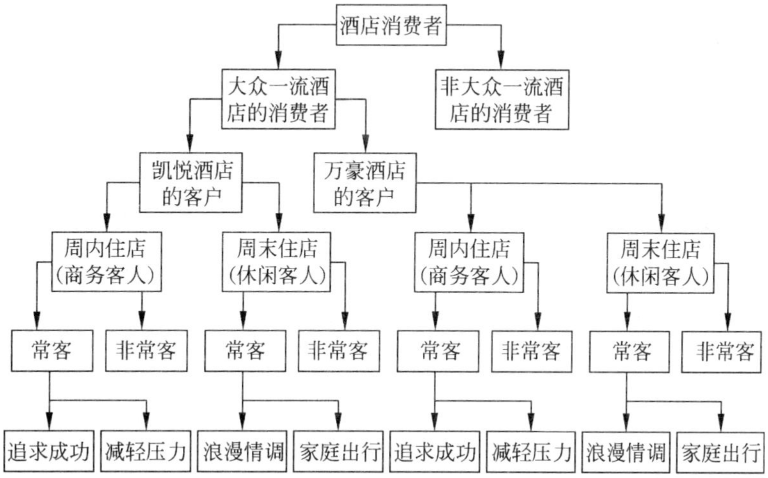

图 2-1　酒店业中基于用途的市场细分图

特征描绘

在根据消费者的行为及行为动机进行了细分市场之后，企业可以转而分析哪些消费者具有这些行为特点。这些信息对于评价不同细分市场的吸引力至关重要，对于设计、执行旨在改变这群消费者行为的营销方案同样至关重要。下面我们将分析细分市场过程中这个阶段一些常用的变量。

人口统计变量。在消费品市场中，根据使用情况细分出来的人群典型地会从一些人口统计变量的角度加以描绘，例如性别、年龄、婚姻状况、家庭生命周期、受教育程度、职业、收入等等。比如，经常购买科罗娜（Corona）啤酒的消费者可以被描绘为未婚、接受过大学教育的男士、20—25岁之间、白领、收入在3万至4万美元之间。

按照人口统计变量明确消费人群的特征有几重目的。首先，这种描述如果与人口普查数据结合起来，就可以大致估算出有多少人拥有当前客户所具备的人口统计特征。这使得企业能够评价其深入服务细分市场的成功程度，以及通过吸引类似消费人群获得进一步发展的潜力。其次，人口统计方面的特征有助于产品设计和制定定价策略，因为市场研究报告经常会包含具有某些人口统计特征的人们所表现出的行为和消费模式。例如，如果能够确定凯悦的“Hyatt Place”子品牌的客户比一般的消费者更加关心健身设备，那么在这些酒店中加入设施一流的健身房则会增强客户的忠诚度。但是如果发现这群客户是典型的“沙发土豆”（即花大量时间看电视的人，或电视迷。——译者注），那么投资给客房安装更大的平板电视则是更好的选择。

人口统计特征在企业决定广告、促销等营销传播的渠道和内容时，也会非常有用。人口统计特征和消费者的媒体选择习惯是相关的，像尼尔森公司这样的市场调查企业经常会采用人口统计特征来把选择不同媒体的人们加以分类。小孩子和青少年看的电视节目不一样，而年轻人和他们的父母浏览的网站、阅读的杂志也不同，男士比女士更关注体育赛事（因此比赛现场的广告对他们的曝光率更高）。如果企业对目标市场的人口统计特征有清楚的认识，那么它就可以更有效地选择媒体，到达目标人群，同时避开非目标人群。

另外，了解目标市场的人口统计特征，还有助于设计广告的内容。如果传递的信息中包含图像的元素，比如产品的使用者，或者产品的代言人，那么选择的这个人就可以从年龄、性别、社会阶层等方面接近于目标人群，从而加强一种概念，即这种产品是给这些人的。但是，这里还要提醒一点，因为消费者的自我感知和愿望与实际情况并不相符，所以还需谨慎处理。例如，老年人经常会把自己看得年轻10—15岁，所以如果广告针对的是65岁的消费者，那么最好选择50岁左右的人来表现。相反，十几岁的青少年通常会希望看上去成熟一点，所以如果针对他们，选择的人物则最好是20岁左右。另外，在一些产品类别中，比如美容化妆品和时尚产品，消费者的希望比他们的自身感知更重要。

另外，人口统计因素也会帮助确定信息的呈现方式，因为某些人口统计特征与处理信息的差异是相关联的。例如，如果涉及需要新技能才能完成的任务或事情，45岁以上的成年人和年轻的成年人相比，速度会更慢。这样如果企业要针对年长的成年人，而且要传递崭新的复杂信息，那么选择“自我调整型媒体”（例如印刷平面媒体）就比那些“外在调整型媒体”（例如电视或广播）更为有效。

性别与不同的信息处理风格也是相联的。女性往往会是兼顾型的，在决策时会同时考虑自身与他人。就营销沟通的内容而言，女性在判断时就会考虑多重信息，例如产品的多种功能。相比较而言，男性则会更自我一些，更关注自我表现、直接目标以及关键的决策信息。因此在作判断时，男性则有可能聚焦于单一一种产品功能，而且会更多地倚重先前的知识和认知积累。

最后一点，个人的文化背景也会影响其总体的想法和判断。例如，有证据证明，成长于亚洲文化的人相互依赖的程度更高，而成长于西方文化的人则更为独立。和性别一样，这种差异也会影响到，当消费个体在处理营销传播信息和作出判断时，是否愿意考虑多重信息和多个角度。亚洲人往往比西方人更有可能考虑多种信息、多个角度。

这种方法同样适用于企业间市场。潜在的客户可以按照我们先前列出的使用特征，大致分为几组（例如，用户和非用户，购买品牌X或品牌Y的用户等）。就像消费品按使用情况细分一样，企业间的市场可以进一步按照差异的描述特征细分，这些特征有时被称为“企业统计变量”。最常用的描述特征是行业标准产业分类代码（SIC）和企业规模，因为关于行业中企业数量的信息是公开的，这些信息使得企业可以算出它有效渗透一个细分市场的可能性，以及在某个特定目标市场中的成长潜力。这些特征非常有用，不仅仅是因为它们很容易得到，而且还因为针对产品和服务的需求往往会随着行业和企业规模发生变化。一家大型的电信企业对电子测试设备的需求很有可能与一家小型的普通工业企业不同。行业和企业规模的信息也会有助于设计营销传播信息。绝大多数行业都有自己的刊物和会议，帮助行业内的企业有效地得到这些信息。最后一点，行业和企业的规模会影响决策过程。例如，当客户是政府或者大企业时，决策过程相对于私营企业或者小企业就会复杂得多。

地理因素。按照消费者和企业所处的地理位置来描述细分市场非常有用，因为消费者居住和工作的地点会影响其偏好和行为。例如，地理因素通常是与经济地位相关联的。在发展中国家，消费者希望购买一些国际化品牌的产品，比如吉百利、宝洁和联合利华等等，但是和发达国家相比，一些消费者的购买力还达不到买大包装的程度。所以，企业就在这些市场引入了价格较低的较小包装（例如单片包装的剃须刀片）。

而且，一个地区的消费者会拥有相同的文化观念。比如，成长于日本文化的人们喜欢把不同的东西放在不同的空间里。这种特点就引发了松下公司在日本投放了4门到6门的冰箱，而这种产品特征不太可能吸引美国的消费者，他们根本无此偏好。不同的地区也会遵守不同的法律和规定。就酒类产品而言，什么渠道可以用来营销酒、酒可以卖给谁，在这些问题上一些欧洲国家的规定就较为宽松。而另一极端，一些中东国家在卖酒时却拥有特别严格的限制规定——甚至禁令。因此，帝亚吉欧（Diageo）公司在一些国家，营销对象就变成了不含酒精的啤酒。

细分市场的地理位置非常重要的另一个原因，就在于除了产品设计，它还对各种营销决策有帮助。例如，消费者不是集中居住，而是居住得非常分散稀疏，此时销售的覆盖面就很可能会更大。这样，诸如户外广告这样的媒体效果就不好，因为能看到广告牌的消费者不够多，支撑不了企业对这种沟通方式的投入。

消费者的地理因素特征还会启发一些人口统计因素方面的特征。Additech公司生产加油站使用的燃油添加剂，供给诸如美国摩菲（Murphy）公司这样的加油站，它拥有每个消费者交易的详细数据（例如时间、支付方式、加了哪种气、加了多少、气泵的位置等等），但是它对其消费者的人口统计特征并没有清晰的掌握。于是它就利用交易数据来识别确认其客户集中度高的地区，然后采用尼尔森公司的“PRIZM”体系把这些地区的人口统计特征和心理因素特征清楚地描绘出来，PRIZM方法按照66种人口统计因素和行为因素把各个地区的家庭类型进行定义（详见http://en-us.nielsen.com/tab/product_families/nielsen_claritas/prizm）。

同时，还有一点很重要，和人口统计特征一样，人们的偏好并不总是随着地理因素发生变化。宝洁公司发现全世界十来岁的女孩子对于青春期都有着非常类似的想法。所以，它就开辟了一个全球性的网站，宣传与这个生活阶段相关的产品和信息。瑞士峰力集团（Phonak）是一家销售助听器材的公司，它发现在欧洲和美国，出生于“婴儿潮”时期的消费者都有着类似的助听的需求，而且他们对使用助听器的疑虑也很接近。这种发现就揭示出，要根据消费者的差异特征来定义细分市场，而且依据的差异点对于消费者使用产品或服务的方式、原因甚至使用与否都有明显的影响。在前面提到的宝洁公司和峰力公司的例子中，年龄细分是有意义的，但是按地理因素细分就无法明确消费中的重要差别。

心理因素。根据消费者普遍的心理特点或者性格特征、生活方式来细分市场也是很有用的。SRI 商业智能咨询公司提供了一种用于按心理要素细分市场的工具，被称为 VALS。这种方法将消费者加以划分，并将其归入八类人群中的一类（见图 2-2），它依据两个指标——动机和资源，根据消费者对问卷的回复来分析。这份问卷让被访者针对 35 个关于态度问题的句子作出同意与否的程度评价，比如，“我喜欢尝试新东西”，“我觉得自己挺聪明”，“我喜欢自己动手做东西”，“联邦政府应该在公立学校鼓励祈祷”等等。被访者也会报告他们的性别、年龄、受教育程度以及收入水平。

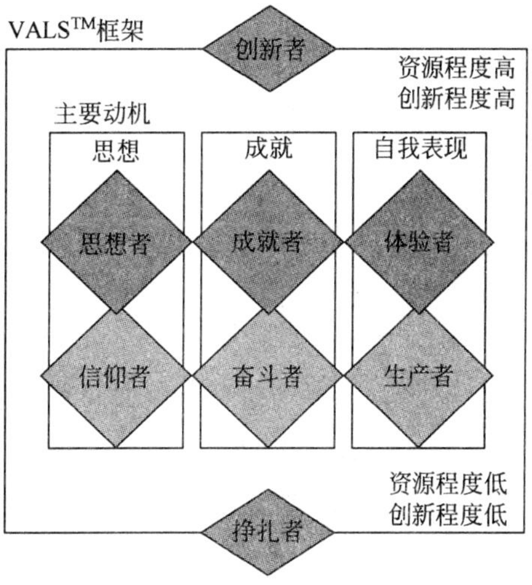

图 2-2　VALS 价值观念和生活形态量表框架

这种方法会从一般的动机和决策角度对每一类人加以描述。比如有一类人被称为“**思想者**”，他们是：

> 成熟的、满足的、舒适的、经常思考问题的人，他们看重秩序、知识和责任。他们往往受过良好的教育，在决策过程中会积极地寻找信息。他们关心国内外大事，对丰富自身知识的机会很敏感。思想者对于权威机构的现状

和社交礼仪有着适中的尊重，但是又很开明，接受新事物。尽管他们的收入丰厚，可以让他们有不同的选择，但是“思想者”这群消费者会很保守、注重实际，他们购买产品时追求的是耐久性能、功能完备，以及产品性价比高。（资料来源：www.sric-bi.com/VALS/thinkers.shtml）

从心理因素的角度对目标市场进行描述特别有助于设计营销传播的内容，它要在普遍的价值观和态度方面引起消费者的共鸣。例如，如果针对“思想者”这类消费者时，要提高信息的说服力度，就应该采用合乎逻辑的推理和数据，以及邀请广泛认同的权威专家。如果没有关于细分市场的心理因素的直接信息，但是这个细分市场的人群又具有地理集中的特点，那么就可以采用 GEO-VALS 的方法来得到一些总体的认知。这种方法估算了所有邮政编码所代表的区域和社区的人群中那八类细分人群的比例。

赢利性和成长潜力。详细地描述细分市场为下一步打下了基础，下面就是要评价每个细分市场的现有及未来潜在的赢利情况。如果企业已经拥有一些客户群，那么就可以分析服务当前细分市场所产生的成本与收益情况。例如，许多航空公司都发现与普通的观光旅客相比，商务旅行人士对公司的贡献更大，因为商务旅客乘坐飞机的频率更高，价格敏感度更低，每次旅行贡献的利润更高等等。

有时候，对现有客户的详细分析还能发现一些对企业赢利没有贡献的亚群体。例如，在互联网泡沫高发期间，CD now Online 用于吸引抓住一个客户的成本是 40 美元，但是最后估算出每个客户一生会贡献的价值只有 25 美元。[4] 类似地还有一个例子，百思买（Best Buy）分析了其客户的购买历史，发现其中有 20% 的客户对企业的经营赢利产生的影响是负面的。这一群消费者被称为“恶魔型客户”，主要购买的是“最优惠的”商品（指的是商店旨在吸引客流、打折很多的商品），通过网络的方式选择最低的商品报价，要求百思买信守最低价格的承诺，他们经常会退货，然后又强迫商店用更低的价格把商品当作退货再卖给他们。了解了这些信息之后，百思买采取了一些措施，来阻止这类顾客来店里买东西，比如顾客退货时，它会向顾客收取货款的 15% 作为再次进货费，它还中止了与 FatWallet.com 网站的合作，这个网站会收取中

[4] Gupta, Sunil, and Donald R. Lehmann(2002), “What Are Your Customers Worth?” Online newsletter. http://www.simon. rochester. edu/fac/demers/What%20are%your%20customers%20worth%20-%200 optimize%202002.pdf.

介费，把追求低价的消费者引到百思买来。

但是，在许多情况下，如果考虑到关系的长远价值，那么一些短期内对企业赢利贡献不大的客户也将会变得很有价值。吉利公司在向刚开始剃须的年轻男士免费发放剃须刀时，它会花些钱，但是它最终会获得丰厚的回报，因为这些人当中的一部分会变成公司的客户，年复一年地购买替换刀片，刀片的利润是很高的。同样地，汽车经销商在销售汽车时会把利润定得不高，但是消费者未来维修、保养汽车以及进一步销售会给企业带来更高的利润。因此，在估算一个细分市场的赢利性时，非常重要的一点就是首先要计算客户终生价值（Customer Lifetime Value，缩写为 CLV），公式如下：[5]

$$\mathrm{CLV}=\sum_{a=1}^{N}(M_a-C_a)_r^{(a-1)}/(1+i)^a-AC$$

其中，

N= 与客户保持关系的年份数；

M_a= 客户在 a 年中给企业带来的毛利（即收入减去成本）；

C_a=a 年中企业针对此客户所作的营销广告或促销的成本；

r= 保留率（$r^{(n-1)}$ 是 a 年的存续率）；

i= 利息率（也叫作折现率，代表着货币的时间价值；今天的一元钱比明年的一元钱价值高）；

AC= 赢得一个客户的初期投入。

在估算某个细分市场相关的潜在赢利性时，可以用“客户终生价值”乘以这个市场中客户的数量，而且，“客户终生价值”这个公式还可以作为一个框架，来评价针对某个细分市场制定的成长战略。例如，如果营销沟通投入提高 10% 会使客户保留率提高 2%，那么就可以计算出将引发的客户终生价值的增减情况。

总之，顾客的使用模式可以作为细分市场有用的起点，因为这样就能够确定出不同的人群，他们有不同的需求，营销经理需要有针对性地加以刺激，具体地说，必须说

[5] Ofeck, Elie(2002), “Customer Profitability and Lifetime Value,” Harvard Business School Publishing, #9-503-019.

服产品类别的非使用者开始使用；对竞争品牌的使用者则要加以劝服，让他们转而使用本企业的品牌；企业目前的客户则必须让他们保持忠诚，扩大产品使用的范围。从独特的人口统计、心理特征角度把细分市场描绘清楚，而且估算出每个细分市场的赢利性及成长潜力都为下一步打下了基础：确定选择目标市场的顺序。

确定选择目标市场的顺序

选择目标市场应该根据企业当前的市场形势及其目标、资源情况来定。下面我们首先分析针对已有的品牌如何确定选择目标市场的顺序，然后再介绍如何调整这种方法，使其适用于确定新产品的目标市场。

已有产品类别中的现有品牌

当一个品牌明确了属于某个产品类别，其成长就有三种途径。首先是针对现有的客户，说服他们花更多的钱来买这个品牌的产品；其次就是针对竞争对手的客户，说服他们转而购买本企业的品牌；再次则是说服从未使用过该产品类别的消费者选购消费这类产品，而且购买时选择本企业的品牌。下面我们对这三种途径分别加以分析。

针对现有客户。从定义上来讲，现有品牌指的是已经存在一群消费者。因此，选择目标市场很自然的第一步，就是考虑通过向这个细分市场投入资源将实现的成长潜力。把现有客户作为首选目标有几个原因。与选择竞争品牌的顾客和从未使用过某类产品的顾客相比，企业现有的顾客更加了解品牌，很可能对品牌有着更积极的评价。而且，企业很有可能拥有关于现有客户的购买历史及联系方式等信息。这些信息使得企业可以向他们提供定制的产品和服务，而且成本很低。最后一点，赢得客户往往需要高额成本，这就意味着企业对留住客户的投入会比获取客户的投入更少，但回报率更高。特别是有一项研究证明，客户保留率提高 10%，将会使客户群的总体价值提升 30%，而获得新客户的投入如果降低 10%，对客户群的总体价值影响只有 1%。[6] 还有一项研究表明，即使客户保留率仅提高 5%，它也能使利润相应地增加 100%。例如，

[6] Gupta, and Lehmann op cit.

就地区性银行而言，20年的老客户就比10年的客户，对银行利润的贡献高85%。随着时间的推移，年长一些的忠诚客户就会从银行贷款买房、买车，而银行无须投入旨在吸引新客户的成本。

企业聚焦于现有客户，首先必须评价他们的忠诚度。此时有两个问题非常有用。第一，企业将多少比例的消费者从一年（或者一个采购期）保留到下一年？保留住的客户越多，客户群的忠诚度就越高。在美国，平均的客户保留率估计在80%左右，这表明许多企业仍有提高的空间。第二，在消费者购买某类产品的投入中，企业抓住了多少？如果企业仅抓住了很小的比例，那么这表明企业仍有发展的机会。

如果客户保留率很低，或者客户购买某类产品的多个品牌，那么企业就应该实施旨在提高客户忠诚度的战略。企业可以推行忠诚度项目，比如酒店和航空公司所推行的常旅客计划。或者如果企业营销的是日常消费品，比如卫生纸或宠物食品，那么可以鼓励客户与企业签订自动补货的协议。如果问题的原因是消费者面临严苛的经济状况，只好为了省钱去购买普通商品，那么企业提高客户保留率的做法就应该是对产品作出一些改变，让消费者买得起。比如，在2008—2009年经济衰退期间，宝洁公司就推出了一款名为"汰渍基本装"的产品，它虽然没有宝洁主要清涤产品所含的全面的洗净力，但是性价比很高，完全可以与普通品牌的洗涤产品媲美。

如果客户保留率高，而且企业掌控了消费者目前在产品类别上花费的绝大部分，那么企业成长的途径可以是确定一些产品崭新的使用场合，或者说服忠诚的客户，让他们相信购买更昂贵的、给企业带来利润更高的那些产业会更好地满足他们的需求。最经典的例子是铁锤品牌（Arm & Hammer）为其主要产品烘焙小苏打粉找到了新用途。在这种产品基本的烹饪用途之外，企业鼓励消费者在很多方面使用它，包括给排水管、冰箱、地毯除臭，甚至美白牙齿。同样地，星巴克咖啡也拓宽了产品线，目的是提高消费者每次进店的消费金额。所以除了企业的标志产品咖啡以外，消费者还可以买到三明治、报纸、咖啡烹制机，甚至音乐碟片等等。而吉列这样的公司会定期推出改进的剃须产品，鼓励消费者转而购买性能更好、给企业带来毛利更高的产品。

针对竞争对手的客户。尽管聚焦于企业当前客户的保留和发展非常重要，然而企业要实现长期的发展就必须获取新用户。一种方法就是将竞争对手的客户作为目标市场，他们与企业的现有客户类似，或者有类似需求的这些人已经使用了该类产品，他们和企业现有客户之间的相似性就增加了被说服的可能性。例如，苹果公司的客户被认为是年轻时尚的，它就把个人电脑的用户中那些年轻时尚（或者希望被看成是年轻时尚）的部分当作目标。类似地，多芬品牌调整自己，让品牌符合一类女性消费者的需求，这类女性接受身体随着年龄增长出现的变化，多芬针对的就是一些竞争品牌的用户，比如玉兰油，用这种态度去吸引新用户。

但是，我们要提醒一点。有时抢夺竞争对手客户的举动会招致反攻，特别是如果竞争对手的核心业务受到威胁的时候。例如，汉堡王投入了 1 亿美元来宣传其新型薯条超过麦当劳薯条。它推出了广告，表明消费者对其薯片的评价更高。而且在店里向消费者免费派发样品。而麦当劳的反应就是增加关于其薯片的广告投入，进行口味测试，当然结果肯定是偏向麦当劳薯片的。最后的情况变成了，虽然汉堡王的薯片销量增加了，但是由于麦当劳的反攻，其快餐业务整个下滑了。相比较而言，如果努力吸引的是竞争对手非核心的客户，那么成功的可能性会更高一些。例如 Thought Works 公司，它是一家中型的信息技术咨询企业，以开发非常复杂的定制应用程序而著称，它从竞争对手那里吸引了一些专业的项目，但是却没有招至对方强烈的回应。因为这些专业项目并不是那些公司的核心业务，所以这些竞争公司不会投入资源来赢回这些业务，有的时候它们甚至会向客户推荐 Thought Works 公司。

针对未使用该类产品的用户。当不太可能扩大现有客户群的产品类别消费时，企业应该努力去吸引未使用过该类产品的用户。有两种战略，分别叫作“入口”（针对首次使用的消费者）和“强化产品类别”。

“入口”（吸引首次使用的消费者）战略。在许多产品类别中，都存在着一些从未使用过该类产品的消费者，由于他们所处的生命阶段或生命中发生的一些事件，他们很有可能成为该类产品的用户。这种战略的目的就是：（1）明确谁将进入这个产品类别；（2）确定什么时候他们会进入；（3）引导他们选购本企业的品牌。“入口”战略和先行者战略是类似的，因为两种战略中，企业都要确保自己的品牌成为消费者购买的该类产品中的第一个。但是，“入口”战略根本的特点，不在于产品是一个崭新的概念，而只是这些消费者不熟悉这个产品类别而已。

以处于产品类别“入口”的消费者为目标市场是很有价值的，因为这些消费者已经到达了生命中某个阶段，特别容易接受某类产品。而且，因为这些消费者还没有购买这类产品，所以企业可以避免一些吸引竞争品牌用户必须的额外投入。而且，在消费者刚刚准备好开始使用某类产品时，如果企业可以抓住他们，那么就可以使客户使用产品的时间变得最长，这样客户终身价值也就更高。

例如，PNC金融服务集团就通过其网络销售的产品“虚拟钱袋”（Virtual Wallet）主要吸引Y时代的消费者。（Y时代指的是1980—1994年出生的人——译者注）。“虚拟钱袋”这种产品把三个账户联系起来，分别是“日常花销账户”（Spend）、“存储账户”（Reserve）和“增长账户”（Growth）。客户可以在三个账户之间方便地转移资金、可以通过短信的方式了解存款余额的情况，可以在一个日历上清楚地看到账户余额，这个日历还可以根据消费者领薪日期、支付账单的日期以及可能有日常花费的日期显示估算出的未来现金流情况。这些客户很有吸引力，因为他们一般都拥有高于平均水平的账户余额，服务的成本不高，因为他们很少致电客服人员或者来网点办理业务。而且，他们也接受低于全国平均水平的利率，以获得网络产品的便捷特点。PNC了解这些消费者在不远的将来将处于其他服务的“入口”，比如购房贷款、经济账户等等。类似地，宝洁公司和金佰利公司之间展开了非常激烈的竞争，瞄准的都是让生一个孩子的夫妇购买纸尿裤。AARP公司推销的是个人长期医疗保险，针对的是65岁以上的消费者。而百威啤酒公司则聚焦于马上到法定饮酒年龄的年轻人。

强化产品类别。吸引从未使用某类产品的消费者，还有另一种方法，那就是“强化产品类别”的战略。当市场对该类产品的需求尚未饱和，而且企业可以通过营销手段有效地加以刺激时，“强化产品类别”的战略就是合适的。“入口”战略中，关键问题是时机，与之不同的是，“强化产品类别”的聚焦点在于那些没有使用某类产品意向的消费者。还有一种情况，那就是即使有些消费者确实正在使用这种产品，但是其使用目的和企业设计的完全不同。

某类产品的需求不饱和，可能会有各种原因。当一种产品类别相对而言比较新的时候，潜在的消费者有可能不知道这类产品，不知道它有什么用处，21世纪之初的数码摄像机遇到的就是这种情况。在这种时候，传播关于该类产品的信息会提高产品的销量。另外，市场不饱和还有可能是消费者没有识别出什么问题，而这问题恰恰是该类产品要解决的。在医药产品领域，这种情况经常发生，比如，消费者通常并不知道他们存在的抑郁症状、或者甲状腺问题、或者高血压，所以并不会去看医生，开些对症的药物来治疗。还有一些时候，消费者可能会希望消费某类产品，但同时遇到一些障碍。比如低收入家庭不买电脑的原因可能是因为他们认为自己没钱。

如果产品类别具有季节性销售的特点，那么在传统淡季中，需求可能也会被认为是不饱和的。比如百利爱尔兰奶油酒（Bailey's Irish Cream）的大部分消费都发生在冬季，比如10月到12月。近年来，这个品牌的经营者一直在努力鼓励消费者在一年当中其他的时间喝这种酒，比如其推出的一则广告就是宣传可以在这种酒中加冰，让它变成一种适合夏季的饮品。

如果没有数据能够表明为什么消费者不使用某类产品，那么要了解某类产品的市场需求是否饱和通常是很困难的。美国人口中有30%左右的人会买电动剃须刀。那么这类产品的市场需求是否饱和了呢？绝大多数剃须的人都知道除了电动剃须刀，他们还有别的选择，而且大多已经选取了湿式剃须的方法，也许他们认为这种方式更好。如果这种选择是基于准确的信息来判断的，比如消费者使用电动剃须刀的个人经验，那么市场需求有可能是饱和的。但是，如果选择湿式剃须方法的消费者凭借的是不完整的或过时的信息，又或者剃须的需求随着时间的推移发生变化（确实如此，因为皮肤随着年龄的增长会变得更干燥），那么这个市场就是不饱和的。这样就需要企业进行市场调研，了解消费者不使用产品类别的原因，在此基础上企业才能判断"强化产品类别"的战略是否合适。

一般而言，如果消费者不使用某类产品的原因是不知道它，而不是对它有负面的看法，那么这种"强化产品类别"的战略更有可能产生效果。这样，如果了解到有130万美国人不知道自己患有甲状腺疾病（而且未确诊），那么就能给生产治疗甲状腺疾病药物的企业提供一个很好的市场机会。

在企业投资推行"强化产品类别"战略之前，它应该评价一种可能性，也就是如果这类产品的销售扩大，那么它是否可能成为主要的受益企业。比较有用的一个初步假定就是企业能够以现有市场份额的比例抓住新产品类别的销售。这样，只有很强大的企业才有可能认为值得凭自己的力量去强化这类产品的营销。当市场中并没有一个绝对的统治企业，而又需要强化产品类别的举措时，企业就有可能组织起来，形成行业协会，共同出资来强化这个产品类别。大家很熟悉的一个例子是那个名叫"喝牛奶了吗？"的营销活动，那就是养牛的农民们共同出资让"牛奶加工教育计划"推出的。

不仅如此，还有各种方法，企业可以保证自己的品牌从强化产品类别的营销活动中获益。拥有得力销售队伍的企业可能会利用广告来强化一个产品类别，然后利用它的销售队伍将扩大的需求引向自己的品牌。

有时候，企业有可能成功地实施“入口”和“强化产品类别”两种战略。很好的一个例子就是被称为“上网本”的那种笔记本电脑，体积小、重量轻、价格不贵（200—500 美元之间）、支持上网功能。当上网本 2007 年首次面市时，它针对的是那些发展中国家和新兴经济体中第一次购买电脑的消费者，他们买不起功能更全、运算能力更强的电脑。但是，上网本也吸引了已经拥有了一台甚至两台个人电脑的消费者，因为他们把上网本看成是备用电脑或者是一个比较经用的小孩子的玩具。

小结一下，我们的建议是已经拥有一些客户的企业在选择目标市场的时候，可以遵循“阻碍因素最小的道路”。首先，它们应该探索通过提高客户忠诚度或扩大销售来增加营业收入的机会。第二步是吸引那些与现有客户类似的新客户，也许是把他们从竞争企业手里抢过来。如果证明这些方法都还不够，无法实现企业发展的目标，那么就应该认真考虑如何让处在产品类别“入口”的非用户或者新用户来消费这类产品。

推出新产品时选择目标市场

企业要获得长远的发展，就需要引入新产品。当企业在某个产品类别中拥有当前的客户群，如果市场研究能够发现现有客户群在其他相关的产品类别中尚有未被满足的需求，那么这将促进企业进入新类产品领域，在这种情况下，选择目标市场的过程和企业面对现有客户群时的做法几乎一样。企业仍然关注的是现有客户群，但是重心变成了要说服他们在一个新的产品类别中消费本企业品牌的产品。例如，宝洁公司对其 Mr. Clean 子品牌的客户进行了研究，发现一些消费者在进行深度清洁工作时无法保护双手，因为他们对乳胶过敏，而乳胶恰恰是大多数家居清洁手套的制作原料。因此，宝洁开发出来一种非乳胶的、重复使用型手套（Mr. Clean Nyplex Reusable Gloves），专门服务于这类消费者。

还有一些时候，企业进入新的产品类别，并不是出于满足现有客户需求的目的，相反，它们是面临利用企业资源和实力服务新客户的机会。比如，比克（BIC）公司在发展的过程中，就曾经推出过书写笔、打火机以及剃刀等产品。所有这些产品都是利用了它生产廉价的模压塑料产品以及利用大众分销渠道销售产品的优势。但是，企业选定的目标市场不一定完全一样，比如打火机针对的是吸烟的人群，但是书写笔和剃刀吸引的就既有吸烟者，又有不吸烟者。将购买各类产品的消费者凝聚在一起的是他们追求的那种价值：即三类产品吸引的消费者都是希望产品简单实用，而且价格便宜、方便买到。

如果是崭新的或者创新的产品，那么企业要做的就不仅是推出一款新产品，而是要引领一类产品。比如 Tivo 开创的是数字录像机（缩写为 DVR）；Swiffer Sweeper 开创了一类崭新的拖把产品，而 Kindle 推出的则是完全新型的无线电子阅读设备。在这些时候，潜在的消费者都未曾使用过该类产品，企业必须同时塑造品牌，又推广产品类别。企业此时选择目标市场时面临的挑战要求它明确两个问题，一是新产品将帮助消费者实现什么样的目标，二是当下如何实现这些目标。

比如，Tivo 产品让观看电视节目的人可以非常容易地控制收看的内容和收看的时间。在 Tivo 面市之前，录像机有这类功能，但是局限性很大。因此，推广数字录像机这类产品和塑造 Tivo 品牌就要同时进行，这家公司选择的目标市场就是那些录像机的用户，但他们希望更好地掌控自己的收看体验，同时他们能够、而且愿意接受新技术。Swiffer Sweeper 给消费者提供了一种简便的、高效的清洁地板的方法。在它之前，清洁地板一般都需要两个步骤：第一步是用扫帚扫地；第二步则是用拖把把地面擦亮。宝洁公司开创了清扫拖把这个新产品类别，而且推出了相应的 Swiffer 品牌，它针对的是那些寻求更方便清洁地面方法的家庭主妇。Kindle 则让人们无论身处何地，都能方便地、用数字化的方式阅读海量的图书和其他印刷品。在它出现之前，人们只能在书店或者通过网上订购送货的方法才能看到图书。因此，当企业在一个新的类别当中推出一个新产品时，它选择的目标市场就必须是从未用过该类产品的用户，但企业的新产品可以满足用户使用其他类别产品可以满足的需求。

在企业进入一个新的产品类别时，它应该首先明确自身独特的优势以及它为客户创造价值的方式。这种提法看上去与普遍的营销理念有点矛盾，一般而言，营销学会建议企业更少地关注自己的产品，而更多地关注客户的需求。但是，在企业识别新的市场机会时，如果它首先关注客户的需求，那么它会发现那些机会很难把握。通过首先明确企业的优势，它就可以分析市场，明确它有多大把握比竞争对手更好地服务目标客户。

迈克尔·特雷西（Michael Treaey）和弗雷德·威尔斯玛（Fred Wiersema）在他们所著的《市场领导者的修炼》（*The Discipline of Market Leaders*）当中，总结了三种企业可以用来创造价值的方法或法则：经营卓越、产品领先或者亲近顾客。[7]

经营卓越。沃尔玛和麦当劳是通过卓越的经营，才成长为行业的佼佼者。经营得非常完美的企业可以通过提供中流产品、索取高价、提供最大的便利而创造出价值。而要创造出这样的产品和服务，这些企业会构建核心的业务流程，帮助它们完善分销物流体系，提供最为便捷的服务；而且管理中往往采用强有力的集权式管理，授权程度很有限；它们会采用保证标准化的经营流程的管理体系，而且这些企业遵从一种规避意外和“一刀切”的文化。

对于这些卓越企业的产品和服务，消费者追求的是一种习惯性的消费体验，不喜欢购买的产品有什么差异，或者带来什么惊奇的感觉。他们追求的是一种功能型产品，选择品牌时凭借的是线性的逻辑判断而非感性认知。当这类经营卓越的企业进入一个新的产品类别时，它往往会选择一个很大的目标细分市场，目的就是利用自己的优势进行规模生产、降低成本、广泛推销。这往往会让它们以现有市场领袖企业的客户作为目标市场，同时向这些客户承诺价格更低、更加便捷。

产品领先。英特尔、苹果和耐克公司采用的则是产品领先的方法来创造价值。遵循这种原则的企业往往会关注开发新型、更优的产品。在这个过程中，它们往往会让自己的前期产品变成过时的产品。采用产品领先方法的企业的核心业务特点就是能够产生创意，并将创意变为产品，而且巧妙地营销这些产品。它们拥有一种很有活力的企业文化，其管理制度鼓励个人的创新能力和新产品的成功，这类企业鼓励实验而且推崇“不合常规”的思维方式。

这类企业所提供的产品和服务，恰恰吸引了厌倦旧产品和服务体验的消费者，他们本能地会被新的消费方式所吸引。但是，光是新还不够——这些消费者往往非常熟

---

[7] Treacy, Michael, and Fred Wiresema (1995), *The Discipline of Market Leaders* Reading, MA: Addison-Wesley.

悉他们所购买的产品和服务，因此企业必须要能说服他们，新产品与旧产品相比，价值更高而且具有差异性。因此，目标市场就可能会是现有产品类别的用户，但他们追求更好的产品，而且愿意付钱买这种新产品。这样的用户还有可能是竞争对手的客户，而这些竞争对手目前采用的是最好的技术，提供的是最佳的产品。这些消费者往往会认为自己是非常精明、非常审慎的消费者，所以如果企业只是空洞地说自己的产品好，那么这些消费者肯定是会怀疑的。

亲近顾客。丽兹酒店（Ritz-Carlton）、诺顿百货（Nordstrom's）和直觉公司（Intuit）等公司则是通过亲近顾客来创造价值的。遵循这条原则的企业往往会通过满足顾客独特的需求，与顾客保持极其紧密的客户关系。这类企业往往拥有相对扁平化的组织结构，管理层赋予一线员工更多的授权。这些企业的文化很灵活、客户导向很明显、对员工的奖励往往与客户满意度和忠诚度指标挂钩。亲近顾客型企业的产品和服务所吸引的人群，从情感上对购买的行为投入是很深的，而且会寻求一种表达自我的感觉。他们希望企业关注他们的需求、而且更多地关注他们个人。当发生意外或者当他们的需求变化的时候，他们希望企业不仅能够响应那些变化，而且还能作出很好的调整。亲近顾客型的企业能够吸引市场领袖企业的客户中的一个子群体，这些消费者心存不满，随时会转而选择更能满足其需求的产品。

企业在这三种创造价值的原则中，要在两个或三个方面都做得出色非常困难，因为不同的原则涉及完全不同的业务流程、管理体系和管理结构，还有企业文化。但是，成功的企业在其未遵循的两个原则方面，必须遵从行业标准。比如，苹果公司采取的是产品领先的原则，它必须不仅能够生产新型的、尖端的计算机来替代企业的老旧型号，而且它还要拥有良好的经营体系，让它能够非常高效地生产、分销其计算机，它还需要兼顾各类消费者的需求来开发产品线，比如针对内存等产品属性来开发产品。

选择目标市场的动态变化

我们关于细分市场和选择目标市场的分析，表明企业可以通过各种方法在市场中获得成长和发展。在下面这个部分，我们梳理一下曾经出现过的一些问题。生产一类产品的现有企业选择目标市场时，首先会聚焦于现有的客户，然后会转而吸引竞争对手的客户以及与现有客户相似、但未使用过该类产品的用户。但是，如果现有客户群以及与其类似的客户群是一个萎缩的或者动力不足的市场，那么这种方法就会限制企业的发展。

举个例子，Old Spice 是一个男士化妆品的品牌。1990 年宝洁公司收购了这个品牌，于是打入了高端男士体香产品行业。除了这个品牌的高端特点之外，体香产品对宝洁公司也很有吸引力，因为消费者往往对于所使用的体香产品品牌有相对较高的忠诚度，这就提高了这类产品平均的客户终身价值。但是，在消费者购买 Old Spice 产品的时候，他们一般都超过 50 岁了。因为这个年龄的男性消费者已经对某个体香产品品牌很忠诚了，所以要获得更大的市场份额就很难，Old Spice 的销售也处于停滞状态。在面临这样一群忠诚的、但又萎缩停滞的客户群时，什么才是恰当的策略呢？企业是应该聚焦在现有客户身上，还是应该转而投向发展机会更好的细分市场呢？答案取决于两个因素，一是市场萎缩或衰退的原因，二是现有客户与发展机会更好的客户群之间的关系。

几年前，Entenmann’s 烘焙公司发现，它现有的客户虽然仍然很喜欢公司的产品，但是因为担心中年“发福”，所以买的都比以前少。所以它就考虑要把现有产品的客户群扩大到更年轻的，对体重不那么纠结的消费者。它针对年长一些的客户群开发出了新型的低热量产品。它还采用低脂肪产品来服务于企业的当前客户群，在这个过程中，它们发现低脂肪产品也会吸引那些关注健康和保持身材的年轻客户。很明显，新的产品线不仅实现以前未达到的目标，刺激了已有的产品类别的发展，同时还保证了现有客户的消费。

让我们回到 Old Spice 品牌，它也获得了成功，它的做法是把焦点从现有的消费人群转向更加年轻的消费者——即这类产品的新用户，他们对体香产品品牌还没有什么忠诚度。从一个细分市场转向另一个细分市场存在的风险在于，针对的新客户群有可能不会被产品的新型定位所说服打动，他们有可能会继续认定产品更加适合别的消费者。尽管 Old Spice 品牌确实遇到了一些挑战，需要改变产品针对祖父辈的形象定位，但是它也能够通过“跨代”避免许多这类问题——也就是说，它可以聚焦于那些不了解品牌核心用户的消费者。到 2004 年，它已经成了年轻男性购买的最多的体香产品。

正如 Old Spice 的例子所表明的那样，不同的消费人群往往并不希望与同一个品牌联系在一起，所以在一个消费人群中获得的成功会降低产品对另一个细分市场的吸引力。比如当保时捷公司（Porsche）推出卡宴（Cayenne）越野车时就是这样。在推出卡宴之前，85% 的保时捷汽车都是男性购买的。尽管卡宴吸引了女性消费者，扩大了保时捷的客户群，但是男性消费者却有不同的反应，他们感觉卡宴及其吸引的客户群稀释了保时捷品牌所固有的运动型轿车形象以及“美女磁铁”的品牌地位。比如在 Old Spice 的例子中，如果一个细分市场的消费者不知道产品向另一人群营销的方法，那么就可以避免这样的问题。临床使用的除汗体香产品，比如 Secret Clinical Strength 品牌针对的就是需要解决严重出汗问题的消费者。因为它是治疗出汗疾病的，所以一般是由医生或者保健专业人士向消费者推荐的。然而，这些产品也可以向并未患此疾病的人推销，因为这些消费者会面临一些“绝对不能跌份儿”的场合，无论如何也要解决出汗的问题（比如夏日在户外举行的婚礼或者求职面试等等）。如果这些消费者把医用除汗体香产品和“病态出汗”联系在一起，那么他们很可能不会购买。但是因为治疗病态出汗，这个概念主要是医生推介的，所以大多数消费者并不知道。

总　结

本章分析了基于用户使用产品的情况对市场进行细分和选择目标市场的方法。相比而言，我们更加推崇这种方法的原因有两个。一方面，采用这种方法识别出来的细分市场需要企业制定独特的营销战略，而不是简单地采用不同的营销策略。如果针对现有客户，那么目标就成了留住这些客户，以及可能的情况下，扩大他们使用产品的范围。而如果选择竞争对手的客户为目标市场，那么企业的目标就成了要提出一种产品方案，足以吸引对手的客户。而当企业选定非产品类别用户时，就必须强调消费此类产品的理由。另一方面，这种基于使用情况的方法聚焦于与不同目标相关联的成本和潜在收益。现有客户最容易达到，短期内收益最高。而吸引非类别用户可能会耗资很大，但是对于企业维持长远发展，它可能会非常重要。

作者简介

艾丽斯·M. 泰伯特（Alice M. Tybout）是凯洛格商学院市场营销学系的 Harold T. Martin 营销学教授及前任系主任。她也是凯洛格品牌项目中心的负责人之一，以及位于 James L.Allen 中心的凯洛格消费者营销战略项目中心的主任。她是《凯洛格品牌论》（由 John Wiley & Sons 出版社 2005 年出版）的主编之一。她在俄亥俄州立大学（Ohio State University）获得理学学士学位和工商管理硕士学位，在西北大学获得博士学位。

肯特·格雷森（Kent Grayson）是凯洛格商学院市场营销学系的 Bernice and Leonard Lavin 营销学教授。在 2002 年加盟凯洛格之前，他在伦敦商学院担任教职 8 年，期间有 2 年担任伦敦商学院的营销中心主任。他曾撰写、发表了关于市场细分的案例，并研究一些《财富》五百强企业的市场细分问题。他在密歇根大学（University of Michigan）获得文学学士学位和硕士学位，在西北大学获得博士学位。

第三章

营销调研和了解消费者

博比·J. 考尔德

引　言

了解消费者的目标使我想起一个很有意思的关于酒保的笑话。说的是有一天，一只狗散步到酒吧，跳上了一个高脚凳。

狗：我要一扎啤酒。

酒保（倒酒）：14 美元。

酒保（暂停）：等一下，我要问一下……，我们这儿可没有几只会说话的狗！

狗：所以你要这个价儿，我并不感到意外。

虽然这个笑话听上去挺幽默，但它却给我们呈现了一个一般人都难以接受的事实。这个事实就是人们的观点会相差多大——而我们的观点会严重地妨碍我们了解别人的观点。

对于许多公司而言，消费者（或客户）会显得和上面笑话中会说话的狗一样奇怪。卖家和买家的观点天生就不同。虽然差异的程度可能不同，但这种差异始终存在。

然而，成功的营销需要弥合这种差别。甚至可以说，成功的营销就是在弥合这些差别。为了成功地营销，公司必须超越自己，努力地站在消费者的角度了解产品的特点及潜力。了解消费者的目标是最根本性的任务。

但是如何达到这个目标呢？对许多人来说，答案很简单：市场调研。问卷调查、专题小组、企业内部数据库以及联合机构间的数据库等等，它们为营销决策奠定必要的基础，营销人员只需要“作作研究”或“获取数据”。然而，真正的答案并非如此简单。企业通过市场调研去了解消费者的需求，这是一个综合的复杂的过程——不仅仅是技术的、数据分析的问题（虽然这些方法确实存在），相反，它涉及关于调研过程这样更为基础性的问题。

在这章中，我们要分析这些基础性的问题。我们强调在营销调研中，由解释所驱动的和由数据所驱动的方法同样重要，我们所说的由解释所驱动的方法指的是企业专注于了解消费者。太多时候，营销调研指的就是在预算范围内尽可能地广泛收集数据，获取最大量的样本，使用最新的统计方法，或提供大量的分析报告。管理者需要理解消费者，但通常状况下，他们只是得到了一些信息而已。包含大量数据的报告，即使摆在管理人员面前，如果他们并不努力去理解消费者，那么这些报告就会简单地变成放在办公室的文件夹、几个月都无人问津的摆设。

什么是您的营销调研哲学？

人们会很容易地陷在营销调研的技术问题当中，（再次重申：这并不是说，围绕着技术，没什么真正重要的问题）。但是是否能够通过营销调研成功地理解消费者，虽然与各种调研方法的优劣有关，但更为重要的则是指导整个研究方法的思想。正因为这个原因，对于营销人员来说，重要的是要有自己的思路，要把自己的思想运用于实际研究中。可惜的是，许多营销人员往往过于轻信一些并不正确的经典理论。而对一些重要的问题并不加以慎重的思考，这就是企业并不了解消费者的根本原因。

营销调研的哲学涉及到至少三个方面的重要问题：**是证据还是预测；是准确还是模糊；是数据还是解释。**

证据对预测

在营销调研过程中，你认为哪一个更重要——是确定性还是创造性？营销调研会不会很理想地呈现出符合实际的结果？或者营销调研是否因为数据有矛盾的地方，就应该包含一些预测的成分？

准确对模糊

准确性和灵活性哪一个更重要？是更准确的研究成果更有价值呢？还是模糊的研究结果不仅是可接受的，而且也在人们的期望范围内？

数据对解释

数据驱动还是解释驱动哪一个更好？这里的问题并不是关于数据的重要性，事实上，所有的研究都要使用数据。问题相反是数据所起的作用。研究结果是否应该仅仅涉及数据本身，即那些被观察和记录的数据（比如：所观察或记录的关于求医看病的数据）？还是应该将研究结果与一些更为抽象的、尚未被观察到的概念联系在一起（比如：将一些人归为“健康追求者”的类别）？

传统观念

许多营销人员似乎非常认同一种观念，他们认为营销调研探求的就是一些准确的、被证实的由数据驱动的结论，这是关于营销调研的传统观念。虽然这些营销人员可能会认同推测和解释是有价值的，但是，他们并不认同模糊的结论，他们非常希望看到有数据支撑、有证据证实、而且准确无误的结论。

但是，并不因为这是传统经典的观念，它就是正确的。有时传统的观念就是如此，恰恰是人们并没有认真思考过的问题。后面，我们将把上述三个选择放在典型的营销调研场景中一一加以分析。我们不仅会看到获得准确的由数据支撑的证据是很困难的，而且那也是徒劳的，就像尝试一遍又一遍地推石上山，最后石头还会滚下来一样。如果认为营销调研就是要努力搜寻准确的、由数据支撑的证据，那么从实际效果上说，这会妨碍我们真正理解消费者。

营销调研的一个典型案例

假设我们希望向市场推出一种新的烹饪炊具。这个炊具是用来取代传统的烤炉，别的不说，它烧肉很快，速度是烤炉的两倍。我们应当怎样去了解消费者对这种产品的看法呢？下面的营销调查是典型的做法。

首先，我们可以通过联合调查等方法搜寻现有的揭示消费者行为的数据。我们首先要了解消费者在家吃饭和在外面吃饭的频率对比情况（大趋势是在家吃）。我们要进一步了解消费者使用烤炉的频率（这个频率是下降的），以及他们花在做饭上的时间是多少（时间更短）。我们还可以研究其他类型的专业炊具的销售情况（其销量是上升的）。

我们很可能也希望得到专门针对我们产品的一手调研信息。首先，我们会进行一系列专题小组研究，了解消费者对这种新炊具的反应。倾听消费者关于做饭的意见将使我们明确消费者关心的是哪些问题，而我们应该去问什么问题。但是，正如营销调研的主管提醒的那样，我们不能根据这种信息作出任何决定，这是非常重要的。专题小组的方法是定性的研究，参与者的回答是不精确的。研究报告仅涉及一般的话题，也许会包含几个特例。此外，样本一般为 40 人左右，规模太小了。而所有的人都知道在这种专题小组中往往会有一个人或两个人控制着整个讨论，而其他的参与者只是附和他们的观点。所以，专题小组的方法适用于“定向”的研究，但是我们不能全部依靠这种方法。

理想的情况是我们希望作一个消费者调查，以取得定量的，有根据的信息来帮助我们了解消费者。这种调查当中，所采用的问题答案是可以量化的，而且，样本数量足够多，可以进行归纳分析。通过数以百计的消费者调查，我们就可以保证统计结果的有效性。

我们的量化调研会请消费者对我们的炊具不同属性的重要性进行评价，我们采取 1 至 10 的量度，10 表示非常重要，调查结果有可能会是这样的：

烹饪速度 8.2

食品质量 7.1

易于清洗 6.5

占用空间 4.8

我们甚至还可以分析这些属性与一些因素，比如价格敏感性的关系。我们会发现，当消费者认为烹饪速度更为重要时，价格敏感性会下降，因此，调查结果将会提供决策时需要的启示。比如，我们可以将这种炊具定位于快速烹饪炊具，进而采取相应的营销策略。

这个案例反映了前面我们说过的传统理论关于营销调研的思路。其核心是数据最主要，而且量化的数据要准确，从数据中归纳出结果的能力源自于样本的数量，也就是说样本量要足够大，才能归纳出有效的结果。这种思路中最核心的问题是样本量要多大?

在我们的炊具例子中，我们掌握了准确的、已被证实的数据，这些数据说明人们在家吃饭的次数更多，花在烧饭上的时间更少，而且认为烹饪速度是最重要的要素，比下一个要素高出 1.1。

有关举证的问题：理解是推测出来的

理解消费者的传统观点是没有错误的。也就是说，量化分析非常有用，而数据和样本越多越好。但是问题在于**要理解消费者，有比这更重要的因素。**

传统的观点有局限性，简单地认为如果得到的数据越多，那么对消费者的了解就越清楚。也就是说传统观念认定理解消费者是通过积累数据来完成的；也就是说，从更多的样本身上取得更多的数据就能实现研究成果更高的有效性，对消费者的了解就更清楚。秉承传统方式的管理者会关注诸如“样本量有多大？”这样的问题，而不关心这些样本与研究的关系，是否适合于研究。因此基于这种观点，研究结果往往会被当成对消费者的理解。

然而，这种总体对数据量，特别是针对样本规模的关注是不恰当的，容易导致一些错误，比如我们对自己的炊具产品不同属性的重要性进行的调查，我们在全国范围内联合调查了 2000 人。由于有这样的样本量，我们的结论（比如被访者对于烹饪速度这个属性评级为 8.2）在统计上是有根据的。假若我们进行全民调查，也将得到同样的结论。假定我们在下一个季度进行滚动调查，也是如此。毫无疑问，我们已经证明，烹饪速度是该产品最重要的属性。

但是问题在于要证明一件事是非常困难的，甚至是不可能的。我们必须明确一点，我们是在努力取得归纳证据——我们不是仅仅只询问了几个人，而是 2000 人。基于此，我们归纳出（而不是推论出），再调查一个 100 人或一千万人也将得出同样的结果，这意味着对烹饪速度这个属性的评级仍然会是 8.2。或许这是有可能的。但是，假如我们下一个季度再作调查，也许我们会得到 7.2 的评级结果，怎么可能会这样呢？实际上，假如，我们使用不同的询问措词，或者改变调查问题的顺序，我们就可能会得到不同的结论。假若天气转冷，我们也有可能得到不同的结论。这里关键的问题在于不能仅仅因为我们拥有很人的样本和多次调查，就认定 8.2 这个评级是真实的，这种推论逻辑是不对的。

简而言之，归纳并不能作为逻辑推理的原则。太阳总是每天早上升起，所以人们会认为明天太阳也会升起，但是这个说法是没有证据的——比如小行星会碰撞地球，那么明天就不会有日出了。说太阳**或许会**升起，这是没有太大意义的。只要我们谈论的是关于将来或未知的可能性的问题，那么要说清楚它的概率就是不可能的。概率需要一个有限的可能性集合。你可以说，**从实际情况看，**太阳明天会升起，因为它总是这样，但是我们证明观点使用的是归纳法。

一个必然的结论就是：归纳本身不是证据，而且数据或者复制数据本身也都不是证据。我们没有证明，也不可能证明在我们的调查范围之外，消费者对烹饪速度这个属性重要性的评级仍为 8.2，我们采用多大的样本量或是进行多少次调查都是这样。样本统计可以帮助我们把调查数据推广至更大范围内的人群，而这些人是我们本该调查，但并没有调查过的。但样本统计不能证明调查结果在未来或是其他情况下仍然适用。

那么这会给我们什么启示呢？它让我们认识到营销调研常常是推测性的。被调查者给烹饪速度 8.2 的评级会让我们去推测或假定，对于消费者而言，速度是最重要的问题。无论这个推论是源自对 10 个消费者的调查，还是对一万个消费者的调查，推论的性质是不变的。样本更多很好，因为这样我们会很有把握，如果之前调查的人更多，那么肯定会得到这个统计结果。但是，这并不是有证据证明的事实。到最后，我们仍然靠的是推测。但是，有人会说，从调查一万人得出的 8.2 评级结果至少应该是准确的吧？对吗？那么还是让我们回到准确性这个概念上来吧。

有关准确性的问题：我们的概念天生是模糊的

当我们作为营销人员提出，平均而言，消费者对烹饪速度这个属性重要性的评级为 8.2（或者有 78.6% 的人都给速度评级为 8），此时我们采用的正是充满科学和权威气息的定量分析方法。但是，我们应该进一步分析这个问题。"8" 这个评级的真正含义是什么？我们可以说它意味着消费者认为速度"非常重要"。但是，我们怎么知道的呢？实际上，在我们自己的归类评价或是消费者的归类评价体系中，评级为 8 或者更高就代表着"非常重要"。然而，这个"非常重要"的类别名称与精确的数字 8.2 之间不完全一样。这里的关键在于，最后，我们必须用某种方式来描述用数字表示的证据，通常我们会使用"非常重要"这样的语言表述的概念。但这些语言表述和量化数据相比，明显没那么准确。

而且，"非常重要"这个概念天生就是模糊的。假若 8.2 意味着"非常重要"，那么，平均评级为 7.9 又意味着什么？它可是非常接近 8.2 的。同样，7.8，6.8 等等又意味着什么呢？

这里有一个悖论，——复合三段论悖论，它最早是由古希腊人提出来的。在希腊文当中，"Sorites" 指的是"堆积"。这个悖论是这样说的：假如我们有一堆沙粒，如果拿走一颗，我们仍然有一堆。但是当我们继续使用这种办法，到最后，沙堆会变成只有两颗沙粒，然后是一颗，甚至最后就没有沙粒了。但是认定两颗沙粒仍然是沙堆的结论却是似是而非的。我们可以不承认说，一堆沙减去一粒后仍然是一堆沙。但是，假如我们真的不承认的话，那么就得肯定有那么一个点，在这个点上，拿走一颗沙粒，剩下的就不再是一堆沙了。这个似是而非的问题就变成了，这一颗沙粒怎么会引发这么大的差别呢？[1]

这种复合三段论的悖论在我们思考问题一般采用的概念中都会存在。我们来举关于身高的例子。什么时候我们会说一位女士个子高？比如我们说 6 英尺 1 的女子属于个子高的。6 英尺的女子也是个子高的，以及 5 英尺 11、5 英尺 10 等等都是个子高的。那么假如我们否认这个 5 英尺 2 的女士是个子高的，那么在某个点上，我们就会遇到那个悖论，比如我们似是而非地把 5 英尺 2 也列为个子不高的女士。那么从 5 英尺 3 到 5 英尺 2 这一英寸怎么就把个子高和个子不高的区分开来了呢？

---

[1] Williamson, Timothy(2002), *Vagueness*, Surrey, UK: Ashgate Publishing.

我们可以尝试通过下定义的办法去澄清一些内在的模糊概念，比如我们可以定义说：女士身高超过 5 英尺 9 就是个子高的。此时，不仅这个标准的确定是随意的，而且它也根本解决不了问题。假如一位女士身高恰恰是 5 英尺 9，那么我们应当怎么归类呢？我们是从她头皮量起，还是从头发量起？一天中什么时间去测量？女士当时摆的是什么样的姿势？这些问题中的概念本身是模糊的，正如“高”这个概念是模糊的一样，因此无法解决我们营销调研中的准确性问题。

复合三段论的悖论的启示在于，我们思考问题时应用的概念天生就是模糊的。我们真不知道什么时候一个人算是个子高。把一个人归为个子高的、或者秃顶的，甚至别的什么类别，都只是我们自己的判断。我们的判断常常是不精确的。但是模糊本身是无害的。它实际上还有好处。它允许我们谈论一些我们不可能准确知道的事情，它让我们能够应付世界万物。这样，虽然诸如评级 8.2 这样的量化指标看起来很准确，但其实不是。我们必须凭借模糊思考的能力，分析指标真正的含义。即使证明和准确性都是空想的，还会有人说我们至少可以采用一些由数据来驱动的方法。至少我们决策时可以直接凭借符合实际的事实信息。那么，现在让我们来分析一下由数据来驱动的问题。

与数据驱动相关的问题：解释永远不在数据中

当然，我们应该努力地保持客观，避免出现一些偏见，否则这些偏见会影响研究结果，比如设计问卷的问题时，措词的选择就应该保证消费者按自己的真实想法来回答。但是，通常情况下，营销人员对客观性的理解并不是这样的。他们往往非常重视与数据直接相联的结论。比如“数据显示，烹饪速度对消费者而言是最重要的。”

这里的关键在于理解消费者并不仅仅是数据的问题。解释是第一位的和最主要的，理解某事就要解释它是怎样发生的。这个过程中有一部分是要预测未来会发生什么。但是解释远比预测更多。解释是要说明为什么某事会发生或者它将怎样发生。在我们的新炊具的例子中，我们需要了解的是消费者为何会喜欢它以及会怎样使用它。在寻求解释的过程中，非常重要的是必须认清一点，**解释绝不在数据中**。解释与数据总是分开的。

让我们深入地分析这一点，下面我们来看一个小故事（改编自伯特兰 · 罗素）。假如我们是一家食品企业，我们针对某个人群作了一个调查，我们发现这群人中 85%

的消费者在调查的那一周中最少吃了 4 次鸡。我们的调查样本是 400 人，看起来够大了，但是从统计意义上讲，这还不具备代表性。于是我们做了第二次调查，并得到了相同的结果。第二次调查的抽样样本为 2000 人。于是我们得到一个结论，即我们的理解从量化指标角度上是准确的，从统计意义上是有效的，这些消费者是爱吃鸡的！

这个例子看上去既简单又明了，如我们所愿。的确，按传统思维来看，它可能是这样的。但是这里有一个问题，解释在哪里？我们可以预测到这些消费者将会继续吃鸡（因此，鸡将是我们菜单中的主要食材）。但是，这是一个预测，而不是解释，我们可以说，简而言之，解释就是统计的外推法：假如现在许多人吃鸡，将来许多人也许会继续吃鸡。但是，我们怎样知道我们可以进行这样的推断呢？如前所述，这个结论不能简单地被当作是已被证实过的。调查可以表明人们正在吃鸡（或者说他们正在吃鸡），但是仅仅因为外推法有时候是准确的，就把这种行为外推至未来，显然依据的是一种信念判断，而不是逻辑。

然而事情会比这更复杂。实际上解释要先于数据，在你用数据进行推断之前，你必须有一个解释。为什么我们的消费者要吃这么多的鸡，一个简单的解释是因为他们喜欢鸡肉的味道。这个解释会让人们预测到他们将来还会吃鸡。请注意，在这里事先有解释。我们的消费者将来还会吃鸡，因为他们喜欢鸡的味道，并且想要更多，此时预测不仅仅是从数据得到的推断。

但是试想一下，也有可能会有其他的解释。也许我们的消费者是担心自己的体重，所以吃鸡肉是为了减肥。或者他们吃鸡是为了省钱。如果沿着这两种思路解释下去，那么就可以预测出这样一个结论：在达到（或者厌倦）他们的目的后，消费者不会再吃这么多的鸡。这样，虽然我们的数据表明人们吃大量的鸡，但是会得出两种不同的预测：一种是人们会继续吃鸡，另一种是他们将会停止吃鸡。同样的数据可能适合于两个相反的预测结论。此时，预测靠的仅仅是解释，而不是数据，解释并不在数据中，因此预测也不是由数据外推出来的。这里的关键在于解释是第一位的，而且是和数据分离的。预测的唯一方法是解释，单独依从数据进行预测，是不符合逻辑的。

这个结论看上去有些模糊，但其实不是。这里的关键问题在于营销人员不应该简单地采用市场调研的数据，依据样本的大小，然后就推定出结论。样本量的大小和样本统计都与人们将来是否吃鸡没有任何关系。

如果解释是最主要的，那么也就意味着如果数据没有解释，它将不是真正有用的。

你看待数据时，脑海中必须有种解释。数据不会告诉你该想些什么，你必须首先自己去思考。但是数据的作用是非常重要的：它让你更加确信你所作出的解释（虽然证据并不是客观的）。更重要的是，数据也许会引领你放弃某种解释，而去寻找另一个更好的解释。数据是质疑解释最有力的方式。

解释是从哪里来的？从逻辑上讲，解释不可能来自于数据，因为从一开始，解释就不在数据中。但是它若不是从数据中来，那它又从何处来？解释从创造性中来。解释是在创造性地解释消费者的行为。这种创造性可能是在观察数据的过程中被激发出来的，人们会萌发灵感，有所领悟。这种创造性也有可能是伴随着经验和直觉等等产生的。

最重要的事是**要有**一个解释——即在心中带着一种解释去开始这个过程。一旦你对一件事有了你的解释，不管解释是从什么地方来的，这个解释就成了第一位的。你首先想到的是解释，其次才是数据。传统观念的问题在于人们认为营销调研仅仅只与数据有关，或者营销调研的解释就包含在数据当中。但是**精明的营销人员应该更加注重解释，而不是数据本身**。

模糊推测性解释的价值

让我们回到那个新型炊具的案例中来。抛开传统思维，虽然我们意识到 2000 个被访者这样的样本量令人印象深刻，但是我们需要从更广的角度了解消费者。首先，我们需要聚焦于解释。假如我们有数据，它可能成为获取解释的灵感，但是无论如何，我们一开始就需要一种解释，说明支撑烹饪速度这个重要指标的数据。在这个案例中，有一种解释，那就是人们会简单地认为速度比品质更重要。人们做饭越来越匆忙，因此赶着把饭做好，好吃不好吃就顾不上了。

现在我们可以用数据来评论我们的解释了。首先，我们所掌握的消费者调查的数据是否适合于这个解释呢？事实证明是适合的。烹饪速度在被访者看来确实比食品味道更重要。这个发现使我们对自己的解释更加满意，但是我们并没有办法证明这一点。

尽管这个调查的样本量比较大，然而它不应该让我们过于自信。原因是这个调查与许多其他的解释相吻合，都给烹饪速度赋予了更高的评级，例如，消费者可能会认为通过技术的手段提高烹饪速度是容易实现的。然而食物品质的改善却是很困难的。

此时，解释是围绕着消费者对技术可行性的判断进行的，因此消费者的答案并不是现实中对他们最重要的因素。

人们可以看到，对第一种解释确实有一些很有力的测试，我们能否得到一些数据，说明消费者在考虑技术时，确实会牺牲食品的口味呢？有一个简单的测试是这样的：告诉消费者假如对于速度和品质都没有技术上的任何限制，请他们基于这种假设，进行指标重要性的评价。假如我们得到同样的重要性评级，那么这将支持那种认为消费者会牺牲品质的解释。也就是说，人们认为速度比品质更重要。但是，假如对品质这个指标的重要性评级提高了，超过了对速度指标的提高幅度，这样就反驳了消费者会牺牲品质的解释，相反则支持了消费者会考虑技术问题的解释。

这里有两条原则。第一是用什么数据来测试一种解释是非常重要的。虽然数据量，包括样本量，是有一定关系的，但是最重要的是总体上数据质疑一种解释的程度（即测试的严格程度）。如果一种解释能够很好地经受数据的考验，那么我们会更加坚信这种解释。

第二条（甚至是更重要的）原则是，当数据让我们拒绝接受一种解释时，我们会学到更多。这有道理吗？假如数据与解释一致，我们的自信心会增强。但是，还有一种可能，从另外的更严格的测试中所得到的数据并不支持某种解释。而这些测试是我们没有做过的（甚至根本没有想到过）。于是我们并不能确信某种解释是正确的。我们永远都不可能证实某种解释是正确的。我们仅能接受并采纳某个时间点我们比较喜欢的解释。

现在，假如数据导致我们拒绝接受某种解释，那么我们会有新的收获。我们知道原有的解释是不可接受的，我们需要一个新的。这样，我们就能够去寻找更好的解释。那个正确的解释永远不可能是现成摆在面前的，传统观念中所坚持的精确和事实证明都是不存在的。理解消费者时所采用的解释都是建立在现有数据的基础上，而且会随着新数据的出现发生变化。

这里我们必须强调，数据本身是无意义的。没有任何解释天生就存在于数据中。数据只能帮助我们找到合理的解释。

这个逻辑推理的结论对现实有着重要的启示。许多管理人员都认为，要了解消费者，首先必须看数据，只有通过看数据，他们才知道该怎样去理解消费者。实际情况是虽然数据能带来灵感，但是，一般的经验和直觉也能产生灵感。在任何情况下，你都必须去思考。而这个过程不可能简单得像给数据作出一个假设一样，否则那就相当于只预测，而不作任何解释。你必须认真思考未来会发生什么，在数据能够真正发挥作用之前，你心中必须有一个解释。

理解什么是解释

如果按照传统观念，前文所说的炊具很容易被定位于“快速炊具”。毕竟，消费者认为烹饪速度是最重要的——准确地说，就是那个 8.2。因此，这就会“证明”消费者喜欢这种“快速炊具”产品。甚至广告商会在产品广告中宣传“**用光速来烹饪**”的概念。

所幸的是，营销团队能够克服那些传统观念。这个团队在销售微波炉方面有相当丰富的经验，众所周知，消费者，特别是美国的消费者，在考虑使用微波炉烹饪时，态度往往是矛盾的。一方面，他们会认为用微波炉“煮”食物，不仅味道不好，而且外观更糟糕。但另一方面，如果是加热食物或做爆米花，微波炉则是很好的。但是，在微波炉中做饭就像“核爆炸”一样。甚至对于许多消费者而言，用其进行冷冻食品除霜都是有问题的。先前的问卷调查和专题小组的调查都会明确这一点。营销团队推测，这些看法也会适用于新的烤箱产品。消费者更容易相信新技术、会让做饭变得更快，但不会那么容易相信新技术会让饭做得更好吃。

微波炉带来的启示让营销团队去质疑，现在的调查是否事实上能证明，对于消费者来说，烹饪速度是最重要的。而且还引导他们去推想其他的解释。或许消费者想的是他们做饭也好，吃饭也好，已经很快了。做饭的平均时间多年来一直在缩短。也许消费者已经到达了一个阶段，从烹饪正餐所用的已经不长的 30 分钟里面减少几分钟，并没有太大意义，他们吃得已经很快了。速度虽然也重要，但是，这并不意味着人们会竭力去追求能把吃饭时间压缩到 15 分钟内的炊具。

那么，在这种情况下，消费者会重视什么呢？虽然速度确实重要，但是消费者做饭已经很快了。下一步他们真正重视的又是什么呢？也许他们真想要的是一些现在没有时间做，但如果能在较短时间内做好，他们会很爱吃的饭菜。因为有了这样的解释，我们就会明白品质也是重要的，品质意味着在一定时间范围内可以把饭做好，而且吃得更好。这就是“**烹饪与生活同步**”。

有了这种可能的解释，那么下一步就是询问消费者，做出他们现在无法做出的饭菜，这件事究竟有多么重要。假若他们的回答与我们的解释相吻合，那是最好的，但是，我们应该意识到我们并没有证据，即使平均评级高达 8.8，我们仍是缺乏证据的。即使评级结果是 6.6，这也仅仅意味着他们并不真正相信，这样做出来的食物和烤箱做出来的食物是一样的。

对这种解释有一个很有说服力的测试，是这样的：给两组消费者每组一盘菜让他们品尝一下，这道菜通常他们在现有时限范围内是做不出来的。告诉他们，正常情况下，用烤箱做这道菜需要 35 分钟，但是如果使用这种新型烤箱，它只需要 16 分钟。还要给他们展示一下烤箱的照片。其中一个烤箱看起来像微波炉，另一个则与经典烤箱相似。看到后面照片的一组消费者喜欢这道菜的程度要高许多。这对于我们的解释意味着什么呢?

我们仍然没有证明什么——在大多数情况下，准确性是难以捉摸的，而解释也不在数据当中。但是如果我们能够接受模糊状态，而且能够在数据之上围绕着我们的理解进行推测，那么，我们就到达了理解消费者的一个更高的阶段。

解释的类型

各种解释并不是按同样的模式得出来的。常常人们会通过推测，或者受数据、经验或直觉的启发而得出解释。但是，总的来说有两种类型的解释：**日常解释**和**理论解释**。它们之间的差异是非常重要的。

简而言之，日常解释源自于消费者及其使用产品的经历。此时的解释可能是消费者自己给出的关于他们自己行为的（也被称为本真的解释），这种解释也有可能是营销人员提出的，虽然概念是消费者熟悉的，但是消费者自己并没有清楚地表述过。对于我们的新炊具产品的解释就属于这种，人们根据自己的经验作出日常解释。

日常解释不同于理论解释，因为后者使用的是消费者不会使用的概念和术语。理论解释会采用自己的术语，而这些术语专门就是用于解释的。这些术语有时会被称为**理论解释**元素。理论解释元素并不随着任何人的日常理解发生改变。（正如广义相对论不会因为任何人把东西丢落地上，而让关于空间—时间畸变的思想发生任何变化）。

在一些商业环境里，理论有着不好的弦外之音。对于许多管理人员而言，理论就表明“没有证实”而且“抽象”。矛盾就在于没有任何一种解释是被证实的，而且解释相对于数据而言，必然是抽象的。但是理论会赋予我们一些解释的要素，而这些要素是消费者不会采用的。比如，消费者可能会认为他们过去曾经思考过、但当下并未思考的问题不会对他们有什么影响，而学术研究中关于“消费态度”的解释要素却能证实是有影响的。同样地，一般消费者都不会认为影响他们行为的因素中会包含一些他们根本没有意识的东西，但是事实上，消费者的行为会受到一些因素的显著影响，但消费者并没有自觉地意识到这些事情的存在。

正确的营销调研至少应该对理论解释保持一种开明的接受态度。学术研究会有很大帮助。[2]

研究方法

现在来讨论营销人员思考的关于营销调研中的一个重要问题。它就是定量分析方法和以专题小组访谈为代表的定性分析方法的对比问题。许多人认为量化分析方法，比如消费者问卷调查是很理想的。一方面，我们认同传统的观点，量化分析的方法，因为样本的规模，所以可以提供精确的数据用以归纳分析。这些调查可能是非常有用的，但是，按照本章所倡导的营销调查哲学，营销人员不应该认定定性分析的数据和较小规模样本，从本质上是不好的，就该怀疑。[3]

定性分析的方法有许多种类。专题小组访谈和一对一的深度访谈是最普遍的。由于费用和时间方面的原因，企业一般都采用小规模样本。如果可以获得更多的资源投入，那

[2] 对于这个话题以及相关话题的分析，请参见 Bobby J. Calde rand Alice M. Tybout, “What Consumer Research Is,” *Journal of Consumer Research,* vol.14(1987): 136-140; Bobby J.Calder and Alice M.Tybout, “A Vision of Theory, Research, and the Future of Business. Schools,” *Journal of the Academy of Marketing Science,* vol.27(1999): 359-366; Bobby J.Calder, Lynn Phillips, and Alice M.Tybout, “Designing Research for Application,” *Journal of Consumer Research,* vol.8(1981):197-207; Bobby J.Calder, Lynn Phillips, and Alice M.Tybout, “The Concept of External Validity,” *Journal of Consumer Research,*vol.9(1982):240-244 ; Bobby J. Calder,Lynn Phillips,and Alice M.Tybout, “Beyond External Validity,” *Journal of Consumer Research*, vol.10(1983): 112-114; John LynchJr., “Onthe External Validity of Experimentsin Consumer Research,” *Journal of Consumer Research,* vol.9(1982):225-239; John Lynch Jr., “The Role of External Validity in Theoretical Research,” *Journal of Consumer Research,* vol.10(1983): 109-111; Brian Sternthal,Alice M.Tybout, and Bobby J.Calder, “Experimental Design: Generalization and Theoretical Explanation,” *in Principles of Marketing Research,* Ed.Richard P.Bagozzi (Cambridge, MA: Blackwell Publishers.1994):195-223; Russell S.Weiner, “Experimentation in the Twenty-First Century: The Importance of External Validity,” *Journal of the Academy of Marketing Science,*vol.27(1999): 340-358; and William D.Wells, “Discovery-Oriented Consumer Research,” *Journal of Consumer Research,* vol.19(1993): 489-504.

[3] Calder, Bobby J.(1994), “Qualitative Marketing Research,” *in Principles of Marketing Research,* Ed.Richard P.Bagozzi, Cambridge, MA: Blackwell Publishers, 50-72; Bobby J.Calder(1986), “Exploratory, Clinical, and Interaction Centered Focus Groups,” *Journal of Data Collection,*vol.26,24-27;and Bobby J.Calder(1977), “Focus Groups and the Nature of Qualitative Marketing Research,” *Journal of Marketing Research*, vol.11,353-364.

么，对于定性的分析方法，人们一般会更加喜欢较大规模的样本。这是一个实际问题。

但是，除了实际的限制因素以外，还有另外一个问题，假如我们能够突破传统观念的局限，那么最重要的事情就是我们一定要找到某种解释，并用数据去挑战它，从而找到一种最能让人接受的解释。在评价定性方法时，记住这一点是重要的。

让我们分析一下专题小组调研的方法。传统观点认为，专题小组可以作为一种探索性的研究方法，[4] 它也可以作为一种现象分析的方法，这就是说“这种方法，有一个压倒一切的目标：允许研究者以一种参与式的方法分享一群人的体验。”[5] 专题小组可以用来描述在某种特定环境中，人们会有什么样的表现。

专题小组这个名字就反映了这种方法用于揭示现象的目的。1940 年罗伯特·默顿（Robert Merton）和保罗·拉泽斯菲尔德（Paul Lazersfeld）提出了这种方法，最初它被称为“主题访谈”，它有一个非常明确的目标，就是关注人们对于某个具体刺激因素的态度，此时的人可以是单个的人，也可以是成群的人，被访者的答案会反映他们对这种刺激因素的体验。

可以说，我们所说的“专题小组调研”的方法是从这种方法衍化而来的，因为它本质上关注的是人群访谈。即使并没有一个刺激因素（尽管往往是有的），小组内的人们必须聚焦于一个话题，这样他们才能展开互动讨论。因此，他们的讨论更多地是植根于关于所谈之物的真实体验（即现象本身），所以他们在描绘体验时更加容易。小组访谈的优势在于选取了拥有相同经历的人们，而如果调查的目的是要用控制力更强的方式了解人们关注的问题，那么一对一的访谈方法就更好一些。

正如我们前面分析的那样，对于任何种类的数据（无论是定量方法产生的，还是定性方法产生的），我们都需要记住这些数据既可以支撑也可以否定一些解释。通常情况下，它们都是些日常非常熟悉的。既然从本质上来说，我们日常所熟悉的那些解释是和我们日常的经历分不开，那么利用定性的研究来测试这些解释是否合理就是很有意义的。在实践当中，专题小组和一对一的访谈都是测试数据的方法。运用定性研究来测试日常解释会相对容易一些，因为这二者采用的是相同的方法。同样地，传统的营销调查的研究对此也没有更多的分析。

---

[4] 见注 3.

[5] 见注 3，Calder(1994),54.

根据我自己的经验，只要进行哪怕10次一对一的访谈，就有可能看出我们日常习惯了的解释是否适合于数据（如果不适合这些数据，那么就应寻找更好的解释）。许多人有可能问我仅仅做10次访谈就怎么能够做到这一点呢。是不是做100次或者1000次结果会更好呢？是的，从抽样的角度来说确实如此。然而，请记住在更广泛的范围内，我们需要有超出传统观念的方法。即使只有10次面谈，我们都能质疑现在得到的解释，而去寻找一种新的启示。当然，有人还会说，不同的被访者的组合会产生不同的结果。但是这从根本上来说并不是抽样的问题。如果一种解释**本该**适用于10个人，那么它是否被人接受就非常明确了。如果我们发现某种解释适合于一些人而不适合其他人，那么这就意味着我们需要考虑到人与人之间的差别，重新调整细节，而且我们还需要测试这些修改过的解释。尽管大量的样本有可能有助于揭示某种解释并不适合于一些人，但是如果不能清楚地了解他们是哪些人以及为什么这些人会有差异，那这就不单单是样本的问题了。

另外，抽样规模只是问题的一个方面，更重要的一个方面在于获得经得起测试的数据，然后如果数据需要，则进一步改变解释的方式。这种或那种解释的方式，都是有条件地被人们所接受的，所以在理想状态下，它们都应该接受进一步的测试。仅仅扩大抽样的规模本身并不是最好地利用了资源。提高测试的郑重性则更为有利。

营销调研的定性方法和定量方法之间所存在的传统的冲突，是长期以来妨碍了解消费者的因素。一些营销人员并不喜欢定性研究中的一些结论，例如“绝大多数消费者并不喜欢微波炉做出来的食物的口味”（尽管很难否认某些结论是有用的，比如说在炊具的例子里就是这样）。但是，许多人都会认为这样表述非常模糊，不精确。营销人员喜欢了解，比如在“口味极差”到“口味极佳”10点量度评级体系中，人们对从微波炉作出的食品的平均评价为3.2，信用期间为正负0.3。实际上，这两种说法都可能大致是准确的，而只有它们得到解释时才是有用的。

总 结

我们应该在传统营销调研的研究基础上，拓宽对消费者的理解方法。理解消费者是一个主动的过程，而不是一个静态的信息处理过程。

要理解和解释人们为什么这样做，为什么那样做是非常困难的事情。而且，要揭示我们熟悉的人的行为以及和我们很类似的人的行为也是非常困难的。而解释那些可能看上去和本章开头提及的笑话中“会说话的狗”一样的消费者的行为就更具挑战性。

要应对这些挑战，营销人员在营销调查时就必须牢记几点：

- 理解消费者并不会是一种方法优于另外一种方法，当然也不是定性的方法优于定量的方法。
- 我们所收集的数据质量和我们所进行的面谈的次数都不是关键的成功要素。
- 理解消费者就是要对数据作出解释，数据赋予解释的灵感，但这种解释最重要的是来自经验和直觉。模糊处理和大胆设想在理解消费者时都是不可缺少的。
- 关键的成功要素在于有能力而且愿意给数据提出解释，这样数据就能够对解释作出科学的测试。
- 如果解释通过了测试，那么它就是可接受的，但并不是被证实的。
- 如果一个解释并没有通过测试，我们就必须提出更好的解释，而且对它作出进一步的测试，因为随着时间的推移，解释也应该发生变化。
- 这个过程产生的不应是营销调研报告，而是要创造出来人们可以汲取营养的知识。

在过去我们也许能够避免营销调查的复杂性。然而，未来是知识经济的时代，是学习型组织的时代。对消费者（客户）的了解是企业可以拥有的最为重要的一类知识。因此非常关键的一点就是企业要质疑营销调查的传统方法，学习如何更好地理解消费者。

作者简介

博比·J. 考尔德（Bobby J. Calder）是凯洛格商学院市场营销学系的 Kellstadt 营销学教授及现任系主任。他还是西北大学 Medill 新闻学院的新闻学教授、Weinberg

文理学院的心理学教授。他曾经在许多企业、政府部门和非营利机构担任咨询顾问。他最近出版了《凯洛格整合营销论》(由 John Wiley & Sons 出版社 2003 年出版)、《凯洛格广告及媒体论》(由 John Wiley & Sons 出版社 2008 年出版)。他在北卡罗来纳大学教堂山分校(University of North Carolina at Chapel Hill)获得学士学位、硕士学位和博士学位。

第四章

确定合理的品牌定位

艾丽斯·M. 泰伯特

布赖恩·施特恩塔尔

引 言

品牌定位指的是在目标客户心目中确定品牌的一种有目的性的、特殊的含义。在品牌定位时，要综合考虑竞争对手的产品以及客户自身的目标和生活特点。我们举个例子说明一下，Zipcar 是一家拼车租赁公司，2000 年罗宾· 蔡斯（Robin Chase）和安蒂耶· 丹尼尔森（Antje Danielson）共同发起组建了这家企业，这两个创始人当中，罗宾· 蔡斯是麻省理工学院的工商管理硕士；安蒂耶· 丹尼尔森是哈佛大学的一位地球化学专业的专家，她非常关注减少温室气体排放。Zipcar 公司现有 32.5 万个会员，这些会员每年支付 50 美元的年费，平时他们只需要按照小时或者天数支付日常租金（日常租金根据城市、车型和租车日期是一周中哪一天而有所不同），便可以使用那些停在他们附近的车辆。日常租金包括保险费、油费，但是还车时必须保证油箱里还有至少 1/4 的油。消费者可以通过网上预订或者通过苹果手机预订。2009 年，也就是这家公司成立大约 10 年之后，它的营业收入达到了 1.3 亿美元，而且年增长率达到了 30%。

Zipcar 成立之初，它重点放在吸引那些受过高等教育、收入比较高、注重环保、精于各种技术的人群。公司的定位是：针对城市里短期的陆路交通需求，公司的服务优于私家车，不仅价格便宜，更有利于环保。支持这种定位的证据是，使用公司拼车服务的人每月至少节省 500 美元；而且和私家车车主相比，行驶公里数减少 44%。因此据估计，每一辆提供拼车服务的汽车至少将公路上行驶的汽车数减少了 20 辆，而且平均每个用户会减少 50% 的二氧化碳的排放。这种品牌定位不仅仅吸引了公司原来选定的目标人群，而且它还吸引了新的人群，比如处于空巢期的消费者搬回到城市里居住，他们并不是每天都需要开车；另外，在一些企业和大学，停车位很紧张，而且员工和学生也只是偶尔才需要开车。[1]

在 Zipcar 公司创办近十年后，它所处的竞争环境发生了变化。比如，老牌汽车租赁公司赫兹公司（Hertz）一直以来，其经营模式都是以机场为中心，采用日租或周租的方式，这种经营模式让它显得并不适合那种追求方便的、短期的、城市内的租车人群，但是目前它已经开始推出和 Zipcar 公司非常类似的服务。赫兹公司提供的这类服务被命名为“连通服务”（Connect），因为它传统的租车经营方式，所以赫兹公司在采购和保养汽车上有着成本优势。更重要的是，“连通服务”提出的相对于私家车其产品的优势和 Zipcar 一模一样。这种新的竞争格局促使 Zipcar 重新思考定位问题。谁应该是 Zipcar 公司的目标人群；在面临资金雄厚的强大竞争对手时，应该如何让自己具有差异化？

许多公司在推出一个品牌的时候，或者当竞争格局和消费者关于品牌选择的知识发生改变的时候，都会面临同样的确定品牌定位的问题。在本章中，我们将采用两种方法分析品牌定位战略的开发问题。第一种方法强调这个品牌与竞争对手的对比。当企业向市场投放一个新品牌，消费者需要努力地将这个品牌及其独一无二的特征和他们所熟悉的品牌或者产品类别联系起来，此时这种**基于竞争对手的**定位方法特别重要。第二种方法强调的是这种品牌的特别属性会引发哪些抽象的产品益处，而这些产品益处和消费人群的目标紧密相连。企业采用这种**基于客户的**定位方法，通过将品牌与消费者的生活相联系，来充实和深化品牌的定位。这两种方法是互补的，而不是相互对立的。正如我们将论证的那样，这两种方法在确定和维护品牌定位中，都发挥着重要作用。本章最后，我们将举例说明在品牌定位陈述中如何使用这两种方法。关于品牌定位陈述的内容请详见第五章“撰写品牌定位文本，并将之落实到品牌

[1] Keegan, Paul (2009), “The Best New Idea in Business,” *Fortune*, September 14, 42-52.

设计上”。

以竞争对手为基础的方法

以竞争对手为基础的定位方法意味着必须选择一个**产品类别**和一个**差异点**。产品类别提供一个参照系，包含功能与焦点品牌类似的其他品牌。差异点则表明在这个参照系当中，焦点品牌优于其他品牌的地方。

比如说，也许你对于“双手牌”（Two Hands）这个品牌并不熟悉。但是如果告诉你它是一种葡萄酒，那么你很快就会明白这个品牌代表的是一种什么样的产品，什么时候消费它是合适的。如果你进一步了解到，这是一种来自澳大利亚的色拉子酒（Shiraz），售价大约为30美元，那么你就会更加清楚是否需要买它。对于“双手牌”这个品牌而言，产品类别应该是葡萄酒，或者严格地说，是源自澳大利亚的一种色拉子酒。和诸如漾格拉酒（Yangarra）这样的源自澳大利亚的其他色拉子酒不同的**差异点**，也许是它混合着黑莓、胡椒和香料，酒体丰厚，口感柔滑，余味绵长。

这种基于竞争对手的定位方法起源于记忆的分层分类组织。人们在组织其关于世界的知识时，会把拥有相同特点的问题聚类处理，而把特点不同的问题区分开来。这种组织结构最顶端是非常抽象的、覆盖面很广的类别，然后变得越来越具体。顺着这个等级体系向下，类别中的物体的相似性提高；类别间的差异性降低。图4-1所示为以上面葡萄酒的产品为例，这种组织的结构方式。最宽的那个产品类别“酒精饮料”是同质的；无论是葡萄酒，还是啤酒或是烈性酒，都包含在这个类别中，但是除了含有酒精成分以外，这些酒几乎没有相似之处，而含有酒精成分这一点就让它们和非酒精饮品，例如牛奶、果汁和软饮料等区分开来。在澳大利亚色拉子酒这个层级上，类别中的产品有很多相似之处——比如葡萄的品种、出产国、酒体的丰满程度等等，众多品牌之间的区别非常微妙，比如余味和口感。

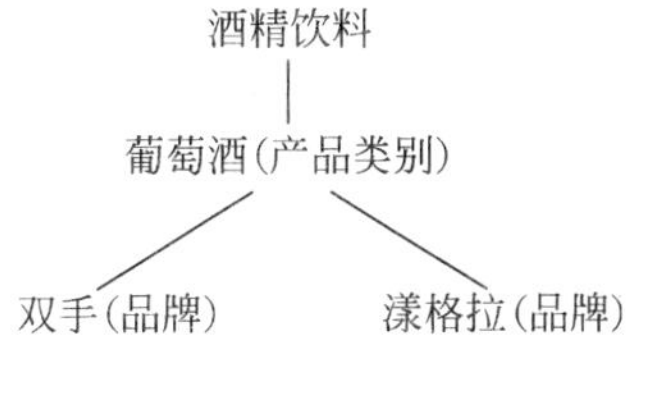

图4-1　品牌定位与信息在记忆中的组织

通常情况下，处于中间层级的产品类别，比如葡萄酒或啤酒，会采用基于竞争对手的定位方法。在这个层级上，消费者对产品类别是非常熟悉的，消费者作出购买决策时也经常使用这个层级的产品类别。例如，首先，消费者会明确一点，即葡萄酒（而非啤酒、烈性酒或者非酒精饮品）适用于某个特别的场合，然后他再对比各个产品的特点（也就是差异点），从中进行选择。然而，也有一些情况会需要品牌采用更加具体或者更加抽象的归类方法。例如，如果“双手牌”的目标人群定位于酒品鉴赏家，那么采用更加具体的“澳大利亚色拉子酒”就比“葡萄酒”更为合适，因为有相当品酒专业知识的消费者自然地会倾向于更加具体的分类。另外，为了吸引那些消费完全不同产品的顾客，一个品牌还可以在更宽泛的层面上定位自己。因此，“双手牌”可以把自己定位为：一种酒精饮料，消费者借此产品可以展示自己世故老道，并且具有良好品味，可以替代香槟酒和鸡尾酒。总的来说，采用的归类方法要凸显一个品牌最与众不同的特色。

明确产品所属类别

产品类别是这种基于竞争对手的定位方法的基础，因为产品类别暗示了一个消费者希望通过使用这种商品达到的目的。如果告知消费者一个品牌属于酒，那么就相当于明确了这个品牌要达到的目的：比如它可以增加高雅进餐的乐趣，它还可以提升社会地位。如果消费者了解这类产品，那么很快把品牌和这类产品联系起来，就会让消费者清楚使用这个品牌，他将实现的目标；换句话说，请别人喝葡萄酒本身就是一种邀请，或者说是一种社交手段。

在某些情况下，人们或许对一个品牌所属的产品类别并不熟悉。这时如果要传递一个品牌可以帮助消费者实现哪些目标，那么就可以使用与产品类别相关联的**共同点**，而不是使用产品类别符号本身。例如如果人们并不知道葡萄酒可以达到什么目的，那么就可以建立一个参照系来描述品牌，说明它是含有酒精的饮品，佐餐很棒，而且适宜于正式或非正式的社交场合。在同类产品不足以说明一个产品的目标时，也可以利用共同点这个概念来予以阐明。例如，可以通过展示“双手牌”葡萄酒是在高雅餐宴时饮用，或者特别展示一些特定场合，这就向人们说明了，这是一个高端品牌，而并不是普通的酒。

另外，营销人员还可以采用某类产品的**典范**，而不采用产品类别标签本身，来展示一个品牌可以实现的目标。产品典范是指产品利益诉求被广泛认可的一些品牌。比如在男装领域，亚当·基梅尔（Adam Kimmel）或者帕特里克·鄂威尔（Patrik Ervell）或许没什么名气。但是当它们和一些著名的美国男装品牌放在一起，例如卡尔文·克莱恩（Calvin Klein，简称 CK）、佩里·埃利斯（Perry Ellis）、汤米·希尔菲杰（Tommy Hilfiger），此时消费者就很有可能会认为，它们也都是高端男装的好品牌。

当一个新的品牌问世时，消费者往往会将它归入某个产品类别，这样他们就可以了解至少一个通过使用该品牌可以实现的目标。如果这个品牌非常清楚地隶属于某个消费者很熟悉的类别，那就很容易，比如前面提到的红酒的例子就是这样。但是对于创新产品而言，选择一种产品类别会是很有挑战性的。从创新产品的定义上说，这些品牌并不是非常清晰地隶属于某个具体的、现实市场中已经存在的产品类别。为了解决这一问题，可以采用抽象的产品分类以及相关联的产品目标。然而，这种方法可能存在风险。

比如 TiVo，这是一个引领数码录像机领域发展的先驱品牌。它最初的广告仅仅告诉顾客，这个品牌能让用户“在最方便的时候看最想看的”。虽然这种提法很吸引人（有谁不想拥有这种自由呢），但是因为缺少更具体的产品所属类别的信息，所以消费者很难把握 TiVo 到底是个什么东西，以及可以怎么使用它。更好的战略应该是：首先应该把 TiVo 与一些人们熟知的产品类别联系起来，例如录像机，然后解释 TiVo 像录像机一样，可以让电视观众把节目录下来，以后再看。有了这个背景，消费者就会明白这种产品的独有优势是什么（也就是差异点），比如搜索更容易、或者根据电视节目单按时录制等等。一旦这种对于 TiVo（概括地说，就是对于数字录像机产品类别）的基础认识确立了，就可以很好地引入“消费者掌控自己娱乐方式”这个更为抽象的目标了。

营销人员无论通过什么方法来表现产品类别，都必须首先帮助消费者明白使用这种产品可以实现的目的，在其了解的**同时或者之后**才能提供相关的信息，说明为什么这一产品较其他同类品牌更好。比如，当苹果公司向市场推出 iPhone 产品的时候，它**首先**告诉消费者 iPhone 是一个通讯设备，**然后**它再进一步介绍为什么它优于其他的品牌。苹果公司不仅采用品牌名称来指示产品类别（iPhone 中的 Phone 原意是电话。——译者注），同时还在最初的广告里比较了 iPhone 和传统手机的区别。在人们了解了 iPhone 的主要通讯功能之后，再宣传其他的功能，例如便于网络搜索和收发电子邮件等等，强调它与其他手机的差异点。

在某些情况下，同时展示产品类别和差异点非常重要。比如，当消费者使用谷歌（Google）这样的搜索引擎来寻找产品时，他们就和在实体商店购物一样，需要决定点击哪一个网站。因此，如果一个品牌在谷歌的搜索结果列表中能够清晰地表明所属类别及其差异点，那么就能够帮助消费者作出选择。遵循这个原则，FTD Flowers' 公司在搜索引擎上的主题语就设计为"便利地在当地配送各种花束、玫瑰、礼物、礼品篮以及更多"（send flowers, roses, gifts, gift baskets, and more with convenient local delivery）。这个表述方法明确了这个品牌所属的具体产品类别，（即花束、礼物、礼品篮），以及差异点（即当地配送），这样就展示出这个公司不同与其他公司的优越之处。还有与这个例子相反的一种做法，比如当人们登录 Fogdog.com 网站上时，他们只会看到这个品牌所属的产品类别（即提供足球、高尔夫球等运动服装和体育器材），却没有关于差异点的信息，这样就会吸引消费者浏览诸如"迪克体育用品"（Dick's Sporting Goods）或者"权威体育"(Sports Authority) 及其他在线体育用品销售企业。

通过确定产品类别来选定竞争范畴是非常重要的，例如最近印度的塔塔汽车公司（Tata）推出的 Nano 经济款汽车就是一个很好的例证。Nano 上市价格定为 10 万卢比（约为 2,500 美元），这使它比马鲁蒂 · 铃木汽车制造公司（Marait）（印度最大的汽车制造公司。——译者注）的 Maruti Udyog 车型便宜很多，后者售价约为 5,000 美元，而且占据了一半的市场份额。印度人口高达 11 亿，而且汽车市场饱和度很低（每 1,000 个人中拥有汽车的人数为 12，而美国为 765），而定位 Nano 竞争格局的方法至少有两种。[2] 第一种是把它定位为替代摩托车（在印度非常普及的交通工具）的更加安全的产品，这种定位很有可能会吸引那些正准备进入汽车市场的消费者，比如大学生。

第二种定位就是可以将 Nano 定位为一种超值的经济型汽车。Nano 很便宜，而且非常省油，它承诺在城市中每加仑汽油可行驶公里数为 52，在高速路上为 61。而且，与更大一些的经济型汽车和马鲁蒂 800 这样的主要竞争车型相比，它更加时

[2] Krishnan, Janaki(2009), "The Nano, World's Cheapest Car, to Hit Indian Roads," Reuters Online, March 23.www.reuters.com/article/technologyNews/idUSTRE52M2PA20090323

尚，而且车内空间更大。这样的定位会吸引那些家里虽然已经有车，但是仍渴望拥有一辆超值汽车的家庭。所以，竞争范畴定位，就 Nano 的例子而言，是将它定位在摩托车范畴，还是定位于经济型轿车范畴，会影响目标消费群体以及品牌需要宣传的差异点。

选择差异点

对品牌差异点的选择始于品牌的竞争优势以及对消费者使用该产品动机的洞察。目标是找出一个产品的特点或者优势，把这个品牌与其他同类竞争者区分开来，并且这个特点或优势必须是消费者认可的。当差异点是这种产品可以带给消费者的益处时（而非一种产品属性），提出理由让人相信这种益处就可以增强其效果。

赛百味（Subway）这家快餐连锁店比其他的快餐店提供的食品更健康，因为它家的三明治中脂肪含量较低。这时，支持这种更健康的产品益处的是产品属性方面的"坚信理由"：脂肪含量更低。虽然产品属性可以很好地支持产品益处差异点，但是在大多数情况下它们是很容易被模仿的。正是因为这个原因，品牌定位大多数情况下都会凭借一种**形象**，来佐证产品的益处差异点——也就是展示什么样的人会使用这种产品以及这种产品都有哪些作用。比如说，耐克品牌（Nike）就通过展示职业运动员，而不是强调宣传其产品属性，比如产品设计中的独特科技，来佐证其运动鞋类产品的良好表现。当一个类别中的产品的属性与消费者关联度不高时，也可以采用形象来定位品牌。例如，如果一些名媛，诸如玛利亚・凯莉（Mariah Carey）、金・卡戴珊（Kim Kardashian）、或者帕丽斯・希尔顿（Paris Hilton）支持拥护某个香水品牌，那么就会让消费者相信，这个品牌的香水会提升个人魅力。企业通过营销活动将某个形象和品牌联系在一起，从而实现长久的形象品牌定位。

一个产品类别中的领导品牌往往会把使用这一类产品产生的益处当成自己的差异点；而"跟随型"品牌则选择小众市场定位。例如汰渍是洗涤剂产品类别中的领先品牌，它只是定位于能够很好地洗净衣物。然而那些跟随型品牌就得有更明晰具体的定位：例如奇尔品牌（Cheer）强调可以在冷水中洁净衣物；威斯克（Wisk）则强调可以强力去污。

在选择差异点的过程中，营销人员往往会更倾向于那些可以代表现有客户信念的产品益处。比如，切尔瑞欧这个蜂蜜坚果脆麦片品牌（Honey Nut Cheerios）实现了非常强大的品牌定位，它就是充分利用了消费者的一种信念，认为蜂蜜比糖要更有营养（实际并非如此），强调切尔瑞欧比其他麦片更有营养。但是，如果一个品牌的差异点还没有被消费者认同，那么首先要做的就是努力改变消费者的观念。一般而言，推动观念改变会比利用消费者已经接受的观念耗资更大，但也并非不可能。正是根据这一思路，李施德霖（Listerine）漱口液就成功地改变了消费者对其味道的负面印象，它告诉消费者漱口水不好闻的气味说明它正在消灭细菌、对付口臭。

对大多数品牌而言，单一一个产品益处就可以作为差异点。这种差异点的选择方法在消费者选择品牌时，可以更加容易、更加简单地展示这种产品益处的重要性。然而也有几种情况，品牌定位强调的是多重产品益处。例如，当品牌的竞争对手都只强调某一方面的产品益处时，它可以强调自己是全能的。在肥皂这类产品中，象牙（Ivory）强调洗净；多芬（Dove）定位于更好的保湿；激爽（zest）侧重于更强的除臭效果。当联合利华 2000（Lever 2000）上市的时候，它的定位就是一种全效香皂。这种定位显示了它的全效性，从而让其他品牌相比较而言显得不够全面。结果是联合利华 2000 在香皂市场中实现了快速的增长。

企业还可以在品牌价值的基础上，利用多重产品属性来定位。价值定位可以用下面这个公式表示：

$$价值=\frac{功能益处+心理益处}{金钱支出+时间支出}$$

这个公式是概念性的，品牌的益处是分子，而消费者的各种投入花费是分母。价值是通过增加产品益处、减少投入花费实现的。

为了说明这个价值公式，我们来举个例子，想一想 UPS 的定位。UPS 是美国最大的陆路包裹快递公司、第二大空中货运公司。UPS 通过保证包裹按时抵达目的地来彰显自身的价值。它之所以能够按时送达，原因包括清晨送货（早晨八点半）；还有安排运货车辆的行车路线时尽可能地采用右转弯，从而避免可能的交通拥堵等等。这种服务的一种益处表现在心理层面上——顾客非常确定他们的包裹会按时送达。UPS 可以帮助其他的企业省钱，因为它可靠的运送服务可以让企业根据需求安排生产，从而减少了对存货的要求。而且 UPS 在运货车辆上安装的无线追踪器可以节约管理人员的时间，让他们在安排其他工作的同时就能够监测包裹的运送过程。因此，UPS 通过增加其服务在功能和心理层面对消费者的益处，同时减少消费者金钱和时间的投入花费，提升了自我的价值。

在选择多重产品益处时，评估它们之间是否协调是很重要的。具体而言，如果从本质上讲，品牌所提出的产品益处是相反的，那么将削弱消费者对于品牌定位的信心。比如，当品牌的价值定位是高品质时，低价格就可能会削弱这一定位。同样地，如果一个食品品牌提出它营养极其丰富，那么消费者就有可能会怀疑它提出的味道极佳的说法。如果一个汽车品牌定位为安全行驶，那么消费者可能就会怀疑它所提出的优越的加速功能。

最后一点，营销人员在关注消费者所表达的态度基础上，选择产品益处传递品牌差异点的时候，要格外小心。有时候，消费者对一种产品益处感兴趣，并不是因为这种益处对于他们选择品牌有多重要，而是因为趋同心理让他们那么说。比如说，很多消费者经常表示他们非常关注汽车的安全和节能，但是这些和他们选购什么品牌根本没有关系。

聚焦于竞争的品牌定位三角图

有一种理解以竞争为基础的品牌定位的方法，就是图 4-2 所示的三角图，它描述的是一个分层的记忆组织。这个三角图显示了品牌定位的两个关键因素，即**产品类别**和**差异点**。每个品牌及其产品类别之间的关系可以通过三种途径传递出来；第一是**产品类别标签**；第二是**定义产品类别的共同点**；第三是**产品类别中的典型代表**。各个品牌之间的关系是通过不同点来表现的。如果产品所属类别和差异点有具体的理由作支撑，那么在消费者眼里会显得更加可信。这些理由可以通过产品属性的形式或者形象来表达。营销人员必须确保这些产品益处、产品属性和形象之间恰当地相互配合，而且所选定的产品益处不能太寻常。另外，尽管典型的做法是定位要聚焦于单独一个差异点，但是如果一个品牌的定位是模糊的“全能性”或者“价值最高”，那么就需要多重产品益处来支持这一定位表述。

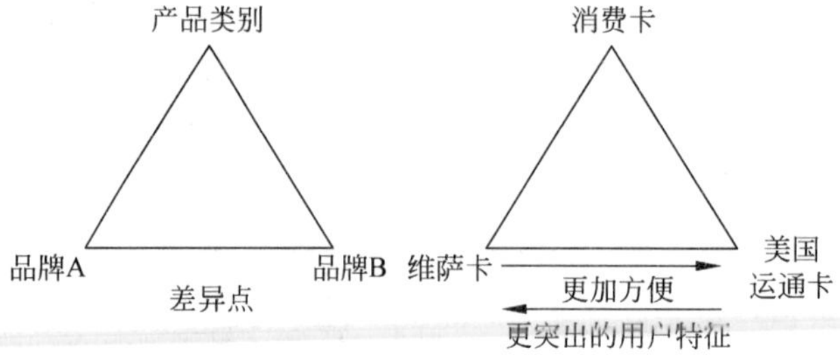

图 4-2 基于竞争品牌的定位三角图

我们可以用消费卡这类产品来解释这个三角定位图。维萨卡（Visa）和美国运通卡（American express）在发行消费卡时都采用会员制。维萨卡是采用最广泛的消费卡这一事实就提供了一个理由，来支撑它“使用便利”的差异点。而美国运通卡则强调其消费卡代表的身份特征，增强它的品牌价值。这些品牌竞争的一个方法就是把竞争对手的差异点变成一个共同点。顺着这一思路，维萨卡推出了彰显身份的白金卡，这样就减弱了美国运通卡的差异点。而美国运通卡则在零售终端提高其消费卡的认可程度，从而削弱了维萨卡使用便捷的优势。这些战略也有风险，在企图将竞争者的差异点变成共同点时，品牌有可能会稀释自己的差异点，让它变得不再突出。

以客户为本的方法

以竞争为基础的定位方法强调在客户看重的产品益处方面，让自己的品牌脱颖而出。相比之下，以客户为本的战略则是考虑怎样让品牌和产品类别更加贴近消费者的生活。采取这种战略就要求企业发现与消费特定品牌或者整类产品相关联的抽象意义。我们把这二者分别称为**品牌本质**和**类别本质**。

品牌本质

揭示品牌本质经常采用一种名叫“阶梯法”的方法（见图 4-3）。阶梯法的理论基础是这样一个思路：通过不断地分析一个品牌属性的内在含义，可以加深对品牌含义的理解。梯子的最低层代表着起点，经常表现为一种产品属性。这种属性的内涵是一种产品的功能益处，也就是梯子的第二层。而功能益处的内涵是情感益处，即梯子的第三层。最后一层，情感益处会折射出品牌的本质。随着梯子不断升高，关注的焦点离产品属性越来越远，更多地聚焦于品牌在消费者生活中所起的作用。

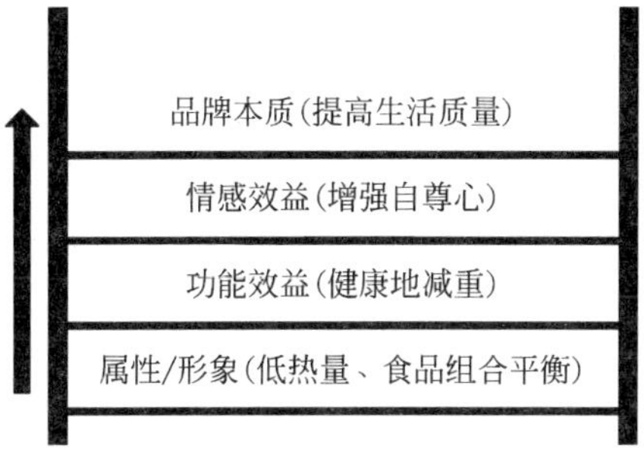

图 4-3　品牌阶梯化的流程

为了更好地说明阶梯法，让我们举一个例子，看看珍妮·克雷格（Jenny Craig）这个品牌如何使用阶梯法来推销它的减肥食品。这个品牌的餐食特点是低热量，但保证蛋白质、脂肪和糖类的均衡。这些产品属性的内涵就是该产品有利于健康减肥。而减肥可以改善个人外表从而提升自信心，因此对生活的满足感也会随之提高。因此，珍妮·克雷格的品牌本质就是增加消费者对生活的享受，这也就是消费者使用这种产品期望达到的目标。

品牌本质也可以通过将这个品牌与属于其他类别、但具有共同目标的产品联系起来，加以确立（见图 4-4）。麦当劳曾经有一则刻画相亲场面的广告，一个名叫拉里的年轻人给他的女朋友打电话。电话一通，他马上努力地引导她的期望，说明他是谁，而不是谁。他说自己不是医生、不是律师、不是银行家，也不是注册会计师。他是一个在商店里工作的普通店员。他告诉女孩儿他们不是去大酒店或大餐馆吃饭，也不是去听歌剧、或者交响乐，也不是去看芭蕾舞。他的提议是他们开着他那辆普通的小车，去吃麦当劳，然后去看一场电影。那些与拉里的工作、汽车、餐厅和娱乐方式相关的因素都暗示了麦当劳的品牌本质，即在一个不张扬的地方吃顿好吃的。

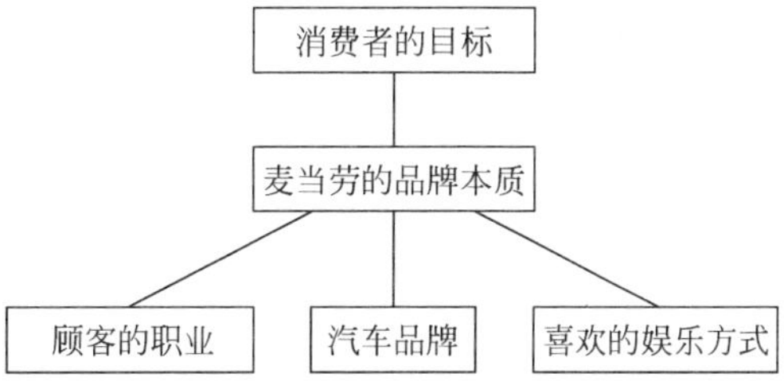

图 4-4　麦当劳的品牌本质

把一个品牌与不同类别的产品联系起来，往往会形成品牌的人格化。这样，品牌就可能拥有性别、年龄、社会地位、人格特征等等。例如苹果品牌是平易近人的；汉堡王（Burger King）是阳刚的；老海军（Old Navy）是家庭型的；卡地亚（Cartier）手表是高端的；天美意（Timex）是适合所有人的等等。因此，在确定品牌定位时，非常重要的一点就是，所选择的产品益处一定要反映品牌的个性特点，它和产品所属的类别以及差异点一样，都是品牌的重要组成部分。

类别本质

消费者消费某类产品的目标也可以用来帮助确定品牌定位。和品牌本质相类似，类别本质的挖掘就是要把品牌和统一代表一种消费目标的其他物品联系起来。但是，对于类别本质，这些物品之间的联系所反映的目标是使用这一类产品可以实现的目标，而不是使用这个品牌可以实现的目标。为了说明类别本质是怎样挖掘的，我们来看一个例子，下面这段话描述了啤酒产品针对 18 至 34 岁的男性的类别本质：

> 这些人可能被日常生活中的各种纷乱和冲突烦扰着。他们很迷惑，也许还很郁闷，不明白如何才能在原始激情和社会约束之间找到完美的和谐点。他们希望找到亲密的那一半，但是又不愿意受到随之而来的承诺的牵绊。他们寻求各种机会，展示他们的才华，同时又不受正规组织的要求束缚。啤酒可以让这些人放纵自己，可以让他们的欲望和社会行为的限制之间的冲突显得不那么突出。

类别本质就是企业依据整类产品符合消费者的目标来作为一个品牌的差异点。这里的假定就是：如果消费者认为品牌定位的方法显示出这个品牌关注消费者面临的某个问题，那么这个品牌就一定针对这个问题提供了一种解决方案。例如，Lee 牌牛仔裤的广告反映了女性在试穿牛仔裤时遇到的困难。消费者就认为应该买这个品牌的牛仔裤，因为这样就能解决问题，而实际上这种选择并没有什么道理。

类别本质是将品牌定位建筑在对产品类别理解的基础上。绝大多数品牌都应该有这种理解。因此类别本质应该是最后的选择，只有当品牌找不到差异化的特征时才应该使用这种方法。如果它能找到差异化的特征，那么就应该使用以产品为基础，或者以品牌为基础的方法。随着越来越多的产品类别中的品牌成为日常消费品，采用类别本质方法来定位品牌的企业也越来越多。结果就是，许多企业在品牌定位时，是把品牌和一种问题联系在一起，这种问题是其他品牌不能解决的，而这会导致消费者难以将品牌和它们的定位联系到一起。那么更好的一种战略是深入对消费者的理解，找到在哪个方面品牌可以成为满足消费者动机的唯一选择。

根据上述方法撰写定位陈述

当企业明确了品牌所属的产品类别以及差异点，那么就应该把它们加以总结，落实到定位陈述文本上。这种文本是企业的内部文件，可以共享这种文本的各方包括销售队伍、广告公司，还有更多人，这些人需要了解品牌的目标市场是谁，以及什么时候、为什么这些目标人群会选择公司的品牌。定位陈述**不是**广告文本。它是营销战略当中主要方面的一个总体概况，它也是各种营销策略决策的基础，例如应该采用什么样的产品包装、应该将产品分销到哪些渠道、应该提供什么样的服务、应该如何定价，以及营销传播方案中应该说些什么等等。

明确定位

图 4-5 总结了我们前面对品牌定位的分析。首先必须做的是明确品牌所属的产品类别以及可以参照的竞争格局框架。可以采用的方法包括利用产品类别标签、列出与其他品牌达到相同目标的共同点、引入一个典范强调品牌可以实现的目标等等。当消费者对产品类别不熟悉，或者需要准确说明品牌消费可以实现什么目标时，后面这两种方法非常有用。

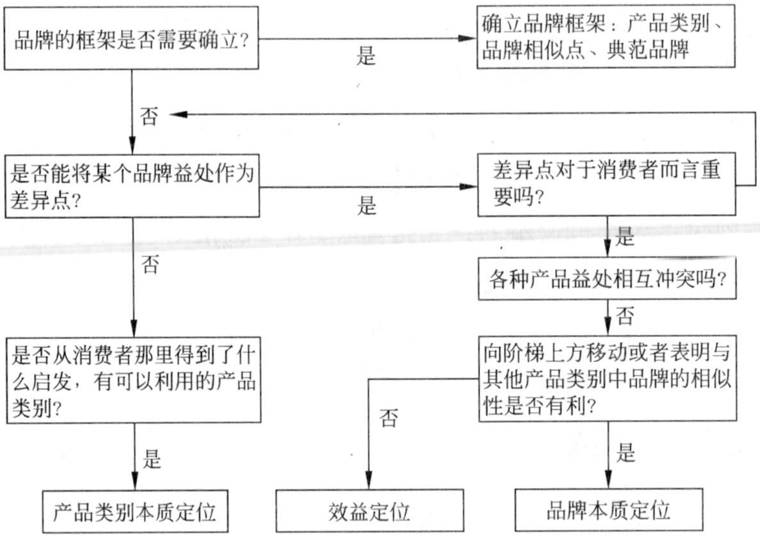

图 4-5　品牌定位总揽

如果消费者熟悉品牌所属的产品类别，那么就应该聚焦于明确一个差异点。就是要找到一种对于消费者非常重要的产品属性，而且这个产品属性可以将这个品牌和其他品牌的产品区分开来。领先品牌应该考虑采用刺激整类产品消费的产品益处，并在这个点上做足文章，胜过竞争对手。而跟随型品牌则应该采用定义产品类别的那些产品益处来明确自己属于这个产品类别，然后聚集于一些针对小众市场的产品益处，从而给竞争对手进入市场设置一些障碍。与消费者信念相符的产品差异点要好于那些需要消费者改变观念的产品差异点。然后需要评估所提出来的产品定位，看看当中是否存在相互矛盾的产品益处。如果没有，那么品牌定位就可以采用这个参照框架和代表差异点的产品益处。

另外，营销人员可以使用阶梯法来表现品牌的本质，其中要强调品牌在情感方面的益处，以及与消费者的生活相吻合的特点。如果品牌的功能没有差异点，那么可以考虑将对消费者的理解作为差异点。这就意味着要呈现出一个事实，即品牌非常了解消费者的目标以及实现这些目标面临的障碍因素，可以将这种了解当成差异点。这是最后的选择，因为竞争对手很有可能也把这种对消费者的了解作为定位的基础。

品牌定位陈述必须回答的重要问题

撰写定位陈述文本的具体格式各个企业会有差异。然而，不管怎样，定位陈述都应该回答下面四个问题：

1. 谁是使用品牌的目标人群?

品牌定位始于对目标消费人群一个清晰的认识。非常有用的方式就是描述这些消费者近期使用产品的方式，他们具有的人口统计特征，还有他们追求的主要目标等等（详见第二章《确定细分市场和选择目标市场》）。深入了解目标消费人群希望通过使用品牌实现的目标很重要，因为购买决策很少是由一种原始的欲望或者品牌本身所促成的。

2. 为什么消费者应该考虑这个品牌（也就是说，这个品牌属于什么产品类别?它可以让目标人群实现什么目标）?

正如前面提到过的，解决这个问题经常需要明确一个品牌所属的产品类别。这种方法在开发新产品的时候非常合适，因为它可以将新产品与同类产品联系起来，从而有助于消费者理解。随着消费者对产品的认知增多，品牌涉及的竞争范畴就可能会延伸到几个产品分类中，进一步根据产品使用的场合或者用户人群加以定位。例如，阿瑞尔（Ariel）是一种不含酒精的酒，它有可能从产品的角度将品牌的竞争范畴定义为：既适应社交场合、又令人保持头脑清醒的饮品。这样它的竞争对手既可能包括瓶装水和软饮料，也有可能包括其他不含酒精的葡萄酒。类似地，威迪文牌钢笔（Waterman）可以定位为传家宝，可以代代相传，这样它的竞争对手就包括那些古董家具和珠宝首饰。

3. 为什么这个品牌会从多种备选品牌中脱颖而出?

在市场中，一个品牌必须拥有一个与众不同的强有力的差异点。而且企业必须让消费者相信它所提出的产品差异点。最简单的方法就是提出一种独特的产品属性。例如，维萨卡提出它是接受范围最广的信用卡，它可以用全世界接受其信用卡的地方的数量来支撑这个说法。

如果产品的差异点很抽象，或者这种差异点是建立在形象的基础上，那么支持这种差异点就可能需要与企业长久以来形成的形象联系起来。比如说，香奈儿五号香水（Chanel No.5）提出它是典型的优雅型香水，那么它可以强调香奈儿长久以来与那些高级定制服装品牌之间的紧密联系。

典型的情况是品牌会关注单一差异点，但是这个差异点可能是在产品多重属性的基础上提炼出来的。例如，比克品牌可以提出它的一次性剃须刀产品比其他同类产品更加方便。这个品牌非常广阔的销售渠道，零售店内它的产品就摆放在结账柜台附近，以及价格低廉，这些都可以用来支撑它"更加方便"的说法。

关键的问题在于这种差异点必须是具体的，而且有意义的。诸如"最高品质"或"最优性价比"都是很模糊的。在一个目标人群看来属于高品质或者性价比高的标准，在另一群人看来，也许只是中等水平。所以质量或者价值都应该按照对于目标人群有意义的方式来界定。

当一个品牌的产品益处和其他竞争对手相当时，差异点的确定就需要深入了解挖掘消费者使用产品希望达到的目标。消费者通常会这样推论，如果一个品牌能够深入清楚地理解消费者使用产品的目标，那么它也一定能够提供一种更好的方法实现这些目标。

4. 品牌怎样能够帮助目标人群实现他们的目标？

定位陈述文本中最终一个元素就是，要把品牌的差异点和目标人群的目标连接起来，充分理解品牌本质和类别本质。例如接受维萨卡比接受任何一种信用卡的地点都要多。这就意味着维萨卡的持卡用户可以放心地购物、旅行，信心十足地知道他们的信用卡会被接受。而低廉的价格和方便的购买渠道都可以让忙碌的人们不再担心剃须刀的事儿，而把心思放在更重要的事情上。

非常重要的是必须认识到一点，即定位陈述的各个元素是相互联系的。一个品牌独特的产品属性或者产品益处可以让它与一群竞争对手区分开来。并且，这个差异点吻合一个目标市场而非另一个目标市场的消费目标。这样，针对每个目标市场都要求有不一样的定位；如果同属某类产品，而且针对两个目标市场的产品差异点是相关联的，那么此时就应该把这两个目标市场统合起来。不仅如此，因为竞争者和目标消费群体的目标都会随时间发生变化，所以品牌的定位必须要定期审查，并且加以更新。为了说明这些观点，让我们回到本章开始介绍的那个 Zipcar 的案例。

品牌定位陈述案例：Zipcar

Zipcar 刚刚进入市场时，采用了以竞争为基础的定位方法。其定位强调了与私家车相比，其服务的优越性。遵循这种方法撰写的定位陈述如下：

对于在市区居住、受过教育、精通科技的消费者（目标市场），如果你使用 Zipcar 拼车出租服务，而不是拥有一辆私家车（竞争范围框架），你会减少碳排放量，同时也可以省钱（差异点）。

当消费者知道 Zipcar 是拥有私家车的一种替代方案时，企业就需要更加强调 Zipcar 怎样可以帮助目标人群实现他们的目标。利用阶梯法，可以把差异点定位于“选择了一种负责任的交通工具选择”这个品牌本质，而且把品牌和目标人群承诺保护环境的目标联系起来。这种更加注重客户的定位方法可以表述为：

对于在市区居住、受过教育、精通科技的、为未来的环境担忧的消费者（目标市场和对目标人群的理解），如果你使用 Zipcar 拼车出租服务，那么你就作出了一种负责任的选择（品牌本质），彰显了你保护环境的承诺（目标人群希望实现的目标）。

对新品牌的定位往往会发生变化，随着消费者对品牌的了解日益深入，定位会逐渐从基于竞争范畴的方法转变为更加强调消费者目标的方法。一旦品牌深入人心，那么下面这种简单的表述，既可以明确竞争的要素，还体现了以客户为核心：

对于在市区居住、受过教育、精通科技的、为未来的环境担忧的消费者（目标市场和对目标人群的理解），Zipcar 是一种拼车出租服务（竞争范围框架），它让你减少碳排放量，同时还省钱（差异点），让你觉得自己作出了一个明智的、负责任的选择，彰显了你保护环境的承诺（目标人群希望实现的目标）。

品牌定位的工作永无止境。当有新的竞争对手进入市场时，一个品牌的定位就必须修改。例如当市场上出现了其他的公司也提供拼车出租服务时，就像赫兹公司的“联通服务”那样，这就迫使 Zipcar 解释为什么在服务特点差不多的情况下，消费者应该更偏向喜欢它的服务。聚焦于品牌本质在这种情况下是会有帮助的。Zipcar 可以很好地聚焦于更加年轻的目标消费群体，强调他们在这个拼车租赁行业中的先驱作用，把品牌定位于一种彰显客户保护环境承诺的服务。相比较而言，赫兹公司的“联通服务”就可以专注服务赫兹公司的现有客户群（年龄较长的商务旅客），针对他们的一种新型使用场合（短期的城市内租赁车辆），同时利用其市场第一的地位和高质量服务的美誉。

甄别定位陈述中的问题

判断定位陈述是否充分合适，一定是一个“仁者见仁”、“智者见智”的事儿。但是，如果你的品牌定位陈述能通过下列这几步测试，那么就可以避免一般性的问题：

- 如果你把自己的品牌换成竞争对手的品牌，定位陈述是否仍然非常有力？虽然领导型品牌可以成功地采用跟随型品牌提出的定位表述，但是因为领导型品牌拥有足够的资源，所以它能够维持这种定位。如果跟随型品牌的定位并不是品牌独一无二的特征，那么就应该重新思考竞争范畴和差异点的问题。
- 在阅读定位陈述时，是否能让人清楚地理解谁应该购买这个品牌、那个人什么时候有可能会购买、什么因素会促进他购买？如果并不能让人清楚地理解这些问题，那么陈述中就有含糊的地方，应该修改得更加具体。
- 定位陈述是不是很清晰地说明了，目标人群是否认为这个品牌是达到一些重要目标的有力方法？如果不是，那么品牌的差异点和目标人群的目标之间的那种联系就需要调整修正。

总　结

我们认为，基于竞争的方法和基于客户的方法都是确定清楚而有力的品牌定位所必需的。基于竞争的方法会明确品牌所属的产品类别，以及它区别于其他品牌的差异点。而基于客户的方法强调品牌与消费人群的生活相容的程度。这些方法可以独立使用，也可以结合起来，共同反映到品牌定位陈述当中，共同的目标就是将品牌引入消费者的脑海中来。品牌定位陈述明确一个具体的目标消费人群，而且解释他们什么时候应该考虑购买品牌；为什么应该选择这个品牌，而非其他品牌；

这个品牌和目标消费人群的生活相容的程度；以及这个品牌帮助他们实现重要目标的程度。

作者简介

艾丽斯·M. 泰伯特（Alice M.Tybout）是凯洛格商学院市场营销学系的 Harold T. Martin 营销学教授及前任系主任。她也是凯洛格品牌项目中心的负责人之一，也是位于 James L. Allen 中心的凯洛格消费者营销战略项目中心的主任。她是《凯洛格品牌论》（由 John Wiley & Sons 出版社 2005 年出版）的主编之一。她在俄亥俄州立大学（Ohio State University）获得理学学士学位和工商管理硕士学位，在西北大学获得博士学位。

布赖恩· 施特恩塔尔（Brian Sternthal）是凯洛格商学院市场营销学系的 Kraft 营销学教授及前任系主任。他曾担任《消费者研究学刊》的编辑，这是消费者行为领域的专业研究学会的刊物，曾与人合著《广告战略》（*Copley*）。他在麦吉尔大学（McGill University）获得理学学士学位，在俄亥俄州立大学（Ohio State University）获得博士学位。

第五章

撰写品牌定位文本，并将之落实到品牌设计上

博比·J.考尔德

引　言

品牌的内容是指其中所包含的含义。所有优秀的营销人员都知道这一点。无论一种产品包含多少有形的成分，或者有多少科技含量，又或者这种产品是如何受大众市场欢迎，产品终究不是品牌。只有当产品被赋予了**含义**，他们才称其为品牌。通过市场营销的活动，产品对于消费者会显得比其原本更有意义。

下面我们来举一个例子。假如我们销售的是汉堡包。我们可以很简单地销售汉堡包本身。我们的产品是汉堡包，而汉堡包就是汉堡包。当然，如果我们抱负不凡，那么我们可以保证我们的汉堡包和别人的汉堡包不一样。我们可以提供一种特殊的汉堡包，或者一种更好的汉堡包——比如我们加入特殊的酱料。或者，我们可以通过在其中增加别的东西延展我们的产品，比如我们可以免费赠送炸薯条，或者免费送货，或者在客户进餐的时候提供免费的互联网接入服务。最后，消费者会认为我们所做的一切是非常有益的，因而会购买我们的汉堡包。但是这种含义是需要留给消费者来发现的；我们只不过是在推销一种产品。

而另一方面，品牌会把这种含义传递给消费者。回到我们刚才的例子，我们应该怎样给我们的汉堡包确定品牌呢？无论我们认为我们的汉堡包是如何的优秀，我们必

须要超越一个概念，那就是销售产品本身。也必须超越产品作为一种物质或者客观实体的概念。还必须创造一种产品的含义并且传递给消费者，使得消费者对于这种产品的认识和**我们**所希望的完全一致。

这样，我们就必须实现一个从物质领域到精神领域的飞跃。然而不幸的是，很多商科书籍当中关于品牌化的分析看上去使得这个过程，对营销人员来说，显得更加困难。品牌含义的核心问题通常被一些绚丽的术语所混淆，而这些炫目术语暗示着这个过程当中有一些非常奇妙的、甚至独有的秘密。因此品牌就演变成独一无二的销售卖点、大创意、价值定位表述、承诺或者诺言。而那些通常很有帮助的术语，例如产品益处和定位，也往往被人们更多地当作流行语。而这些分析通常会掩盖一个事实，那就是**品牌化是赋予产品含义的非常困难的（实际上却是非常直接的）一个过程**。要完成这个过程，我们就必须用语言来表述品牌的含义。本章我们将分析如何撰写**品牌定位文本**，来赋予品牌含义。

如何用语言来表述品牌

也许表述品牌含义最常用的方法就是撰写品牌定位文本。品牌定位文本就是简练地、采用简单的三段格式，用一句话来表述品牌含义。这句话针对的是目标消费群体（但这并不意味着到目标消费群体需要看到这句话）。

给"目标消费群体"，我们的品牌属于"产品类别"，具有"差异点"。

这样，一种可乐类型的软饮料就可以用下面这种方式来表述其品牌定位：

> 给更加年轻或者不太富裕的消费者，这个可乐品牌是一种传统的可乐产品，以其口感清爽著称；它非常适合追求快乐，是积极的生活方式的一部分——只有这种可乐可以赋予你快乐体验。

正如上面这个例子，用一句话来阐明品牌定位，其目标就是表述清晰的一个概念，而这个概念就是品牌所要传达的：它的含义。这是消费者根据他们自身对这种产品的经验将会形成拥有的那种**观念或者概念**。如果消费者的经验非常丰富，那么这个概念将会非常有意义。它会在消费者的心目当中唤起曾经拥有的体验。但是，作为营销人员，因为我们需要将这些体验**引向**目标消费群体，所以我们需要预先确定应该采用什么样的概念，然后用语言将它们表述出来——而这就成为了**品牌定位文本**。

这样，当消费者努力地寻求快乐的时光时，我们的可乐品牌就成了他们考虑的一个选择。这个概念描绘了一种消费者将会拥有的体验。即使在匆匆忙碌的生活中，或者充满艰难的时日里，这种饮品会让你拥有一种踏实的、真正追求快乐的方法。

这个概念在表述时采用了一句话的格式，是为了保证简单明了，焦点集中。这句话也作出了一项声明，因此它是一种宣言。当然，我们可以在最终表述文本中加入更多有用的分析——甚至可能是一个有 50 页的演示文稿——但是我们却不能牺牲简单明了和焦点集中的特点。句子的格式形成了一种规范，这样我们就能够在一个简单的句子当中传递统一连贯的思想。它保证我们不会围绕着这个概念啰啰嗦嗦。而且我们也不会掩盖某些思想。我们不能支支吾吾。在确定品牌定位时，非常重要的一点就是无论我们给品牌赋予了多少传统的信息，我们必须从基本层面抓住核心概念，保证它成为关注的焦点。而最终这将保证营销活动的概念含义尽可能地清楚。甚至我们还可以说，品牌化是在营销活动开始之前就已经清楚阐明的有力的定位陈述。

然而，品牌定位的陈述文本有可能有各种表述形式。比如在我们刚才所说的可乐产品的例子中，还有另一种非常成功的品牌概念是这样写的：

对那些在吃饭时喝可乐的家庭，这个品牌的可乐的口味丝毫不逊色于任何知名品牌，但它却能让你家庭的食品预算不超支。

这个例子说明，一般而言，撰写品牌定位文本是有很多可能性的。但是无论品牌如何定位，这些文本都应该反映消费者的体验，能够吸引消费者以一种很有意义的方式来思考这种产品。

因此在确定我们品牌的定位文本时，我们应该探索各种可能的定位描述文本。即使我们有一个方向，就像上面我们所给出的两个关于可乐的品牌定位文本那样，我们仍然有可能探索不同的措辞方法。语言对品牌定位陈述文本非常重要。其重要的一个原因就在于我们要尽一切可能努力准确表述品牌的概念。所以恰当的措辞非常重要。

不仅如此，进一步推敲会强调那些非常接近的概念之间的细微差别。例如：

对那些在吃饭时喝可乐的家庭，这个品牌的可乐会受到欢迎，因为它能让你家买得起其他一些东西。

这句话当中的概念和前面那个品牌定位陈述文本非常接近，但是二者的措辞不同。每一种文本都关注了不太一样的经历，而且都是有意义的，虽然表述略有不同。

撰写一个较温和的品牌概念文本也是可能的。通常情况下，这么做的一个标志就是采用那种模糊的语言，或者没有太多意思的字眼，例如“高品质”、“可靠的”、或者“极佳服务”等等。例如：

对于有时会喝可乐的消费者，这个品牌的可乐口味不错，而且好几种容量的包装很方便。

这个定位陈述文本就采用了非常普遍的措辞（“口味不错”，“各种容量的包装很方便”），它并没有清楚地指出对消费者而言，有意义的体验会在哪里？

因此，判断定位陈述文本的标准就是它必须指出**消费者个人认为有意义的真实体验**。

品牌定位陈述文本的三个组成部分

正如我们前文所描述的那样，品牌定位陈述文本在表达一个品牌概念的时候，有三个完全不同的组成部分：**目标人群、产品类别和差异点**。下面我们来仔细分析。

目标人群

目标人群描述的是品牌针对的消费者。它就是陈述文本的对象。然而，要记住一点，目标消费人群可能永远都无法直接看到这个定位陈述的文本；它只不过是一种工具，来帮助营销人员将注意力引向这群特殊的消费者。为了在消费者的体验中锚定这个概念，我们必须清楚地知道这群消费者究竟是谁。不会是所有的人对某个产品的体验都一模一样，只有部分消费者对产品的体验符合我们的预期。我们需要清楚地知道这群消费者是谁。

下面这段文本描述的是一种旨在中国市场投放的混合动力汽车。这种产品价格很高。过去它并没有获得成功，因为一方面，市场认为它很贵，另一方面，人们认为它缺乏其他豪华汽车具有的一些功能。

> 对于不仅买得起昂贵汽车、而且对他人负责的富人或者企业领袖，这个品牌是一种豪华汽车，它能够彰显你是一个对社会负责的人，受到众人的敬仰。

这个文本的**目标人群**就是富裕的人，他们被分为富裕的个人和企业领袖，这些人伴随着中国经济的发展获得财富，从人群中脱颖而出。而且，这些人不仅愿意显示他们的财富，而且还希望显示出他们不自私，关心他人。他们希望表现出对更大范围的社会的尊重。他们可能是先富起来的一群人，但是他们不希望看上去游离于众人之外。在这种情况下，这个品牌指向的目标人群就非常清楚了；我们可以看出为什么这种产品会吸引这群人，而不是另一群人。

当然，能够拥有关于目标人群更多信息是最好的。在营销活动的方案中，会涉及有关受众人群的多少、产品对市场的吸引力，以及通过哪类媒体才能到达目标人群这样的问题。但是我们并不需要用这些信息使定位文本变得更加复杂。实际上，我们是要将目标人群简单地进行分类，表明目标人群在品牌体验当中扮演的角色。例如当我们向别人描述一部电影的时候我们会这样说："这部电影讲的是一个男孩儿在一个小城镇里成长的故事。"这种简单的描绘抓住电影的本质问题，就如同定位陈述文本应该准确地针对目标人群一样。

在划分目标人群时，为取得更好的效果，不仅仅要采用人口统计方面的因素，而且还会采用一些心理方面的特征。在上面这个例子中，这种心理方面的特征就表现在一个短语当中，那就是"一个对他人负责的人"。从这当中我们可以看出心理方面的特征越多，效果就越好。因此，对于中国的消费者，我们可能会问："这种负责任是真实的呢，还是看似真实，目标在于显示自己是一个负责的人？"更多的探究能够帮助营销人员更加清楚地聚焦于目标消费群体。

产品类别

产品类别是品牌概念中的核心组成部分，它也是品牌定位陈述文本的焦点所在。产品类别提供了一个参照体系，消费者可以根据这个参照体系在心目中定位这个产品；它们能够将这种产品和相同类别中的类似产品进行比较。要理解任何东西，我们都必须能够将它和我们已经了解的其他的东西联系起来。因此，我们会把各种东西归到我们所熟悉的类别当中去。例如，要帮助某人理解芝加哥的位置，那么我们就可以说它坐落在美国的中西部，在伊利诺伊州的东北部。这里，芝加哥被放在了一个类别中，即“中西部”，然后它又被进一步加以归类，被描述为坐落在“伊利诺伊州的东北部”。这样，人们在脑海中确定这个城市的位置时，他们可以将芝加哥和他们已经知道的其他地方加以比较（希望如此）。

在混合动力汽车的那个例子中，消费者首先理解了它的基本分类“豪华汽车”，进而理解品牌定位。这里，品牌被进一步归类为“显示一个人关心社会的东西”。因为消费者对这些构成这个类别的其他东西非常熟悉（例如在得感冒的时候戴上口罩），所以它就成为一个类别。这样，产品类别划分不仅仅是字面上的（一种豪华汽车），它还可能超越这些，显示出更加有创意、更加令人回味无穷（显示人们关心社会的东西）。而这种创意对于品牌定位的陈述文本非常重要。

差异点

品牌概念中最后一个组成部分就是**差异点**。要实现一个圆满的品牌概念，这个组成部分必不可少。一旦我们了解了某种产品和别的产品（该产品类别中的其他产品）非常类似，我们就会需要了解它们之间有什么不同（也就是差异点）。这种产品和同类产品之间究竟有什么不同？芝加哥和底特律都是位于中西部的城市，因此要理解芝加哥，我们就需要了解它与同类城市（中西部）有什么不一样。在我们那个混合动力汽车的例子中，差异点就是要说明这种产品和其他产品的不同之处。在我们的品牌定位陈述中，这种汽车的差异点就是它能够显示出你关心社会，而且你的方式会受到众人的敬仰。暗含的意思是其他一些方式不会让人获得尊重和敬仰（比如非常朴素的生活方式）。而且在此，一定要注意那丝细微的差别、谨慎选择措辞的重要性，以及更多了解消费者的必要性。

拥有突出的差异点不仅使得品牌的概念变得完整或者清晰，它还会让品牌变得难以复制。任何一个概念都可以被复制，但是如果品牌获得成功，非常突出的差异点就会明显地让人感觉到，任何努力显示差异的其他品牌只不过是在仿冒。

三个组成部分之间的关系

在草拟品牌定位陈述文本时，三个组成部分（目标消费群体、产品类别和差异点）都应该同时考虑。虽然文本的句式一定是线性的，但是这并不意味着我们应该用线性的思维方式来考虑这些组成部分——也就是说，先考虑目标人群的分类，然后是产品类别，最后再考虑差异点。在这三个组成部分之间综合反复思考是很重要的。例如，在思考差异点的时候，目标消费群体通常会更加明确地凸现出来。在可乐产品的那个例子中，我们本来将目标消费群体确定为"更加年轻或者不太富裕的消费者"。但是当我们将差异点确定为"它非常适合追求快乐"时，我们有可能会被引向一个更有意义的消费人群，对于这群人，"获得寻常普通的快乐更为重要"。

写出有力的品牌定位陈述文本

即使某个概念很模糊，但是如果它能够被清楚地措辞表述，那么对于产品的品牌化也是很有用的。很显然，非常有力的品牌概念能够更有效地吸引消费者。那么如何让一个概念变得更加有力呢？答案就是一个常被人提及、但往往又不被深入理解的术语概念：参与。[1]

使用参与的概念

就品牌定位而言，"参与"这个术语指的是消费者认为某种产品与一个更大范围、更包罗万象的体验之间的相关程度，很有可能他们会考虑自己的生活。在我们豪华汽车的例子中，中国的消费者可能并不会将汽车仅仅看作是一种驾车的体验——也就是说，汽车定义了他们在社会中的地位。他们的社会地位就其整体生活而言，绝对非常重要。"参与"的程度是强有力的品牌定位陈述文本的标志。要让一个概念变得"参与

[1] Calder, Bobby J. (2008), *Kellogg on Advertising and Media,* NewYork: John Wiley & Sons.

度更高”，就需要超越基本的产品分类（豪华汽车，可乐），进而转向更加注重产品的心理体验，甚至更深地涉及人生体验（即定义消费者在社会中的地位）。

让我们来分析一下一个非常知名的品牌，蒂芙尼（Tiffany），看看它这些年不断演化的相对“参与”程度。最初，这个品牌被描述成：[2]

> 给城市里的富人，蒂芙尼是一个奢侈品零售店品牌，产品手工精制。

这个品牌的核心产品类别，即“奢侈品零售店”，是最基本的；从字面上以及从产品角度，它说明了其商店所属的类别（类似的商店比如有古驰等等）。差异点（产品手工精制）则附加了含意，这个品牌没有强调产品的华丽夸示，而是强调产品的制作方法，于是让它脱颖而出。它暗示着产品品质优雅，但同时明示产品质量一流。

随着蒂芙尼品牌的日益成熟，核心的分类方法变得更加抽象。关键的属性或者形象（奢侈）被“上移”了（详见第四章“确定合理的品牌定位”中的阶梯理论），变成了一种更加以消费者为导向的利益诉求，说出了奢侈对于某些消费者的“**意义**”。为什么奢侈的东西会吸引消费者？虽然看上去这有点不言自明，但是事实并非如此。奢侈品吸引消费者的原因有很多，它不仅仅是一种炫耀。同样地，必须要深入地了解消费者。一个发现就是，奢侈品能够吸引消费者，原因在于它的独一无二。消费者喜欢那些不是所有人都有的东西；消费者喜欢那些因为稀罕才更显贵重的东西；消费者喜欢那些因为稀少会随时间增值的东西。于是蒂芙尼新的品牌定位就变成了：

> 给富裕的精英们，蒂芙尼是一个奢侈品零售店品牌，在这里你可以发现独一无二的、送给富人们的礼品，它们都属于“博物馆陈列品”的等级。

请注意，在将核心分类延伸至独特型利益诉求时，随之产生的是一种骄傲的情感，这里就已经附加了另一种对消费者的理解。什么时候一个人会特别在意某个东西是独一无二的？非常可能的一种情况就是送礼的时候。可能看上去，在将蒂芙尼品牌归为

---

[2] 关于蒂芙尼品牌的分析得益于我与凯洛格商学院的同事 Steven Burnet 和 Richard Kolsky 的交流讨论。

礼物这一类别时，有点过于局限这个品牌概念了。但是礼物这个概念并不仅仅指是给别人的礼物；它也可以是送给自己的礼物。所以此时购买决定就不是去买一件买得起的昂贵东西，而是给别人或自己送一件可以显示体贴之意的独特礼物。

成熟的蒂芙尼品牌则更像这样：

给那些要为特殊的、精英聚会场合选购礼品的人，在蒂芙尼奢侈品商店，你不仅能够买到恒久的礼物，它们拥有无可挑剔的品质；同时你还能获得那份骄傲和愉悦。

许多人都会遇到一些场合，此时他们会希望自己属于精英当中的一员，比如特别的周年庆。因此，强调在这些场合中，礼物是恒久的，一生仅此一份的，就很有意义了。礼物的独一无二通过更高的恒久特点得以表达——也就是说，这礼物如此之特殊，它可以代代相传。（请注意在这种情形下，对于那些将产品归为奢侈品的人们而言，高价是如何变得理所应当。）这里不仅有骄傲和身份，还有愉悦。而即使你在选择这么昂贵的东西时会感到不安（有可能你因为极少购买这么贵的东西，所以并不相信自己的品味），蒂芙尼的品牌定位陈述向你保证，你买的蒂芙尼将与众不同，因为蒂芙尼拥有"无可挑剔的品质"。

这种定位的方法将蒂芙尼的品牌提升到了一个更高的"参与"水平：这个品牌和更广泛的庆祝、纪念人生中的重要时刻联系在一起。于是消费者不再是简单地喜欢戒指或者腕表本身——买了蒂芙尼的产品，它就会和消费者的生活更广地联系起来。

在定位蒂芙尼时，我们甚至还可以再向前走一步。庆祝重要时刻是一方面，而蒂芙尼指向了更广阔的人生目标。我们为什么要庆祝周年这样的时刻呢？因为庆祝属于社交礼仪，其目的在于巩固——也许甚至还会改善——彼此紧密的关系。我们可以努力地采用这个更广阔的人生目标来让这个品牌变得"参与度"更高：

给所有希望保持或者改善紧密关系的人，蒂芙尼品牌的奢侈品商店都能让你拥有品质无可挑剔的礼物，创造机会，永续彼此的联系。

随着品牌的进一步成熟，应该按照这种方法不断加深"参与"的程度。但是很重要的一点是必须注意，通过加深“参与”程度来强化品牌并不必缩窄品牌。乍一看，上面这种陈述文本可能看上去比开始那一个更窄。但是实际不是。蒂芙尼品牌可以从“服务于特殊场合”转变为“**创造**场合”。“参与”程度更深的品牌定位陈述能够创造出更多的营销机会。

使用支持性和人格化的要素

品牌定位陈述通常和另外两个附属的陈述要素有关。第一个要素是**支持性要素**，它是要提出一个理由，让人们相信品牌定位中相随的概念。有一个经典的例子，就是一种定位为“味道美、不撑胃”的啤酒的概念。这种啤酒的支持性陈述是“明智的人都这么说”。尽管从逻辑上说并不是必须的，然而和仅仅使用产品分类和差异点相比，这种支持性陈述可以使概念更加清晰，从而使得品牌定位陈述更为突出。

更为重要的是，支持性陈述有的时候还会包含关于品牌个性方面的信息。这其中的道理就是如果某样东西具有人格化特点，那么就更容易被理解，品牌也一样。所以我们会努力地描述品牌具有什么样的个性特征。通常情况下，我们会列出一系列描写个性特征的形容词，例如“坚持不懈的”或者“富有创造力的”等等。有的时候，这些特征会附在一个真人或者虚构的人物身上。蒂芙尼的品牌个性特征就可以包括“优雅”的概念，并由女演员奥黛丽·赫本（Audrey Hepburn）来表现。

尽管品牌的个性和特征对于品牌定位陈述很有用，但是它们不能替代产品类别和差异点所传递的重要概念。例如，虽然某个保险公司可以告诉消费者它是“值得信任的”，但是这个概念却不能代替它的大类产品内涵。如果没有了大类产品的内涵，保险就只是保险，除非我们赋予它一个含义，否则它没有丝毫意义。

使用品牌的故事

品牌定位陈述采用一句话的格式非常重要，但是，无论一句话如何精雕细琢，它都不能完全地涵盖一个品牌。原因不是缺少信息，或者字数太少。真正的原因在于品牌化的过程是要努力地使得产品对于消费者而言，更有意义。正如我们的几个实例所显示的那样，消费者的生活是寻求产品深层意义的源头。

为了完成这项任务，我们会观察消费者的日常生活体验，寻求描述的线索。然后我们会用“品牌故事”的格式来表达这些：即在使用这个品牌时，会发生些事情，然后又会导致其他一些事儿的发生，最终这个故事有了一个结尾。你可以把这个过程看成是一个故事、或者一幕剧，或者一部电影。在每种场景下，有些东西展开来，故事发展下去。

在任何有描述线索的故事里，都有着某种戏剧化的紧张情绪。最后事情有可能向着更好或者更糟的方向发展。因此，当我们观察消费者的生活，寻找故事的时候，会有三种可能性：已经有好结局的故事；悬而未决的故事；和正在变糟的故事。后面两种给品牌化提供了更多的潜在机会，因为我们可以用我们的产品帮助消费者让事情向更好的方向发展。而且，如果有可能有一个更好的结局，那么故事会更有趣。在我们写品牌故事的时候，品牌定位陈述的文本就成了故事的结论或者结局。

回到我们那个汉堡包的例子里，下面这段话是和品牌定位陈述相关联的一个品牌故事：

从前，有一对夫妻和两三个孩子。孩子们喜欢到快餐店去吃饭。虽然他们也喜欢汉堡包，但是他们真的更喜欢薯条、饮料和儿童套餐配的玩具。最好的是，他们可以随随便便、跑来跑去，甚至吃着玩着，父母都不会责怪他们。

父亲也喜欢出去吃。和开心的孩子们在一起会令人非常愉快。而汉堡包不仅可以让你吃得饱饱的，而且你还可以收获孩子们的许多溢美之词（“谢谢爸爸”）。父亲心里想：“这一切，还挺便宜的。”

但是母亲不高兴。当父亲和孩子们建议出去吃快餐汉堡包时，她就反对。不仅那种食物不吸引她，而且她还不赞成他们吃这种东西。所以等到他们回到家时，她总是发脾气，经常抱怨没人欣赏她的厨艺。

作为营销人员，我们的工作就是要给这个故事一个更好的结局，要表现出我们的品牌可以怎样解决母亲面临的问题。所以我们可以试一试这种创意：父亲和孩子们带妈妈出去休息休息。她可以放松一下，而且全家人在一起，都很开心。在这个品牌故事里，汉堡包不再是焦点。焦点变成了全家人在一起，快乐，妈妈得到理解，而且因为全家人快乐地在一起，妈妈也很高兴。

在这个例子里，可以这样撰写品牌定位陈述，作为故事的结局：

给那些妈妈反对出去吃快餐汉堡包的家庭，我们是一家高效的餐厅，在这里，孩子们可以非常高兴，全家人可以享受在一起的快乐时光。

这个经典的例子源自一个世界知名品牌。我们可以看到，品牌的故事提供了品牌定位陈述的背景环境，而且明确地将它与描述目标消费人群的体验联系在一起。这种方法非常有用。

下面是另一个品牌故事，是关于一种低脂奶酪产品的：

贝基、罗恩和两个年幼的女儿住在城里，两个女儿叫爱丽和玛吉。贝基在办公室里工作，但是能够在4：30下班去接孩子们，并做好晚饭。罗恩喜欢早早地吃饭，大约在5：30就吃。贝基总是给家人做热乎乎的饭，比如肉饼、面条之类的。她很为自己感到自豪。她虽然也做蔬菜，但是爱丽和玛吉都不太喜欢吃。如果她用奶酪酱来做蔬菜，罗恩和女儿都会抱怨。有时候，罗恩会在周末做做饭，全家人都很喜欢吃他做的烤土豆，他会在土豆上面放点奶酪。

贝基的朋友萨拉总是说，她要努力让家人吃得更健康。他们大多数时候都不吃高脂肪的菜品，总是吃更多的蔬菜和水果。最近有一次，当萨拉看到贝基的冰箱里放着吃剩下的加奶酪酱做的西兰花，她惊呼："你不知道这里面有多少脂肪吗？"

贝基很沮丧。因为她在做饭时经常要用奶酪，所以她开始寻找一种低脂的奶酪，既可以让她做出家人喜欢的饭，又不用担心别人会批评她。（注意这个品牌故事里的最后一句话就是品牌定位陈述文本。）

下面这种定位陈述就是直接与这则品牌故事相联系的：

给烹饪时经常使用奶酪的消费者，这个品牌的低脂奶酪可以让饭菜更受欢迎，而且不用担心被人批评。

实际上，定位陈述文本写出了故事的结局。

贝基因为萨拉的批评而感到沮丧。她在做饭时经常要使用奶酪，所以那种可以让饭菜更受欢迎、而让她不用担心被人批评的低脂奶酪的概念，对她是非常有吸引力的。

正如这些例子所显示的那样，品牌故事是传播和丰富品牌定位陈述一个非常有力的工具。

品牌定位陈述和组织

虽然品牌定位陈述一定是由一些个人撰写的，但是撰写的过程必须适合整个组织。那么最佳的组织环境应该是什么样的呢？有两种传统的方法，一个是**营销规划方法**，另一个是**广告的方法**。但是还有第三种方法更为全面更为有效：这就是**品牌设计的方法**。我们分别来分析这三种方法。

营销规划的方法

这些品牌定位陈述可以是战略规划过程当中的一部分。通常情况下在企业制定年度营销规划时就是这样。虽然营销规划涵盖非常广泛的内容，但是通常情况下，营销规划都未详细地分析各种营销活动对销售的影响以及预算花费等等。营销规划包括综合分析市场状况，包括消费者的变化趋势、营销调研，以及对竞争对手的情报收集。营销战略往往会这么写：“增加渠道的分销”、或者“从竞争对手那里抢夺市场份额”，或者“针对目前的消费者投入更多的广告费用”。

在营销规划的背景下撰写的品牌定位陈述文本有三个问题。第一个问题是，需要考虑的问题太多，信息量太大，定位陈述文本很有可能就被忽视了；无论是汇报的人还是听取汇报的人都不能投入足够的注意力。第二个问题是在这种背景下开发出来的定位陈述往往带有更突出的战略色彩。它往往代表着企业**想要**做什么，而不是聚焦于消费者。下面这个例子就是以战略为导向的品牌定位陈述：

对于全世界经营大卡车车队的企业，这种品牌的传输设备率先采用了自动混合动力电力传输，拥有行业领先的节能水平。

这则品牌定位陈述文本的问题在于它仅仅提出企业的目标是通过新技术降低能

源消耗成本。它丝毫没有提起对于发动机制造商而言，这是一种非常有意义的产品概念，而正是这些发动机制造商向用户进行销售（这些用户会非常怀疑采用新技术会导致成本增加）。

第三个问题在于营销规划往往会只涉及企业当中的少数人，而且仅仅涉及短短一段时间。这样的品牌定位陈述就会更多地与营销规划相联系，而不是与更广泛的管理决策相联系；这样它就永远不可能在更深层面上的企业文化中扎根。

广告的方法

品牌定位陈述还可能更多地被看成是一种职能型活动，而非战略型活动。通常情况下，这意味着，品牌化就是创作一个广告，而这反过来通常又意味着，需要严重地依赖广告公司。从很多方面看，这种品牌化的方法与营销规划方法正好相反。

在这种背景下，品牌定位陈述可以得到更多的关注。但是它有可能更多地转变为一种履行义务的过程，成为企业管理人员和广告公司之间的一场互动，成为真正审查广告创意之前的一项准备工作。

在这种情况下，品牌定位陈述往往更多地表现出传播沟通的特点。它的作用更多的是努力说服别人，因此它们更多地表现为承诺，而不是让人信服。看看下面这个例子：

> 对于那些希望获得最好的移动电话服务的人们，这个品牌保证客户会得到符合他们需求的合适的技术、合适的服务方案，以及合适的设备。

这条陈述文本呈现出的品牌是对消费者的一种承诺，而这正是广告的标志。因此，很自然的情况就是与广告相联系的品牌定位陈述往往会使用这种方法来表达。无论这条广告创作得品质如何，在这种背景下撰写出来的品牌定位陈述往往是空洞无物的。

品牌设计的方法

如果说，将品牌定位陈述作为营销规划或者广告规划的一个部分都存在局限性，那么更好的方法是什么呢？最有效的方法是**品牌设计的方法**，这种方法可以让我们完全聚焦于消费者。我们的出发点一开始就是消费者，而不是企业的战略或广告创意。这种方法是**以消费者为焦点的、建立在设计集成上的，而且是和整个企业通过内部交流而达成的，它不仅仅是营销或者传播**。采用这种方法来打磨品牌定位陈述文本，将会使我们对品牌的描述既不会过于抽象，也不会过于具体，既可以推行，又不至于包罗万象。

我们说建立在设计的基础上，它是什么意思呢？在品牌定位陈述的层面上，品牌是无法消费的。它必须拥有实实在在的形式作为一种设计。设计就是一种外观、一种感觉，一种抓住核心含义的感觉。想想著名的设计师，比如拉尔夫·劳伦（Ralph Lauren）。许多不同种类的产品，从衣服到食品到珠宝，都可以体现拉尔夫·劳伦的感觉（是的，也许还能够有拉尔夫·劳伦品牌的汉堡包）。拉尔夫·劳伦是一个品牌，是一个可以融于多重产品当中的概念。设计表达了品牌的含义。

任何品牌最终必须是一种设计，而这种设计必须建立在某种东西的基础上。那么还有什么比将品牌定位陈述建立在设计基础上更好的呢？品牌定位陈述可以领导设计，也可以帮助表达品牌概念的深层含义。

通过设计把握品牌的含义可以有多种方法。它可以通过语言（以及声音）用**听觉的**方式表达出来。或者也可以通过照片和图片用**视觉的**方式表达出来。触觉和嗅觉也是有可能的，但是执行起来会比较困难。

在我们思考如何通过设计来表达品牌含义时，一种有用的方法就是将音频的方法和视觉的方法区分开，赋予它们相同的关注度，然后再在几种表达视觉和听觉含义的方法中进行比较选择。在思考表达品牌含义时，应该注意下面这些问题：

听觉方面

- **取名：**给产品和企业取一个描述的或者比喻的名字，来表达含义。
- **措辞：**选择一套词汇，让它们变成包含特殊含义的词语。
- **描述：**撰写短语和句子，让它们独一无二地表达含义。

视觉方面

- **图片：**通过照片或者描绘真实物品来诠释含义。
- **符号：**通过更加抽象的形象、图形，包括字体来象征性地代表含义。

- **动画**：通过物体的动作和变形来传达含义。

图 5-1 将上述这些元素综合在一起。通过其中一些方法或者所有上述的方法，表达品牌的重要性含义，我们将能够完成对品牌的设计。

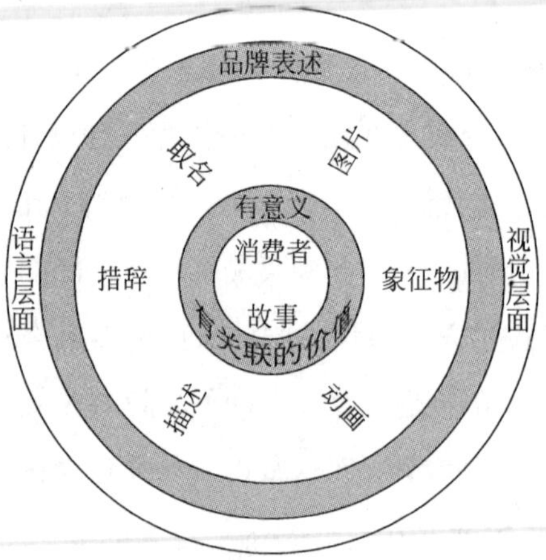

图 5-1　品牌设计示意图

让我们回到那个关于汉堡包以及爸爸妈妈和孩子们的品牌故事当中。如果有意义，那么相应的品牌价值就在于妈妈可以休息一下，和家人共享快乐时光，那么这一种概念如何通过设计表达出来呢？如果我们回顾一个非常成功的品牌的发展史，我们就会看到如图 5-2 所示的一种设计。

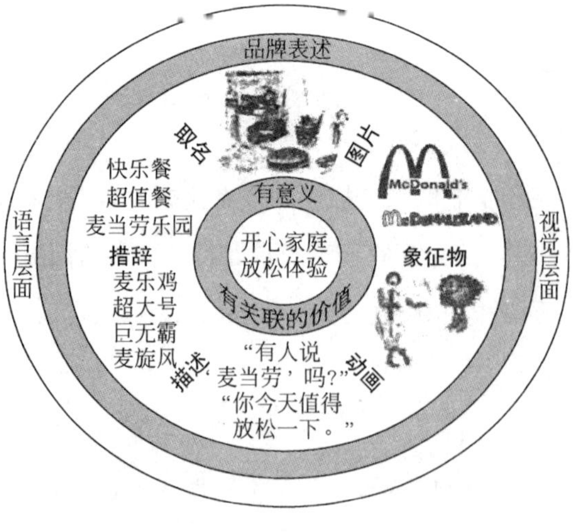

图 5-2　麦当劳的品牌设计

麦当劳的品牌设计可以被看成是，一系列表达含义的听觉信息和视觉图像像马赛克一样镶嵌连接到一起。图 5-2 通过拼贴表现了这种感觉。

在品牌设计的背景下考虑定位陈述问题，就能够使它成为赋予品牌鲜活含义的有机过程的一部分。定位陈述从字面上提供了设计思想。它们是“可以付诸实施的”思想——虽然抽象，但是同时非常具体，足以引导品牌的设计。[3]

这种品牌设计的有效方法是通过与整个组织中的成员**对话沟通**而落实的。任何一个组织都包含许多部门，它们与企业的产品有着各种不同的联系。但是它们大多都很关心产品的含义。

比如说，技术企业的工程师、保健机构中的医疗人员，报纸的编辑，私营企业当中的家人，他们都拥有自己的故事，都有自己的价值观，并和产品的含义联系在一起。如果在考虑品牌含义时将这些人群排除在外，那么他们在作决策时往往会忽视品牌化的过程，甚至还会抵制品牌化的各种努力。因此如果将品牌化当成是营销规划的一个部分或者当成广告的一个部分，其中最主要问题就是其他的人都会认为品牌化是一小群营销人员或者广告传播人员的任务。

然而，品牌设计的方法会让它成为一个实现内部沟通的过程。最终的品牌设计必须是以消费者为焦点，它还应该得到内部各部门的广泛认同，这些部门会给产品赋予不同的含义。要能得到对于消费者最佳的含义，就要求在企业各个不同部门人群之间进行对话交流（有时候甚至消费者也应该成为对话中的一员）。

我们在这里选择“对话”这种说法是有原因的。1999 年丹尼尔 · 扬克洛维奇（Daniel Yankelovich）将对话作为一种特殊类型的沟通过程进行了很好的分析。对话不是争执，也不是讨论。[4] 对话代表真诚的倾听，而所有的人群都是平等的，而且每个人群都能够清楚地阐明自己的观点。根据人群之间相互信任的程度不同，其结果的缜密程度也会有所不同。如果对产品含义有激烈的争执意见，会直接影响组织文化，那么就需要非常广泛的对话。而如果目的更多地是从几个角度（包括从消费者的角度）检查产品的含义，那么一两期的对话也就足够了。

关键问题是，只有在对话过程结束，人们阐明自己的观点，而且真诚平等地倾

[3] Backer, Bill(1993), *The Care and Feeding of Ideas,* New York: Times Books.

[4] Yankelovich, Daniel(1999), *The Magic of Dialogue,* New York: Simon and Schuster.

听之后，品牌设计的过程才算完成。围绕品牌设计会有各种交锋。如果要妥协，也是在充分理解不同观点之后的妥协。这样品牌化的过程就没有误解或者局限。而这个过程随之会搭建一个平台，让每个人都能够参与其中——而这些人都是要执行品牌设计的。

总 结

撰写有效的品牌定位文本对于品牌化决策是非常关键的。它应该把握品牌的含义，值得付诸大量努力精雕细琢。它最好不要成为营销规划或者广告策略的附属品，而要成为**聚焦于消费者、建立在品牌设计基础上的全员对话过程**的一部分。

品牌定位陈述在未来会更加重要，因为消费者了解品牌含义的方法正在发生改变。在电视上看到一个品牌或者从报纸上看到它的促销信息正在变成许多可能性中的一种。消费者现在接触越来越多的媒体，而各个媒体的受众人群正在变得越来越小。未来企业面临的挑战就是，如何将营销全方位地融入各种可能的媒体，使得品牌在这种复杂的情况下不至于迷失。正如图 5-3 所示，品牌设计在这个方面扮演了重要的角色。

图 5-3 通过品牌设计实现的整合

任何营销活动的中心都应该密切关注品牌的含义。我们已经看到，精心打造的品牌定位陈述文本对于向营销人员和消费者清晰地传达品牌的含义至关重要。

作者简介

博比·J. 考尔德（Bobby J. Calder）是凯洛格商学院市场营销学系的Kellstadt营销学教授及现任系主任。他还是西北大学Medill新闻学院的新闻学教授、Weinberg文理学院的心理学教授。他曾经在许多企业、政府部门和非营利机构担任咨询顾问。他最近出版了《凯洛格整合营销论》（由John Wiley & Sons出版社2003年出版）、《凯洛格广告及媒体论》（由John Wiley & Sons出版社2008年出版）。他在北卡罗来纳大学教堂山分校（University of North Carolina at Chapel Hill）获得学士学位、硕士学位和博士学位。

第六章

品牌的创建与管理

艾丽斯·M.泰伯特

格雷戈里·S.卡彭特

引 言

品牌是市场最普遍的属性之一。每一个组织，无论它是否直接服务于消费品市场，都有一个品牌——识别符号、名字和声誉。高盛集团（Goldman Sachs）、卡特彼勒（Caterpillar）、彭博（Bloomberg），以及麦肯锡（McKinsey & Company）都属于专注企业间市场的公司，都拥有被客户认可的品牌；类似地，安德玛（Under Armour）、可口可乐，以及梅赛德斯-奔驰这些消费品品牌也被消费者所熟知。更普遍地讲，氧气、电、水、金融服务、甚至天气预报等，也都有品牌的差异。甚至人也有品牌：或好或坏，比如老虎·伍兹（Tiger Woods）。要找一个与品牌毫无关系的人还真不容易。

品牌在购买者的生活中扮演着许多角色：它们或者向人们提供关于产品或服务功能的重要信息；或者帮助消费者向他人彰显一种希望的形象；或者传递品牌消费所获得的体验，汰渍（Tide）、拉尔夫·劳伦（Ralph Lauren）、迪斯尼（Disney）就是这三种情况最好的例证。但是，品牌赋予购买者的价值会随时间发生变化。在市场还不像今天这样发达的时候，在诸如汽车、餐饮，以及咖啡这些产品类别中，品牌的质量存在着显著的区别，这就给购买者带来了很大的风险。因此，品牌主要是一种标志稳定的质量水平的手段。麦当劳、万豪国际（Marriott）以及丰田都逐步成为可靠质量与性价比高的重要符号。而随着竞争的日趋激烈以及产品质量差别的缩小，品牌的角色也发生了变化。对于很多消费者来说，生活过于复杂，时间太少，各种选择让他们眼花缭乱。另外，技术的进步也引发了一些陌生的新市场，还有一些旧市场被重新定义。例如移动电话，这项最新的技术出现在市场上，还不到一百年，而它正在以难以置信的速度向前发展，这就要求消费者在简单的手机与迅速扩张的各种复杂移动装备之间进行选择。而诸如苹果及黑莓这样的品牌会让消费者马上清楚他们会从这两种复杂设备中得到什么。

一方面，品牌的作用始终是在帮助消费者节约时间、确保质量、简化选择，不过，另一方面，品牌的发展使它们的作用还不止于此。现在，在很多产品领域中，决定人们选择某个产品的根本已经不是实物产品，而是品牌的名称。比如，在汽车行业中，基准化分析法（基准化分析法是将本企业的各项活动与从事该项活动最佳者进行比较，从而提出行动方法，以弥补自身的不足。——译者注）和激烈的竞争已经导致产品质量难分仲伯，这就使得品牌成为传递产品含义的手段。同样，品牌名称也成为区别诸如戴尔和惠普笔记本电脑的一个重要特征。

如表 6-1 所示，品牌的力量可以从一年一度的**“全球百强品牌”**的评估结果中看出来。这项由英特品牌公司（Interbrand）与《商业周刊》（*Business Week*）共同完成的研究显示，2009 年全世界最具价值的品牌是可口可乐，品牌价值高达 687 亿美元。[1] 这个数字代表的仅仅是品牌的**价值**，不包括可口可乐公司的其他资产。这个品牌价值占到了可口可乐公司总市值 1,325 亿美元的 50% 以上。这种品牌价值与企业总市值之间的关系在其他一些全球知名的品牌身上也能看到。比如，麦当劳、迪斯尼、梅赛德斯 - 奔驰等；这些品牌的价值也都超过了公司总市值的 40% 以上。

企业要维持其品牌价值，就需要精心地管理其品牌。那些顶级的品牌，如可口可乐、IBM、微软、通用电气，以及诺基亚，都是经过数十年时间才建立起来的，它们之所以能维持世界最具价值品牌的地位，就是因为它们能根据消费者的需求和生活方式的不断变化而变化。像谷歌和亚马逊这样在近些年才获得巨大价值的品牌，也是通过

[1] “100 Best Global Brands,” *Business Week*, September 28, 2009.

对当代的问题提出创新和完善的解决方案才获得成功的；它们使得那些深受时间紧迫、信息泛滥之苦的消费者能够快速、有效地得到他们想要的东西，无论是信息还是实物产品。相比之下，像花旗银行、摩根斯坦利，以及瑞银集团这些以牺牲长期稳定为代价，追求短期利益的金融服务品牌，在 2009 年的银行体系崩溃潮中，不仅失去了公众的信任，也损失了大量的品牌价值。

在这一章中，我们将研究品牌如何创造价值。首先，我们会详细讨论两个问题：什么是品牌？品牌是怎样创建的？然后，我们将分析三种不同类型的品牌：**功能品牌、形象品牌**，以及**体验品牌**。我们要分析如何最好地管理每一种类型的品牌，以及如何通过品牌延伸使每类品牌保持平衡。最后，我们要联系品牌类型探讨三种品牌战略：即企业品牌战略、族品牌战略，以及产品品牌战略。

表 6–1　2009 年的品牌价值

名次	品牌	行业	2009 年的品牌价值（单位：十亿美元）	与 2008 年相比的变化率
1	可口可乐	饮料	68.73	3%
2	IBM	电脑服务	60.21	2%
3	微软	电脑服务	56.65	–4%
4	通用电气	综合	47.78	–10%
5	诺基亚	消费电子	34.86	3%
6	麦当劳	食品	32.28	4%
7	谷歌	互联网服务	31.98	25%
10	迪斯尼	娱乐	28.45	–3%
12	梅赛德斯 – 奔驰	汽车	23.87	–7%
20	苹果	电脑硬件	15.43	12%
36	花旗银行	金融服务	10.25	–49%
43	亚马逊	互联网服务	7.86	22%
57	摩根斯坦利	金融服务	6.40	–26%
72	瑞银集团	金融服务	4.37	–50%

资料来源：摘自“全球百强品牌”,《商业周刊》，2009 年 9 月 28 日。

什么是品牌?

尽管消费者几乎人人都有关于品牌的体验，但对“品牌”的概念却理解甚少。当被问到他们为何要购买诸如可口可乐的饮料、拉尔夫· 劳伦的服装、梅赛德斯 – 奔驰的汽车，消费者的回答一般都反映出他们对品牌诉求缺乏深入的了解。有的人会这样回答："可口可乐比百事可乐好喝。""拉尔夫·劳伦非常适合我，而且做工很好。""梅赛德斯－奔驰是制作精良的汽车，它永远都不会坏。"这些理由也许是真的，也许不是。但是，很少有消费者在口味测试中能够准确分辨出不同品牌的饮料。在美国，大多数消费者的汽车也仅仅只开几年。购买者往往不是从产品身上获得价值，相反，他们常常会从品牌中获得更多的价值，那么，这种价值到底是什么呢？

最根本地讲，品牌就是一个与产品或服务相关联的名称、符号，或者标记，购买者会赋予它们心理层面的含义。罐子里的盐很简单就是氯化钠。购买者对它很少有什么联想，除了有可能联想到它所属的化学物质归类。但是，莫顿食盐却可能勾起儿时看妈妈烤面包的记忆，觉得它值得信赖。许多人可能还会想起莫顿食盐那句著名的广告词："盐如雨下。"同样，正像我们前面提到的，在蒙上眼睛的口味测试中，棕色的、冒着气泡的碳酸饮料很难让人准确分辨。但是，可口可乐就不止是一种产品。事实上，消费者对可口可乐如此钟情，以至于把任何试图对它进行改变的尝试都当作一个原则问题来加以拒绝（回想一下 20 世纪 80 年代新可乐营销的失败）。如果没有联想、没有感情，可口可乐不过就是一些水、糖、碳化物和香料而已。

可被赋予任何一种产品的品牌联想，其数量与组合是无限的。就拿瓶装水来说，虽然它不过是一种简单的**产品**，但是它的**品牌**却非常复杂。巴黎水（Perrier）当然被看作是法国的水，其中包含的联想就包括：欧洲的、顶级的、精致的、昂贵的等等。另一个品牌，"波兰泉水"（Poland Springs）传递的则是缅因州，其出产地所具有的概念：诚实的、独立的、价格合理的（有意思的是，这个美国品牌是属于瑞士的雀巢公司）。同样，在运动型多用途汽车中，"宝马"给人的联想是驾驶激情、性能优越，以及精良的制造水平，而"丰田"则传递了可靠、品质，以及物超所值。

品牌可以表现为消费者记忆中的一系列概念或联想。而回忆与任何一种产品相关的特点、概念、形象，以及联想都需要付出相当大的努力。因此，消费者会将这些概念和联想总结为一种**认知**，它是对复杂现实的一种有效简化。我们以英国传统汽车品牌捷豹为例。我们对这个品牌的认知可以比较复杂：捷豹创造了英国奢侈品的现代表现方式，代表着成熟、传统、优雅、地位，而且不显山露水。同样我们的认知也可以相对地简单和直接：例如，我们会认为沃尔玛是商品价格最低的商场；丰田则以其可靠性和质量而著名等等（即使并不准确）。

品牌要有价值，其品牌联想就必须成为购买者生活的一部分。如果消费者走进杂货店，看到可口可乐或莫顿食盐，却没有联想到品牌的含义，那么，这个品牌就没有任何价值。虽然品牌含义或品牌是通过产品设计、广告、分销渠道，以及各个营销环节逐步树立起来的，但是它最终必须植根于购买者的脑海里，如果没有品牌资产，那么这个品牌就只是拥有一个毫无意义的名称的产品。

品牌的联想对于购买者而言，可以是非常有价值的。就拿巴黎水来说，水在世界上大多数地方都是可以很容易、很便宜就得到的，但是属于法国这种感觉却是很难获得的。捷豹给普通大众传递的是一种不寻常的体验：即日常出行用英国奢侈品代步。巴黎水和捷豹都不只是简单地进行水的灌装或高档汽车的生产，而是代表着把只有少数人才能享受的特权带给了大多数人。为此，它们得到了可观的回报。

对于产品与品牌的区别，已故的伦敦 WWP 集团的斯蒂芬· 金（Stephen King）做过很好的描述：

> 产品是工厂里制造出来的东西，而品牌则是消费者所购买到的东西。产品是竞争者可以复制的，但品牌却是独一无二的。产品可能很快就会过时，但成功的品牌却是永不过时的。[2]

怎样建立一个品牌？

有一种普遍存在的误解，认为建立品牌就是简单地做一个聪明的广告或设计一个标识。当然，广告在很多品牌的建立上要扮演重要的角色，尤其是对于那些想在形象上区别于竞争对手的品牌更是如此。但是，要想成功，即使是形象品牌，也必须有一个产品，一个价格，和一个销售渠道来支撑通过广告和标识所传达的形象。广告就是一种将品牌价值传达给潜在购买者的手段。对于有些品牌，比如可口可乐，广告在品牌联想的建立方面扮演了主要的角色。而对于其他一些品牌，如亚马逊网上书店，在品牌资产营造方面充当重要手段的是服务体验的特性，而不是广告。

为了理解品牌的建立过程，我们来举一个从零开始建立品牌的例子：土星（Saturn）汽车。[3] 土星的创立是一个大胆的主意，当时通用汽车的总裁罗杰· 史密斯

---

[2] www.bizcommunity.com/Quote/196/11/866.html.

[3] Aaker, David A.(1994) "Building a Brand: The Saturn Story," *California Management Review,* 36 (2, Winter), 31-50.

（Roger Smith）将之称为通用汽车获得长期竞争力与成功的关键。20 世纪 80 年代中期，它被构想为一种世界级的产品：一款美国开发的紧凑型汽车，在质量、成本，以及消费者满意度方面都占据领先地位。土星系列被设计生产为可靠的、高性能的、驾驶舒适的低价车型。企业传递其高品质的方法就是向消费者承诺 30 天或 1,500 英里之内不满意即退款。鉴于当时人们对其母公司通用公司的认知，这种支持土星汽车具有高品质概念的做法本身是很重要的（甚至是必要的）。但是，在精心设计和提高性价比的同时，精明的公司并没有将土星汽车的功能作为塑造其品牌差异化的基础。

在 1990 年产品推出之后的几年里，土星迅速走红，市场普遍认同这是一家独特的美国汽车企业，以友好的方式营销实惠可靠的汽车。那些自认为务实和爱国的消费者被吸引去购买土星汽车，向周围人们传达他们的这种价值观。土星无疑吸引了大批此类消费者，但是，它并没有因此而将品牌形象作为其差异化的基础。

相反，土星将其品牌建立在对美国消费者的深入了解上。它认识到，对于大多数消费者来说，购买汽车与和汽车经销商打交道一样，是特别不愉快的经历。土星试图改变这一切。土星像朋友一样尊重关心消费者并邀请消费者和汽车公司建立关系。与当时典型的汽车购买体验不同，土星创造了愉快的购车环境。为避免销售人员采用传统的销售手法，公司从行业以外招聘了许多全职的销售顾问，他们大多见多识广，非常能干。公司固定价格的政策避免了不愉快的讨价还价，也消除了购买者担心不善砍价可能导致多花钱的心理。在需要召回汽车的时候，经销商们会举办一些诸如烧烤晚会和观看棒球赛之类的活动，让消费者在他们的汽车接受维护和清洗时也能够得到招待娱乐。销售商赞助举办的土星车主聚会和土星汽车制造厂参观活动都使得拥有土星的体验变得非常人性化。

广告在宣传企业形象方面扮演了关键的角色，因为企业的形象反映在创造和消费这个品牌的消费者身上。早期的广告拍摄表现了员工讨论他们是如何走到一起并共同创建了土星文化，突出了他们看到第一辆土星汽车下线时的自豪感。后来的广告则将注意力转移到了消费者以及他们对自己汽车的情感上。在所有的广告中，中心都是与产品相关的人，而不是产品本身。公司将土星品牌内含的概念总结为这样一句广告语："不同的公司，不同的车。"（A different Kind of company, a different Kind of car.）

土星是否制造出了在质量、成本，以及消费者满意度方面均领先的产品呢？是的。

不过，这种描述并不足以抓住这个品牌的本质，1994 年 6 月 10 万名车主从远至阿拉斯加的各地开车回到位于田纳西州的斯普林希尔汽车厂，前来参加土星车主大会，这其中体现的绝不止于那种产品描述。在那次活动中，有一对情侣还举行了婚礼，将新娘交到新郎手里的人就是土星的总裁！

尽管最初几年非常辉煌，然而到了购买第一代土星车的消费者需要更换新车型的时候，这个品牌就开始衰退了。如果他们想升级为中型轿车，或者小型货车，或者运动型汽车的话（九十年代中期确实有不少土星车主，甚至所有的消费者都是那样），土星就让他们失望了。在长达十年的时间里，土星只有唯一的一种车型，就是最初的 S 系列微型车。后来，土星确实也推出了中型汽车（2000 年的 L 系列）和运动型汽车（2002 年的 Vue 系列）。然后又有了“Relay”小型货车（2005 年）和“Sky”跑车（2007 年）。虽然这些新车型也都受到了欢迎，但此时，这个品牌已经大势已去。新车型推出的这种真空状态是由多种因素造成的；罗杰· 史密斯是全力支持这个品牌的，但在第一辆土星车下线之后不久，他就退休了。来自继任的领导团队的支持并不坚定，这些人大都对这个项目持怀疑态度，他们更倾向于通用那些更老的、更稳固的品牌。另外，通用的经销商们也非常反对将钱（50 亿美元）投入土星产品的开发。最后，当强大的全美汽车工人联合会的领导取消了斯普林希尔工厂实行的柔性工作制度，并劝说通用将后续车型的生产转移到面临停业危险的国内其他工厂的时候，土星文化就开始削弱了。最终，土星非但没有改变通用，而是被通用变成了另一个奄奄一息的品牌。到 2009 年通用申请破产及大宗联邦救助而重组的时候，土星成为被重组的一部分，以悲剧结局收场。这里的教训就是：仅仅创造一个品牌是不够的，即使这个品牌受到消费者的喜爱也是一样。公司必须持续投资，使其既有意义，又与市场息息相关。如果没有精心的管理和持续的建设，品牌就会死亡。

总而言之，品牌是复杂的、有风险的，需要持久的投入。品牌的建立是由预设的定位概念引导的（见第四章“确定合理的品牌定位”及第五章“撰写品牌定位文本，并将之落实到品牌设计上”），而且执行时受到由企业文化（见第七章“让品牌在企业里生根发芽”）和**所有**与营销组合相关的决定的影响。

三类品牌

如果土星汽车当时想创建一个**功能品牌**，那么它的重点就是建立一种基于汽车的各种物理特性及其优点的联想。如果土星当初的目标是创立一个**形象品牌**，那么它就应该更加强调通过广告和其他传播手段来为汽车塑造一个个性。

但是，土星选择了创建一个**体验品牌**。这就意味着它必须设计一个强大的产品，而且价位要适中。这个品牌无疑要具备这样一种个性——有思想、友好、不做作。但是，核心的联想概念并不是产品本身，而是拥有土星汽车这样一种体验，以及车主所感觉到的他们与公司的关系。下面，我们将详细地分析这三种类型的品牌，以及怎样才能最好地管理这些品牌。

功能品牌

消费者购买**功能品牌**的主要目的是满足功能的或实际的需求——洗衣服、缓解疼痛、家庭代步等等。许多消费者对于此类品牌的联想都与产品有形的方面有关。成功的功能品牌在购买者心中是与具体的产品类别紧密相联的，并且它们经常与同类产品的其他品牌共享许多联想概念。比如，汰渍几乎成了干净衣物的同义词。除了满足基本的需求，许多功能品牌是通过**性能更优**或**更加经济**实现自己与竞争对手的差异化。

更优的性能。吉列与湿式剃须产品以及此类产品的功能紧密相联：提供顺滑、舒适的剃须效果。吉列的这些品牌联想是在过去一百年的时间里，通过一系列创新产品才建立起来的。吉列创建于 1895 年，1971 年它率先推出双层刀片剃须刀，“特拉克 II”（Trac II）。这种刀片是专为提高舒适度而设计的，它引发的一系列技术革新一直持续至今。1977 年，吉列推出了“阿特华”（Atra）系列，具有可旋转的双层刀片刀头。1990 年它推出了具有弹性刀片的“感应”（Sensor）系列。1998 年推出的三刀片剃须刀“锋速三”（Mach3）系列替代了双刀片剃须刀，随后又有了锋速三突破（Mach3 Turbo）系列。在 2003 年，吉列所宣称的更优性能遭到舒适公司（Schick）的四刀片“Quattro”剃须刀的挑战，它的反应先是以一种电池驱动的三层刀片剃须刀“吉列动力”剃须刀（M3Power），给湿式剃须引进了一种新思维，然后又在 2006 年推出了兼具电池驱动与常规方式的五层刀片“锋隐”剃须刀（Fusion）。2007 年推出的“锋隐动力”（Fusion Power）对剃刀的握柄进行了改进。接着在 2008 年它又推出了“锋隐非凡动力”（Fusion Power Phenom）和“维纳斯”（Venus Embrace）（专为女性设计）。从公司建立以来，吉列的每一个新产品都被定位为比前一型号提供更优的性能，从而塑造出一个因强调更优性能脱颖而出的品牌。

汰渍（美国）和碧浪（欧洲）这样的洗涤用品也属于功能品牌，都以更优的性能来参与竞争。汰渍和碧浪与洗涤产品类别关联紧密，它们竭力通过提供最强的洗涤效果，使自己与其他洗涤用品品牌区别开来。拥有汰渍、碧浪，以及吉列品牌的宝洁公司投入大量资源，建设这些品牌，使其保持在洗涤用品领域的领先地位。

许多工业品品牌也将更优的性能作为差异化的基础。工程机械制造商卡特彼勒（Caterpillar），就以出色的用户服务为基础建立了一个卓越的品牌。虽然像小松（Komatsu）这样的竞争企业也可以提供性能相当而且价格更低的设备，但是卡特彼勒却以更换配件的形式提供了无与伦比的服务。如果任何一台卡特彼勒设备在世界任何一个地方抛锚，卡特彼勒都会在 48 小时之内发出所需的配件。这项服务对于土方工程企业来说是至关重要的。性能再好、价格再低的机器，如果因为没有配件而无法运行的话，那它只是一堆废物。成本很重要，但是生产效率是最基本的。通过出色的服务，卡特彼勒保证了用户的生产效率。而其他品牌的设备，虽然在购买时非常有吸引力，但是风险却更高。这样，卡特彼勒因为意识到更优的性能可以通过创新的方式来实现，从而建立了自己的品牌。

彭博专业服务（Bloomberg Professional）是另一个建立在更优性能基础上的企业间服务品牌。这家公司向银行、投资公司、政府机构、法律事务所，以及新闻机构提供综合性的关于金融与市场的实时和历史数据，以及分析软件和交易工具。公司不断地升级其产品，并且辅以出色的用户服务。尽管每年订阅价高达 18000 美元，然而彭博的客户却极度忠诚。有一个东海岸的金融管理公司的老板心存怀疑，他对彭博服务的高价格不满意，就对他的分析师许诺说，如果他们放弃使用彭博服务，就给他们增加一万五千美元的奖金。结果十二个分析师有十一个表示拒绝。有一个分析师甚至说，他宁愿被扣掉一万五千美元的奖金，也不愿意放弃他的彭博系统。[4]

更加经济。更加经济是实现功能品牌差异化的另一种方法。更加经济可以表现为节省时间、减少麻烦，或者节约成本。比克通过以更低的价格提供更方便购买的一次性剃须刀，与吉列在剃须类产品中展开竞争。麦当劳也是一个更加经济的品牌。当人

[4] http://money.cnn.com/magazines/fortune/fortune_archive/2007/04/16/8404302/index3.htm.

们一提到“麦当劳”，消费者就会想到“快餐”和“超值”。很少有人会认为它“口味出众”。麦当劳以其快速、正规、低廉、热乎、便捷的食品而闻名于世。麦当劳就是通过不懈的努力，通过比任何其他快餐店更规范、更快地让消费者吃饱来参与竞争。同样，电脑制造商戴尔公司也是通过使电脑的购买更加便捷和便宜，来实现更加经济的目标。

由于缺乏明显的产品差异，许多工业品品牌都是建立在更加经济这个基础之上的。一个有趣的例子是由有机硅的全球领导企业道康宁公司（Dow Corning）所创的 Xiameter 品牌。作为一个传统的提供全系列产品、优良服务的有机硅制造企业，道康宁公司面临着来自那些提供非常类似产品但价格更低的对手的强大压力。道康宁怎么才能在面对较低价位竞争对手的同时，还可以提供全系列产品、优良的服务，和低廉的价格呢？为此，道康宁创建了“Xiameter”品牌，这个品牌仅提供有限种类的产品，它们与道康宁公司产品相同，但是却有 15%的折扣。为了节约成本，Xiameter 品牌不提供服务，有很多项最低采购要求，在交货条件方面只允许有限的灵活性，而且只接受少数几种支付货币。对于一些大宗采购和成熟的客户而言，Xiameter 可以提供的价值远远超过了传统的全系列产品、全方位服务的组合，使得它在艰难的市场中获得了显著的成功。[5]

功能品牌的创建和管理。功能品牌通过帮助消费者实现与诸如饮食、住房、卫生，或安全等物质需求有关的基本目标，而与消费者发生联系。因为消费者需求不同，支付能力不同，所以不管是注重更优性能的功能品牌，还是注重更加经济的功能品牌，都可能在同一个产品类别中获得成功。以剃须刀为例，一些消费者可能比较喜欢最顺滑、最舒适的剃须刀品牌，而另一些人可能喜欢性能适当而价格最便宜的品牌。

建立功能品牌要求将资源更多地投向产品（针对更优性能），或者营销组合中的渠道和价格方面（针对更加经济）。广告可以加强品牌与产品类别之间的联系，传播那些使品牌优于竞争品牌的方面。广告本身不是差异化的基础，这一点与形象品牌一样。为了保持市场上的领先地位，功能品牌必须能够提供更好的功能或更低的价格，

---

[5] Anderson, J., N.Kumar, and J. Narus(2007)*Value Merchants: Demonstrating and Documenting Superior Value in Business Markets,* Harvard Business School Press, Boston: Massachusetts.

或在两方面都十分突出。在很多情况下，提高性能意味着品牌将目前已有的功能发挥地更好。所以，吉列剃须刀才从一层刀片升级到五层刀片，每增加一层刀片，剃须的效果会更完美，而舒适度却丝毫不会减弱。

由于一些消费趋势的原因，产品功能的拓展可能是一个很有吸引力的战略。消费者的工作时间与娱乐 / 家庭时间之间的界线变得越来越模糊（例如，父母会带孩子出差，在看足球赛时仍然通过手机联系业务，以及在工作时上网购物等），很多消费者宣称他们正在经历"时间饥荒。"因此，能够帮助他们应对这些变化的产品和服务很可能广受欢迎。例如，Net-a-Porter.com 近年来成长迅速。该网站针对现金充裕、时间匮乏的"时尚达人"，将解读最新流行趋势的在线时尚周刊与可以购买这些时尚精品的精品店结合起来。在伦敦和纽约，购买的物品可以在当天由英俊的男投递员送到消费者的家中或办公室里。

同样，许多以新技术为基础的产品，比如智能手机，都是基于这样一个认识，即对于单个产品，消费者需要的是更多的功能。但是，保持竞争优势仍然是一个挑战。像古奇（Gucci）这样的设计企业都有自己的电子商务网站，而许多智能手机都可以提供类似的电子邮件收发、网上冲浪和拍照功能。此外，还有一个风险，那就是有些消费者会因为产品显得比用户更聪明而受不了或被吓到。事实上，吉特巴（Jitterbug）手机的业务就建立在这样一个定位上：有些人希望他们的手机就只是一个电话。每个月花费 14.99 美元，吉特巴的客户就可以随时随地使用手机 50 分钟，不拍照，不播放音乐，不浏览网页，不进行生活管理等，他们就喜欢这种简单。最终，这些品牌获得了成功，因为它们向目标人群提供了"恰当"水平的功能，而不只是简单地增加功能。

尽管如此，另一种使功能品牌成长的战略是将其延伸到一个新的产品类别。传统理论认为品牌应该向与核心品牌密切相关的新类别进行延伸，以使这种延伸看起来比较合理。对于功能品牌而言，就意味着延伸到具有类似功能或在一个更为抽象的层面上满足消费者同样需求或功能的产品类别。因此，汰渍品牌利用"便捷汰渍"（Tide-to-Go）品牌成功地延伸到便携式污渍处理产品类别中，"清洁大师"（Mr.Clean）品牌则成功地延伸到"清洁大师自助洗车系统"。相比之下，与核心联想相矛盾或建立在更外围的联想基础之上的品牌延伸更有可能失败，因此，也更有可能损害到核心品牌。例如，磨砂式清洁是 SOS 洁肤棉的一个核心联想，它向一种窗户清洁器（SOS

Glassworks）的延伸就显得不合理。同样，睡美人（Sleeping Beauty）是经典童话中一个处于困境的姑娘，所以迪士尼推出睡美人高级钢笔（售价高达 1,200 美元），是个令人怀疑的决策。

形象品牌

形象品牌是通过投射一种理想形象来创造价值。尽管这样的品牌其产品可能非常优异，然而这些品牌区别于竞争对手的根源，是因为买家认为它们提供了一系列独一无二的联想或形象。形象品牌往往属于这样的产品类别：产品相对难以实现差异化或质量难以评估（例如咨询服务），或者产品的消费能够明显让其他人看到（比如，汽车、鞋子、服装、酒精饮料等）。在这种情况下，附加在品牌之上的形象使其与其他品牌区别开来，或者通过作为一种“徽章”向他人表明消费者的身份或成就来使品牌增值。在这两种情况下，都是附加在品牌上的形象定义了品牌的独特性，并创建了被买家高度认同的符号。有些品牌一开始是功能品牌，如果能抽象地诠释其功能特性，并将其与消费者更具情感化的目标相连接，那么这些品牌也可能演变成形象品牌（见第四章《确定合理的品牌定位》）。

在许多市场上，由于产品的有形差异已被竞争所消除，所以形象品牌变得越来越重要。在许多产品类别中，比如电子消费品、家用电器，或汽车等等，诸如可靠性、耐用性、价格，甚至造型等特征已经变得惊人地相似。面对缺乏差异性、价格被压低的情况，企业的反应已经纷纷转向形象，以及这种品牌塑造方法所提供的浩如烟海的各种选择。

形象品牌可以有多种创建的方式：通过增加一些产品功能，唤起某些形象或产生与购买者的情感联系；通过将品牌与特定类型的用户相关联；或者通过聪明的广告活动等等。

基于功能的形象。基于产品功能的形象品牌创建有一个很好的例子，那就是维京（Viking）厨房炉具系列。因为激烈的竞争，厨房精致炉具有各种价位的产品。各种炉具都可以持续地、可靠地产生烹调所需要的热量。维京在这方面没有区别。真正让维京炉具脱颖而出的是其产品的餐馆风格设计。维京系列炉具使用不锈钢，几乎没有图案。炉具产品具有工业化的外观，定价也相当高，超出了许多消费者的支付能力。维京获得了显著的成功。具有讽刺意味的是，那些购买维京及其他高价炉具的人，通常比那些购买价格较低的厨房设备的人烹调次数要少。餐馆风格炉具产品的吸引力在于可以向家里的访客表明主人确实喜欢食物——只喜欢最好的食物和食物烹调。

威迪文钢笔是形象差异化的又一个例子。威迪文钢笔当然具有书写功能，但仅仅有此功能难以解释其艾臣（Edson）系列钢笔高达600到1,100美元的价格。相反，选择艾臣钢笔是彰显地位和品位的一种手段。事实上，这种笔被描绘成具有传家宝的质量，足以让人们世代相传。此外，通过大量不同的饰面，威迪文钢笔使用户能够以一种微妙的、老道的方式表达自己的个性。“你是哪种威迪文？”是他们的广告语。威迪文钢笔远远超出了书写工具的范畴，它更是用户的品位和风格的代表。

相比之下，丰田普锐斯传达了一种不同于维京或威迪文的形象。和其他混合动力汽车只在车盖或车身上用一个小徽章与同一品牌的非混合动力车相区别不同，普锐斯是一款具有完全不同外观的、严格意义上的混合车型。因此，驾驶普锐斯的人可以非常清楚，每个人都会一目了然他致力于环境和经济的用心。[6]

用户形象。品牌还会通过专注于品牌的使用者来创建形象。通常，这种方法就是聘请名人作为代言人来代表品牌的价值。耐克公司利用这种方法取得了极大的成效。通过一些超级明星运动员的代言，例如迈克尔·乔丹（Michael Jordan）、老虎·伍兹（Tiger Woods）、勒布朗·詹姆斯（LeBron James）、德里克·杰特（Derek Jeter），和玛丽娅·莎拉波娃（Maria Sharapova）等，耐克品牌已经逐步开始代表着非凡的个人运动成绩、赢得比赛，以及独特性。相比之下，由美国马里兰大学的一名前临时足球队员凯文·普兰克（Kevin Plank）所创立的安德玛（Under Armour）品牌在用户形象方面采取了不同的方法。安德玛品牌被塑造成战斗型运动员，即挑战者而不是已成名的超级巨星所穿的品牌。这些运动员被表现为投身团队、艰苦训练，在运动场上顽强拼搏，这些都是热衷于体育运动的孩子们所熟悉的。有趣的是，被安德玛采用的用户形象（有意或无意地），暗示那些已成名的品牌，比如耐克，它们的成就都在过去，而不在未来，而这是一种潜在的不良联想。

[6] Maynard, Micheline, Nick Bunkley, and Mary M.Chapman contributing(2007), “Say ‘Hybrid’ and Many People Will Hear ‘Prius,’” *New York Times,* vianytimes.com, 07-04.

苹果品牌也是建立在用户形象的基础之上。苹果凭借其独特的操作系统、作为一种“不同”类型的计算机进入市场。然而，这个功能差异本身并不是品牌的基础。相反，苹果电脑是面向反传统者而推出的，这些反传统者工作得更加聪明而不是更加努力，他们通过建立规则，而不是遵守规则而获得成功。这种用户形象是由那只经典的“1984”超级碗大赛期间的广告所引入的。在这个广告中，一个领导模样的人正在给一群被动的听众喋喋不休地做着报告，一个年轻的、充满活力的女运动员将一把大锤扔向屏幕，打断了他的报告。她的举动是对美国商用计算机行业霸主 IBM 的一个影射。紧接的广告语“思考不一样的”，再次暗示苹果是给叛逆者用的，并且有意无意地与 IBM 的经典广告语“思考”相对照。最近，苹果公司又用品牌拟人化的方法向微软进行挑战 :《每日秀》（*Daily Show*）中满脸皱纹的约翰 · 霍奇曼（John Hodgman）代表着又老旧、又无法触摸、又非常不酷的个人电脑，而年轻性感的贾斯廷 · 朗（Justin Long）则代表着清新、技术娴熟又随和的苹果电脑。虽然苹果公司在整个个人电脑市场的份额不大，但对用户形象的强势使用使得苹果个人电脑在美国高价位个人电脑零售市场上占据了主导地位（即 1,000 美元以上的个人电脑），获得了相当可观的溢价。

通过广告创建形象。另一种创造形象品牌的方式是广告，这种方法往往很少依赖产品的功能或名人用户，而是通过广告让人们产生非常生动的联想。其中典型的例子是可口可乐及其竞争对手百事可乐，以及很多啤酒品牌。百事可乐为我们提供了一个也许是最详实的例子。作为可口可乐的一个市场追随者，百事可乐最初是试图通过低价位、模仿的战略从可口可乐那里夺取一些市场份额。“五分钱就能买两倍”（Twice as much for anickel）是它早期强调以同样价钱获取更大价值的广告口号。结果，这些努力只是加强了可口可乐的霸主地位。百事可乐随后采用了“新一代的选择”（The choice of a New Generation），以及最近的“下一代”(Generation Next) 等广告，宣称它是属于年轻消费者的饮料。通过建立与年轻用户相关联的形象，百事可乐将可口可乐变成了年长消费者的饮料，从而获得了优势。很明显，这与安德玛挑战耐克是异曲同工的。

绝对伏特加（Absolut Vodka）是通过聪明的广告来建立形象品牌的又一个例子。它长期的经典平面广告可以说是建立在并不相干的产品功能上，即瓶子的形状，以及对品牌名称的把玩。它无处不在的广告，许多都是出自著名的艺术家之手，最初的一个是由安迪·沃霍尔（Andy Warhol）所设计的，广告显示的是酒瓶或瓶子形状的东西，广告语是“绝对的——”（请填空）。通过广告将品牌与流行文化和艺术的视角相关联，绝对伏特加已经在高档伏特加酒市场上取得了主导地位。[7]

完全建立在广告之上的品牌也可以非常成功。然而，创建这样的品牌需要大量、持续的广告支出。当有新的消费者进入市场的时候，如果现有的用户对广告形象没有加强，那就必须花更多的广告费去教育这些新买家。那种持续的教育过程是非常昂贵的。但是其回报有可能会是持续的独特性、溢价，或更大的市场份额。

B2B 的形象品牌。形象品牌虽然在消费品领域更为普遍，但是它们也会出现在B2B 的企业里。建立在形象之上的 B2B 品牌分为两类：一类是专门针对企业客户（即其他企业）的品牌，另一类是针对最终用户或消费者，即购买公司产品的客户。

许多企业品牌的建立都是着眼于客户。例如，由于人们对全球变暖和其他环境问题担忧不断加剧，通用电气公司推出了一个聚焦于环保创新的品牌推广活动。通过长期广告宣传“GE 带来美好生活”（bringing “good things” to life），通用电气已经形成了在消费品和工业品市场不断创新的传统。多年来，虽然它一直注重创新，但是它的重点已经转移到了企业市场。自 2001 年以来，它在广告中表现的品牌主题反映了其创新的传统：“梦象启动未来”（imagination at work）在这个创新的平台上，通用启动了一个关注环境问题的项目。被戏称为“生态想象”（Eco-Imagination）的这个品牌致力于在通用企业各部门中开发新产品，采用各种创新，实现可观的环境效益，比如混合动力发动机、低功耗电子消费品，新型水产品业务，以及用于发电的风力涡轮机等等。创新不仅带来了产品的功能效益，而且也向客户彰显了形象优势。铁路部门要改变拖着柴油发动机喷出浓浓黑烟的形象，现在就可以购买明显具有环保功能的混合动力机车了。

一些专业服务公司也已经创立了非常有价值的 B2B 形象品牌。虽然麦肯锡公司、波士顿咨询集团以及埃森哲在消费者当中可能还不是那么广为人知，但是，这些公司

[7] www.marketwatch.com/story/pernod-ricard-snaps-up-absolut-vodka-parent-for-83-billion.

在作为它们客户的高层管理人员心目中，已经确立了非常独特的联想。对于这样的品牌，形象往往是关注的中心，它反映出企业作为一个强大、自信、稳定的思想领袖的地位。在报纸财经版面以“墓碑”的形式出现的广告，列出了公司与著名客户成功达成的交易这类广告一直是建立和加强专业服务公司形象的传统方法。然而，埃森哲公司（原安达信咨询公司）采取了更具有创新性、但风险更大的方法。该公司利用生动的形象（比如，动物王国的场景，约翰·克立斯之类的喜剧演员，老虎·伍兹之流的体育人物等），在电视广告和机场广告牌上将自己描绘成一家具有超前意识的创新企业，一个了解企业问题并能提供解决方案、确保公司高效运作的公司。总体而言，埃森哲利用广告来创建自己品牌的努力是成功的，在 2009 年有关老虎·伍兹个人生活丑闻爆出后它迅速地（也是明智地）放弃了使用他的广告。

在过去的二十多年里，更多传统的 B2B 企业都开始采用了直接面向消费者的做法。作为这种努力的一部分，这些公司都开发出了消费者品牌。这种做法的逻辑起初看起来可能有点怪。如果杜邦公司卖尼龙纤维给地毯厂，那么这跟杜邦的消费者品牌有关系吗？地毯厂选择尼龙纤维；而消费者的选择就被限制在有零售的地毯范围内，这就好像汽车制造商选择了用于制造仪表板的塑料，而消费者就只能在不同的车型中进行选择了。然而，通过与最终用户一起构建一个有意义的品牌，制造商就可以实现一种“**最终用户拉动效应**”。如果消费者表现出明显偏好杜邦旗下“防污纤维”（Stainmaster）地毯，那么这对制造商就会产生一种压力，推动他们选择杜邦纤维。通过用户拉动效应，杜邦这样的制造商就可以对**客户的客户**产生更大的影响力，从而获得更加有利的谈判地位，这是品牌力量的一个明显证据。

直接面向消费者的企业品牌已经证明是非常成功的，这种成功增大了企业对品牌塑造的兴趣，并且淡化了消费者品牌与企业品牌之间的传统界限。自从推出“防污纤维”地毯之后，作为一个相当传统的化学公司，杜邦加强了品牌建设。在“防污纤维”之后，它又有了铁氟龙（Teflon）、特卫强（Tyvek）、芳纶（Kevlar）、莱卡（Lycra）等等品牌。这种作法有时被称作“成分式”品牌化战略。这种方法在微处理器和制药行业中也取得了巨大的成功。英特尔公司利用“Intel Inside”广告活动，成功地使自己与直接竞争对手、超微半导体公司（AMD）区别开来。曾经有一段时间，英特尔一年赚取 100 亿美元，而其竞争对手仅挣了约 10 亿美元，尽管双方制造的产品几乎相同，而且 AMD 产品的售价大大低于英特尔。世界各地的消费者都在寻找有“Intel

Inside”的电脑。在美国的制药企业中，直接面向消费者的做法很受欢迎，许多知名品牌，包括立普妥（Liptor）和伟哥（Viagra），都凭借这种方法取得了成功。越来越多的直接面向消费者品牌的成功表明，这种做法还会继续发扬光大。

形象品牌的创建和管理。形象品牌与消费者的情感联系时就会取得成功。形象品牌强调了消费者有一种欲望，即希望自己属于一个更大的社会群体、希望得到别人的尊重、或希望通过某个特定的形象来定义自己。广告和其他一些传播形式（例如，公关宣传、活动赞助、促销等等）在开发形象品牌的活动中起到突出的作用，因为它们的价值源自对品牌所代表的意义而不是产品自身功能的解释。

对消费趋势的研究也许能提供创造新形象品牌的机会。正如前面所说，许多当代消费者都体会着时间饥荒。这通常意味着他们表达自己个性或自我形象的机会非常有限。形象品牌让人们相信，他们的某些身份仍然存在。例如，开一辆运动型轿车（SUV），而不是一辆小型货车，可能使得热爱足球的爸爸和妈妈们即使住在舒适的郊区，也能表达他们希望过一种冒险生活的欲望。而驾驶豪华的运动型轿车，比如保时捷的卡宴，不仅能传达冒险的愿望，而且可以彰显物质上的成功。

形象品牌的建设可能会很费时间和资源。定义这些品牌的形象必须植根在消费者的心中。对于像可口可乐这样的全球品牌来说，这意味着要在全世界的消费者心中创建有意义、有价值的形象，这是一个具有挑战性的、永无止境的任务。从未听说过可口可乐的新的消费者每天都在诞生。品牌为了获得持续的成功，就必须以某种方式让这些新的消费者认识并接受可口可乐所代表的形象。

如果一个公司在建立和维护品牌形象方面做得很成功，那么它很可能会获得显著的竞争优势。最明显的优势是，想要抄袭与一个品牌相关的形象的做法是很困难、很昂贵、非常令人质疑的。当存在无数种形象可以作为竞争差异化的基础时，为什么竞争对手还要模仿拉尔夫·劳伦的形象呢？实际上，形象品牌具备了一种与竞争对手迥然相异的能力。而且，一旦这种能力建立之后，形象品牌就可以脱开价格竞争的羁绊。当购买者认可一个品牌形象的价值时，价格就不再是购买决策中很重要的因素了。

对已经建立起来的品牌形象的一个主要威胁是，品牌未来的成功与那些联想是否具有持续的吸引力紧密相关。迈克尔·乔丹已经从篮坛退役。虽然他仍然是大家熟悉和尊重的对象，但他作为一个优秀运动员的市场号召力随着他退出篮球场的时日的增加变得越来越淡，从而削弱了他代言品牌的价值。老虎·伍兹在他的运动领域仍然是无可置疑的领先者，但是，他在球场以外的活动给他的个人品牌添加了负面的联想，正在损害他帮助建立起来的品牌，例如吉列、耐克、埃森哲等。与经济蓬勃发展的时期相比，在经济萧条时期，买1,000美元的钢笔，或者宝马汽车，裘皮大衣等炫耀性消费品并不被欣然认同。

此外，与标志性产品相关的形象对生于不同年代的消费者的吸引力往往有限。如果捷豹体现了传统英国奢侈品的品位，那么这种关联可能会被视为过时，年轻人就会拒绝它而选择其他代表当代的产品。这里有一个很好的例子，丰田在北美的婴儿潮一代中获得了成功，但它正在承受另一种痛苦。它现在被看作是妈妈或爸爸的车。因此，年轻的购车者就要寻求更加现代的替代品；有些人选择本田，有些则选择大众。丰田所面临的挑战是既要保持其作为一种经济适用、质量可靠的汽车的这种定位，还要与年轻购买者的生活联系起来。如果丰田不能达到这种平衡，那么它可能会遭到与别克品牌同样的命运，那就是，老年客户群基础稳固，但对新买家的吸引力却越来越差。不过，丰田的普锐斯正在以其绿色的形象，作为一款时尚、实惠的运动型轿车，吸引着年轻的购买者。

有效发展形象品牌的一个战略是推出延伸品牌。强大的形象品牌可以扩展到任何可能与该品牌所描绘的整体形象相联系的产品上。例如，拉尔夫·劳伦就成功地将自己的品牌从服装延伸到家具、床品甚至餐厅。所有这些产品都描绘了一种共同的生活方式，从而强化了拉尔夫·劳伦的形象。当然，形象品牌的延伸有时也会延伸得过远。例如无论是唐娜·凯伦（Donna Karan）的瓶装水，还是肯耶西部（Kanye West）的旅行预订网站都没能实现足够的销售量。而那种与核心联想相抵触的品牌延伸，例如水晶百事可乐，似乎注定是要失败的。

互联网和社交媒体也可以是构建强势形象品牌的有效工具，因为它们使消费者将自己与品牌的联系深化和个性化。玛莎·斯图尔特的崇拜者可以登录到网站Martha Stewart. com，去提出问题、交流想法、购买产品，更多地学习如何效仿他们的偶像。同样，名人的粉丝或者政治候选人及活动的支持者们也会选择接收短信和“微博”来与时俱进，并与对自己身份至关重要的品牌保持联系。事实上，巴拉克·奥巴马，可以说是一个品牌形象，能够成功获得年轻选民的支持，部分原因就是因为他有效地利用了社交媒体。年轻的支持者们受到鼓励，订阅短信，了解最新的选情，并提供帮助奥巴马的各种方法。短信的忠实订阅者们也得到了回报，他们被承诺会在第一时间收到突发新闻，比如奥巴马选择乔・拜登作为他的竞选搭档这样的消息。那些在 MyBO. com 网站上注册的人还收到了一份调查其政策优先态度的问卷，问卷的结果融入“为美国组织起来”的运动当中。当社交媒体可以创建志同道合的品牌爱好者社区，并加深消费者对品牌“激情”的时候，它们就开始向我们下一个要讨论的品牌类型——体验品牌的方向前进了。

体验品牌

体验品牌与形象品牌所强调的重点不同。形象品牌重点关注产品**代表**什么，而体验品牌重点关注消费者与品牌互动时的**感觉**。体验品牌是由品牌和消费者在消费时共同创造的，因此，它是独特的、高度个性化的。事实上，这样的一个品牌即使是同一个人，但是在不同的时间点消费，他所得到的体验也是不同的。

体验品牌可以包括有形的产品，但这并不是必需的。此外，如果一个产品是一个体验品牌的一部分，那么它的所有权永远不会被转移给消费者。相反，产品、环境和服务结合起来，会让品牌给消费者产生一种暂时性多感官的体验。这样的体验有可能会重现，也有可能与消费者发生更深的联系。因此，提供服务的“地点”和“人”这些因素在创建强大的体验品牌中尤为重要。

迪斯尼是体验品牌的一个经典例子。来到迪斯尼的游客购买的是看到他们子女脸上的喜悦这种体验，或者让自己回归到童年无忧无虑的幻境的机会。人们会购买纪念品，但其主要目的是唤起对这些体验的回忆，而不是纪念品本身。

举一个离我们生活更近的例子，QuikTrip 建立了一个便利店行业的体验品牌。该公司在美国中西部和南部拥有并经营着超过 500 家商店，专门致力于为客户提供愉悦的购物体验。QuikTrip 的所有店面都非常干净、有序、明亮，各种饮料食品都品质一流、非常新鲜。此外，该公司还保证一切商品售后不满意均可退款，包括汽油。它不出售成人杂志，并严格执行有关烟草和酒类出售的法律。然而，真正使消费者在 QuikTrip 购物感觉不同一般的是它的员工。QuikTrip 只雇用那些被评为耐心、外向、而且“和善”的人。这些人还必须表现出具有团队合作精神和向他人学习的意愿。然后，公司向他们提供广泛的培训，并支付同行业中最高的工资。公司只从内部进行提拔，为员工提供成长空间，这家公司员工的流失率低于行业的平均水平。因此，

QuikTrip 连续六年被《财富》杂志评为"百强雇主"。另外，满意的员工也是该公司成功建设体验品牌至关重要的因素。[8]

虽然品牌的一致性始终是重要的，但是，一个品牌可以赖以建立的体验的范围是广阔的。体验可以被看作是在三个维度上发生变化：**情绪**（正，负）、**效能**（温和，激烈）、**活动性**（被动，主动）。[9] 与许多体验品牌相关的情绪是正面积极的。像迪斯尼、芝加哥交响乐团，以及伊丽莎白·雅顿等品牌，都是通过提供愉快的体验来参与竞争的。然而，有些品牌注重的则是一些不太平静的体验。例如，蹦极或过山车这些项目的经营者会努力通过提供最可怕的、最玩命的体验来超越竞争对手。

体验品牌在体验的效能上也各不相同。比如虽然消费者在最喜欢的一家咖啡馆稍坐片刻会引发些许正面的情感，但是，在伊丽莎白· 雅顿品牌店作个按摩和美容则可能会引发更加强烈的愉悦感受。同样，恐怖片能制造一些小小的恐惧，而乘坐世界上最大的过山车则可能带来令人窒息的恐惧感。影响体验品牌效能的因素可能是对单一感官或者多重感官的刺激强度。

最后，体验品牌也会因为消费者是被动观察者还是积极参与者而有所不同。与传统的娱乐场所例如电影院，音乐厅、剧院等相关联的品牌，历来都是提供一种相对被动的体验。消费者只是对看到的东西作出反应，而不是与其互动。然而，在某种程度上，随着技术的进步，这些娱乐方式正在寻找提高消费者参与品牌的办法。青少年肥皂剧《绯闻女孩》的影迷们就被鼓励去访问网站，下载剧中的音乐，并在博客上进行交流。同样，《星球大战》品牌授权乐高积木，鼓励观众根据电影中的人物和主题来创造积木玩具和视频游戏。

还有一些体验品牌则不止是提高消费者的精神参与度，还有他们身体的参与度。单板滑雪和极限运动就需要消费者积极参与，身体不协调或成年的消费者如果参与的话，可能存在身体受伤的风险。

体验品牌与消费者希望超越自我的愿望相联，注重消费者自我丰富的体验和过程。与品牌的互动，本身就是一个结束，而不是通向其他目标的手段。情境和个体的

[8] Bendapudi, Neeli, and Venkat Bendapudi (2007), "Creating the Living Brand," *Harvard Business Review,* May 2007,124-132, www.quiktrip.com.

[9] Osgood, Charles E., Succi, George J., and Percy H. Tannebaum, (1957) *The Measurement Meaning,* Urbana: University of Illinois Press.

差异很可能影响消费者对不同体验品牌的亲和度。大多数消费者在大多数情况下会寻求积极的体验。然而，一些消费者可能是需要检验和定义自己（如年轻的成年人），或者是在生活的某些方面失去控制（如经济上处于不利地位），他们会喜欢负面和极端的体验，因为这些体验使他们产生一种掌控的感觉。同样，工作和家庭义务的束缚可能会妨碍人们经常消费那些刺激的，要求积极参与的品牌。也许消费者不能用半天去滑雪或去迪斯尼，他就必须接受一些比较温和（往往也更实惠）的体验，比如修修指甲或到星巴克坐坐，作为日常自我放纵的方式。

体验品牌的创建和管理。面对竞争对手快速的模仿，建立在产品功能基础上的品牌差异变得更加难以维持。因此，企业可能通过将自己品牌构思为更大体验的代表，来避免沦为平庸之辈。我们以电力供应商为例来看一下。一个公司生产的千瓦电力与另一个公司的没有什么区别的。所以，差异化（即能够向消费者收取一定溢价的能力）在这个行业中似乎是不可能的。然而，总部位于得克萨斯州的绿山能源（Green Mountain Energy）已经证明，体验能源品牌是可以创建的，客户也会支付溢价来购买。通过把握政府取消管制的机会，而且抓住发电是最大污染源这个事实，绿山能源品牌向得克萨斯州和美国其他一些地区的住宅和商业客户提供环保的替代能源——风能、水电和太阳能产生的清洁电力。虽然客户在用电时不会体验到任何不同（在政府管制的市场中，能源仍然是由那些传统供应商提供的），但是客户会选择绿山能源，因为他们知道自己正在减少碳排放、正在为更清洁的环境作出贡献，这会使他们感觉良好。

许多形象品牌的营销者也正在努力提高自己品牌的体验因素。耐克城零售店（Nike Town）将与耐克品牌的关联进行了扩展，超出了那些基于地位或卓越运动员形象的范围。到耐克城购物就是一次体验。虽然耐克城不收取入场费（毕竟，它是一个零售店），但其实它是可以那样做的，尤其是在它推出一些可以使来访者与明星运动员互动活动时。同样，美泰（Mattel）的“美国女孩商店”（American Girl Store）也不收取入场费。但是，即使它收了，无疑也会有许多女孩和父母都会愿意掏腰包，为的是看那些与主题家具及配件一起展出的精美娃娃（当然，这些都是出售的商品）。

体验品牌面临两个主要挑战。第一个是持续创建品牌体验的能力。体验品牌是典型的劳动密集型。没有谨慎的招聘、明确的标准与培训，以及适当的激励制度，员工就会缺乏提供可靠品牌体验的能力和动力。因此，拥有成功的体验品牌的公司将大量的时间花费在招聘和培训人员上，QuikTrip 就是个例子。

维珍大西洋航空公司（Virgin Atlantic Airways）是员工在创建成功体验品牌的过程中发挥重要作用的另一个很好的例子。维珍虽然提供的是航空运输，但这个品牌却以创造难忘体验为宗旨，远远超出了飞行服务。对于高端乘客，维珍的体验从用摩托车或由司机驾驶的豪华轿车将乘客送达机场开始。然后在机场乘客会进入贵宾休息厅，这里有发廊、图书馆、游戏室等等，同时它们还可以享受免费饮料和小吃。飞行中也可能有惊喜，比如乘客会发现机上安排有按摩师，或者可以吃着冰淇淋圣代看电影。而且，在抵达时，维珍的乘客还可以来到空港贵宾会所，洗一个桑拿或淋浴来清醒一下，或者在游泳池和健身房里倒一下时差。在每一个阶段，维珍的员工都发挥了关键的作用，不仅要确保各项工作顺利开展，还要确保即使是最普通的活动，也能被注入一点点乐趣和戏剧性。因此，维珍聘用的不是那些希望在航空业谋生的人，而是那些性格外向的人，比如那些有抱负的演员。

体验品牌面临的第二个挑战是消费者有可能会腻烦。第三次游览迪斯尼乐园能与第一次一样吗？解决这一问题的一个策略是，不断扩大和提升体验。这一策略的危险在于，消费者的预期可能会与体验一起增长，从而变得更加难以满足。如果诺顿百货公司不断升级其服务水平，那么它还能够既有效又有利地满足它带给消费者的期望吗？

另一种策略是企业在同一产品类别中创造出多个、尽可能不同的体验品牌。在芝加哥地区拥有 30 多家餐馆的“莴苣美食”（Lettuce Entertain You Enterprises Inc），就采用这一策略取得了相当大的成功。想去意大利吗？那就试一下这家餐馆的“Scoozi”餐厅。想吃中国菜吗？你可以去它的“Ben Pao”餐厅。向往巴黎吗？那就去它的“Mon Ami Gabi”。想寻求一种超级的用餐体验，好有机会向美食家伙伴们吹吹牛吗？那就在它的“Tru”餐厅预订座位吧。在它的每一个餐厅里，体验都是真实、独特和令人难忘的，因为那里的装饰、菜单和服务人员都是与特定主题相搭配的。

体验品牌很容易扩展到有形的、可以提醒消费体验的东西上（比如迪斯尼的例子）。它们还可能在其他类型的品牌延伸中获得成功，只要这些延伸针对共同的目标受众、可以形成受众的统一理解就可以（例如迪斯尼的电影、主题公园和视频游戏）。但体验品牌不能延伸超出它已创建的体验类型的范围。比如迪斯尼电影中如果出现成人主题，或出现过于挑逗的衣服，那么它就会遭到批评。为了解决这个问题，迪斯尼公司使用了一个不同的品牌，“试金石影业”，来专门制作针对成年观众的电影。同样，因为能够给孩子提供非暴力的创造性的游戏方式而得到家长长期喜爱的乐高玩具，会很谨慎地弱化其视频游戏中的暴力因素；比如当一个玩家死掉时，组成他的积木就会塌掉。然后，玩家可以迅速地“重新组合”，以得到更多的乐趣。

相反，一个看似平凡的功能产品，如果通过使用和定制获得某种意义，就能够成为建立体验品牌的基础。鼹鼠皮（Moleskin）笔记本电脑的情况就是这样。这些简单的笔记本电脑启发阿曼德·B. 弗拉斯科（Armand B. Frasco）创建了一个博客称为“Moleskinerie”，专门收集一些“地方和冒险经历，生活中的小事件，以及其他可能被遗忘的东西，如果不把它们记在这些黑色的小书里（armandfrasco.typepad.com）”，那么它们将一去不复返。[10] 鼹鼠皮笔记本电脑还启发了一个年度艺术展和一次精心策划的巡回群体秀，一些艺术家、建筑师、电影导演、平面设计师，以及作家们在这些活动中分享他们鼹鼠皮笔记本中的作品。

体验品牌能从巧妙利用互联网和社交媒体当中获益，它们使得品牌共同的追随者群体可以拓展和丰富彼此的消费体验。这些传播媒介是丰富影迷们交流观看《星际迷航》体验的重要场所。那些狂热的被称为星际迷的电视观众，他们聚集在网上各种各样的聊天室里，讨论电视节目的剧情，参与互动角色扮演，并且购买和出售纪念品。对于这些全情投入的影迷而言，《星际迷航》代表了一种哲学或宗教，而互联网则是一个将节目融入他们日常生活的重要手段。[11]

品牌连续性

我们已经讨论了三种不同类型的品牌，它们在形成差异化的基础以及营销组合侧重点方面各不相同。因此，它们与不同消费者的需求相联系，会吸引不同层次消费者的参与。此外，维持这些品牌对管理提出了独特的挑战。表 6-2 中的品牌矩阵对这些区别进行了总结。

---

[10] http://armandfrasco.typepad.com/moleskinerie/2004/01/first_post_1.html.

[11] Kozinets, Robert V.(2001), “Utopian Enterprise: Articulating the Meaning of Star Trek’s Culture of Consumption,” *Journal of Consumer Research*, 28, 67-89.

表 6-2 品牌矩阵

品牌类型	形成差异化的基础	营销组合的侧重点	消费者的需求及参与度	对管理的挑战
功能品牌（例如，汰渍、吉列、麦当劳，Xiameter）	优良性能或超值特点	产品、价格，及/或渠道	生理和安全需求，相对较低的参与度	优势基础的维持
形象品牌（例如，威迪文、耐克、苹果、可乐、百事，绿色创想）	恰当的形象	沟通传播	社会的和受尊重的需求，中、高参与度	在品牌传统与动态环境中相应的需求之间实现平衡
体验品牌（例如，迪斯尼、土星，快客体验，维珍航空）	独特的参与体验	服务的提供（地点和人）	自我实现的需求，中、高参与度	保持服务的一致性，消费者腻烦的风险

这些类型的品牌是按三个独立的类别列出的。但是，如果把它们放在从注重产品到注重消费者这样一个**品牌连续变化**的过程中来考虑，可能会更有帮助。在一个极端是功能品牌，它们从工厂制造出来，然后可以在任何时间被消费者购买和消费。在另一个极端是体验品牌，它们是在被消费时才创建的，有消费者的积极参与。形象品牌介于两者之间。它们是在工厂创建的，但是，他们的价值很大程度上是在消费者展示时体现出来的。

此外，虽然我们把一些具体的品牌归入三个类别之一，但必须认识到，品牌的发展会改变它们的分类。我们以沃尔沃为例来看一看。沃尔沃开始时是一个功能品牌，它主要注重汽车的功能，比如车顶和车身的强化钢梁，可以在碰撞时为司机提供更好的保护，安全性更高。然而，随着时间的推移，也不知是出于设计还是本来如此，沃尔沃演变成了一个形象品牌。它成了关爱孩子的父母们的车。这种关联在公司推出这样一则广告时得到了加强：一个年轻妇女说，她购买沃尔沃就是为了让她丈夫知道她怀孕了。沃尔沃的形象成了那些充满爱意、受过良好教育、富裕的父母们的汽车，这种形象使公司受益多年。但后来这个形象被证明也有局限性；沃尔沃与一代人（婴儿潮时期出生的人）和一种生活方式（保守）紧密地连在一起，这就使它排斥了或者不能吸引许多其他类型的购车者。为了努力重新抓住更多的目标消费者，特别是 X 一代消费人群，沃尔沃围绕一个体验主题推动了一项活动。沃尔沃宣传说会提供一种“拯救你的灵魂”的汽车。当然，如果不对汽车的物理特性进行重大修改，这种说法是不会让人相信的。经典的沃尔沃“方盒”车型被柔化，甚至还推出了沃尔沃敞篷车（这很难说是一个能够加强安全联想的设计）。这样，不但沃尔沃品牌的内涵从功能性转向了体验性，而且汽车的物理特征也发生了变化。

最后一点值得注意的是，虽然大多数人可能认为某个品牌属于我们三个类别之中的某一类，但是这种看法也不需要被普遍认可。无论是哪种品牌和产品类别，重度用户就很可能投入更多的感情来参与，与轻度用户相比，他们就会认为这个品牌更具有更为鲜明的形象或体验特色。

品牌结构

虽然到目前为止我们讨论的都是单一品牌，但大多数企业都经营着多个品牌。建立一种符合逻辑的结构，最好地利用这些资产是品牌管理的极其重要的一个方面。从广义上讲，创建品牌结构或架构有三种常见的方法：**产品品牌化方法**（同一产品类别中的几种产品使用互不相干的品牌名称）；**族品牌化方法**（一个产品类别中使用多个品牌，并将这些品牌与一个共同的家族名称相联系）；**企业品牌化方法**（所有产品使用一个企业品牌）。这三种品牌化战略中的每一种都可以与上一节讨论的三类品牌结合起来考虑。表 6-3 中列出了一些例子。

表 6–3　品牌类型与品牌化战略的关系

品牌类型	企业	家族	产品
功能	索尼、卡特彼勒	吉列（锋隐、锋速、感应、阿特华）	汰渍、奇尔、时代（宝洁）
形象	拉尔夫· 劳伦、安德玛、埃森哲	通用（雪佛兰、别克、卡迪拉克），宝马（3 系、5 系，8 系，Z–3，X5）	可乐，雪碧，芬达（可口可乐）
体验	土星、星巴克、绿山能源	莴苣美食 (Scoozi,Ben Pao,Mon Ami Gabi,Tru)	丽兹酒店、费尔菲得酒店（万豪酒店集团）

产品品牌化

在传统的消费品公司，**产品品牌化**结构是很常见的。消费品市场分为很多细分市场，类似的消费人群寻求类似的价值。不同细分市场的消费人群则追求不同的价值。为了针对这些差异情况，公司会分别针对不同的消费者人群选择多个品牌。对于买家来说，每个品牌都是不同的，和母公司没有明显的从属关系。宝洁公司在销售其洗涤用品时，就使用了这种方法。很少有消费者会认为汰渍、奇尔、时代是相关的品牌，虽然它们都属宝洁公司所有。可口可乐公司在营销雪碧、芬达和可乐的时候，米勒酿酒公司（Miller Brewing）在营销红狗及其他米勒品牌的时候，也都使用了同样的战略。而体验品牌也可以用产品品牌化的方式进行营销。很少有消费者知道丽兹和费尔菲得都是万豪公司旗下的酒店，这两个品牌从价位上说分属两个极端。

采用产品品牌化战略，可以使企业吸引那些并不希望相互联系的不同消费人群。例如，有些喜欢喝啤酒的人可能更喜欢与小型酿酒公司相关的形象，而不屑于一些大众品牌，比如米勒和百威等等。米勒推出红狗品牌，就是想吸引那些喜欢小型酿酒商形象的啤酒爱好者，同时继续以其主打品牌“米勒”来服务大众市场。因为产品品牌化战略能塑造出差异鲜明、功能强大、定义明确的品牌，所以它有可能非常成功。但是，创建多个独立品牌需要雄厚的财力，有时还需要大量的广告投入来维持。当然，无论企业投入多大的成本，也不能阻止消费者发现品牌的隶属关系，当媒体公布了红狗属于米勒品牌以后，二者的隶属关系就被发现了。如果一个品牌属于形象品牌而不是功能品牌，那么这种披露可能会很具破坏性。

族品牌

另一种方法就是采用族品牌化战略。这种方法就是将企业品牌或品牌名称与具体的产品名称相结合。传统地，汽车制造商都使用这一品牌战略。例如，丰田就是这样营销其花冠、普瑞斯和 RAV4 等品牌的，每个品牌针对不同的消费人群，每个品牌都有独特的联想，但它们都与丰田有不同程度的隶属关系。很多族品牌开始时都是产品品牌，之后企业会利用产品线延伸来拓展产品品牌的价值。可口可乐是一个很好的例子，它拥有诸如健怡可乐、经典可乐，以及零度可乐等延伸品牌。吉列也采用了族品牌的方法，但它是针对一个功能产品系列的。“莴苣美食”对其一系列体验品牌采用了族品牌战略。一般情况下，如果存在差异性相对明显的细分市场（或使用场合）时，族品牌效果最好，这样，共同的隶属关系不太可能明显地削弱各个品牌。相反，族品牌的从属关系还会保证一定的质量水平。使用这样的族品牌可以给新产品赋予族品牌的力量。但是，这种好处也不是没有成本的。族品牌可能会限制产品层面的含义范围。

企业品牌

企业品牌化战略采用最简单的品牌结构：一个品牌占主导地位。这样的结构在工业品市场上是相当普遍的。例如，除过“NBC 环球”以外，通用电气公司的绝大部分业务都使用一个品牌。同样，波音公司、陶氏化学，以及麦肯锡公司的所有产品系列都采用了单一的品牌。像购买产品品牌的消费者一样，购买公司品牌的消费者，在寻求的价值方面也是各不相同的，这就产生出不同的细分市场。然而，作为专业的买家，企业之间的关系变得非常重要，如果不与企业发生任何有意义的联系，那么往往是不可能建立独特品牌的。

在消费品市场上，诸如佩里尔（Perrier）这样的形象品牌可能会发现企业品牌法很有吸引力。多个产品共用一个名字可能有助于清楚地表明买家可以预期的体验，并丰富品牌的形象。即使是像比克和索尼这样的功能品牌，也可能会成功地采用企业品牌化法。公司热衷于采用企业品牌法，往往看重的是它的效率；广告费可以集中用来创建单一的品牌名称。然而，这种效率也是有代价的。企业品牌下的所有产品都必须与品牌唤起的联想相兼容，这正是 BIC 在推出采用同一名称的系列香水时得到的教训。

总　结

品牌在现代市场中无处不在。它们之所以存在，是因为它们向消费者提供了价值。品牌可以保证一定的质量水平、简化选择，并帮助消费者实现从满足基本的功能需求到自我实现的广泛目标。品牌也给创建它们的企业带来利益。品牌能让企业获得更高的利润，超过产品差异所赋予的水平，而且还能保护企业打败模仿其产品的竞争对手。品牌还能使企业对其客户产生影响，就像杜邦公司和英特尔公司那样。总之，品牌就是企业及其客户之间的一座桥梁——它们代表了企业所创造的价值。

品牌必须要建设，这是一个耗时而昂贵的过程。品牌推出之初，往往只是一些根本没有内在含义的名称——索尼、梅赛德斯 - 奔驰，或者班杰利在开始时基本没什么意义。随着时间的推移，这些名称和它们所代表的品牌在消费者心目中形成一系列丰富的联想。有一种说法切中要害，即强大的品牌并不在企业里，而在消费者心中。就个体来说，人们针对一个品牌的思想、记忆和情感正是品牌资产的实质。

然而，这种品牌资产如何创建和维护却常常被忽视，因为一些企业认为只有产品才产生价值，或者只有工厂才创造价值。我们分析的这些企业表明，要取得成功，既要在工厂创造价值，还要在购买者的头脑中创造价值。这种创造和维护品牌资产的过程，同时可以丰富消费者的生活，改善公司的经营。

作者简介

艾丽斯·M. 泰伯特（Alice M.Tybout）是凯洛格商学院市场营销学系的 Harold T. Martin 营销学教授及前任系主任。她也是凯洛格品牌项目中心的负责人之一，以及位于 James L. Allen 中心的凯洛格消费者营销战略项目中心的主任。她是《凯洛格品牌论》（由 JohnWiley&Sons 出版社 2005 年出版）的主编之一。她在俄亥俄州立大学（Ohio State University）获得理学学士学位和工商管理硕士学位，在西北大学（Northwestern University）获得博士学位。

格雷戈里·S. 卡彭特（Gregory S. Carpenter）是美国西北大学凯洛格商学院市场营销学系的 James Farley/Booz Allen Hamilton 营销战略教授及前任系主任。他担任凯洛格商学院的市场领先研究中心主任，该中心专门研究竞争战略和竞争优势。他在俄亥俄州卫斯廉大学（Ohio Wesleyan University）获得学士学位，在哥伦比亚大学（Columbia University）获得工商管理硕士学位、哲学硕士学位和博士学位。

延伸阅读

Keller,Kevin Lane(2007),*Strategic Brand Management*,3rd edition,Upper Saddle River,NJ:Prentice Hall.

Tybout,Alice M.,and Tim Calkins (2005),*Kellogg on Branding,*NewYork:John Wiley & Sons.

第二部分

实施营销战略

第七章

让品牌在企业里生根发芽

丽莎·福尔蒂尼-坎贝尔

引 言

尽管拥有最好的意图，也投入了大量的精力和金钱，然而许多企业的品牌推广计划却并没有真正改变客户对公司的看法。在大多数情况下，一个品牌推广计划提出之后，公司方面很少作出实际的改变去与新的品牌设计方向保持一致。

本章将对这个问题进行探讨，并且提出一个观点：任何品牌推广计划如果想在组织外部"生根发芽"，就必须先在组织内部"生根发芽"。品牌策划人必须考虑企业内部组织的性质，因为企业现有的组织结构、奖励制度、企业文化和领导力因素都有力地传递着公司的价值观，并且告诉员工们平日应该如何工作。如果在推出新品牌之前，没有发现和解决新品牌设计方向与现状之间的矛盾，那么员工们说得好一点可能会出现一些混乱，说得坏一点可能还会冷嘲热讽。不管是哪一种情况，他们都不会执行新的品牌设计方向。

本章将对企业内部组织结构中四个关键方面进行仔细研究：**人员招聘**，**文化诠释**，**职位设计**、**报酬和激励**，以及**领导力**。所有这些方面都有力地传播着公司当前的价值观。任何希望新的品牌方向在组织内部生根发芽的企业，都必须对组织当前的价值观进行研究，帮助企业确定应该如何改变，才能确保员工的行为方式与新的品牌设计愿景保持一致。

你的文化就是你的品牌

试想一下，经过好几个月的艰苦工作，你的组织刚刚完成了一项重大的企业品牌推广计划，该计划是整个公司转型举措的一部分。也许你是首次为公司创立品牌。或者你是在当前市场上采用更恰当的定位来重新定义一个老品牌。再或者你是做了最激进的事情，即完全颠覆了企业的品牌，将之引向崭新的发展方向。

这一切都来之不易，需要付出极大的努力和成本。你评估了客户的需求，考量了竞争的格局，征询了利益相关各方的意见，并且召开了无数次战略规划会议。你与公司外部的顾问们合作，起草了一份关于企业品牌独特定位的详细方案，并且找来了设计公司和广告公司，完成了品牌定位概念的语言和平面设计工作。

营销传播中具有里程碑意义的成效终于显现出来了，企业制作出了新的广告、销售材料、包装，而且还设计了网页。然后，在全公司范围的会议上，新品牌得到了大张旗鼓的宣传。企业通过内部刊物、咖啡间闲聊和员工会议等各种途径，确保让每个人都理解并认可新的品牌方向。

你有理由为自己的工作感到自豪。你的新品牌特点突出、令人信服、关注客户，并且设计完美。然而，在所有这些工作完成之后，你仍然会感觉到有些失望和沮丧。你帮助公司指明了一个新的方向，但是每天当你来上班的时候，却仍然感觉一切都仿佛依然照旧。尽管品牌有了新的定位，然而员工们所做的一切事情，仍然遵循的是老办法。

全新的品牌方向和员工因循守旧的行为之间的不协调开始困扰你。比如，也许公司已经坚决投入了“环保”领域，而且，也有一些可以在网页或其他媒体上作为焦点来宣传的具体的环保方案，但是，保护环境的意识并没有渗透到整个企业每个成员的日常行为中去。

再比如，一家 B2B 企业将自己定位在全力投入创新，而且上一年度企业申请的专利数已经创了纪录，但是，这些创新却并没有落实到产品设计或业务运作中。或者，你已经将自己定位为一个真正以客户为中心的公司，但是那些面对客户服务的员工却仍然在用旧的方式与客户打交道。

肯定有什么地方出了问题。人们不愿意接受挑战，不愿意按管理层的要求去做——也就是说，人们不愿意去遵循新品牌的承诺。你也许会想，人们只是不完全理解这个品牌，不理解自己应该为此做些什么。所以，你开始着手推行一个专为教育员工而设计的“内部品牌推广”计划——包括各种形式，比如研讨会、DVD 光盘、小册子和一些方便的工具，来帮助每一个人了解品牌的核心价值观，以及他们应该怎样去做，才能与这些价值观的要求保持一致。结果，变化仍然不大。

你开始担心，如果人们不能充分参与品牌定位的实践，那么所有品牌推广的工作就仅仅变成很吸引人却无实际意义的装潢门面，而不是像当初设想的那样，成为公司转型的一面旗帜了。

许多设想不错和精心策划的品牌推广计划就是在这些问题的浅滩里搁浅了。几个月来一直觉得什么地方出了问题的怀疑最终变成了现实。本来可以使企业实现转型的品牌却没有在企业里生根发芽，而只是作为一个充满希望却无法实现的诺言成为了历史，就像企业以前所作的许多品牌推广活动一样。

不过，让我们来假设一下，如果人们都明白品牌的定位，你也尽你的最大努力使他们明白了他们所要扮演的角色。那么，为什么他们的行为没有改变呢？是你的“内部品牌推广”计划在什么地方出现了失误吗？还是内部交流不够，还是搞错了方向呢？

到底是什么地方出错了呢？

文化信誉差距

在员工最初了解公司的品牌定位到最后为之付出行动之间，有极其重要而易被忽略的一步：**确保人们相信它**。这就是所谓的文化信誉差距。

但是，你可能会问，为什么人们不相信他们公司的领导花了数百万美元做出来的，并告诉他们有多重要的东西呢？是什么伤害了一个方案在员工中的信誉？是什么原因导致员工不相信他们被要求做的事情呢？

信誉受到伤害的原因是，不知何故员工从组织那里得到了不一致的信息。一组信息鼓励他们采取新的，与代表公司未来方向的品牌定位相一致的方式去开展工作。而另一组（可能不是有意的）信息则鼓励他们维持现状。对于员工来说，如果有什么与你告诉他们的东西相矛盾，那么不管你花费多大努力去加强他们对品牌的理解，或者给他们工具来实现一个新品牌愿景，他们的行为都不会改变。

那么，那种破坏性的信息是从哪里来的呢？

它们来自于被称之为企业的“肢体语言”的东西：包括所有我们称为“文化”大概念的因素，例如组织结构、工作流程、招聘方式、工作设计、奖励活动、管理风格，以及领导方式等等。就像我们所有的人都会更相信别人做什么，而非别人说什么，员工们也一样，他们会对企业文化的“肢体语言”的指引作出回应，而不会对一个新品牌方案告诉他们的作法作出回应，尤其是当这两股力量完全不一致的时候。

比如，如果新的品牌定位强调公司要致力于与客户建立长期的合作关系，但销售人员却没有从新的业绩中获得相应的回报，那么这就传递出了一个矛盾的信息。于是，尽管新的品牌定位要求不同，然而销售人员在这个“老”的激励结构下，仍然会继续注重获取新的业务，而不是维护好现有的客户。

如果一个公司的品牌强调它要致力于实现环境的可持续性，但是员工关于如何实现这一目标的建议却因为“成本太高”而被拒绝，那么一个矛盾的信息就被发送出去了。员工收到的信息是，成本比新的公司命令更重要。

如果一个公司的品牌定位强调真实性和透明度的价值，但管理层却不愿意告知决策背后的原因，也不愿意听取员工对这些决定的意见，那么一个矛盾的信息就被发送出去了。员工就会意识到，管理层说话是不算数的。

我们很容易看到冷嘲热讽是如何在整个公司里蔓延的。事实上，新品牌推广中出现的强烈的冷嘲热讽气息是一种明显的迹象，它表明企业文化中有一些尚未被发现或未被纠正的东西，它们与新目标格格不入。

因此，要想让一个品牌最终在组织内部生根发芽，营销人员要做的不只是设计和利用沟通方案来告诉人们什么是新的品牌。他们还必须评估，哪些关于企业的关键信息**已经**发出去了，包括公司结构、业务流程、奖励激励以及领导因素——换句话说，就是公司的整个文化。然后，营销人员还必须指出员工们可能会在哪里发现问题，并协助公司解决这些问题。

关于组织结构、领导力，以及企业文化方面的问题往往会超出营销人员的工作职权范围。但是，通过企业文化的各个环节释放出来的信息非常关键，决定着员工是否能够勇于面对各种挑战，让品牌在组织内部生根发芽。因此，一个负责任的营销人员至少必须指出，哪些行为有可能导致花在新品牌计划上的金钱和时间白白浪费。有时候，企业文化还没有明确的思路，这时就比较容易改变，有时则不然。不管是哪一种情况，营销人员迎接挑战，展开讨论，都是有益的。

赋予企业文化生命力

迪斯尼主题公园、西南航空公司、梅奥诊所 (Mayo Clinic)，扎拉 (Zara) 和 Zappos.com 都是真正富有生命力的品牌很好的例子。尽管他们的产品、服务、价位和商业模式都不尽相同，但是，他们有一个共同点。就像花朵绽放是因为有健康的根系一样，这些与消费者紧密接触的品牌，都有支持品牌设计方向的内部组织——最重要的是它们相互不矛盾。

出售鞋类和服装的互联网零售企业 Zappos 是遵循这个原则的一个很好的实例。Zappos 成立于 1999 年，它当年的销售量少得可怜。但是，据报道，在将近十年之后，它的销售总额几乎达到 10 亿美元，并以 9.28 亿美元的价格出售给了亚马逊公司。Zappos 获得如此的成功，主要是因为它全力做好客户服务的品牌定位，强调维持客户忠诚度。就像公司的十条核心价值第一条所说的，公司的目标就是“通过客户服务，让客户满意”。Zappos 竭尽全力确保每次与客户进行互动之后，客户都会说“这是我得到的最好的一次客服体验！”[1]

这一战略是由许多战术策略支持的，比如 365 天退货政策、免费双向送货、7 天 24 小时开放的呼叫中心等。但如果公司的整个文化不支持这个品牌认知的话，光是这些策略本身是不会带来这么热情和忠诚的客户的。

公司的创始人谢家华（Tony Hsieh）曾经这样说：

> 我们很久以前就决定，在 Zappos.com，我们不希望我们的品牌仅仅局限于鞋子，或衣服，甚至网上零售。我们决定要将我们的品牌打造成提供最好的客户服务和最佳的客户体验的一个品牌。我们相信，客户服务，不应该只是一个部门的事儿，而应该是整个公司的事儿。
>
> 那么，如果建设一个想要的品牌不能只靠钱的话，公司应该怎么做呢？什么才是建立一个长远品牌的最好办法呢？

[1] http://about.zappos.com/zappos-story/in-the-beginning-let-there-be-shoes.

一个词：文化。

在 Zappos，我们的理念是，如果你确立了正确的企业文化，那么其他的东西，比如好的客户服务啊，建立一个卓越的长远品牌啊，或者充满激情的员工和客户等等，都会自然而然地发生的。

我们认为，你公司的文化和公司的品牌其实只是一个问题的两个方面。起初，品牌可能会滞后于文化，但最终会迎头赶上。

你的文化就是你的品牌。[2]

文化的四个方面

文化看上去似乎是一个模糊的、不定性的概念，但它实际上是暗含在一些行为当中的，企业的具体组织结构、业务流程、奖励系统、管理风格和领导风格等等对这些行为要么鼓励，要么不鼓励。当企业文化融入新的品牌推广规划的时候，这个品牌就更可能在组织内部蓬勃发展，进而在组织外部生根发芽，并按照设计方案与客户建立关系。

虽然一个企业的文化有许多方面，我们在这里只着重讨论公司计划推广新品牌时最重要的四个方面：招聘和员工评估、文化诠释、工作设计、报酬和激励、领导风格。

招聘和员工评估

因为品牌是由人赋予生命的，很明显，营销人员首先应该考虑在企业中工作的都是些什么样的人。他们具有推出公司希望的品牌所要求的态度和技能吗？

拥有富有生命力的品牌的所有企业都会非常重视人员的招聘。西南航空公司是美国的一家低成本航空公司，其品牌强调提供有趣的，以客户为导向的航空体验。西南航空在招聘时要确保他们“因态度而聘用，为能力而培训。”西南航空的经理们都知道，他们可以将一个人培养成更好的飞行员、乘务员、订票员，或者机坪操作员，但他们永远无法使之成为一个讨人喜欢的、快乐的、合作的、会解决问题的、充满乐趣的人。因此，评估应聘人员的一个很重要的方面就是去寻找这些品质。作

[2] *New York Times* (2010), “On a Scale of 1 to 10, How Weird Are You?” (January 10).

为一家低成本的航空公司，西南航空可以简单地聘请愿意接受低工资的人，而不考虑他们的工作态度。但如果那样他们就不可能培育出一个被广泛认可的行业中最关心顾客的品牌。[3]

梅奥医院是一家由医科学校、医院和诊所组成的医疗保健机构，其品牌的目标是全面执行“病人永远是第一位”的承诺。在战略上，梅奥通过招聘那些擅长处好同事关系和跨职能合作的人员来实现这个目标。由于许多医疗专业人士都经过高度专业化的训练，所以梅奥的招聘工作聚焦于每一个潜在雇员，包括医生、护士、技术人员和其他专业人士，是否具有相互合作，以及为了提供更优质的医护服务而愿意听取非专业人士建议的能力。梅奥旨在向病人提供全方位的最优护理，所以，如果他们仅仅招聘技术精湛的人，而忽视他们是否能够进行跨职能的合作，那就不可能符合品牌的精髓：即关心整个人类健康，而非只是治疗疾病。[4]

在 Zappos，所有应聘人员都要通过两轮面试。一轮是由人力资源部门负责的，主要确定候选人与公司文化的适应程度。另一轮由部门招聘经理和他的团队来完成，主要考察相关的工作经验、技术能力，以及是否适合这个团队。应聘者必须通过这两轮面试才能获得这份工作。即使公司像其他所有快速成长中的公司一样，迫切地需要专业技术人员，然而如果一个人不适合公司的文化，即使他的技术非常熟练，Zappos 照样会放弃他。Zappos 非常重视其企业文化，而且为了品牌会捍卫这种文化。

事实上，一个人一旦被 Zappos 招聘进来，他要在品牌的“神经中枢”——客户服务中心先工作四个星期。工作四个星期并拿到四个星期的薪酬之后，Zappos 会以向每位新员工支付 2,000 美元的条件允许其离开公司。这种特殊的条件是一种失误保障机制。公司认识到，如果有人不是完全以客户服务为导向，而又通过了招聘程序，那么他可能会接受这一大笔钱而离开。Zappos 的管理层认为，给那些被错误招聘进来的人 2,000 美元，好过让那个人去玷污作为品牌核心的客户服务文化。[5]

当然，在开发一个新品牌方案时，不可能重新招聘全部人员，但是，忽略一个事实同样也是灾难性的，即目前的招聘体系或评估系统不可能找到能落实新品牌推广方

---

[3] www.southwest.com/careers/culture.html; www.southwest.com/about_swa/mission.html; wwwuschamber.com/bcle/profiles/southwest.htm.

[4] Berry, Leonard L., and Neeli Bendapudi(2003), “Clueing in Customers,” *Harvard Business Review* (February).

[5] http://blogs.zappos.com.

案的人员。因此，成熟的企业在开发新的品牌方案时，会考虑到现有员工的情况，确保员工的态度和技能能够满足品牌推广的需要。如果不能，那么企业必须认识到，公司的招聘和评估做法不适合品牌推广的要求。这种情况下，就会发出不一致的信息，品牌推广推出伊始就会发生矛盾。

因此，急于让品牌在企业内生根发芽的企业应该问这样一些问题：

- 我们目前的招聘方法寻求的是什么品质？
- 这样的招聘会为我们的企业招来什么样的人？
- 那些特点与我们品牌的目标相一致吗？
- 如果我们能够为我们的招聘过程（或我们评估现有雇员的系统）引入一些标准，确保人们能与我们的品牌的方向一致，那么应该包括哪些标准呢？

文化诠释

一个公司讲述自己的故事，无论是对内还是对外，都会形成了公司的“自我意识”，并以各种隐性微妙和显性的方式教导着员工，他们应该怎样认识自己，他们应该如何行事，什么才是公司真正看重的。

例如，梅奥医院的每一位新员工都会听到这样的招呼：“欢迎参与病人护理！”不管这个人是一名医生、财务人员、文员、餐饮服务工作者，或者是电话接线员。每个人的工作都直接影响到病人的体验，培训时会植入这种观念，而且在岗工作时这种观点会不断强化。一名护士会在团队开会时公开称赞一个技术人员，因为他注意到一个病人的病情，从而对改善病人的护理提供了帮助。工作人员为照顾病人而作出的各种非凡事迹，比如安排病人的女儿在病人房间里举行婚礼等等，都会在内部刊物上登载，在员工会议上分享，或在各种员工活动中受到褒奖。每个季度，公司都会给作出特殊贡献的一名雇员颁发“卡里斯奖”（卡里斯是希腊文，意指“关怀”）。[6]

这类品牌行为被称为“文化诠释”。企业会在内部的迎新说明、培训、员工庆祝等各类活动中正式地描述自己，这种诠释也可以通过同事和管理人员之间的闲聊非正式地进行。人们会谈论他们对公司感到自豪的地方，他们会互相赞美某些行为，他们

---

[6] Berry, Bendapudi, “Clueing in Customers,” *Harvard Business Review*; www. mayoclinic.org/about/noseworthy-message.html.

也会一同庆祝成功，回应失利。

因为这种行为非常普遍，所以成熟的品牌营销人员应该密切关注公司目前是如何诠释自己的，这一点非常重要。他应该自问："我们是否拥有符合品牌推广方向的自我形象？我们现在所讲述的关于自己的故事与品牌目标是一致的呢，还是遵循着不同的价值观？"

在灌输理想文化方面享有良好声誉的企业，如诺顿百货、西南航空，谷歌、迪斯尼、惠普（在比尔·休利特和戴夫·帕卡德管理之时），都特别注意在公司内部诠释自己的方式，尤其是它们都会确保不会有一些微妙的、相互矛盾的信息混进来，干扰那些通过正式渠道进行的诠释结果。[7]

例如，在迪斯尼，新进员工都是与经验丰富的"师傅"搭档，以便他们在一个完全浸透了公司品牌价值的人的照顾下，充当迪斯尼的"剧组成员"时，能够充分理解他们的责任。如果一个新进员工对公司的有关作法或传统有任何怀疑，随时会有一个更有经验的人给他解释为什么公司会那样做。这样就可以使新员工的社交过程符合利于品牌推广和发展的方向。[8]

在李奥·贝纳管理以他的名字命名的广告公司时，李奥·贝纳公司的经理们会将年轻雇员受挫后向客户发泄的冲动消灭在萌芽状态。"我们不那样谈论我们的好客户"是公司的口头禅。这家公司明确宣称将致力于客户服务。如果允许非正式的抱怨违背这个明确的口头禅，那么会传递什么样的信息呢？公司不会容忍这样的损害发生，管理人员要进行平息式谈话，保证雇员的行为符合品牌公开传递的尊重并忠实于客户这条原则。[9]

一个公司正式和非正式讲述的关于公司的故事——无论是对新进员工还是退休人员，无论是正式还是非正式——都是公司鲜活的企业文化最重要的表现。这些故事必须相辅相成，并与品牌目标相一致；否则，越来越多的失真会对企业文化产生影响。组织行为的这个层面是如此的重要，那些最卓越的企业会全力以赴地管理，以至于有一些公司被称为"邪教"。这个贬义词将文化的清晰度和强度与一些盲目的东西混淆

[7] Packard, David(1995), *The HP Way: How Bill Hewlett and I Built Our Company,* HarperBusiness: New York, New York.

[8] Kelley M.Blassingame(2003), "Working Their Magic: Disney Culture Molds Happy Employees," *Employee Benefit News* (September 8).

[9] 这个结论源自我 1980 年在那里工作的亲身体验。

起来，而且它往往会被那些本身企业文化比较薄弱和模糊的人加以利用。重要的教训是，那些半心半意地管理企业文化的人会面临一种风险，即招来一批立场不坚定、经常冷嘲热讽的员工，他们表面上认同新品牌的方向，但实际却不去履行它。

因此，急于让品牌在组织内生根发芽的企业应该问这样一些问题：

- 我们在整个组织内部以各种正式和非正式的途径所讲述的关于公司的故事都是些什么？
- 公司目前的自我形象与品牌的愿望一致吗？
- 新员工一进入公司，以及他们工作的头几个月中，我们给他们讲述的关于公司的故事是什么样的？
- 在培训计划中，我们强调的是什么？我们赞扬和认可的是什么？我们庆祝的又是什么？
- 我们的非正式沟通中，是否存在与正式沟通中我们试图加强的价值观不一致的地方？
- 如果我们可以改变当前的迎新活动或培训课程，或者可以改变我们所赞美和褒扬的员工行为，那么我们要改变哪些，使正式和非正式的诠释与品牌目标保持一致呢？

职位设计、报酬和激励机制

公司设计职位，目的是使公司的工作有效和高效地开展，并且给那些工作优异的人给与奖励。但是，同样重要的是，企业还必须考虑职位设计和奖励结构是否合理，是否足够便于品牌生根发芽。

Zara 是一家发展快速的西班牙服装零售商，它是世界第二大服装零售企业，仅次于 GAP，其品牌的重点就是把握最前沿的时尚脉搏。这家公司将它的战略称为“快速时尚”，并调整企业的每一个方面，确保从服装草图设计到成衣商店每个环节都不浪费时间。作为该战略的一部分，职位结构的设计保证了设计师们可以坐在版型师中间，方便他们在设计开发时充分交流。通过这种方式，版型师如果遇到一个难以执行的设计，他可以在设计定稿之前提醒设计师，这就消除了因为设计难以执行或者因设计师不完全理解服装生产而多次修改所造成的时间浪费。[10]

奖励体系是确保企业与品牌保持一致的另一种方法。事实上，在一个企业内部，没有比奖励体系更有力的“肢体语言”了。因此，推出新品牌的企业确保目前公司的奖励结构中没有明确干扰新品牌目标的东西，这一点尤其重要。

例如，在梅奥，医生是拿薪水而不是根据他们所看病人的数量获取报酬。这种方式使得收入最大化与病人护理最大化之间不存在冲突。在Zappos，对客服代表的评估不是依据他们接待客户的速度。当然，他们也想更快地接订单、更快地回答问题、更快地解决问题，但是，如果多一点时间可以让一个顾客高兴的话，慢一点也未尝不可。

西南航空公司拥有非常准时的声誉，它保持了航班之间非常快的周转速度。为实现这一目标，所有的飞行机组成员，包括飞行员在内，在航班周转期间都要帮助清理机舱。飞行员的工作不光是将飞机飞到下一个目的地，而是要做更多；每次都要确保飞机准时升空，随时处于旅客可登机的状态。

众所周知，丽兹酒店，诺顿百货，和迪斯尼之所以能使客户至上的品牌概念生根发芽，部分原因是由于员工都被给予了极大的自由裁量权，使他们可以当场解决顾客的问题，而不用向经理请示。最著名的案例就是丽兹酒店允许其雇员可以花费高达2,000美元来解决客户出现的问题。[11] 员工因为企业信任自己去做决定，并有权采取行动以取悦顾客，从而感到满意。[12] 能够利用自己的判断力丰富了他们的工作，被信任本质上就是一种奖励。让他们按自己认为合理的方式处理问题，可以强化他们“绅士服务绅士”的思想，并使这个口号落到实处。

在李奥·贝纳广告公司还未上市那些年里，公司的创意部门并不按照行业惯例将他们的作品送交参与行业奖项评选。这些大奖赛是由同行作为评委，而不是由客户来评判：如果本来它一直告诉员工创作出可以帮助客户的广告最重要，然后又反过来告诉他们应该努力争取创意得到同行的赞同，而不必在意广告是否能够说服消费者，这

---

[10] Ferdows, Kasra, Michael A. Lewis, and Jose A.D.Machuca(2005), “Zara’ s Secret for Fast Fashion,” *Harvard Business Review* (February 21).

[11] ICMR Center for Management Research(2007), “Ritz-Carlton’ s Human Resource Management Practices and Work Culture: The Foundation of an Exceptional Service Organization.”

[12] 丽兹－卡尔顿酒店的服务信条的第三条是“酒店赋予我权力为我们的客人创造独一无二的、记忆深刻的而又个性十足的体验。” http://corporate.ritzcarlton.com/en/Careers/YourExperience/OurCulture.htm.

样矛盾的做法会向员工传递什么样的信息呢？

因此，想要努力让品牌在企业内生根发芽的营销人员应该问这样一些问题：

- 我们目前是如何设计企业中的关键职位的，这种工作方式会加强新品牌的方向吗？
- 目前设计关键职位的方式中，有没有哪些方式会使实现新的品牌方向变得更加困难呢？
- 我们目前的评估和激励体系对什么样的行为进行奖励呢？
- 通过这样的奖励制度我们在创造什么样的价值观呢？这些价值观和被奖励的行为与品牌的目标一致吗？
- 如果我们可以改变重要职位的设计或目前的奖励制度，或者可以增加任何新的评估内容，那么我们怎样才能使品牌的目标与企业的奖励制度更加相符？

领　导

毫无疑问，一个企业的成功最终要取决于，企业的领导者和管理者自身是否是代表品牌价值的典范。

在所有的卓越企业中，那些领导者，比如西南航空公司的赫布·凯莱赫、科伦·巴雷特和加里·凯利，Zappos 公司的谢家华，惠普的比尔·休利特和戴夫·帕卡德，和梅奥医院的丹尼斯·凯利，都是日复一日在公司里保持言行一致，表现出非凡的个人约束能力。

谢家华向员工解释亚马逊收购 Zappos 事件的电子邮件就是这种领导力的一个例子。[13] 谢家华非常谨慎地向他的员工保证说，他和公司的其他创始人都会留下来，Zappos 将保持其独立性和企业文化，而亚马逊是希望向 Zappos 学习，而不是要吞掉它。如果谢家华采用干巴巴的法律条文式措辞，那会与 Zappos 的文化完全抵触，他完全避开了。他在沟通时采用了很亲切、很诚恳的口吻，适当的时候还会幽默一下，同时一直保持在正式的法律限度内。他条理清楚地传达了重要的信息，引导他的听众提

[13] *Wall Street journal* (2009). “Zappos’ CEO’s Letter to Staff,” July 22.

出疑问，讨论各自关注的问题。自始至终，书面的信息都表现出这是一个值得信赖的领导人发出的真实声音。

对人的忠诚和尊重是成功的企业文化的一部分，然而这些文化可能在特定的方面有所不同。当然，忠诚和尊重是双向的。测试发现，优秀的领导者通过展示正直、无私和能力来赢得他人的尊重和忠诚。员工会密切关注他们的领导，看他们的言行举止，看他们赞扬和强调什么，看他们批评和禁止什么。他们的行为告诉人们，什么才是企业真正的价值观，员工应该怎样做才能成功。领导者和管理者言行之间较大（甚至很小）的矛盾对新的品牌设计造成损害，可能比什么都快。换句话说，一个充满生机，坚定倡导新品牌的领导，围绕新方向凝聚企业的速度比其他任何一个要素都快。

因此，举例来说，大公司中的初级会计师或律师会通过观察资深同事的工作来了解公司的文化，他们发现资深同事要比其他人工作的时间更长，要协调许多技术人员的工作，要综合各种复杂的信息，并用客户满意的方式来工作。当老板工作的时间更长，而且没有表现出压力的时候，新员工被要求加班看起来就公平多了。在专业的服务公司里，资深人员高水平的工作会让人产生一种崇敬感，这种感觉可以起到教育和同化的作用。

师徒关系在专业的服务公司里会很有效，但到了功能更加专业化和多样化的复杂企业里，它效果就没有那么好，但是即使在这样的企业里，成功的领导者也会有办法表示对员工的尊重，并赢得员工的尊重。例如，惠普公司的领导人比尔·休利特和戴夫·帕卡德自己也是工程师，他们会与其他技术人员和工程师一起站在工作台旁，一起解决问题，或者还会参加看谁组装计算机速度最快的竞赛。不管怎样，惠普是一家技术企业，它看重工程师，认可优秀的工程师。

类似地，波音飞机组装厂的一个经理可能通过分享维护轮船发动机的故事，与他的机械师们建立融洽的关系。一旦打破了坚冰，找到了共同的兴趣，他们就很容易坐在一起，共同讨论怎样用一半的时间在机舱内安装座椅，或者怎样创造一种有效的方法将燃油或冷却液输送到喷气发动机中去等等；与他们讨论为何愿意参与持续改进的工作也就更容易了。

说到底，好的领导者靠的是个人魅力和诚意来建立一种共同的纽带，而不是其技术能力。西南航空公司的赫布·凯莱赫（HerbKelleher）就是一个著名的例子。他自己就曾在圣诞节那天留在机场工作，表现出他与那些牺牲与家人团聚、服务旅客的员工是团结在一起的。他会在万圣节穿上滑稽的服装去展示公司的有趣、平等的精神，他会亲自和工作十年的每位员工谈话。通过展示自己对他们诚挚的敬意，他体现了公司对其员工的尊重，也为他们应该怎样对待客户作出了榜样。

另一个例子是以手工酿酒著称的新比利时酿酒公司。这家公司公开宣布其企业文化的核心是透明度和诚信，根据这种文化，其首席执行官金·乔丹 (Kim Jordan) 决定公布包括她自己在内的每个员工的工资，让每个员工都可以评判自己得到的薪酬是否公平。还有一次，公司意识到购买煤电与他们所推崇的环境保护思想不一致，于是乔丹就将这个问题提给员工们进行讨论，要求他们投票决定是要购买价格低廉的煤电，还是愿意以减少奖金总量的代价花更多的钱去购买风力所发的电。员工一致投票选择了环保的选项：风力发电。通过让他们自己选择，乔丹表明融洽的同事关系和员工的主人翁精神是公司文化的实质，而不只是新闻稿中的措辞。

好的领导可以打造一个品牌，而糟糕的领导可以通过使每一条明确的品牌信息看起来都像谎言，而杀死这个品牌。举个例子，我们可以考虑一下，一个领导宣称重视建立长期的客户关系，但他每每向员工谈及的都是月度财务和每日的股票价格等等，那么他发出了怎样的信息呢。同样，一个领导说他同意公司应该重视与满意的客户建立忠诚的关系，但他却找不出时间去访问客户，或接听一些客服电话，那么这样的领导会发出什么样的信息。再比如，如果一个公司的品牌强调速度、简单和易用，而其领导却实行了一种官僚的、耗时的、秘密的内部决策过程，那么这又会发出怎样的信息呢？

营销人员不可能改变一个企业的领导，也不能改变领导者的个人风格，但是，帮助公司领导了解他们会对品牌推广的可信度产生多么深远的影响是非常重要的。拥有很强的沟通和说服能力的市场营销人员应该迎接这种挑战，帮助公司的管理层和领导层认识到，他们对于创造新品牌所做的各种努力不至于白费是多么重要。营销人员应该提出下面这些问题：

- 我怎样才能帮助领导了解他们的行为对新品牌的可信度是多么重要？
- 我可以指出领导和管理人员身上具有的与品牌价值相符的素质和行为吗？
- 我怎么才能恰当地指出存在明显矛盾的地方？

总 结

显然，任何营销人员，不管资历多深，都不能独自改变企业文化的根本，但是，他可以起到重要的作用，因为它可以帮助管理者了解企业文化对品牌的生存是多么的重要。

通过帮助企业领导审视他们在**人员招聘、文化诠释、职位设计、奖励和激励，以及领导力**等各个方面的实践，营销人员就可以协助企业更好地调整品牌推广与企业的关系。

这就要求营销人员要努力争取获得如今更具战略意义的影响力。现代的营销人员通过揭示企业文化中不自觉地与新品牌价值相矛盾的方面，并展开讨论，来帮助确保品牌在企业内部得以存活，从而在企业外部也可以生根发芽。

作者简介

丽莎·福尔蒂尼-坎贝尔（Lisa Fortini-Campbell）是美国西北大学凯洛格商学院高管培训项目的讲师，主讲消费者心理学和整合消费者体验的课程。教学之外，她创立经营了福尔蒂尼-坎贝尔公司，在全球各行各业的企业中开展研究、咨询和培训。她著有《击中甜蜜点》(*Hitting the SweetSpot*)，曾参与写作《凯洛格整合营销论》。她在俄亥俄州立大学（*Ohio State University*）获得理学学士学位和文学硕士学位，在华盛顿大学（University of Washington）获得博士学位。

第八章

三明治战略：为创造价值和捕捉价值而进行的新产品及新服务管理

迪帕克·C. 贾因

引 言

如今的消费者比以往任何时候都拥有更多的信息，而且要求更高。消费者面对前所未有的丰富的产品和服务选择，他们的期望对处于激烈竞争的市场上的企业领袖提出了严肃的挑战。与此同时，产品和服务继续变得越来越相似——差异化越来越小，使得从品牌中开发和提取真正的价值更加困难。因此，当今的企业面临着一项艰巨的任务。企业必须想方设法，不仅推出客户真正认为有差异化的新产品或服务，还要捕捉并维持为不同细分市场所创造的价值。[1] 这种动态的局面要求企业，如果要为成功创造必要条件，就必须采用创新模式。不创新就会大难临头。

与以往完全不同的是，当代的市场迫使企业领导只能面临两个选择：要么适应、要么退出。各行各业的最新动态表明，这种高度竞争的趋势只会随着时间的推移而增强。然而，对于精明的企业高管来说，这些挑战同时也带来了开发和深化战略的机会。在竞争市场中，取得市场领袖地位的最佳途径往往是重新审视传统的思想，以制定成

[1] Ritson, M. (2009), "Customers Are Suddenly Hyperconscious of Value, and New Low-Promise Competitors Are Nipping at Your Heels: Should You Launch a Fighter Brand?" *Harvard Business Review*, (October), 87-94.

功所必需的崭新的新产品战略。没有什么比直接来自竞争对手的挑战更能促进企业进行有力的评估。企业如何应对挑战将决定着它在市场上的成败。

本章提出了一种名为“三明治战略”的方法，从理论和实践两方面说明，企业可以对竞争压力作出反应，推出能为自己、合作伙伴，以及客户创造和捕捉价值的新产品和新服务。这样，企业就可以建立一种“三赢”（“win-win-win”）的局面。

三明治战略：创造客户价值

传统上，企业使用不同的营销组合元素来应对竞争压力。营销中的“四 P 营销组合”指的是**产品、价格、渠道和促销**。价格在两个方面对管理营销组合要素起着独特的作用：

1. 产品、渠道和促销都是为客户创造价值的因素，而**价格**是唯一使企业可以捕捉到这种价值的因素。

2. 重要的是，产品、促销和渠道都是从企业里**拿走**资源，而**价格**是唯一将资源带回企业的因素。

因此，企业在推出新产品和新服务，以及提高赢利能力的时候，用价格作为一种战略武器来捕捉它为客户创造的价值，这是很重要的。

例如，假设 A 公司（目前市场上的一家公司）提供一种质量为 q、价格为 p 的产品，B 公司（一个刚进入市场的竞争公司）的新产品质量同样为 Q，但价格定为 P-Y，这样 P–Y 就低于 P（参见图 8-1）。那么此时 A 公司应该如何应对这一挑战？

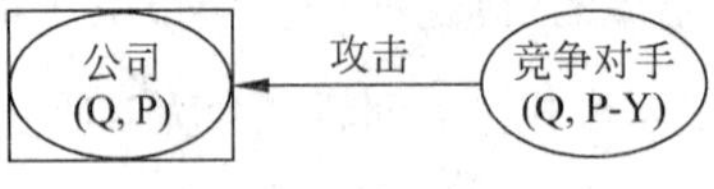

图 8-1　竞争的局面

我们首先以快速消费品为例，来看看可能出现这种状况的情形。加乐氏（Kellogg Co.）公司以每盒 2.99 美元的价格销售早餐麦片。它的客户，即零售商，在货架上“加乐氏”玉米麦片旁边放上了一种自有标签的麦片，标价为 1.99 美元，比家乐氏的麦片便宜一美元。问题是，“应该怎样继续为它的早餐麦片捕捉价值呢？”

另一个例子是制药公司。一家诸如辉瑞这样的企业拥有一种知名的品牌药品。就在这种药品专利到期的这一天，非专利的替代药品马上就充斥了市场，并且声称这些非专利药品含有与辉瑞的药品完全相同的药性成分。生产非专利药品的公司决定将其药品的价格定得比名牌低很多。在某些情况下，价格可能会比名牌药品低50%到70%。辉瑞公司应该如何应对，确保它自身及其客户都获得最佳的结果呢？[2]

类似的情况也出现在整个电信和无线通讯行业，我们在这些行业中能够发现新产品的竞争。同样，在计算机软件领域，我们看到最近出现了“开源”的Linux系统，它可以替代现有的操作系统，对长期以来的市场领袖品牌提出了真正的挑战，就像非专利药品对专利药品公司的攻击一样。[3] 虽然所有这些竞争对客户可能是有利的，但这些公司必须采取行动，制定对他们自己和客户最佳的解决方案。

那么，如何最好地实现这一目标呢？答案是做一个三明治！

新产品创新：采用三明治战略在竞争中求生存

在上述情况下，如果市场上出现了一个竞争者，A公司最不应该做的就是在价格上反应过度。如果现在这家企业采用降价去应对竞争，那么传递给现有消费者的信号就是，公司这么多年一直在多收他们的钱——基本上可以说是抢了他们。这种战略不会在现有的消费者中创建良好的商誉。第二个问题是，它会将竞争对手及其产品合法化。如果A公司降低价格，那么就等于承认竞争对手产品的质量确实与自己是一样的——而这本应留给竞争对手的市场营销部门去证明。

在竞争加剧时，聪明的企业不会卷入到根植于价格战的“竞相杀价”中去。相反，为获得市场领袖地位，这家企业应该尽量利用它的同行。“三明治战略”代表着一种新方法：面临严峻价格竞争的企业，利用竞争对手来做一个“夹心”，通过开发新产品将竞争对手的产品从上下两个方向夹在中间。当企业采用三明治战略，来确定战略性的市场细分及产品定位，从而开发出创新的产品线，它就会围绕现有产品扩大市场机会，从而为企业和消费者创造更多的价值（见图8-2）。

---

[2] 这些企业的名称只是用以举例说明。

[3] Kerstetter, J., Hamm, S., and S.E.Ante(2003), “The Linux Uprising,” *Business-Week,* 3 (March), 78-86.

如图 8-2 所示，三明治战略指出，当面对价格竞争产品（用 Q，P−Y 代表）的时候，A 公司至少应该推出两个新产品。其中一个产品应该表现出比该公司以前的产品质量略优。正因为质量略优，所以公司应该提高这个新的、经过改进的产品的价格（Q^+，P^+）。此外，公司还应该推出另一个与以前产品质量相同或稍稍略逊的产品。这款产品的价格应该降低，或者在某些情况下也可以保持在现有水平（Q 或 Q^-，P^-）。利用这种三明治战略，市场上的这家公司就将竞争对手的产品夹在自己的两个产品之间，吸引不同的细分市场。

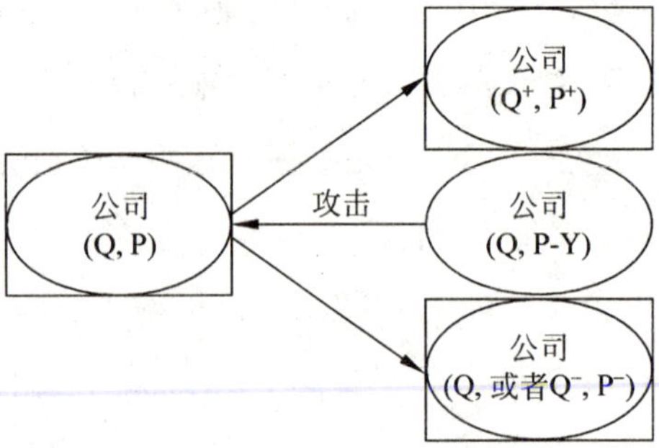

图 8-2　三明治战略

公司必须记住的很重要的一点就是，P− 不一定必须低于 P−Y。相反，P− 其实是可以大于或等于 P−Y 的，因为这家公司因其品牌声誉而享有领先优势，所以它可以因为品牌而获取建立在价格基础上的价值。此外，保持 $P^- \geq P-Y$ 不会引发价格战。

在本例中，公司不一定要把价格降得比竞争对手低，而是保持相同的**总体价位**，这样，客户几乎看不到两个产品之间的差别，因此很有可能会保持对既定品牌的忠诚度。

在这种情况下，客户有可能按新的价格购买领袖品牌的原有产品，或者以更高价格购买这家公司的新产品。无论哪种方式，都是现有这家公司获胜。

种豆得豆："三明治"战略的应用

市场营销中的"三明治"战略是一个相对较新的概念。然而，已经有少数企业采用了这种方法中的某些元素，尽管它们可能还没有做得很明确或不一定总能实现价值最大化。

三明治战略的三个步骤：

第一步：**重新定义**当前的市场。

第二步：对当前市场**重新进行市场细分**。

第三步：针对重新选定的目标市场**采用三明治战略**。

我们通过联邦快递公司近年来所面对的市场情况来看一看“三明治”方法起作用的证据。

联邦快递。虽然大多数人都会认为联邦快递公司（现称联邦快递）是一家市场领袖企业，提供高品质、可靠的优质隔夜递送服务，但是这家公司推出的隔夜服务正是在与美国邮政服务公司（USPS）展开竞争。

具体而言，当时美国邮政服务公司设计了一个叫作“快件”的产品，针对的就是联邦快递公司的市场主打产品。美国邮政的这种新服务价格定在 8.95 美元，当时，联邦快递的平均价格约为 12 美元。（参见图 8-3）但是，联邦快递随后并不是仅在价格上作出反应，而是采取了更聪明的做法：重新定义它的市场。

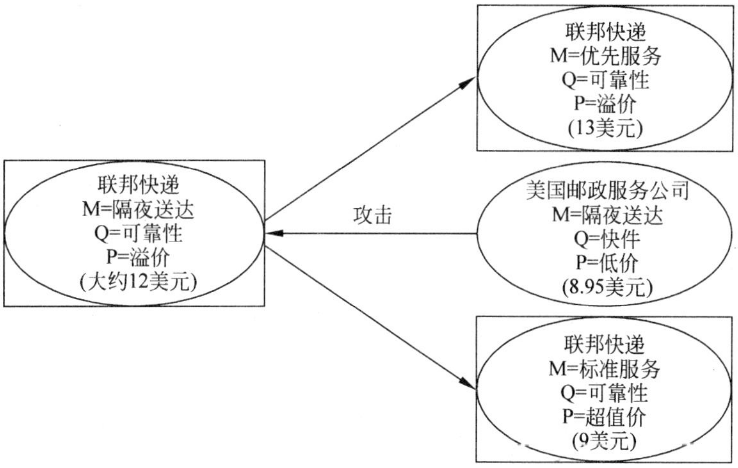

图 8-3　联邦快递的反应

在这之前，联邦快递公司一直把它的产品称为“隔夜送达”。但“隔夜”并没有明确指出具体什么时间送达。因此，联邦快递重新定义了市场，不仅明确交货日期，而且还明确了交货时间。通过对业务重新定义，他们就实现了对市场的再次细分。

重新确定的目标市场包括两类递送服务，一类是在上午送达，另一类是在下午送达。就品牌命名而言，联邦快递并没有把新产品叫作“早晨”或“下午”递送服务，而是把这两类服务分别称为“优先”和“标准”，这样就给客户传递了一个强烈的信号，就是客户应该如何看待他们业务的价值。联邦快递的客户们，比如投资银行高盛和摩根大通，就很乐意为这种差别服务买单，认为这是一种通过提供更方便、更及时的服务，来帮助他们更好地管理其与客户关系的额外工具。

最重要的是，联邦快递将其“优先”级服务的价格提升为 13 美元，略高于公司原来隔夜送达服务的收费标准。同时，它将低端的标准级服务价格定为 9 美元，与美国邮政快件的价格几乎相同——这种做法完全与三明治战略一致。[4]

这种方法不仅帮助联邦快递获得了市场份额，而且还提升了其盈利能力。为什么呢？因为现有客户从现有产品上移到了新的优先级服务产品，他们支付了额外的溢价。与此同时，联邦快递还获得了一个全新的低端客户群——这群客户本来可能会使用美国邮政的业务。是哪些必要条件促成了联邦快递实现这一壮举呢？是它的技术投资。联邦快递对一种包裹跟踪技术进行了投资，当时的美国邮政还没有采用这种技术。邮件跟踪证明对客户起到了强大的推动作用。[5]

从运营或物流的角度来看这种案例，很显然，联邦快递不会向同一个目的地派两次车——上午送一次，下午送一次，因为这样会增加运营成本。客户的标准级包裹可能会与优先级包裹同时送达目的地。鉴于这一事实，很多人会问，为什么联邦快递的客户会从支付 12 美元转而支付更高的 13 美元，而不是从 12 美元转为支付 9 美元呢？

简短的回答是，联邦快递真的了解它的客户，尤其像高盛和麦肯锡公司这样的专业市场客户。[6] 联邦快递向这些公司提出的价值主张超越了价格本身。联邦快递告诉它的客户，“我们可以帮助您成为更加聚焦于客户的企业，因为现在我们可以保证每天上午 10:00 送达。您可以向您的客户传达这样一个信息：你认为他们的时间非常宝贵，所以你不会迫使他们等到下午才能收到邮件，然后再加以处理。”

所以，从本质上讲，联邦快递告诉高盛这类的公司，它可以帮助它们的客户更好

---

[4] 具体的价格数字仅是出于举例说明的目的。

[5] 我回忆起第一次认识邮件跟踪和可靠性的价值源自我寄包裹的一次经历。几年前，当美国邮政推出“快件”服务时，我去伊利诺伊州埃文斯顿的邮局寄包裹到温哥华。但这个包裹目前仍在地球上某个地方转着呢。结果就是，我和许多顾客一样，很快就认识到，为什么越来越多的人会被吸引去用联邦快递：更可靠，价格却只比美国邮政稍微贵一点儿。

[6] 这些企业名称仅是出于举例说明的目的。

地管理自己的时间。而我们知道，时间是当今客户最关键的资源。

事实上，这些公司的一些客户告诉我们，他们收到一件包裹时所做的第一件事情，就是看看它是优先级还是标准级。这个信息告诉他们自己是被视为**重要客户**还是**普通客户**。这是一个信号，它帮助联邦快递捕捉了包裹隔夜送达服务的价值。

通过为客户提供新产品所实现的“价值捕捉”，其本质是：

感知到的价值≥支付的价格

虽然联邦快递在考虑其业务变化时是否采用了三明治战略，目前还不清楚，但其业务变化确实与三明治模型完全一致。从这个意义上说，三明治战略成就了联邦快递的胜利，成就了发送包裹的客户的胜利，也成就了接受包裹的客户的胜利。这就是一个三赢的局面。

制药行业。三明治战略的另一个例子出现在制药行业，凯洛格商学院的莫顿・卡缅教授（Morton Kamien）和特拉维夫大学的伊斯雷尔・赞格教授（Israel Zang）曾经分析过一个实例。[7]

如果一家制药公司拥有市场上一个知名的药品，该公司也知道当这种药品的专利期一到，非专利的药品将会出现，从而威胁其赢利，因为这些非专利药品的定价会低于品牌药品。在这种情况下，制药公司应该如何应对？

这家公司应该就在专利将要到期之前，推出自己的非专利药品，并提高其品牌药品的价格。这将确保忠于品牌的用户群继续购买产品，因为对他们来说，这个品牌具有比他们购买药品所付出的实际价格更高的价值。此外，对价格敏感的细分人群（保险公司不报销品牌药费的用户）可以购买公司的非专利药品。最后，这两个人群都会赢，公司也会赢（即三赢）。谁输了呢？其他非专利药品的生产商，因为它们在药品专利到期之前是不能进入市场的。[8]

然而，原来的公司在任何时间都可以生产非专利药品，因为它拥有专利。卡缅和

[7] Karmen, M.I., and I.Zang(1999), “Virtual Patent Extension by Cannibalization,” *Southern Economic Journal,* 66(1), 117-131.

[8] Koretz, G.(1999), “When Patents Expire: Makers Find Ways to Keep Profiting,” *BusinessWeek*, (3656),18.

赞格指出，从本质上讲，三明治战略不仅仅是一种**防御**战略，它也可以作为一种**积极的进攻**工具。

这个思想是的一种翻天覆地的变化，是一种比以往更复杂的推出新产品和新服务的方式。

必要条件：你能创造出一个三明治吗?

三明治战略显然会为企业提供重要的机会，让它通过扩大市场来为自己和客户创造和捕捉价值。但是，在它产生预期效果之前，这种方法需要几个必要条件，包括在一些领域取得领先地位，例如成本、创新、执行、营销创意，以及客户关系管理等等。企业选择执行三明治战略有三个条件：**成本领先、市场拓展的能力**，以及**执行速度**。

成本领先

企业要想创造出一个成功的低价格新产品，最基本的条件就是应该占据成本领先的地位。这就意味着在企业努力取得产品或市场的领导地位之前，它必须确保能够保持成本高效，就像联邦快递一样。联邦快递知道，它可以改变业务，并向客户提供更大的价值，但并不会招致显著的额外费用。

航空业为我们提供了另一个实例，证明这第一个条件为什么如此重要。许多航空公司，包括三角航空公司（Delta）和美国航空公司（US Airways），都试图推出一个低成本的产品来与西南航空公司抗衡。美国航空公司生产了一种叫作“Metro Jet”的产品，专门针对西南航空和其他低价同行。但是“Metro Jet”失败了。美国联合航空公司也曾试图在其“Shuttle by United”子品牌下在美国西海岸推出类似的产品线延伸方案。但最终还是取消了。最近，美国联合航空公司推出“TED”在美国境内与西南航空和捷蓝航空展开竞争。但是它目前也已停止。

这两个例子的共同点是，美国航空公司和美国联合航空公司都有较大的成本结构。如果一家企业不具备成本优势，那么它就不能在市场变化中轻易占据我们所提出的“三明治”的下半部，而且事实上，这个位置可能证明是很危险的，不能帮助它获得任何的竞争优势。对于采用三明治战略的公司而言，构建正确的成本结构是必不可少的。航空公司要用一个低成本的产品来构建一个独立的低成本结构，并不容易。相对而言，航空公司在现有成本结构下，通过提供增值服务，对现有市场进行重新细分则更好。

市场拓展的能力

一个公司要成功地采用三明治战略，必须拥有市场开拓和延展的能力，并利用这种能力对其产品进行创新。这种“创新优势”要求整个企业上上下下都要有创新意识。

例如，许多快速消费品公司与自有标签品牌之间的竞争不仅是在价格上，而且还在产品品种上。当一家公司提供多样化的产品时，它其实是在提供适合消费者需求的定制产品。大多数消费者都不会介意为更接近自己需求的产品多付一点点钱。

创新能力可以帮助企业实现快速上市和产品定制。宝洁公司的“海飞丝”（Head & Shoulders）洗发水系列有十多种不同的产品。它们有供油性发质、干枯发质、普通发质、“无发”等各种情况下使用的洗发水和护发素。因此，只要顾客走进商店，就可以找到一款适合自己头发的洗发产品。这样，宝洁就可以从这个品牌获得价值，并给这个相对于其他公司的定制化程度较低的产品确定了更高的平均价格。

有一点比较重要的是，要记住产品品种的多样化有一个上限。一个公司不能将其产品线的长度扩展到超出成本效益临界点，超出这个点，生产更多样化的产品的成本就会超过消费者所感知的效益。推出太多产品的危险总是存在的，这种危险可以导致品牌稀释、顾客迷惑和产品之间的自相残杀。

然而，虽然品牌稀释和客户迷惑仍然是比较重要的因素，但产品之间的自相残杀受到的关注却越来越少了，因为许多企业领导都知道，有些事情与其让你的竞争对手来做，还不如让自己来做。或者，也可以这样说：“要被吃，就让自己人吃吧。”

执行速度

企业还必须表现出出众的快速执行能力。公司应该开发出一系列产品组合，尤其是在它们的研发部门。但公司不能将这些产品一次性推出，它可以先推出少量产品去测试一下市场上竞争对手的反应，然后用等候在开发平台上的其他产品迅速作出回应。

虽然速度确实很关键，但一些研究表明，企业并不需要立即对竞争对手作出反应。[9] 如果一个新的竞争对手以低价位替代产品打入某个市场，那么企业必须自问，目前是否存在这样一个低端市场。此外，企业还必须制定**创造市场**或**拓展市场**的战略，做大这张馅饼，而不仅仅是抢吃一口。

丰田公司凭借雷克萨斯品牌进入豪华车市场的例子就证明了这个原理。当丰田推出雷克萨斯与梅塞德斯－奔驰和宝马品牌竞争的时候，各种豪华汽车制造商都没有立刻设计低端产品，因为是否存在一个低端豪华车市场还不清楚。丰田用雷克萨斯为它的竞争对手做了市场调研。而它的竞争对手却选择了先看结果，再决定是否进入这个新市场。

当然，今天我们看到奔驰和宝马在低端豪华车领域的运作都很成功：奔驰的 A 级轿车和宝马的 Mini 系列。现在说奔驰和宝马是否为进入这个市场等得太久，或者它们是否是故意等待，之后才推出新产品，都还言之过早。但是，对这些企业来说，进入市场较晚的成本已经证明是远高于进入较早的。

当这样一个市场并不存在，而且一个公司应对挑战时采用了价格战的方法，那么这家公司实际上是在帮助竞争对手创建一个低端市场，而这个市场如果让竞争对手自己来创建本该是很难的。没有任何一家企业会愿意帮助它的竞争对手，它宁愿等待，采取延迟的回应战略。

如何捕捉价值：做一个合适的三明治

我们已经讨论了三明治战略的理论、实践和必要条件，现在让我们来看一下怎样做一个合适的三明治。

三种类型的价值

要回答这个问题，我们首先必须了解消费者是怎样评价产品的。相关的研究表明，消费者评价任何产品或服务时，考虑的因素有三个，即经济、功能、和心理／情感，

[9] Kalra, A., S.Rajiv, and K.Srinivasan(1998), “Response to Competitive Entry, A Rationale for Delayed Defensive Reaction,” *Marketing Science*, 17(4),383-405.

我们可称之为“消费者价值三角模型”。参见图 8-4。[10]

由于价值捕捉模型从根本上讲，取决于质量（Q）和价格（P）之间的相互作用，所以营销人员必须了解消费者对质量和价格的看法，以便正确地捕捉企业可以创造的价值。

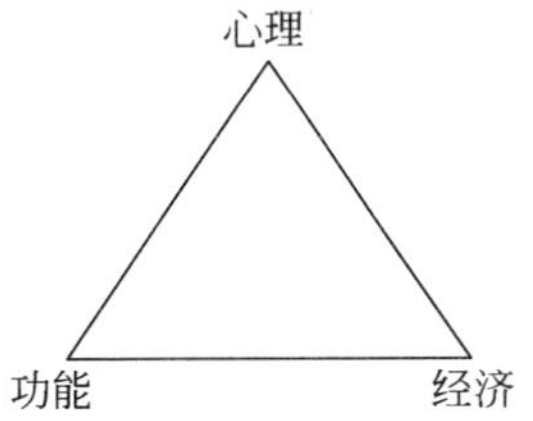

图 8-4　消费者价值三角模型

经济价值。消费者会根据价格来评价产品或服务的质量：

$$V=\frac{Q}{P}$$

如果消费者认为两种产品的质量一样，那么价格较低的产品的价值更高。然而，经济价值并不一定意味着较低的价格总是会带来更高的价值。一个企业很有可能有一种价值更高的产品，但是在该价值被消费者感知之前，企业必须向消费者证明这个产品能让消费者有**结余**。因此，经济价值实际上针对的是消费者的结余。这种节余可以表现为**省钱**（就像西南航空公司的案例那样），或者**省时间或人力**，尤其是节省我们可称之为“思考成本”的东西。

北美著名汽修连锁企业捷飞络（Jiffy Lube）向其客户承诺在 15 分钟内更换机油，它彰显了为客户降低思考成本的作用。消费者可能会认为一个产品或服务稍微有点贵，但是如果他使用产品时的节余大于价格，那么他仍然会购买这个产品。

例如，在制药行业经常会有一种更加复杂的方法，要通过分析完成治疗所用的**总成本**来观察成本节约的变化情况。因此，以化疗药物为例，即使某种药物的价格可能高于竞争对手的产品，但从长远看这种高价药物仍然可能具有更大的价值（比如，价格较低的药物所产生的副作用会让病人住院时间更长）。对这些情况下的总成本的观

[10]　Anderson, J.C., D.C.Jain, and P.K.Chintagunta(1993), “Customer Value Assessment in Business Markets: a State-of-Practice Study,” *Journal of Business-to-Business Marketing,* 1(1),3-29.

察表明，价格较低的产品从长远来看往往难以为消费者节约成本。

功能价值。消费者评价产品或服务的质量时，不仅考虑价格因素，还会考虑其功能的数量和种类。功能价值强调产品的**复杂性**，而不是**节余**，复杂性代表着产品具有更多和更强的应用。例如，笔记本电脑因为强大的功能而越来越受欢迎，这些功能包括——重量更轻、电池寿命更长、更多模块化的功能方便用户定制。我们在手机行业，以及其他许多行业都可以发现类似的经营模式，诸如微软或英特尔这样的企业，它们重视产品的设计功能，并凭借功能实现差异化。

心理—情感价值。有些消费者会根据品牌形象来评估产品或服务的质量。在这种情况下，消费者更多地是与产品建立情感联系，并愿意为培养与它的关系而探索品牌的形象。此时产品的质量更多的是受无形功能而非有形功能的影响，其最终目标是消费者达到“总体满意”或“安心。”丽兹酒店就是体现这种价值的一个完美例子。

苹果公司的 iPod：捕捉所有类型的价值。下面这个具体的例子是一个捕捉经济、功能和心理 / 情感这三类价值的产品——苹果公司的 iPod。

苹果公司的战略是要向一个新市场推出一个超值的旗舰产品。它的差异化在于内容的整合（iTunes+iPod）、工业化的设计和简单化，以及易用性。苹果公司通过快速的产品改进（四年中推出四代 iPod）来扩展市场，并使公司能够保持市场需求和利润率。同时，苹果公司还推出了容量较小、功能较少的低价位机型（如 Nano，Mini 和 Shuffle）以扩大市场和挤压竞争者，而其基本的主流产品只有功能和价格的细微变化。

作为竞争对手，微软的回应是决定推出价位在 230 美元至 250 美元的容量为 30GB 的 Zune 机型。而苹果紧接着就在销售各种型号的 iPod 的同时推出了 250 美元，容量为 30GB 的 iPod，和 350 美元，容量为 80GB 的 iPod。[11] 这很明显是三明治战略的一个例子，苹果公司抓住了价值的所有元素，并且将竞争者挤掉。苹果公司的

[11] iPod Mini 是 2004 年 1 月上市的。最初的型号是 4G 的容量，售价 249.99 美元（比 15G 容量的机型便宜 50 美元）。这二代产品在推出时企业都有一些产品更新改进：第一代配有一种新型的有多种颜色可选，比 iPod 小很多。第二代有两种容量的机型，4G 的售价为 199.99 美元，6G 的售价为 249.99 美元。ipod Nano 于 2005 年 9 月上市，替代了 Mini 机型。它的体积比 Mini 还要小 1.62%。它也有两种容量，2G 的卖 199 美元，4G 的卖 249 美元。彩色液晶屏可以显示图片，它有两种颜色可选——黑色和白色。iPod Shuffe 于 2005 年 1 月上市。它的设计特别简单，没有显示屏，搜索音乐频道的选择也很有限。

产品在功能上优于竞争者的产品，不仅提供了更优的价值，而且还在情感上吸引其消费者。

制作出合适的三明治

企业怎样才能做出一个三明治呢？规则就是，企业首先应朝着其优势的方向向前发展（即，其核心价值主张）。在思考采用三明治战略时，企业需要思考上述的三类价值，并确定哪一类价值是企业最强的。然后，他们必须利用这种市场优势作为第一步。[12] 如果我们回到联邦快递的例子，我们就可以发现那家公司是怎样迈出这第一步的。

沿优势的方向发展。消费者认为联邦快递的质量在于这家公司的**可靠性**。这种可靠性，因为可以理解为“安心”，所以它对应了消费者价值三角模型中的**心理 / 情感**维度。

此外，联邦快递开发的邮件跟踪技术可以对应到价值三角模型中的**功能**维度。然而，联邦快递没有被消费者看作是一种廉价的产品，而是一种溢价定价产品。因此，这家公司在价值三角模型中的**经济**维度上的力量就比其他两个维度更弱。

通过了解这些事实，并拥有了重要的邮件跟踪功能，联邦快递对来自美国邮政的竞争作出的反应是，试图提供一种质量更高，价格略有上升的产品（Q^+，P^+）。这就是它的“优先级”早晨送达服务。公司在提供质量更高产品的同时，还将其目前提供的产品修改为“标准级”服务，有效地完成了三明治的底部。

将现有客户向价值链上部移动。那么美国邮政公司在这种情况下应该怎样应对呢？答案是，它也应该利用三明治战略。但是，它的方向应该是价值三角模型中它最具优势的价值维度。

在面临竞争威胁时美国邮政的定位是什么？它为消费者提供低价位的快速服务，因而在三角模型中的**经济**维度上表现突出。这就是它的价值主张。

结果呢，美国邮政的战略就是创造出一个更低价的产品，然后用其目前的产品作

[12] 如今我们观察到的普遍做法是，企业朝着它们比竞争对手更弱，而非更强的方向移动。这种方法又被称为以竞争对手为中心，它导致企业与其竞争对手越来越像，从而失去产品的差异性。

为三明治的上层，而不是在其没有市场优势的维度——如功能维度——与联邦快递竞争。新的低价产品就成为其三明治的底层。

美国邮政通过重新定义自己的市场，来使用三明治方法，就像联邦快递的隔夜送达服务那样。美国邮政没有通过将其产品定为“隔夜服务”来重新界定市场，而是将其叫作“两日优先送达”，并辅以广告“两日，两磅，2.95 美元。”你猜最后怎么着？美国邮政最终将其 8.95 美元的特快专递服务外包给了联邦快递。美国邮政认识到没有必要与它们竞争。在可以深化与现有客户的关系并从中赢利的时候，为什么要去争夺其他公司的客户呢？

转而使用美国邮政 2.95 美元新服务的客户，其实就是那些正在使用低价航空邮递和其他递送服务的客户。虽然通过美国邮政诸如“优先级邮件”之类的服务邮递的邮件往往大约两天就能到达国内的目的地，但是费用却只相当于第一类邮件的邮资——只是 2.95 美元新收费的一小部分，所以许多顾客现在都很乐于转而使用它。为什么呢？因为美国邮政虽然没有绝对保证在两天之内送达，但它承诺了两天送达，并且在绝大多数情况下都做到了。（参见图 8-5）因此，客户感知到了提价（虽然比起联邦快递仍然不高）之后质量的提高。

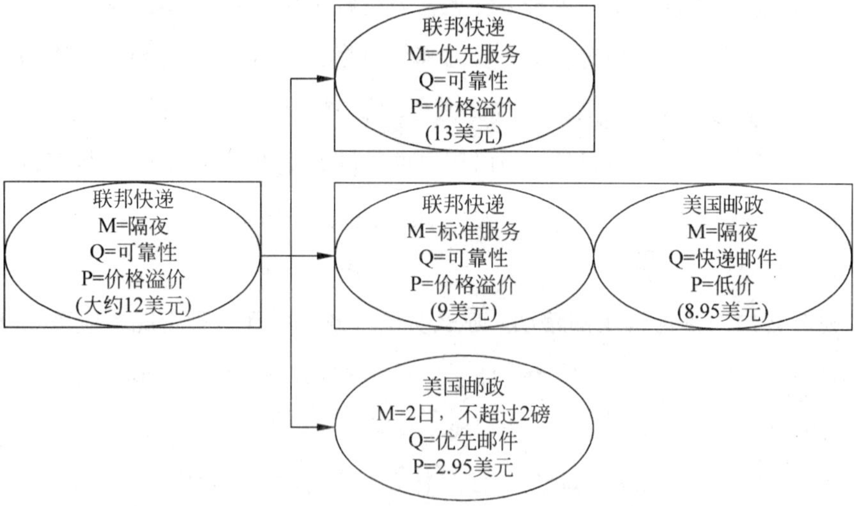

图 8-5　美国邮政的反应

这就是美国邮政公司学到的关键。捕捉价值的目的不是去获取你竞争对手的客户，而是**将你现有的客户向价值链的上部移动**，为他们创造更好的服务，同时收获经济效益。美国邮政在这个案例中干得很漂亮。

与自己竞争。企业可以不以竞争对手为中心，而是通过与自己竞争来创造价值。制药行业有很好的例子。

在面临来自非专利药品生产商的竞争时，制药公司应该首先为现有的药品确定新的适用范围，然后再推出自己的非专利药品，进而对两种药品进行相应的定价，让消费者可以看到两种药品之间的差别。

例如，阿斯利康（Astra Zeneca）公司曾耗资 60 亿美元研发出了一鸣惊人的质子泵抑制剂（PPI），最初叫做“普利乐西克”（Prilosec）（约 4 美元 /20 毫克粒），2001 年公司面临着这种药品专利到期的局面，以及越来越激烈的来自非专利药品的低价竞争。像阿斯利康公司这样的现代企业所面临的管理挑战，就是要搞清楚如何在失去垄断保护的情况下生存下去。

在药品专利到期前的几年里，阿斯利康组建了一个团队，来研究所有的策略选择，避免源自 PPI 的收入锐减。2001 年初，阿斯利康公司决定淘汰处方药“普利乐西克”，推出疗效更好的 PPI 药物（品牌 $^{+}$）。这种药品叫作耐信（Nexium），定价为每粒 5 美元。

阿斯利康公司还推出了一种非处方类柜台发售的 PPI 药品，即非处方普利乐西克，售价约为 0.71 美元 /20 毫克粒。非处方普利乐西克的有效成分奥美拉唑（omeprozole）完全等同于价格较高的其他非专利处方药品。通过积极主动的规划，阿斯利康公司有效地在价格和质量方面，将非专利药品夹在了三明治中间。非处方普利乐西克的价格很低（不需要看医生，也不需要处方），这就完全打破了那些低价竞争药品的价值主张。

这个战略对阿斯利康有帮助吗？ 2005 年，也就是这个药品专利到期四年后，以及多家竞争对手开始推出低价的奥美拉唑三年之后，阿斯利康在 PPI 市场的销售达到了 64 亿美元的历史最高纪录。虽然直销广告和知识产权管理也是阿斯利康公司获得成功的因素，但三明治战略功不可没。

三明治各层的确定

捕捉价值下一步要考虑的是确定企业需要的三明治各“层”的类型。层就是差异化产品的数量或品牌的延伸。企业应该在何时、如何将一种新产品与现有产品区分开呢?

为了找到答案,我们必须沿着两个主要的维度:水平和垂直方向,认识并充分利用捕捉价值的原理。水平维度主要关注**品种**而不是**质量**的区别。例如,可口可乐公司生产很多种产品,以满足消费者的不同口味——经典可乐、健怡可乐、无咖啡因低热量可乐、无咖啡因无糖可乐等等。但是,水平维度上,各种产品没有价格的区别。虽然公司现在还提供客户定制,然而,产品线的有效延伸却要面临着重要的限制。(见 2003 年 Draganska 和 Jain 的研究,他们在博弈论基础上运用计量经济模型,分析了可口可乐公司使用产品线长度作为竞争手段的情况)[13] 如果企业保持相同的价格质量水平,那它就可以保持同一品牌,而不用创造差异化的产品。因此产品线水平延伸的本质,就是通过为客户提供更多的选择,使他们感到有些产品和服务是为他们所定制的,从而获得更高的平均价格。

另一个维度是垂直延伸,其目标是通过价值捕捉战略来瞄准不同的细分市场。此时,产品质量确实不同,因而价位也会不同。

这种产品线扩展的一个很好的例子是,丰田公司推出雷克萨斯品牌从豪华车购买者身上捕捉价值。雷克萨斯的战略目标市场不是目前奔驰或宝马的购买者,而是正在进入豪华车市场,但又买不起奔驰或宝马的那些客户。

雷克萨斯用下面的方法来捕捉价值。它以 35,000 美元的平均价格推出其 LS300 系列。当时一辆低端宝马或奔驰最少也是 40,000 多美元。雷克萨斯的质量是一流的,因此,它通过让客户有大量节余,而斩获了经济价值。奔驰和宝马本身能够遵循三明治战略,制造出高端和低端的汽车,来应对雷克萨斯的三明治战略。但它们却没有这样做。

雷克萨斯还告诉客户,它不是简单地卖给他们一辆车,而是向他们提供一种**全面的客户体验**,从而又捕捉到了心理价值。为此,它们建立了独立的雷克萨斯经销店,专注于客户服务。

因此,价值捕捉的方法可以让企业沿着任意一个维度去追求战略优势。沿着水平方向,企业可以向相同的消费者提供更多的品种。这样,消费者并不会转而购买定制程度很低的自有品牌,而会选择继续使用品牌产品,因为它能提供更多的品种。沿着

---

[13] Jain, D., and M.Draganska(2005), "Product-Line Length as a Competitive Tool," *Journal of Economics and Management Strategy,* 14(1).

垂直线方向实现创新，企业就可以用一种产品占领价格敏感型细分市场，而用另一种产品去占领质量敏感型细分市场。

建立忠诚度：将争取客户与留住客户相结合

当今企业的一个重要的价值主张就是减少我们称之为消费者“思考成本”的东西。为什么呢？因为对消费者而言最关键的是时间。事实上，新的营销模式不仅注重消费者的需求，同时也注重消费者的资源——比如时间。因此，新产品应该通过减少思考成本，帮助消费者管理他们的时间和资源。

但是，如果一家企业减少了消费者的思考成本，那么它必然会给消费者增加一种成本，来交换这种增值服务。这种成本被叫作消费者的“转移成本”。企业并不希望消费者在他们那里学习到了一切，然后又去购买别家的产品或服务。这种情况在许多网络公司非常普遍，消费者来到一个网站，让自己学习，然后却从这个网站的竞争对手那里购买东西。

消费者的转移成本同样指的是捕捉消费者价值和忠诚度的概念。航空公司是一个关于转移成本的很好例子。里程积分是一种有关转移成本的激励措施。里程积分本身并不是激励，而与飞行频率相关的细分人群却真的是激励。各家航空公司提供不同级别的里程积分。飞行的频率越高，给消费者带来的好处越多。从顾客的角度来看，位于一家航空公司的顶层，比位于五家不同航空公司的底层更好。

为了利用这种转移成本，培植消费者的忠诚度，航空公司就采取了一些激励措施，比如提供双倍里程。此外，如果能够构建起一种良好的转移成本结构，那么航空公司就可以随着时间的推移，**提高其产品的价格**，因为航空公司通过转移成本赋予消费者的价值大于消费者必须支付的额外价格。

如今，要通过新产品去捕捉价值，企业就需要思考实现消费者价值的最大化：

$$\text{消费者价值}=\frac{\text{消费者转移成本}}{\text{消费者思考成本}}$$

企业希望通过新产品，消费者的思考成本会下降，而转移成本会上升。

经常去印度的游客会很熟悉一个例子，那就是德里喜来登酒店著名的布哈拉餐厅。如果消费者来到布哈拉餐厅，他们只会看到一个简单的菜单——只有四、五种食品——但每一种食品都是绝佳美味。这样，消费者的思考成本很低，他们知道无论他们选择什么，那都是不错的。因此，布哈拉餐厅拥有了大量的品牌忠诚的客户，从而帮助它获得了额外的附加价值。

总　结

通过创新产品和服务来创造价值的概念一直是市场营销的核心问题。在当今竞争激烈的环境中，仅仅在核心属性上实现产品和服务的差异化已远远不够。本章分析的价值捕捉战略，即所谓的三明治战略，为击败竞争对手，扩大企业的市场份额提供了一种有力的方法。但是这种方法要求企业必须具备成功所需的必要条件，包括深化对消费者需求（包括外显的和内隐的）的了解，以及开展更加复杂深入的市场细分和定位。

例如，在 2001 年 6 月，联邦快递推出了质量更高的优先级服务，定价为 18 美元，承诺上午 8 点将邮件送达。在这种情况下，关键是要将这种服务与现有服务明确区隔开来。因此，联邦快递专门针对金融服务行业，让这些客户向它们自己的客户承诺，邮件将在股市开盘前送达。类似地，对于非金融行业，联邦快递的价值主张就是为客户提供一种工具，帮助他们更有效地管理自己的时间。

至此，联邦快递——一个从隔夜送达邮件开始的快递公司——**重新定义了市场**，今天，它可以被看作是一家为客户**管理时间**的公司。通过这样的方式定义市场，联邦快递就能够从其客户身上获取更多的价值。苹果公司推出 iPhone，继续执行始于 iPod 的创新战略，在市场上引起了轰动，并且改变了手机行业的格局。

创新可能看起来只是创造价值的一个老手段，但本章分析的战略的目标是通过将竞争“三明治”化——从价值链的两端发起攻击——来捕捉价值。此时企业不是削减价格，仓促应战（这种举动可以向客户发送一个强烈的负面信号，涉及公司的产品质量，以及过去对待客户的态度），而是采用创新的新产品价值捕捉方法，其基本目标是为消费者、企业以及合作伙伴创造更高的价值。

作者简介

迪帕克·C. 贾因（Dipak C. Jain）是美国西北大学凯洛格商学院的 Sandy and Morton Goldman 企业研究与营销学教授。2001 年 7 月至 2009 年 8 月期间，他担任凯洛格商学院的院长；1996 年 7 月至 2001 年 6 月担任教务处副主任。他曾在位于泰国曼谷的朱拉隆功大学（Chulalongkorn University）的 Sasin 工商管理研究生院担任营销学访问教授。他曾与人合著《营销举措：实现利润、成长与复兴的新途径》（由哈佛商学院出版社出版）；他在印度的高哈蒂大学（Guwahati University）获得理学学士学位和硕士学位，在得克萨斯大学达拉斯分校（University of Texas at Dallas）获得博士学位。

第九章

为利润而定价

拉克什曼·克里希纳穆尔蒂

引 言

定价作为一种管理职能在许多企业里扮演着越来越重要的角色。产品的定价权曾经主要是财务部门的，但是营销人员已经开始影响到产品的价格。这种转变的原因很明显：在财务专家的眼里，非常重要的是成本，而在营销人员看来，客户价值非常重要。

对于任何一个企业来说，定价决策都是复杂的，因为它要求同时考虑宏观因素和微观因素。首先第一点，营销人员必须了解企业的战略目标（宏观因素）。定价取决于战略目标是利润还是市场份额。首要的目标一旦确立，就需要考虑五个更具体（微观）的因素：**成本、竞争、客户价值与价格敏感度、分销渠道，以及法规**。作出最优定价需要平衡所有这些因素，这是一种艺术与科学的结合。

市场份额还是利润：了解公司的战略目标

一个企业的战略目标往往可以从市场份额和获利能力的角度来描述。然而，旨在扩大市场份额的战略可能会，而且有时确实损及企业的利润。例如，当消费者对价格很敏感的时候，降价虽然可以增加市场份额，但是利润却会下降。同样，投资大规模的广告宣传虽然可以建立品牌知名度，吸引新客户，但其费用可能会损害短期利润。

我们以美国的航空企业为例，在过去的几年里，它们彼此之间进行着激烈的价格竞争，以图提高自己的市场份额，结果利润却下降了。同时，燃料价格的大幅度上涨也使它们的利润大幅下降。现在许多航空公司都采用创新的定价方式，包括行李附加费、餐饮服务费、选择座位费、电话订票费等等，重新将重点集中在利润而不是市场份额上。与此同时，那些没有实行此类收费的航空公司，可能会赢得那些不愿支付这些额外费用的消费者的青睐。

说明市场份额和利润之间的矛盾的一个例子就是快速消费品企业在经济困难时期所面临的困境。宝洁公司（P&G）一直是用优质的品牌占领着绝对的市场份额，例如帮宝适（Pampers）纸尿裤、汰渍洗衣粉、吉列剃须刀片、金霸王（Duracell）电池等等。卓越的产品性能构成了高价的基础。然而，宝洁公司也是世界上最大的广告客户之一，这显著增加了其产品的成本。2008—2009年经济衰退期间，宝洁公司为了保持市场份额而降低了某些旗舰品牌的价格，推出了这些品牌的低价版本（例如基本版汰渍）。宝洁为维持其市场份额被迫放弃了一些利润。

相比之下，一些奢侈品公司，像博士（Bose）和蔻驰（Coach），在经济衰退时期竞争对手纷纷打折之际，都坚持不降价。这些品牌的选择是宁可冒险损失市场份额，也不削弱盈利能力。

总之，企业典型地都有市场份额和利润这两个目标。但是，在竞争激烈的市场上，往往不容易在利润和市场份额两方面都实现最大化。因此，首要的目标——市场份额还是利润——将在价格制定中占主导作用。如果利润比市场份额更重要，那么企业会采用比较温和的定价方法，寻求那些愿意支付高价的消费人群，而不是通过降价去吸引更大的市场人群。相反，如果出于战略的原因，更重要的是增加市场份额，而不是增加盈利（至少在短期内），那么企业就可能采取更有竞争性的定价和开支战略，以吸引大量的客户。一旦首要的战略目标确定下来，企业就要基于下列因素的权衡，来考虑如何定价。

决定价格的五大因素

定价决策有五个关键性的决定因素：**成本、竞争客户价值与价格敏感度、分销渠道和法规**。下面我们就来仔细看看这每一个因素。

成本在定价中的作用

一个产品的**可变成本**是定价的底线（即一个产品可能的最低售价）。可变成本是随产量而变动的成本，每单位产品的可变成本是固定不变的。典型的可变成本包括原材料和生产的成本（所销售商品的成本），以及库存费用、运费、销售佣金等等。

产品价格与可变成本之差就是**边际收益**。边际收益是抵偿可变成本之后剩余的价格部分。例如，如果可变成本占产品价格的 60%，则边际收益就是 40%。边际收益也可以按单位产品来表示。如果可变成本是 0.60 美元，产品售价为 1 美元，那么单位收益就是 0.40 美元。

因此，如果产品的定价低于可变成本，边际收益为负；显然对于企业是不可取的。这个规则有一个值得注意的例外情形，即亏本销售的产品，此时企业放弃眼前的收益，目的是以后销售得更好。

但是，企业不应该将产品价格定得刚好够抵偿可变成本。它还必须要抵偿**固定成本**，即一定时期内不随产量变动而变动的成本。固定成本包括工厂的管理费用、租金、广告等等。边际收益也能够抵偿固定成本。因此，固定成本除以边际收益，就是一个企业要抵偿固定成本和可变成本所必须实现的盈亏平衡点。超过这个盈亏平衡点的产品销售就会带来利润。

这些因素之间的关系可以用下面的公式来表示：

$$利润 = (p-c) \times Q - TFC$$

这里，p= 单价，c= 单位成本，Q= 单位数量或产量。TFC= 总固定成本。（p−c）是单位收益，（p−c）×Q 是总收益。如果企业的总收益超过总固定成本，那它就是盈利的，反之就是亏损的。盈亏平衡点就是总收益等于总固定成本时的产量；即利润为零。因此，设定利润 =（p−c）×Q−TFC=0，调整等式后我们会看到 Q=TFC/（p−c）。

我们也可以用一种稍稍不同的方式，根据价格和成本的信息，来思考“盈亏平衡点”。具体地说，往往有益的一种做法就是思考究竟需要销量增减多少，才能抵消价格的变动。我们来看下面的例子，其中价格、可变成本（c）和边际收益（CM）都是以单位产品计量。

当前	价格降低 20%	价格上涨 20%
价格 =1.0 美元 p	价格 =0.8 美元 p	价格 =1.2 美元 p
成本 =0.6 美元 p	成本 =0.6 美元 p	成本 =0.6 美元 p
边际收益 =0.4 美元 p	边际收益 =0.2 美元 p	边际收益 =0.6 美元 p

假设无论产品涨价或降价可变成本，都保持为目前价格的同一比例。只要产品没有任何改变（使用相同的材料，制造产品需要的劳动量相同），这就是一个合理的假设。如果产品价格降低 20%，那么销售量必须增加百分之多少，才能实现与以前相同金额的收益呢？计算公式为：

（旧的边际收益 − 新的边际收益）÷ 新的边际收益 ×100

因此，销售量必须增加 [（0.4P−0.2P）/0.2P]×100=100%。如果产品价格上涨 20%，为了不减少受益可以容忍的销售量减少幅度是多少呢？答案是 [（0.4P−0.6P）/0.6P]×100=−33.3。如果价格下降 10%，相应的销售量的变化为 33.3%，如果价格上涨 10%，对应的销售量下降 −20%。

表 9-1 描述了可变成本不同的情况下，价格变动所要求的销售量的变动幅度。那么，涨价还是降价，哪种方法更好呢？涨价可能比降价带来更多的利润，因为要达成同样水平的收益，降价 20% 之后需要增加的销售量变动幅度比涨价 20% 之后可以允许的销售量下降幅度更大。然而，常规的经验主义表明，市场行为并不是这样的。零售商的促销非常频繁，而且在大多数情况下，这些行为几乎都没有盈利。但大家都这么做，这是从众心理在作怪。

表 9-1　可变成本不同时应对价格变化所需的销售量变化幅度

可变成本占价格的百分比	降价 20%	降价 10%	涨价 20%	涨价 10%
60%	100%	33.3%	−33.3%	−20%
30%	40%	16.7%	−22.2%	−12.5%
10%	28.6%	12.5%	−18.2%	−10%
5%	26.7%	11.8%	−17.4%	−9.5%

解释如下：当可变成本占价格的 30% 时，20% 的降价需要增加 40% 的销售量才能实现与以前同样的收入；20% 的涨价允许降低 22.2% 的销售量，就可以维持与以前相同的收入，以此类推。

事实上，2008 到 2009 年的经济衰退完全改变了人们从前的关于价格—价值的一些预期。许多奢侈品公司不得不借助大幅度降价来销售自己的产品；无怪乎，它们公布了大量的亏损。

然而也有例外，美国高档青少年休闲服装品牌，“阿伯克龙比 & 菲奇”（Abercrombie & Fitch）在 2008 年假日销售旺季，就决定不实行大幅度销售折扣。但不幸的是，这家公司损失惨重。一个有趣的问题是：如果它实行更大幅度的打折政策，那么损失会不会少一点呢？这个品牌的商品成本约占销售价格的 33%。因此，价格下降 20%（这是 2008 年假日销售季的折扣下限），就需要销售增长 42.6%，才能使收益保持不变。在消费者只想远离商店的时候，真是难以想象销售量如何才能取得这么大的提高。因此，降低价格可能并不会给它带来更好的收益。

对于许多服务性企业，如航空公司，可变成本占销售价格的比例很低。在这种情况下，降价似乎看上去是有利的。然而，如果每个公司都按这一思路降价，那么任何公司所获得的增加的销售量都可能不足以弥补降价带来的损失。难怪美国的许多航空公司在过去几年中总共损失了数十亿美元。

定价模型可以成为有效性检验的工具。管理人员可以将潜在的价格导入盈亏平衡公式中，计算出在某一个特定价格下，实现收支平衡所需的销售量。这虽然是一个简单的工作。然而，关键问题就变成了一种市场分析：用提出的价格销售，能实现收支平衡所需的销售量吗？有许多因素会影响这种可能性，包括市场规模、产品知名度、竞争品和客户对价格的敏感度，以及客户对产品价值的认知。

我们来看看下面这个例子。一个公司生产棉制长裤，每条售价为 10 美元。假设生产长裤的可变成本是每条 5 美元，另外，固定生产成本为 10 万美元，固定销售成本为 5 万美元。

如果这家公司销售 5 万条长裤，它就能实现 25 万美元的总收益（即 10 美元售价减去 5 美元可变成本，乘以 5 万条销量 =25 万美元），这超过了 15 万美元的固定成本。所以在这个销售量水平上，公司可以超额实现盈亏平衡。

然而，假设这家公司的总生产能力是 8 万条长裤，此时不会产生额外的固定成本。那么，这家公司就拥有 3 万条长裤的剩余生产能力。

如果这家公司接到一个 2 万条长裤的额外订单，价格为每条 6.50 美元，那么它是否应该接受这个订单呢？他们有生产能力，但是，这么低的价格值得企业去销售吗？从总收益的角度来看，答案是“是的。”接受这个订单会带来 3 万美元的额外收益

（6.50 美元的售价减去 5 美元的变动成本，乘以 2 万条 =3 万美元），在这种情况下，企业的利润提高了。

但接受这个特殊订单的实际营销后果会是什么呢？如果支付了每条 10 美元的第一个买家发现别人只付了 6.5 美元，那会怎么样呢？服装制造企业必须确保次要市场不会对主要市场带来溢出效益。向海外买家进行销售是一种办法。确保这个特殊订单用不同的品牌名称销售也是一种办法。对这批特殊订单的长裤进行一些小的修改是第三种办法。

一家公司是否应该接受低于正常价格的订单来填满其生产能力，这个问题已经不再仅仅是假设了。卡夫（Kraft）、金佰利（Kimberly Clark）以及很多大公司每天都要面临这样的问题。从财务的角度来看，只要订单能抵偿可变成本，那么用它来填补生产能力就是正确的。但这却是一种短视的观点。

假设一家公司通过零售渠道营销一个著名品牌的产品。这家公司从一个大型零售企业那里接到了一个特殊订单，要求产品挂零售企业的自有品牌，零售企业支付的产品价格低于制造商的品牌产品。相应地零售企业的自有品牌商品的零售价将会低于制造商的品牌产品。如果自有品牌销量很好，损及了制造商品牌，那么会怎么样呢？相应地，零售商将会减少订购制造商品牌，而订购更多的自有品牌。制造企业面对旗舰品牌的需求减少，以及越来越多的空闲的生产能力，它就会接受大量自有品牌的订单。这种情况的结果是显而易见的。制造商将会因为追求短期目标而损害长期利润。

说到底，所有的成本都必须得到补偿，否则企业将无力生存。显然，了解成本是很重要的，因为不知道成本，企业就无法计算盈利能力。但是成本只应是制定价格的起点。尤其是固定成本与制定价格并不相关。营销人员必须牢记，这个公式并未将**竞争品牌的行为或客户的行为**考虑在内，它们仅仅只计算了降价时销售量需要增加多少以及涨价时可容忍销售量减少多少。竞争品牌的行为以及客户行为的巨大转变都可能会显著地影响价格，这在 2008—2009 年的经济衰退中表现得很明显。

客户价值与价格敏感度在价格制定中的作用

对价格与价值进行区分是很重要的。顾客总是希望得到最好的价值，但这并不一定意味着他们只想要最低的价格。

我们来看看价值的定义：“**价值是客户考虑了竞争产品及其价格之后，为一种产品支付某一价格所换来的、所感知到的一系列经济的、功能/技术的和心理的利益，它以货币的形式表现。**”[1]

因此，消费者对产品价值的感知不仅涉及产品功能，而且还涉及服务水平、品牌名称、公司声誉、竞争产品以及其他一些因素。

产品所包含的价值对于不同的细分市场可能会有不同。因此，价值分析要从确定市场上的关键用户群开始。例如，个人电脑市场可以分为两大用户群：企业用户和家庭用户。为了对产品进行适当的定位，我们必须首先分析各个用户群所期望得到的利益。了解每个用户群所追求的利益，才能进行适当的产品设计，并选择合适的分销渠道、传播媒体以及价格。例如，企业用户可能更看重连通性、兼容性、可靠度、安全性和低廉的总使用成本等等。而家庭用户可能更注重易用性、趣味性、教育功能、可靠性、美学功能、平实耐用、较低的价格，以及玩游戏、听音乐、聊天、使用社交网络等方面的功能。虽然这两群用户都关心价格，但是他们对价格的看法不同。企业用户主要关注计算机使用寿命内的总使用成本，而家庭用户则更关心初始的购买价格。

此外，企业用户和家庭用户可能对计算机具体功能的评价也不同，因此，他们愿意支付的价格也不同。假设社会保障局（SSA）要购买500台电脑。价格可能是采购中最重要的因素。一家电脑制造企业可能会努力推销具有先进图形处理功能的电脑，而这种电脑因为显卡的原因价格略高，但社会保障局很可能拒绝这项功能，因为图形处理并不是其业务的核心。但另一方面，如果同样的高级显卡打包装在出售给家庭用户的多媒体电脑上，那么就可能卖出大幅度溢价。虽然两个用户群都对价格比较敏感，但家庭用户对显卡的评价比企业用户高得多。

同样，企业用户和家庭用户对笔记本电脑的便携性的价值认知也可能不同。假设你是一个经常要出差的咨询顾问。你可能对笔记本电脑的便携性非常看重，愿意为一台全功能、超轻型（比方说，重量小于4磅）的笔记本电脑支付大幅度溢价。你的收益就是，在日复一日，频频周转于各个机场的旅途中，行李减轻了。有些主要在家使用电脑的人可能也会因为时尚和高档的外观，而偏爱较轻的笔记本电脑。然而，

---

[1] As defined by Anderson, James, Dipak Jain, and Pradeep Chintagunta(1993), in "Customer Value Assessment in Business Markets: A State-of-Practice Study," *Journal of Business-to-Business Marketing*, 1(1).

这样的人可能不愿意为超轻机型支付大幅度溢价，因为他们从便携性当中获得的收益相对较小。

公司采用多种方式来创造客户价值。以航空公司为例，西南航空公司以低价格和无行李收费赋予了客户明确的经济效益，而美联航则提供更多的功能性收益，比如座位的分级。旅客可以选择座位，或选择购买头等舱或商务舱的座位，他们愿意因为其中感知的价值而支付溢价。同样，雷克萨斯品牌用 LS400 系列车型进入市场，它的定位是与奔驰 E 级车型对抗，但上市价格便宜了数千美元。针对奔驰的 V–6 发动机，雷克萨斯采用了 V–8 发动机，这就提升了质量感知。然后，它通过赢得 J.D.Power 质量奖实现了产品的领先地位。（J.D.Power 是世界权威的调研机构。——译者注）雷克萨斯汽车非凡的可靠性及其优越、贴心的客户服务一起，为消费者获得满意、舒适、安心的心理感知铺平了道路。随着时间的推移，雷克萨斯可以提高价格，缩小其与奔驰之间的价格差距。

正如上面的例子所表明的，客户价值是多维的。消费者对价值的看法可用如下的三角形来描述（见图 9-1）。

图 9-1　客户价值的三个方面

价值源于由产品或服务所提供的经济、功能和心理方面的利益，定价是传递价值的一个关键因素。经济利益与更低的价格紧密相连。注重产品的领先地位，意味着收取更高的价格（至少在初期），并面向愿意为产品的功能或美学优势支付高价的用户群。例如，苹果公司被视为一家创新型企业。通过 Macs 系列电脑、iPod、iPhone，以及最近的 iPad，苹果公司已经保持了在产品设计、美学和功能的最前沿领导地位。公司遵循撇脂定价战略，即产品入市就采用高价销售，以吸引“尝鲜”的客户群，对这些客户来说，产品入市伊始的认知价值最高。更新型产品推出时价格会有下降，以吸引更广泛的消费人群。苹果公司还通过苹果专卖店的独特性和客户满意度来向消费者赋予心理收益。所有这些收益都有助于使其产品的价格高于竞争品牌，尽管绝对价格随时间推移是下降的。

价值有其独特性，这就使得客户感知到的价值成为定价策略中最最“艺术性”的部分。价值永远是相对的，而不是绝对的。一个人可能认为某产品有很高的价值，但另一个人可能认为它没有价值。

评估价值和价格的敏感度。因为价值在制定价格时非常重要，而且了解产品在目标客户心目中的感知价值面临各种挑战，所以营销经理可能需要采用以下六种技术中的一个或多个：

1. **管理层的判断。**采用管理层判断法，首先就要在公司里组建一个由对客户有不同看法的人组成的决策团队。这个团队可以包括产品经理、销售人员和产品开发团队的成员。然后要求他们估计预测，价格上涨一定百分比会对销售所造成的影响，这个百分比可以从 2% 一直上升至 10%。把问题中的价格上涨变成价格下降再问一次。在回答每个问题的时候，每个团队成员就为销售量模型提供了一套资料。例如，对于降价 10%，受访者会估计从现有客户、竞争对手的客户、新客户等不同人群中能实现多少销售量的增长。对于提高价格，受访者会估测与竞争者相比，企业会损失多少销售量。此外，团队成员还要简单地说明他们这么回答的原因。如果公司有多个产品，那么针对各个产品估测消费者对价格的反应（即弹性的概念）就是很有益的。营销人员应该能够将不同产品的特点与不同的价格弹性估测联系起来。例如，在竞争更加激烈的市场中，当存在许多替代产品时，当相关的营销费用较低时，或者当客户的费用开支较大时，价格弹性应该更大。

2. **类似的产品和基准。**要了解原有产品的新一代的价值，可以研究前一代产品。前一代产品的价格可作为新一代产品价值估算的基准。分析消费者对竞争产品价格的反应也有助于理解公司产品被看重的程度。这些方法对于渐进式创新以及在竞争格局没有改变时最有效。

3. **专题小组和调查。**如果专题小组法运用得合适，那么就可以明确产品和服务的价格范围。会影响这些价格范围的因素包括对产品和服务的描述方式，以及与这些项目进行比较的对象。因此，通过在不同专题小组中，改变描述方式以及参照产品，就可以充分地理解消费者对价格的反应。

购买意向调查的方式可用于了解在特定价位上消费者购买产品的可能性。营销人员可以针对不同的随机样本，采用不同的价格来绘制需求曲线图。不要要求被访者对多种价位作出反应，这样就会形成一种人为影响的需求效应，最好是对产品进行描述之后，询问被访者是否愿意支付某个价格，然后在不同的随机样本群当中变换价格进行多轮调查。但是，这种方法的缺点是需要很大的样本量。

4. 数据和实验。获得关于竞争品牌销售和价格的高品质数据之后，营销人员就可以估算绘制出一个需求曲线。如果设想的价格变动处在数据中价格的范围之内，那么估计的产品价格弹性很可能是一个合理的基准。此外，加以控制的现场实验也是评估消费者价格反应的好方法。然而，不同于前面提到过的各种方法，实验法往往很耗资、费时、可能受到竞争品牌的干扰，而且难以实施。但是，如果处理得当的话，企业会成功地测出非常可靠的价格敏感度。埃里克·安德森（Eric Anderson）和他的同事曾经做过一项关于产品目录零售方式的研究，它很好地印证了可以利用现场试验来评估消费者对价格的反应。[2]

5. 使用价值分析。如果一个新产品将要取代客户目前使用的产品，那么使用价值分析法可以证明客户能得到的额外利益。然后这些额外的利益可以转化为货币形式。目前使用的产品的价格可作为参照价格。参照价格加上净收益，就是产品的价值，而净收益是用使用产品获得的收益减去产生的额外成本（例如培训成本）。一些精明的营销人员会将一部分盈余收益返回给客户，收取的价格就会低于价值。如果将试用测试法和使用价值分析法相结合，那么就可以评估出客户价值及合适的收费水平。例如，施乐公司在成功推出其“Docu Tech Production”自动送纸设备产品时，就使用了大约 20 个试用测试点。使用价值分析法对于工业品比消费品更实用。

6. 联合分析。联合分析法可用于揭示客户以价格形式表现的取舍态度。当价格是联合分析法设计的一个属性时，这个属性的效用就可以加以调整，以反映消费者针对某个具体属性变化愿意支付费用的程度。我们来看下面的例子。为了了解消费者对笔记本电脑的各种功能的取舍态度，我们采用五种功能构建了一个联合分析法的框架。

---

[2] Anderson, Eric T., and Duncan Simester(2004), “Long Run Effects of Promotion Depth on New Versus Established Customers: Three Field Studies,” *Marketing Science,* 23(1),4-20.

1. 硬盘规格：	60G 或 80G 或 100G
2. 制造商：	联想或惠普或戴尔
3. 价格：	从 1250 美元到 2450 美元不等
4. 重量：	4 磅或 5.5 磅
5. 处理器速度：	英特尔迅驰 1.4Ghz 或 1.8Ghz

受访者被告知，假设他们要自掏腰包购买一部笔记本电脑，只能关注这五种功能特点，而且不要认为低价的电脑在某些未提及的功能方面质量较差。例如，可能会提到，电脑价格较低是因为促销。同样的道理，也要告诉他们，不要认为高价表明电脑在某些未提及的功能方面质量更高。他们还被告知，所有笔记本电脑都预装了微软的"Vista Premium"操作系统，而且除了上面提到的五种功能以外，其他功能基本相同。每个受访者都看到 18 种不同配置的笔记本电脑，他们要在其中确定出最有可能购买的，以及最不可能购买的。然后采用回归分析得到效用值。[3] 除了价格之外的所有功能都采用了虚拟变量，即用千美元表示的连续变量。下面是一位受访者的效用值函数：

Y= 常数 +4.10（100G）+1.47（80G）+2.19（1.8Ghz）+1.2（4 磅）+1.63（联想）+2.07（惠普）−9.09（价格）

在这个例子中，价格上涨 1,000 美元，将会导致效用值下降 9.09 个单位；或者说一个单位的效用值等于 110 美元。因此，100G（或 80G）的硬盘就比 60GIG 的硬盘效用值高 451 美元（或 162 美元）；1.8GHz 的处理器比 1.4GHz 的处理器高 241 美元；4 磅的笔记本电脑比 5.5 磅的高 132 美元；联想的（或者惠普）的笔记本电脑比戴尔的高 179 美元（或 228 美元）。这是一个比较简单的问题。还有更复杂的联合分析方法，比如自适应联合分析法和基于选择的联合分析法，它们可以处理更加复杂的决策问题，并估测消费者对价格的取舍态度。

利用市场营销降低客户对价格的敏感度。客户对价格的敏感度并不是固定不变的，它会受营销行为的影响。用以建立品牌形象的非价格类广告可以降低价格敏感

[3] 排序首先要转化一下，这样消费者最有可能购买的计算机就排在 18，而非 1。利用排序数据进行回归分析，从统计学角度而言并不合适。但是，在绝大多数情况下，这种方法还是很有效果的。

度。[4]宝洁公司是世界上最大的广告商之一，它的产品通常比竞争者定价更高。奔驰、宝马和保时捷等汽车制造商也使用广告，大多是平面广告，来塑造独特的品牌形象。形象塑造不仅仅只针对消费品。投资银行和咨询公司也会出版白皮书、发表文章，将自己定位为思想领袖和相关领域的专家。咨询企业麦肯锡公司就采用这一战略构建了卓越的声誉。随后其他一些咨询公司纷纷效仿。思科和IBM等公司则是利用自己的销售队伍去彰显其在专业知识领域的差异化。

在大多数情况下，价格敏感度会随着采购金额的增加而增加，因此，销售企业往往会使用批量折扣的方法。一句非常流行的推销口号就是“你花钱越多，你省钱越多”。在服务行业，如果在有限的时间里让顾客免费体验，那么价格敏感度就会减弱。这种方法在软件行业经常采用，但它也适用于实物商品。创造性的融资和租赁方案也可以减少消费者的开支。分拆也可以减少费用支出的规模。如果客户与企业有了关系，那么他往往对以后购买的东西价格敏感度较低，因此非捆绑式出售的组件有时可以在以后以更高的价格售出。

价格敏感度也会受到大宗购买的影响。在购买只占整个产品成本很小比例的部件时，客户对价格就不会太敏感。在模拟设备的市场上，售出的许多部件，其单位价格都比较低，但利润却不错。这些设备是用在诸如示波器这种价格高达数万美元的产品上。相比之下，客户面对过时的产品时，价格的敏感度可能会很高。回购式升级或租赁的方法都可以帮助解决这些问题。

在很难对产品进行直接比较的时候，价格在消费者的选择中就很可能发挥更小的作用。因此，在高清电视产品领域，索尼、三星、LG等公司就使用了不同的术语来描述它们的产品，使得消费者难以将其产品直接进行比照。更普遍的情况是，在与较为昂贵的产品进行比较时，客户的价格敏感度往往较低，而与比较便宜的产品比较时，他们对价格更为敏感。

最后，在质量很难判断的产品类别中，例如香水、伏特加酒、咨询公司和律师行业等等，价格可能被解释为一种质量指标。在这种情况下，企业可能会制定很高的价格和利润水平，却仍然被消费者认为性价比不错。

---

[4] Krishnamurthi, Laksbman, and S.P Raj(1985), “The Effect of Advertising on Consumer Price Sensitivity,” *Journal of Marketing Research*, 22(May), 119-29.

竞争的作用

竞争对定价有很多影响。当产品首次推入市场，或者在产品生命周期的早期成长阶段，市场的规模一般会扩大，使得价格压力保持在相对较低的水平。通常情况下，在这个阶段，由于需求强劲和竞争对手较少，所以价格较高。但随着客户有了更多的了解和新的竞争者进入市场，价格的压力会增大。一般而言，在市场集中度较高的时候，价格压力较温和，但当市场增长放缓，竞争对手开始争夺市场份额时，市场的压力就会增大。当一个产品进入生命周期中缓慢增长和成熟阶段的时候，相对定价就成为一个迫切的问题：即企业增长的唯一途径就是给现有客户销售更多的产品，或者从竞争对手那里夺取客户，或者找到新的市场或产品的新用途。此外，在成熟市场中产能过剩往往还会加剧价格竞争，较低的市场进入成本和较高的市场退出成本也会产生同样的效果。最后，竞争格局会迫使较弱的企业退出市场，同时促进那些管理较好的公司不断发展。

没有一家公司能游离于竞争之外，至少从长期来说是这样。针对竞争对手的降价需要做出何种回应，这常常要取决于品牌在非价格因素方面的差别性有多强。如果品牌能够给消费者提供显著的功能和心理方面的收益，而且拥有忠实的客户，那么竞争对手的降价不会对它有什么影响。如果一个公司所处的市场环境使得消费者难以直接对比不同产品的价格，那么它也能得到保护。

除了通过与降价的竞争品牌进行比较，来评估品牌价值以外，公司还应该考虑是什么原因促使竞争对手改变了定价。它们是在设法增加市场份额，还是要提高利润呢？价格变动是标志企业转变定位的战略性举措呢，或者只是一个解决诸如库存过多的短期战术行为？公司还必须考虑竞争对手的价格变动以及一方的回应将会对营销渠道产生怎样的影响。比如，降价可能会减少零售商的毛利（负面影响），但它也可能会增加商店的客流量（正面影响）。仔细分析公司的品牌地位、竞争对手的动机，以及对渠道的影响，就能使企业制定出一套完善的回应措施，而不是凭借直觉，对方一有风吹草动，自己就简单地回应一下。

航空业为我们提供了价格竞争的一个很好的例子。在这个行业中，价格是透明的，客户有很多选择。航空公司也面临产能过剩的困境。结果就是激烈的价格竞争。这个行业中的大公司现在都在积极地降低产能，以图减少价格竞争。

市场领袖企业一般不太容易受到竞争性定价行为的影响。汰渍洗衣粉不太受Surf洗衣粉的影响，但Surf就比较容易受到汰渍的影响。当市场领袖品牌或某一个大品牌降价时，规模较小的厂商通常是受灾最严重的。小规模企业的“跟随”式策略是建立在价格优势之上的，因此大企业宣布降价时，它就会受到损害。虽然一般小企业的经常费用及行政开支都较低，但它们无法拥有经济规模，只能获得较少的利润。当这些小企业被迫降价时，它们缓冲的余地就很小。对于这些企业来说，差异化是关键。如果规模较小的企业无法在基本的核心产品上实现差异性，那么它们可以在诸如响应时间、可靠的交货服务、个性化服务和支持服务等方面塑造差异性。小厂商也可能更了解它们的客户，能够更迅速地对客户变化的需求作出反应。

在台式激光打印机市场上，市场领袖品牌惠普占有绝对的市场份额，其打印机的价格也比竞争对手略高一点。通过不断创新和延长产品线，覆盖更宽的价格区间，惠普已经在台式激光打印机市场上确立了强势地位。公司还对自己的品牌投入巨资，使惠普成为激光打印机产品的技术标杆和心理标杆。因此，客户拥有惠普打印机的心理收益所派生的价值，比竞争品牌所能提供的额外功能（比如爱普生打印机每分钟打印页数更多）具有的价值更高。因此，产品的花色品种和品牌资产已经帮助惠普在一定程度上，可以不受竞争对手定价行为的影响。

虽然竞争性定价确实很重要，但明智的营销人员会打造品牌资产、创建差异性（真实的差异性或感觉的差异性），力图使不同产品的比较变得更加困难。明智的营销人员还会找到看重这些差异性的细分市场。美国超市的货架上，放在名牌产品旁边的零售商自有品牌和仿制品牌都相当便宜，但在许多产品类别中它们都还不是很成功。非处方（OTC）止痛药、止咳药及感冒药都是最好的例子。拜耳（Bayer）的销量经常超过它的仿制品牌，泰诺（Tylenol）也是。这些领袖品牌已存在了几十年，而且人们也难以信任仿制药品。尽管仿制药品的价格较低，然而人们怕犯错误的心理成本远远大于价格的差异，所以消费者会选择那些他们信赖的品牌产品，他们知道这种药肯定能治好他们的头痛。

这一原则也适用于B2B市场。在涉及采购诸如机械、大型计算机、大型复印机，以及选择咨询公司这样的企业决策时，心理收益是很重要的。一个不在首选供应商名单中的公司是不可能被选中的。交易金额巨大时，企业往往并不愿选择价格最低的供应商。可靠性（首选供应商）、操作方便，以及技术服务都可能被认为比采购价格更重要。

这里有一条最根本的原则，对于任何一个目标市场，企业必须保证自己的价格位于其主要竞争对手的价格范围之内，而且必须在附加值的基础上实现自己的差异性。有一点非常重要，即竞争只会有利于买方，而非卖方（唯一例外的情形就是在产品生命周期的早期，竞争可以促进消费者更加熟悉该类产品，因而会增大整个市场的规模）。例如，卖家的数量从一家增加到两家，就会降低卖方的垄断力量，从而有利于买方。从买方的角度来看，迫使不同的供应商针对相同的条件进行竞争，这是获得定价权最好的方式。而作为卖方，与竞争对手相等的差异性是其获得定价权的最好方式。

渠道的作用

将产品传递给消费者的营销渠道会影响成本，从而影响价格。营销渠道主要有两类：直接渠道（从制造商到消费者）和间接渠道（从制造商到零售商再到消费者）。随着电子商务和网上直销的出现，直接渠道变得越来越流行。间接渠道通常包括某种类型的实体店（零售商），它们会产生额外的费用。越来越多的企业使用这两类渠道进行销售，而这对定价决策带来了挑战。

对戴尔和惠普进行的比较，可以说明渠道是如何影响定价和利润的。直到最近，戴尔公司都只是直接向最终用户出售电脑，而惠普则是通过直接和间接两类渠道销售。通过多种渠道销售对于惠普来说，既是一种机遇，也有一定的约束。机遇在于它可以比戴尔接触到更多的客户。约束表现在它必须对通过直接和间接渠道销售的同样产品进行定价，而且它必须与渠道成员分享利润。惠普无法做到，在不影响其间接渠道的情况下，通过直接渠道更便宜地出售同样的产品。此外，在通过间接渠道销售时，惠普必须与其渠道合作伙伴共享利润。假设制造成本相同，并忽略所有营销成本，那么通过直接渠道销售产品的戴尔公司虽然可以按与惠普相同的价格向最终用户销售电脑，但它却能获得比惠普更高的利润。戴尔多年以来一直只采用直销方式，成功地进行了销售。然而，为了在家庭用户市场上展开有效的竞争，戴尔现在也开始采用间接渠道，通过诸如沃尔玛这样的零售商进行销售。

相比之下，像汽水、口香糖、杂货、电池、灯泡、简单的五金产品等常见产品的制造商们就别无选择，只能依靠当地的零售商。这些产品有形具体，且价格低廉，再加上消费者的购买习惯（小批量、频繁采购，要满足立刻产生的需求），使得采取直接配送为主的方法不切实际。因此，制造商对这些产品进行定价时，必须将零售商对其产品附加的价值（方便性，即时可获得性）包含在内。

对于书籍、影像、软件、CD之类的产品，情况更加复杂。这些产品的直接零售商通过邮购或者网购的方式发展迅速，这对产品的价格已经产生了很大的影响。这些产品不易腐烂，单位重量产品的相对价值较高。它们也容易包装和运输。因为没有高额的管理费用，所以网络零售商可以用高于可变成本的较小溢价出售这些产品。

这些网络零售商向消费者收取的低价对实体零售商会产生影响。在许多情况下，销售相同产品的传统零售商被迫与网络零售商保持价格一致。因为成本更高，所以传统零售商往往感觉难以为继。亚马逊网上书店已经导致许多地方性的独立书店的破产。即使是像巴诺书店（Barnes & Noble）和鲍德斯书店（Borders）这样的大型全国连锁书店也难以与亚马逊抗衡。

那么，制造商应该如何评估采用直接渠道或间接渠道，或两者兼用的方案呢？假设有一个生产前置放大器、放大器、扬声器以及低音炮等高端音响产品的制造商。对于这些产品，通常制造商会确定一个建议零售价（缩写为MSRP），保证零售商有不错的利润。如果制造商直接面向最终用户，以低于零售商的售价来销售的话，会怎么样呢？首先，制造商会面临这样一种可能，它所信赖的零售商将停止代销其音响设备。零售商拥有专业的销售人员，而且建有专业的音响效果室，这些都会促进销售。其次，制造商必须能够在没有中间商的情况下接触达到目标受众，而这可能需要额外的营销费用。

因为这类产品的高额毛利包含了增值服务，所以作出绕过零售渠道的决定可能会引火烧身。制造商认识到，零售商需要有毛利以保证，才能给客户提供增值服务，但它同时又担心零售价格过高会损害销量。那么，制造商怎样才能激励零售商降低其零售价格呢？通过直接和间接两类渠道进行销售是使价格趋于合理的一种方法，但在很多情况下它并不可行。另外，制造商可以帮助零售商，在它更具成本优势的方面向用户提供一定的服务。通过共同承担服务的成本，制造商可以影响零售商，让其降低价格。例如，制造商可能建设一个网站，提供大量的产品信息，包括与竞争产品加以比较，以及提供客户所在区域的授权经销商的直接链接等等。制造商也可以公布新的、更低的建议零售价，使得零售商难以收取较高的价格。当然，制造商也可以向零售商收取更低的价格，使零售商可以将这种价格节余传递给消费者。

制造商也可以通过广告来影响零售价格。制造商投放大量广告，会将消费者吸引到商店里来。这反过来会促使更多的商店代销其产品。这样会加剧零售环节的竞争，降低零售价格，降低零售商获得的单位利润。但总的利润会增加，因为零售商现在售出的产品更多了。这种结果更可能出现在行业的领袖品牌身上，因为它们对消费者的吸引力最大。当然，必须将广告成本与提高价格所带来的收入增加进行比较，才能评估出企业的盈利能力。有研究表明，虽然在价格上涨时，客户仍然会选择他们一直喜爱的品牌，但是他们会减少购买的数量。因此，忠诚的客户在选择品牌时对价格不敏感，但在选择购买数量时对价格却是敏感的。[5]

最后，为了选择适当的销售渠道以使价格实现最大化，企业可以选择采用直接和间接两类渠道。但它们必须重视不同渠道中的定价问题，力争保持价格对消费者有一定的一致性。

法规管制在价格制定中的作用

政府参与企业经营决策会对定价产生直接和间接的影响。[6] 在某些情况下，比如在电力和其他公用设施领域，历来都是由政府决定向最终用户收取的价格，作为交换条件，通常政府会给予相应的企业垄断或半垄断的地位。还有一些情况下，政府的影响虽然是间接的，但往往是深远的。税务和关税政策会影响定价，此外，补贴、专利，以及其他形式的知识产权保护措施也会有影响。政府还可以通过决定产量（经常用于农产品）、禁止生产者直接销售（常见于酒精饮料）、规定要素的成本（比如设置最低工资），以及产品的生产与处置（通过环境法规）等方法对定价产生影响。

此外，政府还可以设置定价参数。美国在这方面的法律尤其完善，并一直是世界其他地区，包括欧盟和日本效仿的典范（包括正面的和负面的典范）。事实上，美国

---

[5] Krishnamurthi, Lakshman, and S.P.Raj(1991), "The Relationship Between Loyalty and Price Sensitivity," *Marketing Science*.

[6] 本节作者是 Eugene E Zelek Jr., 他是西北大学凯洛格商学院的副教授，同时也是位于芝加哥的法律公司 Freeborn & Peters LLP, 反托拉斯与贸易管制部的部长。本节的版权归 Zelek 先生所有。

的联邦反托拉斯法在其诞生以来的120多年间，不断地为适应市场的变化，而经历了深刻的变革。与此同时，某些还在执行的法律，如《罗宾逊—帕特曼法》(Robinson-Patman Act)，其中禁止某些类型的经济歧视的做法，现在被许多人认为已经太过时了，2007年反垄断现代化委员会（美国国会批准成立）的报告就建议将其废除。

价格垄断。虽然企业操纵设定价格以减少或避免市场风险是一种本能的理性行为，但是一般而言，法律是不鼓励的，然而这方面的公共政策已经有了不小的松动。

价格垄断有横向和纵向两种类型。在横向价格垄断中，各个竞争厂家就收取的价格或影响价格的关键条件达成一致。在纵向价格垄断中，供应商和经销商对经销商要收取的价格达成一致，但这种方法仅适用于产品所有权**易手**的情况。换句话说，纵向价格垄断不包括代销以及通过代理商或独立销售代表进行的销售。

这个领域中最重要的法规是《谢尔曼法》(*Sherman Act*)第一条，1890年颁布的这部法案禁止“任何限制贸易的契约、联合或共谋”。契约、联合或共谋一定意味着必须在两个或两个以上的个人或实体之间有一种协议。因此，这条法规并不限制单方面的行为。此外，《谢尔曼法》并不禁止模仿竞争对手的定价行为（即所谓的“自觉共处”），除非有双方沟通的证据，比如一方邀请对方采取一致行动的证据。

判例法进一步完善了这个法案的第一条，要根据所涉及的活动进行两种分析。有些行为明显是非法的，即“本身”违法，但还有一些行为要根据“合理原则”进行分析。一般来说，证实“本身”违法行为是比较容易的，而根据合理原则证实某种行为违法就比较难，因为后者需要详细的经济分析，并判定实际效果究竟是有利于竞争还是不利于竞争。

从横向看，不论是直接垄断价格（竞争对手在众所周知的充满烟雾的房间开会），还是间接垄断价格（需要详细的事实核查或市场分析，才能搞清楚是否发生过价格垄断的暧昧安排），本身都是违法的。然而，当对价格的限制是一种预期活动的附带结果时（“附带价格垄断”），应用更多的则是合理原则。

通过协议确定的纵向价格垄断在美国被视为本身违法，一直到十年前，最高法院的两宗法案确立了现代适用规则，即由合同所确立的最高、最低或确切的转售价格，都要遵循合理原则。然而，通过协议设定的最低价格或确切价格，自从2007年法律做了修改以后，一直存有争议，那次修改促进了美国国会和州一级政府作出修正，再次认定此类合同属于本身违法行为。

同时，无论立法上发生怎样的变化，目前的举措都没有改变 1919 年最高法院所做的一个决定，即在没有协议的情况下（即单方面），对最高、最低、或确切的转售价格进行设定，并不包括在《谢尔曼法》的规定范围内，不能认作是纵向价格垄断。因此，供应商可以公布一个转售其产品的价格（最高、最低、或确切的价格），并拒绝向不符合规定的客户进行销售。此外，即使经销商遵守了供应商的转售价格政策，它们之间也没有任何协议。正是由于有这份自由，热销品牌的产品制造商成功地在各行各业中阻止了对其产品进行打折的要求，各行各业涉及的范围极广，包括农资、电子消费品、家电、体育用品、服装、汽车零部件等。

掠夺性定价。在《谢尔曼法》第二条以及其他一些垄断法案中，那种以低于边际成本（或其可衡量替代品，平均可变成本）的价格销售，旨在赶走商业对手的长期侵略性定价方法被称为“掠夺性定价”。然而，1993 年，最高法院明确规定，即使是违法行为也需要市场结构允许供应商弥补其损失，这就严重限制了这条法案的适用性。2007 年，最高法院针对“掠夺性采购”也确立了一个同样严格的高标准，它指的是多付资金用于采购原材料以迫使竞争者退出市场。

价格和促销歧视。虽然经济学家认为如果企业能向不同客户收取不同价格，那么就可以通过涵盖全部市场，提高效率，但是美国的法律却聚焦于确保众多卖家活跃在市场上，旨在保持竞争。因此，虽然价格歧视的行为自 1914 年以来就已经被定为非法，但是《罗宾逊—帕特曼法》在 1936 年修订了原先的法案，因此整个领域普遍按修正案规定执行。这部复杂的大萧条时期的法案，通过禁止大企业采用歧视性价格和促销补贴，来保护小企业。但这个法案不包括向政府或“慈善”组织进行的自用商品的销售。同时，通过兼并和其他方式出现的当代大买家，以及普遍加剧的市场竞争，迫使卖家想方设法地在《罗宾逊—帕特曼法》迷宫里钻空子，提供针对具体客户的定价和促销方案。

要证明**价格歧视**属于非法，必须具备以下五个要素：

1. 歧视

很简单，对不同客户收取不同的价格，就满足了这个标准。但是，如果这种价格差是由于向所有或几乎所有的消费者给予折扣形成的（例如即时付款折扣），那么就不存在歧视，这种情形被称为“可用性抗辩。”

2. 针对两个或更多买家的销售

价格差必须是针对两个或两个以上买家的几乎同时期的销售——即允许价格波动的规则。请注意，仅提出不同的价格是不够的。必须存在以不同价格销售的事实或出售的协议。

3. 货物

该法案仅适用于实体货物（即规约中的“商品”）的销售，因此不包括服务。如果供应商销售的是捆绑式产品（如包括维修服务在内的计算机硬件），那么只有当货物的价值占主导地位时，才适用《罗宾逊—帕特曼法》。

4. 类似的档次和质量

所涉及的货物必须在本质上相同或基本相同。品牌偏好与此无关，但功能差异可以将产品区分开来。

5. 具有被竞争品伤害的合理可能性

法律一般关注两个层面上的伤害。第一类被称为“基准线”式伤害，法律允许供应商起诉竞争对手的歧视性定价。但这时，法律还规定歧视他方的供应商的目的必须是将其竞争对手逐出市场，并且，就像在掠夺性定价的情况下一样，市场结构必须允许企业以后以更高的价格对损失进行补偿。不奇怪，当代很少有基准线式伤害的案例。

更为常见的是“二线”式伤害，这种情况下，对供应商不满意的顾客可能会起诉供应商。然而，法律明确规定，只有相互竞争的客户才可以被视为具有相同的特征。地理范畴或其他合法的差异化范畴允许存在不同价格。

即使以上五种要素都具备，仍然有三种抗辩因素：成本合理性的理由（如果成本确实存在真正的差异，则允许价格差）、适应竞争（如降低价格，以适应竞争对手的价格）、变化的条件（易腐性、季节性，或过时的商品可以按特殊的价格出售）。

《罗宾逊一帕特曼法》还禁止**促销歧视**，以消除实现歧视定价的另一种替代手段。在一般情况下，价格歧视主要指从供应商到客户的初次销售，而促销歧视则针对中间商客户转售供应商的产品的情况。这个区别是很重要的，因为二者使用了不同的法律标准，而且在促销歧视规则下，会有更多的灵活性。

与价格歧视的情况一样，只要具备以下三个要素当中的一个即被认定为违法：

1. 提供补贴、服务或设施

此时，供应商会给客户发放广告或促销补贴（比如每件产品5美元的广告费），或提供服务或设施（比如展示员或免费陈列架），作为对客户用某种形式进行促销的回报。

2. 与供应商货物的转售相关

同样，法律不涉及服务的提供商。

3. 从按比例相等的角度，并非所有的竞争客户均能得到商品

为得到补贴所提供的服务、设施或职能必须能够真正地被所有竞争客户使用或获得，这一条可能会要求提出各种替代方案。此外，按比例相等意味着给予所有竞争客户的总收益不必完全相等。事实上，按比例分配收益有三种方式：（1）按采购单位或采购金额（买1件，得1美元）；（2）按分销商促销活动的成本（在大城市的报纸上刊登一整版广告的成本高于本地购物导刊中的广告）；（3）按促销活动对供应商的价值（忠于供应商品牌的销售人员的价值高于其他销售人员）。

适应竞争是为非法促销歧视辩证的唯一方法。此外，如果供应商给最终经销商提供促销补贴，它也必须向通过中介购买促销产品的其他经销商提供补贴。

美国对定价行为的管制经验是长期以来不断积累的。虽然这些法规旨在确保竞争的环境，但它们也为应付不断变化的市场留下了巨大的空间。[7]

总结：定价

虽然对产品确定一个准确的价格，最终是取决于主观判断，但是确定价格的范围却应当建立在事实和数据的基础上。图9-2概括了定价需要遵循的过程。

[7] 详见 Eugene E Zelek Jr.(2010), *The Legal Framework for Pricing,* in Thomas T.Nagle, John E.Hogan, and Joseph Zale, *Strategy and Tactics of Pricing* (5th edition), Pearson Education Inc., Upper Saddle River: New Jersey.

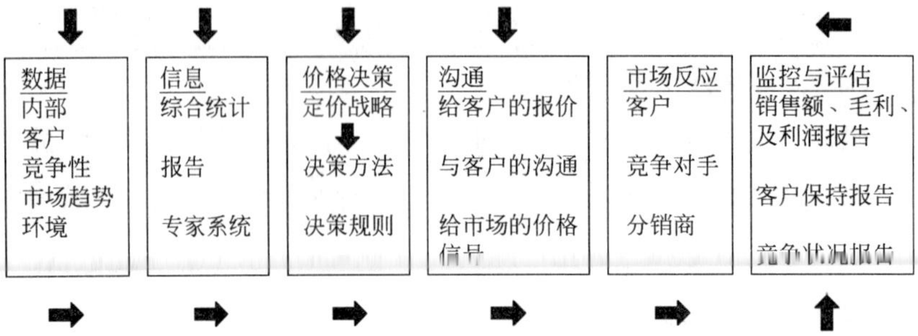

图 9-2　定价的过程

资料来源：西北大学凯洛格商学院罗伯特·布拉博格（Robert Blattberg）

定价过程的第一步是收集关于产品销售、价格、成本、利润率等内部数据，以及关于竞争产品的相关信息。

第二步是将这些数据转换成有用的信息，包括价格敏感度或弹性等关键指标（如果不对消费者的价格反应作一些测算，那么就不可能进行客观的定价）。附录部分会介绍价格弹性将怎样有助于计算出能实现利润最大化的价格水平。

第三步是要以数据和可操作的信息为基础，明确价格定位或制定战略。可以采取各种决策规则的形式，比如做市场上的溢价定价者，或高于或低于某个竞争对于的某个价格点，以及在竞争对手改变价格时该采取什么行动，或者做市场中价格最低的企业等等。

第四步是就价格与最终消费者、渠道成员，以及间接地与竞争者进行沟通。适当的沟通对于渠道合作伙伴非常重要，这样他们才能有归属感，并理解提高价格的原因。同时，渠道中的合作伙伴还必须相信销售企业也正处于困境。它不能是单方面的。沃尔玛和其他一些采取天天低价（EDLP）策略的零售商，在别的零售商打折促销时，是处于劣势的。这类执行“天天降价”策略的零售商通常会提到一点，为了克服这种劣势，同样的产品它们店中会比促销零售商的店中标价更高。

最后两个步骤涉及市场的实际反应以及对反应的监测和评估。有时定价行动到达客户那里需要一定的时间。此外，由销售商传递给渠道成员的降价或涨价，可能实际上并没有到达最终客户那里。因此，拥有一个良好的监控系统，使定价及其他营销组合要素的变化与销量和市场份额联系起来，这很重要。在某些市场，比如杂货行业，第三方数据收集机构会提供大量数据。而在其他一些市场，收集数据可能需要销售商与渠道成员展开合作才能完成。

精明的营销人员会在最终定价前进行有限的试验。市场测试永远是适当的。理论最多只会让你理解定价中的“科学”部分，而通过实践的学习则会让你掌握定价的“艺术”。

附录：价格在实现利润最大化中的作用

从数学角度来看，你可以按如下的方法确定能够实现利润最大化的价格。和前文中一样，我们用 p 来表示价格，用 c 来表示可变成本，Q 表示数量，这样，销售收入 $R=p\times Q$，总可变成本 $=c\times Q$，总收益 $=(p-c)\times Q$。请注意，这不是利润。你必须减去固定成本，才能得到税前利润或营业收入。为了确定能使收益最大化的价格，就有必要在价格和需求之间建立一种关系。假设你采用线性需求曲线 $Q=a-b\times p$，其中 a 是截距，b 是斜率。现在，总收益可以重新表述为 $(p-c)\times(a-b\times p)$。求这个值对 p 的导数，将其设为零，解出 p 值，就能得到可使利润实现最大化的价格。

∂ 收益 /∂ 价格 $=\partial(ap-bp^2-ac+bcp)/\partial p=a-2bp+bc=0$

这就得出 $p=(a+bc)/2b$。将 p 值代入收益公式，将得出最大可能的收益。在线性需求曲线上，当需求为零时，利润最大化的价格是 c 与 p 值的中间点。很明显，固定成本在确定可以实现利润最大化的价格中没有什么意义。它是一个不随 q 值变化的常数。

请注意，b 是价格敏感度系数，而不是价格弹性。价格弹性是一个无量纲量，等于 $(\partial Q/Q)/(\partial p/p)=(\partial Q/\partial p)\times(p/Q)$。在线性需求函数中，这等于 $-b\times(p/Q)$。这个值会沿着需求曲线发生变化。在价格较低、数量较高时，价格弹性较小（弹性低）而价格较高、数量较小时价格弹性较大。从实际的角度来看，最好是用目前的价格来计算弹性，并用该数字来评估数量变动相对于价格变动的幅度。只要价格的变动不离谱，就不会有什么问题。

另一条不同的需求曲线表述为 $Q=a\times p^{-b}$。这将产生一个凹状的需求曲线。两边取对数，就会得到 $\log(Q)=\log(a)-b\times\log(p)$。这是一个对数空间的线性需求函数。这个需求曲线很有趣的一个特点是，需求的价格弹性是一个常数，等于 $-b$。将弹性公式 $(\partial Q/Q)/(\partial p/p)$ 改写为 $\partial\log(Q)/\partial\log(p)$，就看得更清楚了，它等于

对数方程中的 $-b$。总收益等于（p−c）（$a \times p^{-b}$）。求这个值对 p 的导数，将其设置为零，并解出 p，将得到实现利润最大化的价格。

$$\partial 收益 / \partial 价格 = \partial(ap \times p^{-b} - ac \times p^{-b})/\partial p$$

$$= \partial(ap^{-b+1})/\partial p - \partial(acp^{-b})/\partial p$$

$$= (a)(-b+1)p^{-b} + acbp^{-b-1} = 0$$

改写之后为：$(-b+1)+cb/p=0$，得出 $p=cb/(b-1)$

请注意，在需求曲线中，b 是正数，所以 b 一定要大于 1，才能产生可以实现利润最大化的价格。从理论经济学的角度来看，从多元需求模型中估算出弹性幅度小于 1 是没有意义的。这会引起混乱。这意味着，如果你使用不变弹性需求函数来估算价格弹性，并得到一个小于 1 的值，那么收益将会随价格的提高而增加。通常的建议是，在价格弹性幅度小于 1 时，要提高价格，在价格弹性幅度大于 1 时，就要降低价格。但是对这些建议不应该盲目听从。例如，在价格弹性幅度小于 1 时，提高价格会改变产品的参考价格，并改变产品所属的竞争框架。例如，涨价的产品现在可能要与质量更高的产品进行比较。这样就可能增加价格弹性，导致销售量损失比数学模型显示的更大。严格地说来，需求曲线是假设在价格变化时，所有其他要素都保持固定不变。但是，在这个例子中，只有需求曲线本身是变化的。同样的道理，在价格弹性大于 1 时，降价也不应该成为盲从的策略。它要取决于当前价格和利润最大化价格之间的关系。如果目前价格低于利润最大化价格，那么就必须涨价，反之亦然。可以肯定的是，最优价格是价格弹性的递减函数。最基本的问题就是，为了大致估算可以实现利润的价格范围，就需要对需求与价格的关系进行一些评估。

对于任意的需求曲线 D（p），即需求 D 是价格 p 的函数，利润最大化价格 $p^*=[\eta/(\eta+1)]c$，其中 η 是价格弹性，是个负数，c 是单位可变成本。$[\eta/(\eta+1)]$ 的数量叫作毛利，这个公式通常叫作毛利公式。这里，η 的幅度一定要大于 1。例如，当 η 为 −2 时，毛利为 2，当 η 为 −3 时，毛利是 1.5，当 $\eta=-4$ 时，毛利为 1.33，依此类推。

毛利随弹性的增加而减少，这是合理的。市场对价格越敏感，可以收取的价格就越低。然而，这个公式不能被用来导出给定价格的弹性。它仅适用于实现利润最大化的价格。这是有可能产生混淆的根源，依我的经验来看，这个公式就用错了。例如，估算弹性时采用的数据只是关于特定产品很少一些数据，但是这个公式计算可以实现利润最大化的价格。这是不正确的，除非弹性是恒定的（即不随价格变动而变动，如在对数模型中一样），或者基本上是围绕利润最大化价格而恒定不变的。但是，你是怎么知道的呢？为了说明得更具体一些，假设你已经从一项关于购买意向的调查中，收集了一些数据，你发现，3%的客户愿意以150美元的价格购买产品，9%的客户愿意以100美元购买产品。可以简单地计算出弹性，为 [(3−9)/9]/[(150−100)/100]=1.33。假设产品的可变成本是50美元。那么，利用这个公式可以计算出，实现利润最大化的价格是 [−1.33/(−1.33+1)]×50美元 =200美元（左右）。严格说来，200美元对应的弹性应等于 −1.33。但也可能不是，如果需求曲线是线性的，那么肯定不是这样。虽然所有这一切都是大致的估算，但它开了一个不错的头。尽管有这些局限性，但是它还是非常有用的，因为它明确了一个价格的上限。为什么是一个上限呢？因为，一个公司与竞争市场中的一个具有相同需求弹性的垄断企业相比，它的售价不可能更高。

怎样算出价格弹性呢？如果你有足够的数量和价格组合，那么你可以用一些函数形式绘制出需求曲线，并从中得出能够实现利润最大化的价格。你不需要毛利公式。正如上面这个例子所显示的那样，这个公式有用的条件就是已经估算出了弹性，而我们相信弹性在计算出的最优价格中是恒定不变的。

作者简介

拉克什曼·克里希纳穆尔蒂（Lakshman Krishnamurthi）是美国西北大学凯洛格商学院 Montgomery Ward 杰出营销学教授。他在 James L.Allen 研究中心担任凯洛格定价战略与策略项目的主任，曾任市场营销学系系主任 11 年。他与拉克什·沃拉教授（Rakesh Vohra）合著的《定价的原理：分析方法》即将出版。他在印度理工学院马德拉斯分校（IIT,Madras）获得工学学士学位，在路易斯安纳州立大学巴吞鲁日分校（LSU,Baton Rouge,Louisiana）获得工商管理硕士学位，在斯坦福大学（Stanford University）获得统计学硕士学位和营销学博士学位。

第十章

广告战略

德里克·D. 拉克
布赖恩·施特恩塔尔

引　言

广告是品牌积累资产和取得市场成功最有价值的工具之一。当一个品牌和竞争对手相比，在消费者重视的方面具有差异性时，广告就成为传达这一优势的一个工具。例如，在 20 世纪 80 年代初，锐步（Reebok，当时从各方面看都还是一个小品牌）在运动鞋市场上占据了领导地位，它通过广告宣称能给女运动员提供更大的舒适性，因为它是用柔软的服装革制造的。在 20 世纪 90 年代，潘婷从一个小品牌成长成为洗发和护发类产品的领先品牌，它就是通过广告宣传其 Pro V 配方可以使头发充满光泽和持久健康。而在 21 世纪初，德里梅利（Dreamery）冰淇淋在刚推出的两年内，通过广告宣传它既有哈根达斯的爽滑口感，又有本杰瑞的浓郁配方，从而在顶级冰淇淋市场占据了 14% 的份额。

当同类产品的竞争品牌之间势均力敌时，广告也能刺激品牌的成长。例如不同品牌的花生酱、止痛药、瓶装水和止咳药通常并不会提供独一无二的功能。然而，杰夫（Jif）却占领了花生酱产品大部分的市场，雅维（Advil）也成为了布洛芬类药品的领导品牌。这些品牌之所以占领了主导地位，是因为它们比竞争对手投入了更多的广告，广为宣传其产品的好处，而这些产品特点刺激的是消费者对这类产品的需求。杰夫强调自己比其他品牌更佳的口味，雅维则宣传自己比其他品牌更好的去疼效果。然而，对于许多消费者来说，任何品牌的花生酱或布洛芬类药品所提供的性能都类似，成分也相似（即使不完全相同的话）。

广告的另一个好处是，它可以帮助一个品牌长久维持其市场地位。糖霜麦片（Frosted Flakes）自 20 世纪 50 年代以来，就用跳跳虎来代言，宣传其卓越的口感。在同一时期，万宝路采用西部形象加强其掌控全局的产品定位，并保持了其在卷烟市场上的品牌领先地位。新秀丽（Samsonite）通过宣传其耐久性能而逐步成为箱包第一品牌。对于这些品牌，广告都加强了品牌和产品优势特征之间的联系，使其成为竞争者进入市场的障碍。

是什么让这些广告如此成功呢？要回答这个问题，我们首先要确定在什么情况下适合采用广告。接下来，我们要评估一下，消费者会如何使用广告中的信息来评价品牌，并作出购买决定。在此分析的基础上，我们来确定和考查提高广告影响力的因素。广告要影响消费者，通常它必须让消费者参与其中。这种参与包括确保人们看到并了解广告信息，而且分配出一些认知资源来分析和理解广告的内容，并将品牌与它的优势特征联系起来。最后，我们会分析衡量广告效果的战略。

什么时候适合做广告？

在 2000 年代后期，各类客户在美国的广告费用约为 2,700 亿美元，在全球达到了 4,200 亿美元。我们前面已经提到过一些案例，说明广告对构建、积累和维护品牌资产有作用。然而，也有一些时候，广告对消费者影响不大，或者传达品牌优势特征、构建品牌资产的效果不佳。那么，什么时候做广告合适呢？

决定是否投放广告的一个因素是目标市场的特点。当目标市场规模庞大，而具体的目标成员又不确定时，广告就是传递品牌信息的一个很好手段。描述目标市场时，只能采用人口统计的一般指标（比如 18 至 34 岁的男人），就属于这种情况，汉堡王（Burger King）就是这样的一个例子。相反，如果目标市场只是一个小众人群，比如只有 2,000 人的化学专家，而且每人的联系方式都有，那么此时人际沟通通常是首选，因为它能让每个潜在客户都有反馈的机会。事实上，在许多 B2B 业务中，博客和社交媒体，而不是大众媒体，成为分销渠道成员之间沟通的主要手段。

影响是否投放广告的另一个因素是品牌的“新闻”价值。当一个品牌创造出比自身或竞争者现有产品更先进的东西时，新闻就产生了。例如，电视广告提高了 iPod 的普及度，因为这种产品给消费者提供了一种获取和随身携带音乐的新方式。现有产品的新优势被广告传播时也能产生新闻。UPS 公司宣传说，其服务可以使供应链管理更有效率，而这种承诺是由其可靠和及时的包裹递送记录所支持的。最后一种情况是，即使品牌和它的优势特征已经广为人知，但是目标人群因为是首次购买这个类别的产品，所以对其并不熟悉，此时品牌可以通过广告进行宣传。例如，好奇纸尿裤（Huggies）和美赞臣（Enfamil）婴儿配方奶粉的广告就是针对初为人母的妈妈们；维萨（Visa）信用卡和借记卡广告对于首次考虑使用信用卡的大学生们有新闻价值；而飞利浦的 Norelco 系列电动剃须刀，针对的是那些正在思考决定究竟采用湿式剃须刀片还是电动剃须刀，才能满足他们需求的青少年。

广告还可以成为遏制竞争对手的手段。在某些产品类别中，比如运动鞋或快餐食品，广告支出非常庞大，以至于新进入市场的企业很可能没有足够的资源进行广告宣传，因此无法获得较好的宣传效果。在这种情况下，新进企业的广告支持的很可能是这个产品类别，而不是这个品牌。即使新进企业拥有足够的资源可以让它展开必要的竞争，然而与产品类别相挂钩的优势特征可能都是与成熟品牌联系在一起，这样新进企业根本无法吸引足够的需求，来弥补其广告支出。

最后，即使广告不能高效地传达品牌信息，它仍可能是必要的。有时候，光是品牌正在做广告这样一个简单的事实，都能给受众传达一个重要的信息。如果一个企业并不为广大消费者所熟知，那么突然和强势的广告活动可以发送一种信号，即这家公司是一个强大的实体。产品制造商也可以利用广告向零售商传递一个信号，即品牌将获得许多支持，从而刺激销售。广告还可以向投资者显示公司有坚定的信念，即其产品和服务有足够的竞争力来保证广告投入。

消费者如何利用广告作出决定?

一旦确定品牌适合做广告，就必须制定一个有效的战略。要完成这个任务，有必要了解消费者是如何使用广告信息来作出决定的。在某些情况下，消费者对品牌的判断依据的是他对广告中提供的信息的看法，以及这些信息与他对品牌和其竞争对手已有的了解是如何联系的。我们将这种判断称为**“审议式判断”**。还有一些情况，消费者的判断是基于对诸如品牌的颜色、形状、或代言人等线索的快速评估。这种判断被称为**“薄片式判断”**。最后，消费者对品牌的判断还可能会受到处理信息时的主观体验的影响。这被称为**“元认知判断”**，因为这种判断依据的是消费者对信息的想法。

审议式判断

我们可以用一种双层记忆模型来描绘消费者对广告的**审议式判断**（图 10-1）。接触到广告信息的消费者最初会积极地将信息基本忠实地存储在工作记忆中，这些信息代表消费者当时的想法。工作记忆的根本特征是有限的记忆能力，它只能在短时间内存储少量信息，而且不进行进一步加工处理。[1]

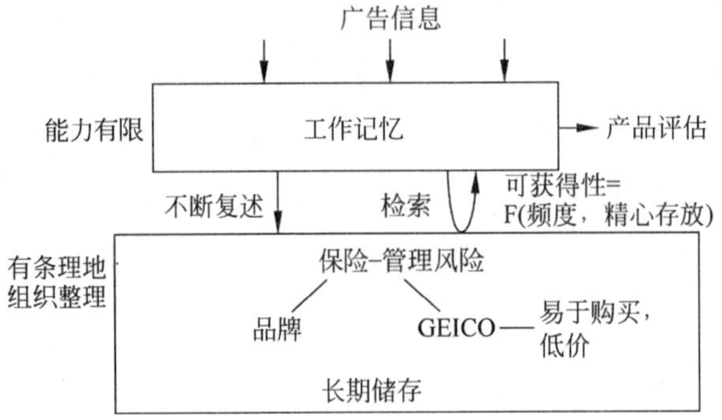

图 10-1　双层记忆模型

为了使广告信息能对消费者作出判断有用，通常必须将其存储在一个我们称之为“长期记忆”的二级记忆库里。这个记忆库存储的是已经经过处理，但目前并未活跃在工作记忆中的信息。“长期记忆”的一个重要属性就是它可以有条理地储存信息，以供日后作判断时使用。等级制组织形式对于了解消费者对广告的反应非常重要。在图 10-1 中，我们描绘出一个双层等级结构——一个是品牌层，另一个是产品类别或目标层。在图中，GEICO 是一个保险公司的品牌。品牌和产品类别都与优势特征相关；

[1] Baddeley, A.D., and G.Hitch(1974), “Working Memory.” In G.A.Bower(Ed.), *Recent Advances in Learning and Motivation,* vol.8, New York: Academic Press.

与GEICO品牌相联的优势特征是低价格和易于购买，而相关联的产品类别则是风险管理。

消费者对一个品牌广告的判断基于两个信息来源：广告的内容和消费者的先验知识。当消费者接触到广告信息的时候，信息存储在工作记忆中。而如果信息具有相关性，它会被激活，成为存储在消费者长期记忆中的一个先验知识。由于长期记忆是消费者了解的所有东西的记忆，而工作记忆的能力却是有限的，所以并不是存放在长期记忆中的所有信息都可能被检索到。相反，长期记忆中只有最容易被记起的信息才可以被检索到，并在工作记忆中显示出来。最容易记起的信息是那些最近被处理过、被精心存放的信息。精心存放可以被看作是消费者对一个品牌的丰富联想。当广告信息被不断复述，并储存在长期记忆中的时候，它随后可以被检索到，并成为消费者判断的基础。

为了说明这个双层存储模型，我们来看一个例子。汤姆目前拥有一台惠普电脑，并正在考虑再次购买这个品牌。但他也在评估宏基、戴尔、联想和苹果几个品牌。他有一个苹果手机，他很喜欢，这促使他倾向于购买苹果电脑。不过，汤姆比较担心，因为苹果电脑采用的是不同的操作系统，可能需要他投入大量的时间，才能让他达到和使用其惠普电脑一样的熟练程度。但同时，他在使用的微软公司的“Windows Vista”操作系统时遇到了一些问题，不知道下一代操作系统会不会更可靠。当汤姆看到苹果笔记本的一则广告时，他了解到在苹果电脑上也可以使用微软操作系统。这提醒他，也许学习使用苹果电脑比他预期的要容易。反过来，这些想法又促使汤姆记忆起（长期记忆中的）这样一个事实，即他的苹果手机只需要有一点点的直觉就可以使用，从而增强了他的信心，认为改变操作系统并不会很难。于是汤姆就上网查询各种苹果笔记本电脑的情况。

双层记忆模型有几点重要的启示。其一是广告对消费者的说服力主要是源自**自我**说服。消费者将广告信息与自己原有的知识联系起来，并将之作为判断的依据。在汤姆的购买中，广告中所提供的信息激活了他之前的知识，从而影响了他的决策。另外，这个模型表明，品牌定位就是要将品牌与产品**类别**联系起来，即形成所谓的参照框架，另外，品牌定位还要将不同品牌**彼此**联系起来，即形成所谓的差异点（见第四章“确定合理的品牌定位”）。在汤姆的决策过程中，购买新电脑的需求触发了他关于不同品牌的想法，这些品牌因为属于相同的参照框架，而彼此相联（它们都属于计算机产品类别中的成员）。汤姆对产品类别中各成员的差异点进行比较，这才引发了他对苹果品牌的偏好。

薄片式判断

消费者的判断中并非全都与双层记忆模型显示的一样慎重。在某些情况下，人们会依据几个突出的启发因素或知觉线索来做出快速的、**薄片式**的判断。例如，人们会根据咖啡罐的颜色来判断咖啡的浓度：棕色咖啡罐表示浓烈的咖啡，黄色的浓度较弱，红色的口感醇郁。消费者还会通过形状来对一个品牌进行判断。消费者会认为装在有棱角的瓶子里的漱口水比装在圆瓶里的味道更重。“绝对”品牌的伏特加所采用的独特的圆肩形酒瓶让消费者认为它属于高端品牌。高新技术产品的广告经常采用深色背景、白色产品，因为这样会增强消费者的感觉，认为这个品牌提供了先进的技术。广告采用有吸引力的代言人也可能会让人觉得这个品牌是深受欢迎的。[2]

消费者对广告中的启发因素或知觉线索所进行的薄片式判断会形成一种对产品的联想，随着消费者的好感程度不同，这种联想会促进对品牌的判断。重要的一点是，在审议式判断和薄片式判断之间经常会有一个权衡取舍。当消费者采用审议式判断方法时，薄片式判断的影响会减弱。而当消费者在薄片式判断的基础上作出决定时，往往不会再进行审议式判断。

元认知判断

消费者的判断不仅会受广告信息内容的影响，也会受到处理信息时的主观体验的影响。这就是所谓的**元认知判断**。我们来看两种信息：第一种信息只是正面地呈现出某个品牌的五个优点。第二种信息是比较平衡的，包括同样的五个优点和一个缺点，这种信息稍稍对品牌有些削弱。哪种信息可能更有说服力呢？从表面上看，正面的信息似乎更有说服力，因为它只提到品牌的优点。然而，包括一条负面特点的信息可能使消费者对品牌的优点更加确信，因为呈现负面信息本身表明所呈现的品牌信息更加完整和平衡。有这种确信的感觉比没有这种感觉，更有可能引发消费者对品牌采取更

---

[2] Gladwell, M.(2005), Blink: *The Power of Thinking Without Thinking*, New York: Little, Brown and Company.

有利的行动（比如购买）。当然，如果提到的负面信息涉及品牌的核心性能，那么这种“确信”的效果可能就不大。[3]

消费者是依赖信息的内容还是处理信息的主观体验来作出判断，这要取决于他们的关注点。我们来看一下宝马品牌的两个广告。第一个广告只向消费者呈现出一个买车的理由；第二个广告则给出了十个理由。在这种情况下，信息的接受者很可能关注信息的内容，并以此作为判断的依据。如果所提出的理由同样有说服力，那么人们会更容易被有十条理由的，而不是被只有一条理由的信息说服。然而，假如第一个广告要求消费者**想出**一个应该开宝马的理由，第二个广告则要求他们想出十条理由。在这种情况下，关注点就不是信息的内容，而是想出思考这些理由的难度。一个理由比十个理由更容易想。因此，在消费者关注信息内容时，对宝马更有利的判断会出现在消费者被给出十个理由的时候（他们不用考虑），而当他们的关注点是信息处理任务时，被要求只想出一个理由会让消费者最有可能作出有利的判断。[4]

与审议式判断的情况一样，元认知式判断通常需要动力和能力。消费者关注的主要是他们对信息的评价、还是主观体验，或两者兼有，这都要取决于消费者的注意力在哪里、需要他们思考的程度、甚至广告强调了哪些产品特点等等。[5]

影响广告效果的方式

不管消费者的判断是审议式的还是元认知式的，只要广告能吸引消费者参与，它就会产生较大的影响。参与指的是要确保人们分配所需的认知资源，来注意到信息，并理解信息的内容。所以，营销人员会使用各种沟通传播工具来加深与品牌特征相关联的正面积极的想法，特别是品牌与竞争对手之间的差异点。参与还意味着要加强品牌与它的优势特征之间的关联。如果失去这种关联，那么即使消费者能够了解广告中所宣传的功能，但他们可能会将其张冠李戴，或者根本想不起来那是谁的广告。

[3] Rucker, D.D., R.E.Petty, and P.Brinol (2008), “What's in a Frame Anyway?: A Meta-Cognitive Analysis of One Versus Two-Sided Message Framing On Attitude Certainty,” *Journal of Consurner Psychology,* 18, 137-139.

[4] Tybout, A.M., B.Sternthal, P.Malaviya, G.A.Bakamitsos, and S.B.Park(2005), “Information Accessibility as a Moderator of Judgments: The Role of Content Versus Retrieval Ease,” *Journal of Consumer Research,* 32(1), 76-85.

[5] Rucker, D.D., and Z.L.Tormala(in press), “Meta-Cognitive Theory in Consumer Research.” In Brinol, P.and DeMarree, K.(eds.), *Frontiers in Psychology: Social Metacognition.* Psychology Press: New York, NY.

创意和媒体战略

在任何时候，消费者得到的信息都比他们能详细处理的要多。因此，广告能否产生效果首先是看广告是否能引起足够的关注，其内容能否被受众加以处理。通过创意和媒体战略将消费者的注意力引向相关信息，是解决这个问题的两种方法。

创意战略。提供与消费者目前想法不同的信息是引起他们注意的手段之一。有时候，提供意想不到的品牌信息就行。例如，我们来看一条信息，它提出人们的睡眠时间应少于 8 小时，这和大多数人的想法不同。随着消费者目前关于睡眠的信念与广告所宣称的更少睡眠时间信息之间的差异的增大，消费者关于睡眠的判断确实发生了改变：他们相信睡眠不到 8 个小时也足够了。尤其是如果代言人具有一定科学信誉的话，情况更是如此。[6]

1984 年著名的“超级碗”比赛现场，苹果电脑成功地吸引了人们的注意，这种想法的差异是一个重要因素。这则电视广告描绘了一个身穿红色短裤和白色背心的女运动员（苹果），置身于身着蓝色（IBM）的工人中间。这些工人们正冲向一个屏幕，屏幕上一个奥威尔式的老大哥宣布“我们一定能成功”。就在这时，女运动员（苹果）将一把大锤掷向屏幕，砸坏了屏幕。这则广告获得了关注，因为它不同于当时其他任何台式电脑的广告，那些广告通常会描述品牌的技术或说明它可以执行的任务。苹果的广告之所以引起注意，还因为它采用了女性代言，与以 IBM 为代表将技术与男性相联的典型思想不同。此外，苹果采用了具有攻击性的女性形象，代表了品牌适合大众或亲近用户，并不断追求尖端技术。今天，这些品牌形象仍然持续出现在苹果公司的广告中。

幽默也是一种被频繁使用以提高广告针对性和吸引力的创意手法。当一个品牌具有突出的差异点，幽默可以通过将注意力引向这个差异点而强化信息的效果。例如，GEICO 保险公司宣传说，在他们公司买保险非常容易，即使是穴居人也可以做得到，它的广告赢得了人们的关注，拍的是一个因感觉被边缘化而被激怒的穴居人。

但是，采用幽默的手法吸引客户的关注一定要谨慎。虽然幽默可以成功地刺激消

---

[6] Bochner, S., and C.A.Insko(1966), “Communicator Discrepancy Source Credibility, and Opinion Change,” *Journal of Personality and Social Psychology*, 4, 614-621.

费者关注问题或品牌的差异点，但是这些信息的影响力会消逝得很快。这个结论已经得到证实，广告的影响力随着信息曝光率的上升而绝对下降。解决影响力消逝的方法之一就是使用一批广告来维持品牌的新闻。

在使用幽默来获得关注的时候，广告不应该只是简单地让人乐一乐，而要将消费者的注意力引到品牌的优势特征上来。在恒美（Ameriquest）的一则广告中，一个医生和他的助手来到病房，病人正睡着。医生一边查房，一边挥手赶走一只在他面前嗡嗡飞的苍蝇。见此情景，他的助手用除颤器垫去打这只苍蝇，嘴里说道："杀死它"，就在这时病人的家属走进了病房。他们听到这句话都吓坏了。这则广告的重点是想说，恒美不会急于作出判断，他的客户也不应该急于作出判断。但是，品牌和品牌的优势特征可能都丢掉了，因为这个幽默没有把重点集中在品牌实实在在的优势特征上。（恒美是美国一家大型的次级抵押货款公司。——译者注）

最后还有一点，要想有效果，幽默就不能拿目标人群来开玩笑，这样很可能会导致负面的反应。把品牌作为幽默的焦点会产生更好的效果。大众甲壳虫汽车的广告虽然搞笑地描绘它的小，但却将其购买者描绘成既精明又具有经济头脑的人。

有一种日益增长的趋势，那就是为了提高吸引力，幽默广告中会包含一些暴力行为。一则百威啤酒的广告，描绘了一个年轻人在台球厅里请他的朋友们每人喝一瓶百威淡啤酒（Bud Light）。在他们接受他的啤酒时，这个年轻人提出要和他们顶拳，却没人理他。相反，他却挨了一记有力的耳光。对方告诉他，耳光很"时兴"，而顶拳已经"过时了"。然后，画面中出现了人们在各种情况下互相猛掴对方耳光的场景。在最后一幕，当年轻人的老板为肯定他留住了一个客户而提出顶拳的时候，年轻人用一记有力的耳光作为回应，把他的老板打懵了。这则广告娱乐性很强，而且很可能会吸引人的注意力，但人们注意到的并不太可能是这个品牌或它的优势特征。

除了其相关性值得怀疑以外，广告中的暴力行为很成问题的另一个原因是，随着每一次广告的展露，要获得更高的关注度，就存在内容升级的问题。在当前的环境中，消费者需要更高形式的刺激，才能保持他们的注意力，这样广告中的暴力系数必须随着每一次广告而逐步提高。这样很容易就可以看出，为什么采用暴力内容广告的品牌很快就会遇到问题。

让人感到威胁也可以提高人们对广告的关注度。从日常经验来看，威胁似乎能引起重视并引发顺从的行动。比如"不要摸热炉子，否则你会被烫着"这种对儿童的告诚似乎很有效。然而，研究却表明，如果不加以仔细的调整，威胁性信息很可能会减损说服效果，而不是提高说服力。

我们可以用一个双系统模型来预测威胁何时有效以及何时无效。如图 10-2 所示，人的危险控制系统会对一些信息作出反应，包括危险的构成要素、处于危险之中的人，以及如何控制危险等。人们会利用这些信息，来采取自适应的明确行动。例如，反吸烟的广告可能会告知人们，如果他们爬楼梯后感到气短，或有干咳不止，那么他们应该把香烟放在一个不方便够着的地方，这样他们吸烟时必须考虑要不要把烟点上。

威胁是什么？ → 危险控制 → 自适应行动

可怕后果 → 恐惧控制 → 特异反应

图 10-2　双系统威胁模型

与威胁有关的另一个系统涉及到恐惧控制。这个系统涉及的是如果不遵从某个信息，会带来什么严重后果。恐惧控制会引导消费者用自己的方式来应对恐惧。这些方式可能包括喝喝酒、睡睡觉、跑跑步、或者其他一些应对方法。比如，一则反吸烟的广告会表现烟民的黑肺，并建议他们购买寿险，因为这样才能有保障送他们的孩子去上大学。这种威胁可能促使吸烟者通过不吸烟来控制他们的恐惧。不过，具有讽刺意味的是，烟民恐惧的一种反应恰好是点上一支烟。这种情况提示我们，基于恐惧的消息可能会激活与预期完全相反的特异反应。因此，这类采用威胁手法的广告应该通过明确危险的构成因素和危险的主体，而不是唤起违规的严重后果，来强调危险控制。

媒体战略：时机和心态。因为用广告创意来吸引注意力已经变得越来越难，所以，营销人员转而采用各种媒体战略。其中一种战略被称为“时机”战略，它强调在产品类别与目标市场相关联的时间点上呈现广告信息。另一种战略叫作“心态”战略，它强调在与消费者相关的环境中展示品牌的信息。这些战略的原理是，如果广告在人们正在考虑该产品类别的时候推出，或者将品牌放在他们生活的环境中来展示，那么他们很可能会关注广告。例如，AXE 香体露投放广告的时机就选在 14 至 24 岁的男性注重个人形象的时候。这家公司在电影院投放了片前广告，在这个细分市场中看电影很流行，因为男人在影院里（即时机）很可能会想到约会或想到女孩。选择目标人群喜欢看的电影，也意味着公司了解他们对电影的品位（即心态）。根据这种方式确定出来的相关性很有可能会提高消费者对广告信息的关注度。

时机战略和心态战略往往通过逻辑化的情景来表现。例如，战略策划者会推测箱包产品的目标人群在飞行时，会对这类产品感兴趣。因此，如果新秀丽箱包品牌在机场做广告，或者在飞机上的杂志中做广告，那么这就是一种适当的时机战略。另外，还可以通过研究人们的行为和心理，积累经验，然后制定时机战略和心态战略。如果顺着这条思路，新秀丽的广告在选择媒体和内容时，就可以让研究人员和旅游者一同出行，了解他们对自己箱包优缺点的看法，或者选择这些产品是他们关注焦点的时刻来做广告。

信息内容

有的时候，品牌资产足够强大，此时品牌只需要提醒一下消费者就足够了，而不需要通过广告进行详细的介绍。例如，丰田公司长期以来一直以生产可靠的交通工具而著称。提醒人们关住其可靠性的信息，足以维持目标市场对这个品牌的认知。但是在其他一些情况下，消费者需要详细的信息才能对品牌产生的好感。各种围绕广告内容的战略已经开发出来了，目的都是让受众产生丰富的品牌联想，这些战略包括**硬行推销、大创意、故事法、比较法、代言人，以及信息重复**等等。

硬行推销。硬行推销是由泰德贝茨广告公司开创的，强调在品牌和其优势特征之间建立一种简单的关联。硬行推销战略的标志就是这样一个概念："买这个品牌，得这种好处"。因此，广告在传播某种优势特征时，会尽可能地让它与品牌之间的关联直接、明确、有力。例如，抗酸剂罗来滋（Rolaids）的广告是："罗来滋缓解症状"。硬行推销的优点是在品牌和优势特征之间建立了一个强有力的联系。在品牌拥有一种消费者看重的差异点时，这种方法是有效的。如果没有这个差异点，那么就需要有其他刺激的手段。

大创意。由李奥·贝纳广告公司开创的大创意策略，指的是确定一个对消费者重要的产品优势特征，随着时间的推移，呈现各种支持这种优势特征的产品属性，不断维持品牌新闻。库尔斯淡啤酒（Coors Light Beer）的广告是一个很好的例子。连续几代广告都强调它采用科罗拉多州的水、冷过滤的方法，以及冰罐，让人们相信其产品优质冷鲜的优势。大创意战略还可以在改变产品使用环境的情况下呈现同样的产品优势特征和使人相信的理由。如果沿着这条思路，库尔斯淡啤酒可以着重宣传其采用的冰罐，但是可以表现不同用户群使用或在不同的消费环境中使用。在开发大创意的过程中，应该把重点放在确保品牌和产品优势特征之间的联系上。库尔斯淡啤酒将冷鲜优势作为所有广告的焦点，从而强调提升了品牌与产品优势特征之间的联系。同样，绿巨人速冻蔬菜的广告通过宣传其蔬菜的新鲜冷冻和真空包装来支持其质量优势。公司通过一直使用绿巨人来代言，始终呈现他居住的山谷，来表现品牌的质量优势，从而加强了品牌与优势特征之间的关联。

故事法。故事法是恒美广告公司（Doyle Dane Bernbach，现在的DDB国际公司）在20世纪50年代首创的，这种方法旨在刺激关于品牌优势的思考。它基于这样一种概念：人们会将信息以一个目标或问题、解决问题的方案，以及结果这样的形式储存起来。在最初的恒美公司的广告方案中，都会使问题在一种极端的情况下被某个品牌解决。目的就是让消费者推论出，如果某个品牌在严峻的情况下都是有效的，那么它在消费者每天面临的状况下也会是有效的。例如，在将大众汽车引进美国的一则广告中，一个人在大雪后的清晨驾驶着一辆大众汽车。这个人的目的地竟然是停放铲雪车的车库。在广告的结尾，我们看到铲雪车路过那辆停着的大众汽车，这辆车正是这个铲雪车驾驶员的。这里传递的信息是，大众汽车在雪中的行驶能力是那么好，就连开铲雪车的人都要靠它去接近铲雪车。

就像这个大众汽车广告所表明的那样，故事法可以是展现品牌优势的一种有效手段。如果所展示的优势正是消费者所看重的一个差异点，那么这种方法就是最有效的。但是，即使品牌没有一个可以压倒其他竞争品的优势，故事法也可以成功地使用。此时它要将消费者使用此类产品时所面临的问题作为差异点。例如，Lee牛仔裤曾经有一则广告，显示女士穿牛仔裤的艰难过程。广告进而表现Lee可以很好地解决这个问题，即一位女士轻松地穿上了一条非常合身的Lee牛仔裤。这种超级合身的原因并没有在广告中提及。然而，Lee的广告成功地刺激了销售，因为女士们都认为，如果Lee了解她们在购买牛仔裤的难处，那么Lee就很可能会做出真正合体的牛仔裤。

虽然故事法可以生动地展示品牌性能，但它并不适合展示大量有关品牌的事实。当广告生硬地罗列出品牌的一系列技术特征时，受众往往会认为广告不真实。其结果是，消费者更容易认为广告不切实际而跳过它，不会去深入了解品牌的优势。在这种情况下，通过讲座介绍品牌的特点，并配以视频演示，会是一种更有效的方法。如果故事法只使人们关注故事，而忽视了它与品牌的关联，那么它的说服效力也是有限的。要解决这个问题，就要及早明确产品类别和品牌的关系。

比较法。通过将品牌与其他对象进行比较也可以刺激产生创意。经常使用的一种比较形式是将某个品牌的产品功能与竞争对手对照比较展示。例如，在佳洁士健康专家牙膏（Crest Pro-Health）的广告推出时，它列举了与市场领先品牌，高露洁全功能牙膏在七种功能上的对比。结果是佳洁士具有所有这七种功能，而竞争对手只有四种。采用比较法的广告使佳洁士品牌抢占了高露洁全效牙膏的大量市场。

比较法要将品牌与其竞争对手的所有性能逐个进行比较。在制作比较法广告时，将双方具有的性能都囊括进来，既包括优于竞争对手的性能，也包括两者旗鼓相当的性能，这一点很重要。将自己与竞争对手持平的产品性能包括进来，就不会让消费者觉得广告漏掉了一些竞争对手占优势的性能。[7]

有些广告客户认为，采用比较法的应该是产品类别中的追随品牌，而不是领袖品牌。对于产品类别中的领袖品牌，比较式广告可以被视为是给竞争对手作的免费广告。然而，当追随品牌属于众所周知的品牌时，领袖品牌确实经常使用比较法。通过直接对比展示品牌优势，确实很有说服力，与广告可能唤起人们已经忽视的记忆相比，其影响深远得多。当比较法会使竞争品牌变得更加突出，因而不适宜采用时，领袖品牌就可以将自己与其他一些产品类别中的黄金标准进行比较。比如，奶精产品的领袖品牌“咖啡伴侣”（Coffee-Mate），就采用了与牛奶或奶油产品进行比较，彰显其质量，而不参照其他奶精品牌。

并非所有的比较式广告都涉及竞争品牌。在某些情况下，也可以用类比法使消费者了解品牌的特点。类比是将自己的知识从一个已知的基础向一个要学习的目标进行转移。例如，奥迪公司为了说明其 Quattro 车型强大的抓地性，这个品牌的广告就表现了一个人用手精确的握力去抓不同的物体，包括鱼、乒乓球拍、肥皂、球、鸡蛋和灯泡等等。这样做的目的是为了说明 Quattro 的抓地力也能达到如此精度，根据不同的

[7] Chernev, A.(2001), “The Impact of Common Features on Consumer Preferences: A Case of Confirmatory Reasoning,” *Journal of Consumer Research*, 27, 475-488.

路面状况，来调节对道路的抓力。这个例子强调了这样一个事实：类比在传递复杂和抽象的信息时特别有用。正是出于这个原因，类比的方法经常用于向不太了解某个产品类别的用户宣传品牌的服务和技术特点。

代言人。广告客户经常使用代言人来推广自己的品牌。在某些情况下，选择某个代言人只是因为他们对观众有吸引力。在当消费者进行前文提到过的“薄片式”信息处理时，这种方法可能是最有效的。名媛模特帕丽斯·希尔顿（Paris Hilton）代言了 Carl’s Jr. 快餐店，赛车手德尼克·帕特里克 (Danica Patrick) 作了“Go Daddy”网站的域名代言人，演员威廉·沙特纳 (William Shatner) 则为著名的旅游预订网站“priceline.com”代言。广告客户希望关于这些名人的正面联想能给代言的品牌带来积极影响。此外，用名人代言还可以增强广告的回忆效果。产生这种效果是因为受众的记忆里存储了很多关于这些名人的联想。然而，通常情况下，这种回忆只涉及这些名人本身而不是产品的优势特征，因为两者之间的关联太少了。在这种情况下，采用代言人的方法对信息的说服力影响就很小。

采用代言人有一种暗藏的风险，有可能损害到品牌。这种结果通常出现在名人代言太多的情况下，代言太多会冲淡他与其代言品牌之间的联想，或者代言人的行为不当会损害到品牌。比如，老虎·伍兹就代言了许多品牌，包括耐克、埃森哲、别克、吉列、佳得乐，以及美国运通等等。像别克、美国运通这样的品牌通过代言人联想所得到的好处就比不上埃森哲和耐克。事实上，他与别克和美国运通的代言关系在几年后就终止了。此外，当老虎·伍兹的个人生活被认为有损他的形象时，埃森哲、佳得乐和吉列都不再用他作为代言人。这些品牌认为，其品牌资产的关键代言人，老虎·伍兹，损害了品牌资产。

尽管会存在这些问题，代言人还是可以增强消费者对其代言品牌的认知。如果代言人的人格能代表品牌优势，那么就很可能如此。老虎·伍兹是耐克和埃森哲的合适代言人，因为他代表了出色的表现，而这正是这些品牌的市场定位。一个与品牌所属的产品类别有密切关联的人，也可以成为这个品牌的有效代言人。电视人亚历克·鲍德温（Alec Baldwin）自从主持了“30 摇滚”和“周六夜现场”等栏目之后，成为家喻户晓的名人，他作葫芦网（HULU）的代言人就很合适，葫芦网这个在线服务品牌允许观众免费收看电视节目。最后，值得信赖的人或专家因为被认为可信，所以他们可以消除人们可能的消极想法，因而增强了广告信息的说服力。例如，世界著名的理论物理学家斯蒂芬·霍金（Stephen Hawking）就是英国电信 (British Telecom) 的有效代言人。他不仅熟知通信系统，而且也被看作是一个正直的、只作准确断言的人。

由于使用代言人可能会出现问题，所以应该优先考虑使用前面所说的硬行推销、大创意、故事法和比较法等方法。但是，如果将品牌与一个代言人关联起来确实很重要，那么也可以考虑使用某个形象来代言。GEICO 保险公司就用了一只壁虎来代言，使得其品牌在成长中取得了巨大的成功。同样，糖霜麦片用跳跳虎做代言人也非常有效，海绵宝宝作为邦迪创可贴和卡夫黄油的代言人也很成功。这些卡通人物形象既可以刺激消费者对品牌优势的思考，又没有使用真人代言那种潜在的不利影响。

信息重复。我们前面所讨论的这些策略都需要消费者投入大量的脑力，将信息内容与自己原有的知识联系起来。信息重复是另一种方法，可以为处理信息提供必要的资源。然而，重复的次数必须要仔细核准。如果广告的内容与消费者的需要有关，那么他头几次接触到广告时会进而了解信息的内容。此时，额外的广告展露不太可能引发消费者继续关注广告信息。事实上，在某些情况下，受众会激活他们自己的想法。这些想法往往不像专门设计的具有最强说服力的信息那么有利。消费者用个人自己的想法代替基于广告信息的想法，可能会导致疲劳（消费者反复接触到广告反而会使其说服力减弱）。他们开始这样想："他们所说的我已经知道了。"一个很好的例子就是乘客登机后看到的安全说明。大多数人都听过无数次这样的说明，所以往往根本就不听。有趣的是，疲劳最常出现在广播广告中，因为听众通常忠实于一个（或少数几个）特定的电台，而这种媒体的低投放成本往往导致企业加大此类广告的播出频率。同样，在 B2B 的广告中，广告投放成本低往往会让企业对目标人群采用频率过高的广告，从而让他们产生疲劳。

控制疲劳的有效手段之一是在广告中维持品牌的新闻。广告可以表现在另一个环境中使用产品，或者表现使用该品牌的另一个原因。以汽车电池的广告为例，可以在一段广告中，显示它能在寒冷的天气中同时启动多辆汽车，而在另一段广告中，则显示它可以在发动机关闭的情况下继续带动车灯、空调和收音机，以展示这种电池的优异性能。另外，也可以通过在一个广告中表现电池的电量，而在另一个广告中宣传其保修政策，来防止受众疲劳。这样，电池对汽车的保护优势就会随着新闻当中的不同侧重点凸显出来。另外，如果减少人们用于处理信息内容的思考资源，也就是说他们可以不费劲地去思考，那么也可以防止受众疲劳。营销软饮料、啤酒和快餐食品的广告客户经常大量使用重复的手法，它们在广告中还会使用一段音乐，因为受众同时处理广告中的音乐和内容，这会有效地防止疲劳。

加强与品牌的联系

许多广告都能够有效地吸引受众的注意力，促进他们思考，但却缺乏说服力。虽然广告受众可以将信息仔细地回想起来，但他们却不记得是哪个品牌的广告，或者会联系到错误的品牌。要使广告能够影响消费者的行为，品牌与其优势特征之间的联系就必须非常明确。

品牌联系可以通过呈现与早期一致的传统品牌信息来得到促进。例如，零售企业 Target 在广告中着重表现了店内时尚前卫产品的低价格以及企业的标识，这样就增强了品牌及其优势特征之间的联系。主打三明治的赛百味（Subway），通过不断地宣传其新鲜原料来加强品牌联系。相比之下，当品牌离开了自己的定位，这种联系就被削弱了。Special K 是一种即食麦片，这个品牌的传统定位就是通过帮助消费者减肥或保持苗条身材，让消费者身体健康。当一些女性消费者以它的广告只用瘦模特作女性的代表为由反对这个广告时，它就改变了策略。Special K 表示，男士应该比女士更关注自己的身材。虽然这个信息在许多女性当中产生了共鸣，但它几乎与 Specia lK 的品牌定位没有任何联系。事实上，它反而引起了这样一个疑问：如果保持苗条身材不是目标，那么女性为什么还要吃 Special K 呢？在品牌的销量出现迅速下滑之后，Special K 推出了一则由著名的模特辛迪·克劳馥（Cindy Crawford）主演的广告。辛迪是以健康出名，而不是以瘦弱著称。这样，广告中就有了一个代言人，将品牌的健康优势以一种现代的方式形象化地表达出来，这种策略帮助 Special K 的销量回到了下降之前的水平。

通过对创意执行要素的协同采用，也可以提高品牌联想。遵循这条原则，麦当劳推出的广告突出了它金色拱门的形象，美国联合航空公司的广告始终采用了格什温的《蓝色狂想曲》中的八个小节，乐事（Lays）的广告总是以这样的广告语结束："没有人会只吃一个"，先锋（Vanguard）投资管理公司采用高大的船只来代表品牌的形象（"普通投资者每年会损失投资回报的 2.5% 用以交税。那就像大量漏出船舷的水。"）

然而，当产品类别中不同的品牌都使用相同的创意执行要素时，这些要素与品牌的联系就大打折扣了。例如，诸如《商业周刊》和《财富》这样的商业杂志上刊登的一些咨询公司的平面广告，往往采用类比法来表现它们的抽象服务。缺乏差异性就会导致各个企业的优势混淆起来。

当广告选择广播或电视媒体的时候，及早明确品牌名称是提升品牌联系的一种方式。在美国尤其如此，广告数量众多，而且大多数广告活动的周期短暂，使消费者很难搞清楚广告中所宣传的品牌。例如，希克剃须刀曾经作过一个广告，广告片表现了一个女子正在刮脸，目的是突出其产品的平滑性，但直到广告播出大约一半之后才出现这个品牌的名称。稍后当观众被问及广告内容时，他们虽然能够描述出广告细节，但不少人会把广告品牌记成吉列，也许是因为吉列是这个产品类别中的领袖品牌。使得消费者难以把品牌及其优势特征联系起来的另一个原因，是广告只播放很短的时间。在其他一些国家，广告比较少，广告播出持续的时间也较长，即使在广告的最后点出品牌名称，很少会像美国一样产生显著的负面影响，而且稍后提及品牌名称还会使广告产生悬念，从而促进消费者的关注。

虽然在广告中及早提及品牌名称通常是促进品牌及其优势相联的一个很好的战略，但是有一种情况，稍后提及会更好，那就是消费者对品牌有负面的印象或态度。此时消费者一听到品牌的名称，就不会关注广告的内容，因为品牌名称触动了他们自己的负面想法。在这种情况下，如果稍后才提及品牌的名称，就会预防消费者过早舍弃品牌，使他们能够更深入地了解品牌新闻。当加洛（Gallo）推出它的高端葡萄酒时，就有人担心，消费者会因为这个品牌传统地是与廉价葡萄酒相联的，而不考虑其高端葡萄酒的优点，就直接舍弃了。因此，它就设计了一个广告，首先详细介绍产品的质量，然后才披露这是加洛的一个新品牌。

广告效果的测量

评估广告信息的效果有各种各样的方法。对于电视广告，大多数广告公司会邀请消费者，对表面上看是一个新的电视节目进行评价，但实际上这个节目是进行广告测试和实验的背景环境。研究一开始，会要求参与者表明他们对许多产品类别中的品牌的偏好，其中包括被测试的品牌。然后，会给他们播放包含了测试广告和控制广告的节目。节目播完之后，参与者会被问及一系列与测试广告有关的问题。通过这些问题可以测度信息接受者对广告品牌的了解、对品牌的看法、品牌偏好和购买意向等等。此外，还会评估他们看到广告后对品牌偏好的变化。对于平面广告，广告效果的测试方法包括要目标用户做一个自我报告，说明他们是否记得看过这个广告，是否能够将广告与品牌联系起来，是否看了广告文本的大部分，以及是否会对广告作出回应并采取行动。互联网广告则会使用印象（人们是否在浏览有广告的网页？）和点击率（他们点击含有品牌信息的网页吗？）。不管哪种方法，都会测度出消费者对品牌的认知和对品牌的评价。

品牌认知

测度品牌认知时经常采用的一种方法是要求看过节目的受众尽量详尽地回忆广告的内容。首先会问他们在节目里看到了什么广告。如果受众没能说出目标广告，那么研究人员会为他们指出。不管是他们自己记得还是被告知品牌名称，受众都被要求记录下广告的详细内容。这种对广告内容的逐字回忆往往是评判品牌认知一个较差的指标。主要的一个问题在于，消费者往往难以追溯他们的知识来源。正如我们前面提到过的，人们是通过将已经知道的东西与广告内容相联系，来对广告作出反应。因此，记忆中的东西是广告信息与受众自己想法的结合。当被要求回忆具体广告的内容时，人们的脑子里会显现与品牌相关的信息。但他们往往难以确定检索到的信息是否是基于他们被问及的特定信息，还是他们看到的关于该品牌的其他一些信息，或者是自我产生的一些知识。正是因为他们对知识来源并不确定，所以往往会出现消费者不报告他们看到的一些信息，或者可能会将记忆中的信息当作从广告上了解到的信息来报告。

即使消费者能记得一个品牌的广告内容，这也不是确定地表明他们会选择这个品牌。大量记得广告内容有可能反映的是消费者强烈反对广告所呈现的信息，以及当时这些想法与广告所述内容之间的关联。例如，如果某个新车在广告中表现了新车所配的工具包，那么消费者可能会记起一个事实，因为他们会联想到这样一个著名的故障频发的品牌应该会需要一个工具包。这种想法在消费者被要求报告广告内容时会被检索到，并很容易与广告中所提出的观点相关联。其结果是受众会很好地回忆起广告内容，但却对品牌作出非常消极的评估。

测度受众对品牌的回忆更有用的方法是让评估受众对品牌优势特征的了解。广告回忆会明确地回溯具体的知识来源，与之不同的是品牌回忆会引导消费者列举关于品牌的事实，而不涉及知识的来源。为了评估消费者所展示的品牌认知，是否源自广告，就可以采用实验的方法，随机分配消费者，让他们观看包含广告或者不包含广告的节目。这样回忆品牌信息时他们所表现出来的差异就是由广告引发的。

要了解广告对消费者认知的影响，也可以询问消费者关于品牌的认知和类别的认知。品牌认知指的是明确指出品牌，要求消费者指出它有什么功能（比如什么是汰渍？）。类别的认知指的是明确指出品牌所属的产品类别，要求受众枚举各个品牌（比如，列出你所能想到的所有洗衣粉品牌）。类别认知的问题也可能涉及消费者考虑购买的一系列品牌的组合（比如，你下次购买洗衣粉时，会考虑哪些品牌？）。受众对广告的认知度低通常表明投放广告所选择的媒体未能达到目标人群，因此需要重新制定媒体选择决策，而类别认知不够则表明信息展露频率不够。

在某些情况下，广告的首要目标是让消费者熟悉品牌名称。体育赛事场地上的广告牌和车辆上的标志牌往往就出于这种目的。如果消费者熟悉品牌名称，那么在零售店看到产品时，他们选择产品的概率更高。观察发现，人们熟悉某个对象时，往往会将之误认为喜欢，这与上述概念是一致的。为了挖掘这方面的认知，受众可能会被要求完成拼字任务。也就是说给受众一个缺失某些字母的单词，让它填空完成品牌名称的拼写。例如，在看过“Bullseye”烧烤酱的广告之后，让人们填空完成单词 B__ls___，如果与不看广告相比，看过广告后人们经常能够拼写正确，那么就表明广告确实促进了消费者认知品牌名称。

品牌评估

广告的效果不仅取决于人们对品牌了解什么，还要取决于他们对这种认知的感觉如何。测度的方法就包括要求受众在对品牌进行总体评估，比如喜欢还是不喜欢，好还是坏，优还是劣，以及评价对品牌价格及质量的感觉等。根据这些测量维度的总体情况设计一个关于消费者针对品牌态度的全面指标，而对于个别维度的考察则能让企业进一步了解为什么消费者会报告关于品牌的某种态度。

广告对于消费者对品牌的意图和选择有什么样的影响，这是另一个评价方法。在实验室的环境中，参与者观看广告前后的品牌选择被用来评估广告的效果。虽然实验室中观看广告后发生的态度变化幅度，并不能代表广告播出后可以预期的市场真实的变化（参与实验的人知道研究目的，并可能会采取迎合研究人员的行动）。然而，如果将由一则广告引起的变化和由另一则广告引起的变化相对比时，就可以发现这种程序式的需求是保持不变的。如果不是在实验室里，而是在测试市场中进行市场调研，那么不仅可以测出不同广告的效果，而且还可以推测出这种效果发挥的程度，可以用来预计推出广告后的销售结果。

对于历史悠久的著名品牌，如卡夫的费城牌奶油乳酪，新的广告是不太可能对品牌的态度或选择产生重大影响的，因为受众已经非常了解品牌的定位。对于这种品牌，广告有效性的一个更好指标，就是在竞争背景下推出广告，成功击败竞争对手的程度。

对于在线广告，流行的做法是针对品牌制作大量相对简单的广告，并将其投放到不同的网站上。点击数是评价品牌的一个依据。这里的原理在于，如果消费者点击，那是因为他们有兴趣考虑打广告的品牌。点击率最高的广告与网站组合被认为是最有效的，而点击率不高的，就要尝试不同的广告手法。虽然这种方法可以从点击率的角度来区别更加有效和无效的广告，但策划者并不太理解为什么有些广告比另一些广告效果更好。因此，从以前的广告中获得的认知是有限的。

总　结

广告可以以各种不同的方式影响消费者。它可能会激发他们将广告与自己所了解的东西结合起来，进而评判品牌的价值。在这种情况下，消费者的判断取决于他从前对品牌的态度和广告向他提供新闻的程度。还有一些情况下，消费者可能会依据诸如产品的颜色或形状等细节或线索作出快速评价。另外，消费者还有可能反思他们判断品牌的过程，并以此主观经验作为评价品牌的基础。

为了提高消费者参与处理广告信息并采取行动的积极性，需要考虑几个问题。问题之一就是要制定出一些战略，将消费者的注意力吸引到广告信息的内容上来。实现的手段包括引入与消费者目前的信念格格不入的信息，或者采用幽默或威胁性的方法做广告。此外，选择适当的广告媒体也可以吸引注意力。这就要求在产品类别和品牌与消费者息息相关的时候（时机）或与消费者产生共鸣的环境下（心态）推出广告。

通过刺激消费者以慎重的态度在记忆中呈现广告信息，也可以提高消费者的参与度。有好几种方法。如果一个品牌有很强的差异性，那么就值得采用将品牌与优势特征相联系的硬行推销的方法。如果一个品牌的优势特征是由多种属性所支撑的，那么大创意策略可能会更有效。当需要展示品牌性能时，采用故事法就比较合适，这类广告会对消费者面临的问题、解决问题的步骤，以及品牌成功解决问题的事实进行详细的描述，通过将品牌与产品类别中的其他品牌在优势方面，以及一些基本相当的方面进行比较，也可以引起消费者的慎重关注。与另一个知名的产品类别进行比较，也可以使消费者明白品牌的优点，因此也可以有效地刺激消费者慎重思考。最后，还可以通过使用代言人的方法，使品牌优点人格化，或者减少出现反论证的可能性，从而引起消费者的重视。

要消费者参与的最后一个要求是，品牌必须与它的优势特征相联。如果广告偏离品牌定位、使用与同类产品其他品牌相同的广告执行要素，或者在广告开始之时没有呈现品牌名称，这些都可能削弱品牌与其优势特征的联系。然而，如果消费者对品牌有负面态度，那么稍后提及品牌名称是必要的，因为这样可以防止消费者在了解广告内容之前，就产生负面的想法。

广告的效果应该包括人们对品牌的了解情况以及他们对这些认知的感觉。对消费者品牌认知进行评估，首先可以让消费者回忆他们对品牌的认识，然后将看过和没看过广告的消费者的反应进行比较，用以评估广告的效果。给出部分线索让消费者辨识品牌名称，这种方法在评估品牌名称回忆时是很有用的。而常用的逐字广告复述法用处并不大。消费者对广告回忆复述往往是不准确的，而且即使它们是准确的，也常常与购买意向无关。消费者对广告品牌的倾向可以通过态度考量来进行评估，也可以通过消费者是否愿意点击一个网站，或者购买一件物品的兴趣来评估。当品牌比较知名时，广告在多大程度上胜过竞争对手才是表明广告效果的有效指标。

作者简介

德里克·D. 拉克（Derek D. Rucker）是美国西北大学凯洛格商学院的 Richard M. Clewett 营销学副教授。他曾与人合著《广告战略》（*Copley*）。他在加州大学圣克鲁斯分校大学（University of California, Santa Cruz）获得心理学学士学位，在俄亥俄州立大学（Ohio State University）获得硕士和博士学位。

布赖恩·施特恩塔尔（Brian Sternthal）是凯洛格商学院市场营销学系的Kraft营销学教授及前任系主任。他曾担任《消费者研究学刊》的编辑，这是消费者行为领域的专业研究学会的刊物，曾与人合著《广告战略》（*Copley*）。他在麦吉尔大学（McGill University）获得理学学士学位，在俄亥俄州立大学（Ohio State University）获得博士学位。

第十一章

营销渠道的设计与管理

安妮·T. 考夫兰

引　言

世界各地的企业营销经理们永远都会被营销渠道的设计和管理问题所困扰。营销渠道结构（有时称为分销渠道）是产品或服务被生产出来之后所要经过的一系列路径，产品被最终用户购买和使用的时候就达到了这个结构中的高潮。[1] 适当的渠道结构不仅表明企业理解消费者想买**什么**，而且还理解消费者想**如何**购买。渠道流的组织以及整个渠道结构是保持竞争优势和提高公司盈利能力的主要工具。

营销渠道是复杂的，可以随着时间的推移而变化。我们来看下面的两个例子，它们既表明营销渠道管理的动态变化，还展现了营销渠道组成部分的复杂性和广泛性。

大学教材的分销

大学教材的分销曾经是很有序的。作者写书；出版商负责宣传、印刷、储存和最初的发货；独立经销商收到货物并将其分销给大学的书店；然后学生从书店里购买。

[1] 想了解本章讨论的问题细节，请参考：Coughlan, Anne T., Erin Anderson, Louis W Stern, and Adel I. El-Ansary(2006), *Marketing Channels*, 7th edition, Upper Saddle River, NJ: Pearson Education.

规模有限的、地方二手书市场对新书的销售只有很小的影响。因为学生的教材通常都是买，所以很容易根据过去的学校课程的注册人数进行销售预测。

然而，随着互联网售书的崛起，学生发现他们可以从大学书店以外的地方购买书籍，这不仅引起了价格竞争，而且使出版商很难依据销量对销售人员进行奖励（因为许多教科书并不是在本地购买的）。网络销售也使得二手书卖得更容易，尤其是通过诸如亚马逊网上书店这样的渠道，它为独立的售书者提供了一个机会，他们可以在亚马逊的“其他新书和二手书”栏目下“开设店铺”。同时，教材出版商们加大海外市场的推广力度，并在这个过程中创建自己的“国际版”教材，以及授权第三方特许出版教材，这些教材就可以在国外市场大幅度降价销售。[2] 反应灵敏的中介机构看到这些国外市场的套利机会只是个时间问题，到时候在美国也可以很容易地从网上买到降价的教材。与从前相比，纸质课本的经销已经成为更难预测的、难以盈利的业务。

到 2010 年，教材市场面临了一场诱人的从纸质到虚拟的转型。因为大部分大学生都有笔记本电脑，所以打造教材的电子商务市场是很有意义的，原因在于，首先，因为不存在实体产品那样的生产、存储、退货或积压，所以电子商务市场的分销成本会大幅度下降。教材的价格可能因此而下降，这样就能够使更多的学生真的购买教材。[3] 此外，电子版教材的分销使得二手书市场成为过去，因为出版商可以出售临时电子版权，于是学生们就不再需要倒手数次的实体书。

电力行业的合并

电力行业的最终用户——用电的消费者或企业——非常看重不中断的、可靠的电力供应。然而，电力行业的整合显著影响了电力基础设施设备的供应商和制造商，危及企业满足电力输出要求的能力。

为了满足电力供应的需求，企业必须储存足够的维修配件，这样即使在冬季发生罕见的冰雹，也不会使电力长时间中断，那种区域合作的电力企业往往就是这么做的。然

[2] 例如，第三方特许印度版的《营销渠道》一书的销价在 4 美元，而美国版本则售价 140 美元。套利的机会巨大。

[3] 一项调查表明，MBA 学生使用的 Shulman, Jeffrey D., and Anne T.Coughlan(2007), “Used Goods, Not Used Bads: Profitable Secondary Market Sales for a Durable Goods Channel,” *Quantitative Marketing & Economics*, 5, 191-210.

而，随着电力公司逐步整合到公有企业体系中（不再是合作企业），迫于来自股东的财务压力，它们越来越不愿库存大量的配件。这种压力与客户需求可靠服务完全冲突。因此，电力公司开始向上游的经销商施加压力，让他们储存足够库存，这就增加了经销商的成本负担。反过来，经销商又向制造商施加压力，让他们降低批发价格，以降低总体的分销成本。而制造商应对这种定价压力的办法就是将生产基地从美国移到了中国。

但是，这种削减成本的举动出现了未曾预见的后果。首先是将产品运回美国的交货周期显著延长，因为从中国到美国的运输距离很远。矛盾的是，这意味着美国制造商要保有更大的安全库存量，满足原有的现货供应要求，而这么做就吃掉了当初在海外生产所节约的所有成本。

经销商们发现，虽然制造商的海外外包确实使成本有所下降，但他们缺货的情况却更频繁了。因此，一些较大的经销商说服制造美国品牌产品的中国企业，去生产自有品牌的配件，供这些经销商采购、存储和销售，这样它们就不必与制造商分享利润了。这一连串的事件意味着，美国品牌设备的制造商现在要面临比整合下游公司之前更低的利润率和更激烈的竞争（来自它们自己的经销合作伙伴！）。此外，最终消费者可能会面临更长时间停电的风险，因为安全库存量面临着最小化的强大压力。[4]

营销渠道设计面临的挑战与分析框架

以上的例子引出了几个问题。为什么营销渠道会随时间的推移而改变结构？消费者的特征和需求在适当的渠道设计中扮演什么样的角色？制造商应该如何决定在渠道中使用何种类型的中间商？在复杂的营销渠道管理过程中会出现什么样的问题？

本章将讨论营销渠道的定义，以及它在营销产品或服务的整体战略中所起的积极作用。然后会介绍一个很强大的、广泛使用的分析框架，帮助大家了解如何建立一个新渠道，以及如何改造现有渠道，从而在市场中获得更好的效果。最后，本章将讨论如何运用这个框架和概念，解决当今营销经理们面临的一些重要问题。

---

[4] 要讨论其他行业的经销商的类似情况，见 Fein, Adam J., and Sandy D.Jap(1999), “Manage Consolidation in the Distribution Channel,” *Sloan Management Review,* 41(1,Fall), 61-72.

营销渠道：定义和动机

营销渠道就在于世界各地，将消费者和企业购买的产品和服务送到他们手中。然而，在大多数情况下，这些最终用户并不了解将那些看似普通的产品送到他们手中所经历的过程是多么的纷繁和复杂。通常情况下，许多专业机构，包括制造、批发、零售，以及很多其他领域的机构在营销渠道中结合起来，向企业和家庭用户提供各种商品，包括从共同基金到书籍、医疗设备、办公用品等等。营销渠道可以定义如下：

> 营销渠道是指一系列相互依存的组织形成的一个过程，它们使得消费者可以使用和消费产品或服务。

这个定义中包含了几层含义。首先，它指出，营销渠道是**一系列相互依存的组织**。也就是说，营销渠道不只是一家公司在市场上尽其所能——无论这个公司是制造商，还是批发商或者零售商。相反，通常有许多企业参与到营销渠道业务中。每个渠道成员都要依赖其他成员来完成其工作。

是什么样的工作呢？这个定义表明，营销渠道是一个**过程**。它不是一个事件。通常情况下分销是需要一段时间的，即使最后销售完成了，企业与最终用户的关系通常都没有结束（例如购买一辆汽车需要终身对它进行维护）。

最后，这个过程的目的是什么？定义表明，目的是**使消费者可以使用或消费产品或服务**。也就是说，营销渠道的目的是为了满足市场的最终用户，无论他们是消费者还是企业。他们的目标是使用或消费买到的产品或服务。制造商通过分销商将产品送达零售商（它们服务最终消费者），此时制造商往往会认为，当它的销售队伍成功地将产品放到了零售商的仓库中，它就实现了“销售”并创造了“满意的客户”。但是渠道的定义对此作出了否定。所有的渠道成员将注意力集中在真正的最终用户身上，这是非常重要的，因为只有最终用户才能决定是否给渠道注入新的资金，从而促进整个渠道的运作和获利。

营销渠道通常被视为制造商的一个关键的战略资产。例如，直销是制造商完全依赖独立分销商的努力，而不是大量依靠广告来推销其产品的分销方式。直销经常是多层的，其中分销商除了依据自己的销售额获得红利和零售利润外，还依据其所招募的下线经销商的销售情况获得奖励。许多类型的产品都是通过直销方式来销售的，例如化妆品（玫琳凯、雅芳、安利、阿尔邦尼等）、营养品（安利、如新、美乐家）、蜡烛（帕蒂利）、书籍和玩具（探索类玩具）、法律保险产品（预付费法律服务）等等。直销方式 2007 年在美国的零售额估计超过 300 亿美元，有 1,500 万人作为独立分销商参与其中。[5] 直销企业的独立经销商的努力是渠道中最关键的要素，因为这些公司大多将他们当作通向市场的唯一途径。阿尔邦尼公司的网站说："传统地，领先的零售企业会将 25%—30% 的销售额花在广告、媒体和其他促销手段上，而网络营销用同样的钱去奖励个人开展'口碑式'促销。"[6] 与直销企业一样，营销渠道决策对许多公司而言，在其市场表现及成功中发挥了重要的战略作用。

营销渠道的分析框架

营销渠道面临的挑战主要有两个方面：第一，**设计**正确的渠道；第二，确保这个设计的成功**实施**。设计过程就是通过对最终用户的服务需求（the service output demands，缩写为 SODS）的分析，对市场进行**细分**，并依此设计（或对已存在渠道进行重新设计）渠道结构，以最好地满足目标市场的服务需求。实施步骤要求了解每个渠道成员的**能力及依存关系**，了解潜在的**渠道冲突**，制订计划创造一个环境可以持续有效地执行最优的渠道结构设计。成功的设计和实施过程会带来**渠道和谐运行**的结果。

图 11-1 描绘了渠道设计和实施过程中的重要元素。这个框架无论对于在尚未开发的市场上创建新渠道，还是对现有渠道的批判性分析和完善都是有用的。以下各节将对这些概念进行深入探讨。

---

[5] 参见 www.dsa.org, 这是直销协会的网站，读者可以了解关于会员企业以及直销的一般信息 . www.dsa.org/pubs/numbers/ 提供在美国直销方式的总体情况。 概括分析也可参见 Coughlan et al. (2006), Note 1, pp. 454-460.

[6] Viveiros, Beth Negus (2009), "Mary Kay's Rhonda Shasteen Works On a Brand Makeover," *Direct Magazine*, January 1, 其中提到，玫琳凯 "不能直接向最终用户销售。销售顾问从每次销售中获得积分。" 还可参见：Coughlan, Anne T., and Erica Goldman(2004), "Mary Kay Inc.: Direct Selling and the Challenge of Online Channels," Kellogg School of Management Case number KEL034. 类似地，阿尔邦尼的网站上也提到："在阿尔邦尼，创新的产品只是成功的一个理由，我们的成功在于最关键的要素…即我们优秀的员工！ 今天就加入这个充满活力的团队吧。" (www.arbonne.com/company/opportunity/people/and www.arbonne.com/company/opportunity/industry.asp,viewed on September 25,2009).

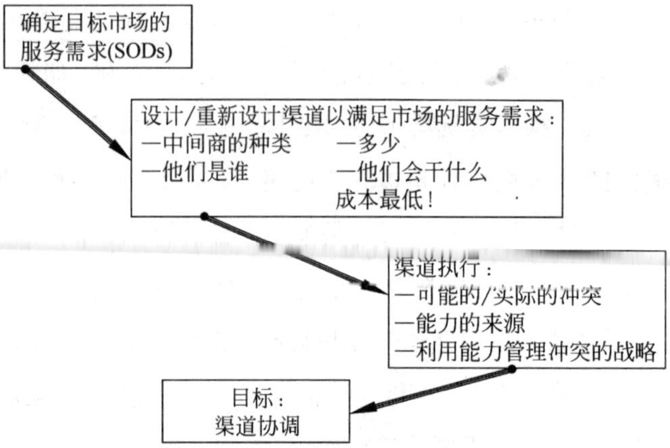

图 11-1　渠道管理示意图

营销渠道的设计：细分市场、选择目标市场和市场定位

要恰当地设计产品的渠道，渠道业务经理就应该将细分市场、选择目标市场和市场定位这一套著名的营销原则应用到具体的渠道设计中来。针对渠道设计的市场细分和选择目标市场要求企业了解最终用户的服务需求；而针对渠道设计的市场定位意味着选择适当的整体渠道结构。这些思想也同样适用于改进原有的渠道结构。下面，我们将讨论这三个问题。

基于渠道的市场细分和选择目标市场：对服务需求的分析

市场营销的基本原则之一就是**市场细分**。市场细分指的是将最终用户进行分组，而且（a）用户在细分组内最大限度地相似，（b）各细分组之间最大限度地不同。但是，最大限度地相似或最大限度地不同是以什么为标准呢？对于主管渠道的管理人员来说，细分市场最好是依据用户**对营销渠道的服务需求来定义**。营销渠道不仅仅是产品的渠道，它还是让所销售的产品增值的一种手段。从这个意义上说，营销渠道可以被看作是另一种“生产线”，它生产的不是产品，而是定义产品**如何**被销售的辅助服务。由渠道成员创造并随产品一起被最终用户所消费的这种增值服务被称为**服务的产**

出。[7]服务的产出包括（但不限于）**拆售、提供空间便利、等待和运货上门、确定产品品种**，以及提供**客户服务**。

最终用户（个人购买者或企业买家）对这些服务有不同的需求。例如，购买洗衣粉的消费者可以分为两个不同的人群：家庭用户组和度假用户组。图 11-2 列出了这两组用户在服务需求上的差异。所描述的家庭用户对产品花色以外的所有服务需求都较低，他们对品牌相对比较忠诚，因此他们要的是特定品牌和类型的洗衣粉。而度假的家庭，比如租住公寓一个星期，他们对产品的花色品种不太看重，而比较看重小包装拆售、空间便利以及快速交货等方面（这两个细分市场对客户服务的需求基本都较低，所以这个项目在图中就省略了）。

	居家使用		度假使用	
服务内容	描述	对该服务需求的水平	描述	对该服务需求的水平
拆售	我的洗衣间有足够的储存空间，而且我知道我能用完。	低	我们只在租的公寓住一周，不能把用剩的洗衣粉带到飞机上去。	高
空间便利	我开车到附近的超市去购买。	低	我们对这里不熟悉，所以就到街上的便利店购买。	高
快速送货	我家里有足够的洗衣粉，所以我这次购物不急着买。	低	我现在需要买洗衣粉，这样我急着洗衣服时就有用的了。	高
花色品种	我的前置式洗衣机需要浓缩洗衣粉，我一般用汰渍。	高	我对要买的洗衣粉品牌不太在意；只有一周，而且又不是我们家的洗衣机。	中

图 11-2　服务需求的差异：洗衣粉细分市场实例

不同的营销渠道瞄准一个具体的细分市场，就可以生存和发展壮大：例如居家使用洗涤产品的买家通常会选择在超市或大卖场购买，但度假时他们则会在公寓附近的小便利店购买。度假的人们知道，而且也愿意支付小便利店里较高的价格，因为他们了解同样产品在这种渠道销售时会附加额外服务的价值。

[7]　参见 Coughlan et al.2006(Note 1)；第二章详细介绍了服务的产生。

这个例子显示了，对于相同的产品，消费者会有各种不同的服务需求，这就导致不同细分市场的最终用户对产品加服务组合的需求不同。不通过小型便利店销售洗衣粉的制造商就会失去那个度假用户的细分市场（他们具有较高的支付意愿，从而会产生相对较高的毛利率）。同样，不通过超市或大卖场销售洗衣粉的厂家则会失去居家用户这个细分市场，他们的数量相当庞大（虽然利润率较低）。事实上，同样的消费者在不同的购买情况下，可以分成服务需求不同的细分市场。因此，对细分市场的服务需求进行分析是制造商设计营销渠道的一个重要环节，可以帮助增强一个强大产品对多个细分市场的覆盖面和销路。

了解最终用户不同的服务需求强度之后，渠道经理就必须决定要瞄准哪些细分市场。（请注意，这也意味着渠道经理将决定放弃哪些细分市场，因为在渠道设计和管理中明确了要放弃哪些细分市场，就能使得渠道专注于那些赢利潜力最大的细分市场。）

为什么不能将市场细分和定位分析中确定的**所有**细分市场都作为目标市场呢？答案是，即使所有细分市场都有一定的**销售**潜力，然而向它们提供服务的**盈利能力**可能会有所不同，因为构建一个提供所需服务的适当渠道需要的成本不同。这表明理解产生渠道成本的机制非常重要：简而言之，就是要了解针对每一个潜在的细分市场，恰当地**定位**产品加服务的组合所引发的成本。接下来我们就来谈这个问题。

渠道结构：渠道的定位任务

当市场被分割成最终用户群组的时候，每一个群组都可以用一套服务需求来描述，渠道经理下一步就应该确定最适合每个群组的最佳渠道。这就是所谓的渠道“定位”或“配置”。定位产品就是将产品的属性、价格、促销等组合要素设置得最适合某一特定用户群的要求，同样渠道定位就是将营销渠道设计得满足目标市场的需求。

即使渠道最终并**没有成功**地向一些用户群销售产品，渠道定位也应该做，因为渠道分析人员会发现，某些用户群根本不能成为合理的目标市场，因为渠道当前的资源不能充分满足他们的需求。或者，定位工作还可能会发现一些出乎意料的有吸引力的目标市场。除非针对每个细分市场的最优渠道已经确定，否则企业不可能最终决定应该选择哪些细分市场作为目标市场。[8]

---

[8] 参见 Coughlan et al.2006(Note 1)；第三章分析了营销渠道流，第四章讨论了渠道结构和分销密度。

首先要依据为满足特定细分市场的服务需求而必须遵循的**必要渠道流**，来决定什么是最佳渠道。渠道流是指渠道中所有可以给最终用户提供附加值的活动。在列举渠道流包含的内容时，我们超越了单纯的产品处理的范畴，因此它还包括促销、谈判、融资、订货、付款等方面的问题。图 11-3 列示了八类经典的渠道流，以及执行这些工作一般会产生的费用。该列表是普遍性的，可以针对特定的渠道进行扩展和特别调整，但其中的活动是大多数渠道结构典型具有的。

营销流	代表的成本	渠道中典型的活动流
拥有实物	储存和发货运输成本	生产商→批发商→零售商→企业或家庭终端用户
所有权	库存成本	生产商→批发商→零售商→企业或家庭终端用户
推销	人员销售、广告、促销、宣传、公关成本	生产商→批发商→零售商→企业或家庭终端用户
谈判	时间与法律成本	生产商↔批发商↔零售商↔企业或家庭终端用户
融资	赊销条款，销售条款和条件	生产商↔批发商↔零售商↔企业或家庭终端用户
风险	价格保证、担保、保险、安装、维修，以及售后服务成本	生产商↔批发商↔零售商↔企业或家庭终端用户
订购	订货处理成本	企业或家庭终端用户→零售商→批发商→生产商
付款	收账、坏账成本	企业或家庭终端用户→零售商→批发商→生产商

注：这里所列的活动流是典型的，但可能根据渠道不同而有所不同。例如，零售商可能订购产品并直接由生产商向终端用户发货，使得实物拥有这个环节直接从生产商转向了终端用户。每个参与渠道流的渠道成员都承担成本。生产商、批发商、零售商统称为商业渠道子系统。终端用户也是执行渠道流的渠道成员，但他们不是商业渠道的成员。

图 11-3　渠道中的营销流

例如，前面所描述的度假家庭在购买洗涤用品时，就对空间便利有更高的需求，对缺货的容忍度最低。这就意味着，**实物拥有这个**渠道流环节（即保有实际的库存）的优异表现对这类最终用户非常重要。每种产品或服务的销售，细分市场都会有自己独特的服务需求，意味着渠道流的不同组合非常重要。

此外，渠道分析人员必须确定什么样的最佳**渠道结构**才能产生必要的渠道流（当然，它们本身就会产生特定细分市场所需求的服务）。**渠道结构**的设计包括两个主要内容。首先，渠道设计人员必须决定**谁**应该成为渠道成员。例如，一家企业生产提供能量／蛋白质的高品质巧克力棒，它应该选择什么样的渠道呢？是大型超市、独立的小型杂货店、直销的方式，还是高端的体育用品店呢？从零售层面向渠道上游移动，分析人员就必须决定是否采用独立的经销商、或独立的销售代表公司（所谓的"代表"或"代表公司"）、或独立的货运公司、融资公司，以及多个可能被纳入渠道设计的其他独立成员。

除了这项决策，渠道经理还必须决定合作伙伴在渠道中每个层次上具体的身份。比如，如果要通过零售店的方式销售精品手表，那么企业应该选择像蒂芙尼那样的高档零售店，还是本地家族式的珠宝店？这种选择对于渠道运行的效率，以及产品通过特定类型的零售商进行分销所赋予的形象都有影响。在不同的背景下，如果一家公司寻求在国外市场经销其产品，那么关键的决定可能就成了确定由哪家经销商向海外市场推广。合适的经销商可能会与目标市场当地的渠道合作伙伴有良好的关系，这样就能显著促进企业在进入国外市场时获得成功。

渠道结构的另一个主要元素是决定渠道中每类成员的**数量**。这是有关**渠道密度**的决定。具体而言，以消费品为例，在一个特定的市场中，应该采用许多零售点（**密集**分销），还是几个零售点（**选择性**分销），或者只有一个（**独家**经销）？这个问题的答案要取决于效率和执行因素。更为密集的分销方式可能使产品更容易被所有目标用户买到，但可能在零售商之间产生激烈的竞争，导致产生破坏性的价格战。价格战可能会损及他们的利润，因此又可能导致他们对推销或支持产品失去兴趣。

各类关于渠道结构的决策，包括渠道成员的类型、身份和强度等，都应该朝着尽量减少渠道流成本的方向考虑。也就是说，每一个渠道成员被分配执行一段渠道流，理想的活动分配保证能使所有的渠道流以最低总成本可靠运行。这项任务非常重要，主要是因为它要对那些作为渠道成员的不同公司的活动加以比较；但仔细的渠道审计可以有助于节省渠道成本，从而产生直接的盈利。

这项工作会使市场细分阶段所确定的每个用户群都有一个渠道特征描述。这些渠道被称为**零基渠道**，因为它是为从零基础开始运营的情形设计的，就是说，针对的是市场上之前并没有存在的渠道。这种零基渠道的概念意味着：（a）要满足细分市场的服务需求，而且（b）要保证渠道总成本最低。

那么，渠道设计人员为什么不瞄准具有收入贡献潜力的任何一个或者所有的细分市场呢？答案是，渠道成员向每个细分市场高效（以可盈利的最低成本）和有效地（产生最终用户高满意度）建立适当的渠道，总会是**有限的**。

企业内部因素和外部的环境因素都会影响这种有限性。在企业内部，**管理权限**可能会限制渠道经理执行零基渠道（比如，一家制造企业的高管可能不愿意分配资金，在特定的市场条件下，建立一系列提供空间便利的区域性仓库）。在企业外部，**环境限制**和**竞争状况**都可能会启示某些细分市场更为重要。例如，法律问题和制约因素可以影响渠道的设计，从而限制市场定位方面的决策。比如酒类产品的分销在美国是高度管制的；许多州只给有限的酒类经销商颁发执照，并实施“两步分销”。这就意味着在这些州，生产厂家不能将酒销售给零售商，而必须通过有限的几个分销商来销售。同时，酒厂还面临着是否可以直接向州外的消费者进行销售的限制，即使可以销售，还有销售数量方面的限制。这些限制条件使它们无法将目标市场定位于那些居住在别的州来酒厂参观的酒类爱好者，迫使他们尝试获得通过两步分销模式进行独立经销的资格。

当**没有**竞争者满足特定细分市场的服务需求时，渠道经理就可能会认识到，有一个未开发的市场机会，会创建一个新的渠道去服务那群消费者。满足此前未被满足过的服务需求，可以成为一个强有力的竞争战略，能够在市场上培育一群既忠诚又能带给企业利润的消费人群。但是，如果不了解消费者想要买**什么**，更重要的是，如果不了解他们**怎样**购买，而进而在渠道流运行和渠道结构方面作出必要的应对措施，那么这些战略是不可能确定的。

渠道分析的这项任务就是要在渠道设计者的市场细分和市场定位的基础上，努力寻求所有细分市场的亚群体，作为渠道决策定位的目标。

建立或完善渠道结构

渠道经理现在已经明确了服务每个细分人群的最佳方式，而且也明确了可能妨碍在市场上实施零基渠道设计的约束条件。如果目前市场上并没有针对这个细分人群的渠道，那么渠道经理就应该设计最能够满足目标市场服务需求的渠道，并规避环境和管理方面的限制因素。

但是，如果目前市场上已有渠道，那么渠道经理就应该进行一个**差距分析**。供求双方在零基渠道和实际渠道之间的差异就是渠道设计的差距。它既可能存在于需求方，也可能存在于供给方，如图 11-4 所示。

运行水平： 成本：	需求方的差距 (SOD>SOS)	无需求方差距 (SOD=SOS)	需求方的差距 (SOS>SOD)
无供应方差距 （高效的流动成本）	价格 / 价值主张 = 适合要求较低的细分市场	无差距	价格 / 价值主张 = 适合要求较高的细分市场
供应方差距 （低效的、高流动成本）	服务提供低效，成本高：价格和 / 或成本太高，价值太低	成本高，但服务提供得很好：价值高，但价格和 / 或成本高	成本高，服务水平高 = 太高了：没有产生额外的价值，但价格和 / 或成本高

图 11-4　差距类型

在需求方面，差距的存在意味着至少有一种服务需求没有被渠道适当地满足。涉及的服务问题可能是供不应求，也可能是供过于求。供不应求的情况下问题是很明显的：目标市场不满意，这些消费者很愿意多花些钱获得更好的服务。但是供过于求的情况下问题更加复杂。在这种情况下，目标市场得到了他们所需要的所有服务——然后又有一些——所以最终用户的满意度不成问题。然而，提供那种服务的成本是很高的，这个事实意味着，减少服务会通过将成本降低一个比相应的收入损失更多的量，来缩小需求差距，从而产生净利润收益。很显然，此时会涉及多个服务的问题，因此就需要关注多个需求方面存在的差距。

在供给方面，差距意味着分销渠道至少有一项活动成本过高。这不仅会损及渠道的利润率，还会导致产品价格高出目标市场愿意支付的水平，使销量和市场份额减少。供应方的差距可能源于缺乏有关渠道流管理的最新专业知识，也可能源自渠道中的浪费。缩小供应方差距所面临的挑战就是既降低成本，但同时不减少向目标用户提供服务。

在确定了需求方或供应方的差距之后，可以采用几种策略来缩小这些差距，如图 11-5 所示。但是，一旦渠道已经建好，要缩小这些差距可能就更加困难或要花费更高的成本。这表明了初始渠道设计的战略重要性。如果渠道最初是一种偶然的设计，那么渠道成员以后可能就得与一个不太理想的渠道打交道了，即使认识到了渠道差距，并尽最大努力将其缩小仍然不会有太大改观。

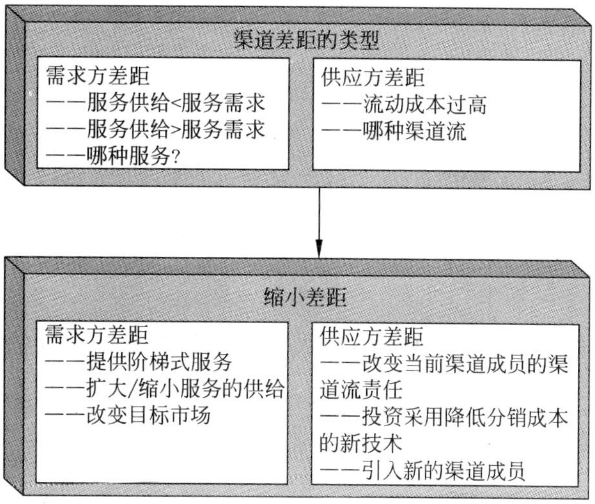

图 11-5　缩小渠道差距

营销渠道的管理：能力、冲突与协调

即使已经建立了精心设计的渠道结构，渠道经理仍然需要不断地协调所有渠道成员的行动。本节讨论渠道能力和渠道冲突怎样帮助渠道经理提高渠道整体的协调性。

渠道能力

即使一个好的渠道设计已经在市场上就位，渠道经理的工作仍然没有完成。渠道成员现在必须**实施执行**最佳渠道设计，而且必须随着时间的推移持续实施这些优化设计。这样做的价值似乎是不言而喻的，但重要的是要记住，一个渠道是由多个相互依存的实体（公司，代理机构以及个人）构成的，并非所有成员都具有相同的动机，以企业所期望的方式进行运作。

如果渠道成员之间并不互相依赖，那么他们互不相容的动机就不是问题。但是就分销渠道结构和设计的本质而言，具体的渠道成员很可能只**专注于**渠道中特定的活动。如果不是所有的渠道成员都在适当地工作，那么整个渠道的努力就会受到影响。例如，即使其他一切都已到位，如果差劲的运输系统延迟了向零售商交付产品（或者根本没有运到），它就会妨碍渠道的运行，让商品销售无法完成。渠道中任何成员的工作都是如此。因此，很明显，让**所有的**渠道成员恰当地实施渠道设计是至关重要的。

那么，面对渠道合作伙伴之间相互依赖，但各怀心思的状况时，"渠道队长"应该怎样去实施最优的渠道设计方案呢？答案在于拥有和使用**渠道能力**。一个渠道成员的能力"就是一个渠道成员（A）使另一个渠道成员（B）做一些他本不会去做的事情的能力。"[9] 如果 A 的能力超过 B，意味着 A 给 B 提供的**效用**更多，而且 A 提供给 B 的效用**更加稀缺**。

而且，效用与稀缺性是互补的：A 在某一方面超过 B 越多，另一方面的累积对利润价值越大。进一步讲，除非 A 至少在这两个方面都拥有一些能力，否则 A 针对 B 的能力则是较弱的：例如，如果 A 是唯一拥有会讲法语的人员的潜在合作伙伴，那么这将赋予 A **稀缺性**；但是，如果 B 谋求进入的是日本市场，那么说法语的人就不可能提供很多的**效用**，因此会说法语这种稀缺性并不能赋予 A 实际的能力。再举一例，如果 A 是一个运输公司，可以给 B 提供可靠的运输服务，但如果还有许多类似的运输企业，那么虽然 A 能够给 B 提供**效用**，但不具备**稀缺性**——因此 A 仍然不具有真正超过 B 的能力。

稀缺性是能力的一个直观标准：它对应经济学中的垄断力量这个概念。然而，从渠道管理的角度来看，效用没有太大直接的可操作性。A 可以向 B 提供哪种类型的效用呢？有一种方法假定了五种类型的渠道能力，每种能力都会影响到 A 可以提供给 B 的效用。可以说 A 拥有：

- 超过 B 的**强制能力**，它指的是 B 会按 A 的要求去做，因为如果 B 不符合 A 的要求，A 就会扣留某种有价值的东西。
- 超过 B 的**奖励能力**，它指的是 B 会按 A 的要求去做，因为 B 将从 A 那里得到（财物或其他的）奖励。
- 超过 B 的**合法化能力**，它指的是 B 会按 A 的要求去做，因为 B 感到 A 有权告诉 B 做什么。
- 超过 B 的**专业知识能力**，它指的是 B 想获得 A 的知识或达到 A 的精通水平，而按 A 的要求去做。
- 超过 B 的**参照能力**，它指的是 B 会按 A 的要求去做，因为 B 需要"看起来

[9] See Coughlan et al.2006(Note 1); p.197; 第六章深入地分析了渠道能力的源泉及其使用。

像 A”或能够受益于 A 的品牌资产。

请注意，对于每一种能力的来源，B 都希望从 A 那里得到一些奖励（或不被拿走一些东西）；因此，这些都可以被看作效用 / 稀缺性二分法中的**“效用”**因素。

渠道能力可以被用于促进一个成员的个人目的。但是只有渠道能力被用于影响渠道成员，去完成最优渠道设计所规定的工作，才能建成一个**协调的渠道**，保证以更低的成本更好地提供所要求的服务。

渠道冲突

当一个渠道成员的行动阻碍渠道实现其目标的时候，就产生了渠道冲突。渠道冲突非常普遍，而且会影响到分销工作能否获得成功。由于所有渠道成员之间存在相互依存关系，所以任何一个成员的行动都会对渠道工作的圆满成功产生影响，从而影响整个渠道的运行效果。[10]

渠道冲突有可能来自于渠道成员目标与目的之间的差异（**目标冲突**）；或者来自于渠道中责任与利益领域的分歧（**领域冲突**）；也有可能来自于对市场感知的差异（**感知冲突**）。这些冲突直接导致渠道成员无法执行最佳渠道设计所规定的任务，从而影响整个渠道的运行效果。这其中的管理问题有双重性。首先，渠道经理需要能**够识别出**渠道冲突的来源，尤其是需要区分是渠道设计不当呢（这当然也会影响渠道的运行效果），还是因渠道冲突而导致运行效果不佳。其次，渠道经理必须决定应该采取什么**行动**，来管理和减少已明确的渠道冲突（如果需要的话）。

一般情况下，减少渠道冲突可以通过应用一种或多种渠道能力来实现。例如，一个制造商发现其独立分销渠道中出现了冲突：经销制造商产品的分销商付出的销售努力太小，损及产品的销售。经过分析，他们可能发现，分销商的销售力度不够，原因是它从销售竞争品牌的产品中得到的利润更高。因此此时出现的就是**目标**冲突。制造商的目标是使自己的产品利润最大化，但经销商的目标是使它所销售的**所有**产品利润最大化——只有一部分来自于这家制造商。要解决目标冲突，制造商就可以使用其渠道能力，通过提高分销商的折扣，使分销商从销售这个制造商产品中获得更多的利润。

[10]　参见 Coughlan et al.2006(Note 1)；第七章详细地讨论了渠道冲突。

或者，制造商可以投资建设扩大其品牌资产，推动其产品的销售。到那时，其品牌的影响力会诱使分销商更积极地销售其产品，因为产品的销售潜力已经挖掘出来了。在这两种情况下，都需要制造商施行某些影响或动用某种力量，去改变分销商的行为，从而减少渠道冲突。除了诸如胁迫和奖励这些比较明显的源泉之外，专业知识、合法的权威（比如合同），以及品牌资产的积累等等都还会产生影响（即参照能力的一个例子）。

渠道协调

在遵循图 11-1 中列出的渠道管理各步骤之后，就需要根据目标市场的服务需求来设计渠道，并合理地利用渠道能力，确保顺利地实施最佳渠道设计方案。当渠道的不同成员都齐心协力来推进渠道的目标，而不是各自独立的（往往相互冲突的）目标时，我们就说渠道实现了**协调性**。这个术语有两层含义，首先它代表在产生销售渠道运行效果过程中渠道成员的利益和行动是相互协调的，其次它代表为满足目标市场的需求，各项渠道工作的协调。这是整个渠道管理过程的最终目标。随着市场的变化，渠道的设计和实施也需要作出反应；因此，协调渠道不是一次性的工作，而是一个持续的过程，要对市场、竞争和渠道成员的能力不断地进行分析和应对。

应用渠道设计方案 / 针对营销渠道设计与监管新问题的管理框架

这个框架在评估目前现有的渠道以及创造新的渠道方面都有用。然而，非常重要的一点是，必须认识到，渠道管理人员采纳我们提出的这个分析框架时，面临的环境是不断变化的。本节提出对渠道管理尤其重要的两个问题，说明这些概念在真正的渠道管理中是如何运用的：（1）如何确立创新的渠道战略，切实有效地向低收入消费者进行产品分销；（2）如果需求方的差距和供给方的差距都对渠道的运行结果产生影响，那么应该先处理哪一个。

采用创新的渠道战略向低收入消费者进行分销

低收入消费者常常被忽视，因为许多渠道经理认为他们的购买力有限，因此无利可图。然而，从各种市场和各种产品的购买情况来看，这部分消费者手中是有资金的，而且也确实购买了大量的产品——而且在许多市场上，低收入消费者的数量大大超过了中等收入和富裕的消费者。现在的问题是如何**高效地**瞄准并向这个细分市场进行销售，提供恰当的服务（以合适的密度，使这部分消费者买得起）。

评估低收入人群的市场和利润潜力时，最重要的第一步就是分析需求方存在的差距。很多时候，低收入消费者缺乏存储能力，而且他们缺少可自由支配收入，去大宗购买。因此，他们对**拆售**的需求较高。同样，因为低收入消费者往往没有可靠的交通工具（例如，他们不大可能有自己的车），所以**空间便利**的需求也较强。此外，因为低收入与低教育水平相联系，所有这些消费者可能需要专门的**客户服务**，来教会他们如何使用或者组装某些产品。这群消费者典型地需要更高的服务水平（其结果是费用昂贵），但是他们整体的支付意愿却很低，根本原因就是收入有限。需求方存在的差距向渠道设计人员提出挑战，必须开发出低成本的方法，向这个细分市场提供必需的服务。

从供给方角度而言，典型的渠道安排也受到突出的供给方差距的影响，因为已建立的渠道结构针对的是较高收入人群的服务需求。与拆售需求密切相关的是低收入消费者，他们没有大房子或存储空间来**存放**批量采购的商品（即执行**实际占有流**）。这意味着，虽然大超市中商品价格低廉，但却无法成为他们的选择，因为他们既无处存放大量的产品，又没有办法去那些地处偏僻的超市。标准的渠道建设背后还有一个隐含的假设，即消费者会执行一部分**财务**渠道流，会在购买现场**支付**费用甚至提前支付（对于特别订购的产品）。然而，低收入消费者缺乏必要的财力，他们无法预付大量现金购买大件商品或大量商品，他们甚至无法通过常规的金融渠道，比如银行或信用卡等方式，为购买大件耐用品筹得贷款或者顺利地在货款期内付清款项。因此，针对这些消费者应有新的、创造性的方法，来分担融资和支付渠道流的成本。此外，**风险**对于低收入购买者也是很麻烦的，因为他们没有足够的财力，一旦东西买错了，要缓过劲儿非常困难。

并不奇怪，这些消费者经常不是企业列出的目标市场。然而，低收入消费者作为一个群体，确实有相当大的购买力，尽管以家庭为单位衡量时他们往往规模很小，而且购买频率小于常规水平。然而，如果渠道设计人员能够切实而且有效地针对这些消费者构建一个到达市场的途径，那么企业就可以获得稳固的销量和显著的忠诚度，因为针对这一用户群的市场竞争是非常有限的。

例如，墨西哥水泥集团（CEMEX）发现了一个创新的解决方案，来应对面向穷人作营销的挑战，它同时展示了这一战略性渠道举措面临的挑战和带来的好处。[11] 墨西哥水泥集团认识到，墨西哥的低收入消费者是水泥产品一个很大的、尚未开发的市场。许多墨西哥家庭从农村搬迁到大城市的郊区，但那里却没有足够的房屋可以供他们居住；而且他们负担不起马上买房的费用。结果就是，一个家庭在城市郊外开阔处占一块空地，然后就开始建房子，一次建一间。目标是每年建一间，直到这个家庭建好一座真正的房屋。

然而，即使建一间屋子，都需要大量的资金去购买所有的材料（不光包括水泥，还有窗户、门、电线、地板、屋顶材料等等），并且他们还需要适当的拆售以购买到合适的数量。这些购买者还有其他一些主要的需求：比如用以存放产品的存储空间，直到他们真正需要用的时候（例如，一袋水泥放在屋外可能会淋雨、受潮，或者被盗，所以需要一些风险管理）；还有怎样才能建造一个坚固的房子，以便以后他们可以陆续加盖房间（这样，对客户进行教育的需求就很高）；另外还需要将原料从销售商那里运到建筑工地的交通运输（这样，对空间便利就有较高的需求）；最后还需要真正建房方面的帮助（即，对另一种客户服务的需求，因为这些消费者肯定负担不起承包商和建筑工人的费用）。

与这些服务需求相伴随的却是这个细分市场的消费行为。虽然建一所房子对家庭来说是很崇高的（房子被称为家庭的“**遗产**”，可以代代相传），但是这个长远的目标似乎经常被一些短期的文化需求打断，这些需求会花光消费者的现金。社会生活中的许多事件都需要大家分摊费用；例如，一个朋友从乡下来，或者一个家庭成员刚生了孩子，或者女儿或侄女要过 15 岁生日等等。不仅如此，因为这些消费者一般都没有正常的工作，所以他们没有可呈报的收入，所以也不能获得贷款之类的银行服务。这些因素结合起来，就使得既要控制供给方的成本，又要缩小需求方的差距，显得不太可能。

然而，墨西哥水泥集团想出了一个非常有创意的战略，来帮助这群消费者为购买建筑材料攒钱，帮助他们建成自己的“**遗产**”项目。它在目标市场所居住的地区招聘了一些妇女，这些地区有一种名叫“**坦达**”（tanda）的机制，即一些消费者或者几个家庭同意每周交纳一定数目的钱，公共基金；每星期有一个家庭可以得到本周所有的

[11] Segel, Arthur, Michael Chu, and Gustavo Herrero(2006), “PatrimonioHoy,” Harvard Business School case # 9-805-064 and “Cementing Family Futures,” April 17, 2009, at www.changemakers.com/en-us/.

钱。所以“坦达”是强迫储蓄的一种手段。然而，墨西哥水泥集团的“坦达”是帮助人们购买建筑材料，而不是将现金付给“坦达”的成员，这样就保证了那些积蓄可以用来建造房屋，而不是用于社区或家庭的庆祝活动。

墨西哥水泥集团还聘请了建筑师，给各类简单的房间（客厅、厨房、卧室、浴室等）提供设计规格，并与其他建筑材料制造商一起，设计包括建房所需各种材料的“组装包”。最后，公司还会帮助安排房间的实际建设，直到当地人掌握了技术。因为减少了材料的浪费，所以就节约了成本，另外整个市场需求也增长了，这些抵偿了提供所有这些增值服务所产生的成本。

结果，墨西哥水泥集团得以从一个看似无望的市场获得了客观的经营效益；但是，为了达到这个目标，它必须保证能提供有价值的服务，而这些服务在以前是没有的（包括提供合适的花色品种到帮助提供融资等等）。因此渠道结构和渠道流工作的方式都必须彻底改变；墨西哥水泥集团承担了很多职能，这些职能要么是以前针对这群用户并不提供的，要么以前是由分销商来承担的。这种创造性的解决方案是针对贫困人群营销的代表，在欠发达国家，一些小微金融公司也是做着类似的工作（关于这个话题，请详见第十三章“针对金字塔底层消费者的市场营销”）。

应该首先解决需求方差距还是供给方差距？

当渠道结构中既存在供给方差距，又存在需求方差距时，应该先处理哪一个呢？缩小供给方差距而不影响对需求方的服务是可能的；反之，在不强求使渠道中供给方的效率达到最大化的情况下，努力缩小需求方的差距也是可能的。很清楚，如果渠道成员既有承诺，又有必要的资金，能够同时缩小两种差距，那么渠道将更快地协调起来，但是，通常情况下关键是要先解决一个问题，然后再解决另一个问题。那么，哪个是更加紧迫而应该先解决的差距呢，是供给方差距（即成本管理）还是需求方差距呢（即提供服务）？

在不同的情况和不同的市场，答案是不同的。如果优先处理供给方的差距，不仅有助于渠道控制成本，而且还能更好地满足目标市场的服务需求，也就是说，如果当供给方的差距本身正是**造成需求方的差距的原因**，那么优先处理供给方的差距就是一个好主意。例如，如果最终用户不能容忍零售店脱销（也就是说，他们来到商店对**快速送货**有很高的需求），但实际上，零售渠道在库存处理和运输方面有问题（即，在**实**

际占有渠道流中存在供给方差距），那么不首先改善供给方的库存处理状况，就不可能解决需求方的差距问题。再举一个例子，如果供给方的核心成本太高（例如，需要开发和应用昂贵的新技术），那么在需求方没有努力改善销售的状况时，渠道合作伙伴是不愿意提供支持的。

例如，互助担保公司（Guarantee Mutual）是一家员工福利保险公司，它曾经努力想提高渠道中幕后工作人员的业务能力，但它不得不先应付那些因不能立刻看到销量迅速提高而不耐烦的销售人员。[12] 在这种情况下，渠道负责人必须决定它们有多少时间，用来解决需求方的差距，以免最终用户，或者其他的渠道合作伙伴对缺乏良好服务的情况失去耐心。

在某些情况下，渠道成员有可能并不愿意或者不会承诺对缩小差距进行投资，尽管如果差距被缩小，最终用户的满意度会提高（渠道也将获利）。在这种情况下，有时可能要争取最终用户的支持，反过来去要求供给方加以改善。例如，假设提高网上订购或支付技术可以帮助缩小供给方及需求方的差距，但是高管层的支持和资金都未到位。那么在这种情况下，如果一位具有创业精神的渠道成员，能够展示改善对最终用户订货和支付服务将带来的好处（在预算范围内尽可能地做好），而且能够向其他渠道成员展示用于缩小差距的投资会产生哪些真实的回报，从实效角度讲，这就是由最终用户的"需求拉动"来说服渠道加以投资。玫琳凯公司就使用了这种"臭鼬式"的方法，来展示提高玫琳凯分销商电子沟通能力的价值。随着时间的推移，分销商体验到了更佳的电子报告方式的好处，于是开始要求整个公司进行改进，此时对信息技术更广泛的投资支持就接踵而来了。[13]

总之，优先考虑渠道设计方面的差距时，有一些基本原则：

- 首先努力解决最根本的差距——那些造成其他问题的差距（"使渠道投资获得最佳的效果"）。
- 如果优先缩小需求方差距有助于在整个渠道中缩小其他差距，那么就将重

[12] Coughlan, Anne T., and Richard Kolsky (2006), "Guarantee Mutual: Group benefits," case, Kellogg School of Management.

[13] Coughlan. Anne T., and Erica Goldman(2004), "Mary Kay Inc.: Direct Selling and the Challenge of Online Channels," Kellogg School of Management Case # KEL034.

点放在优先缩小需求方的差距上。

- 要认识到渠道差距管理是一个持续的、耗时的过程，它往往需要按顺序弥合差距，而不是同时弥合几种差距。

总　结

创建和管理营销渠道系统是一项重大的、战略性的工作。渠道一旦建成，往往非常难以改变或去除。渠道投资大多涉及庞大资金，具有高固定成本的性质，这就要求在创建渠道或对渠道进行重大修改时，必须慎重考虑，应如何组织和管理渠道。

创建渠道结构始于了解最终用户的服务需求。不同细分市场对服务的需求各有不同，这表明，针对每个细分市场的需求开发定制的渠道非常有价值。必须充分理解消费者需求的服务与提供这些服务所需的渠道流之间的关系，这样才能明确渠道的类型（例如，直销、通过独立分销商或零售商来销售等）以及渠道成员的身份。最后，每个渠道成员对渠道流运行效果所承担的责任必须明确界定，相应的管理制度要到位，保证渠道成员切实执行好各自的任务。

对于先前存在的渠道，渠道分析仍然是一项有益的工作，因为它可以发现一些重要的抑制销售额和利润增长的渠道差距。差距可能存在于需求方（提供的服务不足或过量）或供给方（过高的渠道任务执行成本）。当需求方存在差距时，产品的销售很可能会立刻受到影响。供应方差距的负面影响则可能会更微妙、损害也更大：因为虽然能够完成足够的渠道任务，但是成本过高，这就导致消费者需求的产品和服务将必须以一个较高的价格进行销售。因此，如果竞争对手拥有更好的渠道管理能力，它们可能会发现机会，通过以相当（甚至更低）的价格提供相当（甚至更优）的服务来夺走原属企业的销售量。

即使有了一个很好的渠道结构，渠道成员在执行设计方案时可会遇到各种困难。渠道冲突可能源于目标的分歧、对领域划分的不同意见，或对现实的不同看法。所有这些都可能阻止最佳渠道设计方案在市场上获得成功。如果企业能够明智地利用相关的渠道力量，那么就可以较好地控制渠道冲突。理想的情况下，渠道经理会寻求“渠道协调”，即所有渠道成员都力争以最低的成本提供需求的服务。

渠道的设计过程处于一个复杂的、不断变化的环境中。不承认这一点的渠道成员可能在短期内会取得成功，但当周围的市场发生根本变化时，他们将难以应对。时刻保持警惕，并愿意积极作出回应才是持续获得渠道管理成功的关键。

作者简介

安妮·T. 考夫兰（Anne T. Coughlan）是凯洛格商学院市场营销学系的 John L.& Helen Kellogg 营销学教授。她在 James L. Allen 研究中心担任“分销渠道管理：整合销售与营销项目”的学术主任，著有分销领域的主流教材《营销渠道》。她在斯坦福大学获得经济学学士和博士学位。

第十二章

建立一支优秀的销售团队

安德里斯·扎特尼尔斯

普哈卡·沙恩

萨利·罗瑞摩尔

销售团队——直接服务于顾客的有力队伍

销售团队无论对于生产实物商品的企业还是提供虚拟服务的企业都同样重要。据我们估算，[1] 在美国每年有超过 8,000 亿美元投资到销售团队建设上，这个数字几乎相当于 2008 年所有媒体广告费用（2,690 亿美元）的 3 倍；同时也是 2008 年花费在网络广告上的费用（230 亿美元）的 34 倍多。[2]《销售力》（*Selling Power*）杂志进行的一项问卷调查显示，那些电子计算机和办公设备制造企业，例如微软（Microsoft）、施乐（Xerox）、思科（Cisco）和国际商用机器公司（IBM），每一家在美国的销售人员都超过 14,000 多名。[3] 像百事可乐（Pepsi Co）、西斯科（Sysco）和跨州烘焙公司（Interstate Bakeries）这样生产消费品的公司，每家都拥有一万余名销售人员，而

---

[1] Zoltners, Andris A., Prabhakat Sinha, and Sally E.Lorimer (2009), *Buildinga Winning Sales Force: Powerful Strategies for Driving High Performance,* NewYork: Amacon.

[2] IAB—Interactive Advertising Bureau (2009), "US Advertising Spending: The New Reality," (May), available at: http://www.iab.net/insights_research/530422/1675/804370.

[3] 无名，(2009), "America' s 500 Largest Sales Forces," *Selling Power,* (October), 51-68.

医药生产企业，例如先灵葆雅（Schering Plough）、强生（Johnson & Johnson）、辉瑞（Pfizer），每家公司也有7,500多名销售人员。提供服务产品的企业也将销售团队作为重要的营销手段。例如，保险企业哈特福德金融公司（Hartford Financial）在美国就有10万名销售员工，电信业巨头沃达丰公司（Verizon）也拥有35,000名销售员，金融企业美国运通公司（American Express）也打造了一支23,000人的销售队伍。平均算下来，公司将年度收入的10%都用在了销售团队上，包括薪酬、福利、交税、奖金、配车、差旅费、购置电脑，以及为销售人员和销售经理提供支持所发生的管理费及相关费用。

销售团队的重要性远远超过与之其有关的费用投入水平。销售团队在许多公司里或许是得到授权最多的组织。通常情况下，销售人员单独工作，无人监管，而且受企业委派与企业最重要的资源——客户直接联系。通常说来，销售人员对这种与客户的联系拥有相当大的控制力；甚至对一些消费者而言，那些销售人员本身就是公司。因为销售人员对客户关系有重大的影响，所以它对公司的收入和市场份额也有十分重要的影响。经过与世界各地、各行各业的销售经理以及高管人员的相互交流，我们发现，无论在什么情况下，一支**非常出色**的销售团队，也就是能够明智地开展正确销售活动的团队，比起同等规模的一般销售团队来说，会在短期内为公司增添至少10%的收入。若从公司长远发展来看，他们对公司收入的影响更大——典型的数据是将会使收入增加50%或更多。

优秀的销售团队是公司一笔宝贵的财富，但是销售团队产生影响的力量源泉又使得它难以控制、引导和管理。销售团队是由每个独具特点的成员组成的，他们各自拥有不同的能力、动机和价值观。一方面，这些成员能够有创造性地、灵活地、很好地倾听客户的需求，并作出反应。但从另一方面来说，他们在工作中也会以自我为中心、追求安全感、爱较真。他们可不像广告那样，可以随时投放或撤下；也不像网站，可以在一夜之间就完成更新或升级。组织、建设并不断地提高一支成功的销售队伍对任何一个企业都是一项严峻的挑战，它要求公司高层持续地重视销售团队，确保公司中影响销售人员的各项决策、工作流程、各项活动及组织体系这些**销售效率驱动因素**，都得到高效的管理，并且符合公司发展的战略。

在这一章中，我们要分析销售人员在执行公司战略中所扮演的角色，明确调整和改进销售团队的因素，提供一个理想并提升销售团队效率的框架，分析这个框架可以如何帮助面临各种挑战和机遇的公司制定战略和策略，打造一支更高效的销售团队。

销售团队扮演的角色

作为公司与顾客之间的关键联系点，销售团队在执行公司战略、满足客户需求和实现公司业绩中扮演着不可缺少的角色。

销售的过程

成功地构建与客户沟通的桥梁是一项十分复杂和困难的任务。建立与客户密切的联系包括许多不同的工作，例如发现、联系和挖掘潜在的顾客；了解他们的需求，提出解决方案，并展现自身优于竞争对手的优势；还要劝说客户、与之谈判、完结销售流程；要整合企业的资源，协调各部门之间的工作，确保为客户提供合适的解决方法，收回相关款项；还要与客户保持联系，确保产品满足他们的需求，同时挖掘潜在的商机。当企业系统性将吸引客户和留住客户的活动融入到明确的销售流程中时，与客户的联系是最高效的。图 12-1 所示为销售流程中的一些典型步骤。

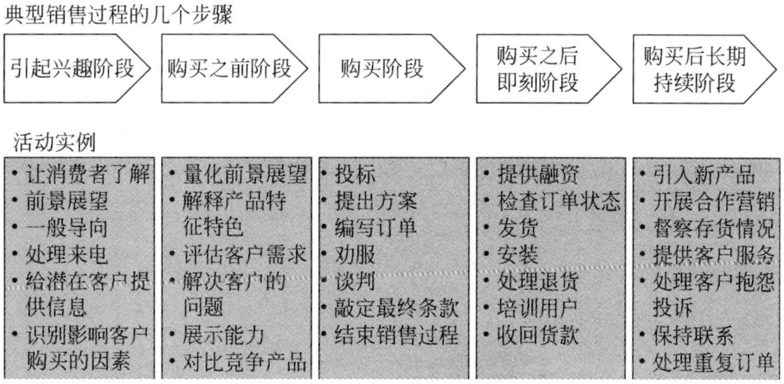

图 12-1 典型的销售过程及其活动实例

虽然图 12-1 呈现了基本的销售流程，然而对于任何一个公司而言，最佳的方法还是由诸多因素决定的，包括产品和市场特征、行业环境和经济环境，以及公司战略及文化。大多数情况下，最优的销售过程因细分市场的不同而有差异。如果客户非常了解产品，明白他们需要什么，那么恰当的销售流程就应该强调图 12-1 当中的“**购买**”环节，主要任务就是让交易尽可能地简便易行。如果顾客需要解决的问题很复杂，那么，恰当的销售流程就应该专注于“**购买前**”环节，销售人员可以通过倾听客户的意见，考量他们的需求，共同设计解决方案，从而为客户创造价值。如果顾客需要的是资金和安装方面的帮助，那么“**购买后立即后续**”环节就非常突出。公司需要的是通过专注于客户的需求，高效的销售流程就是能够以恰当的价格实现很好的销售业绩。

公司什么时候需要采用人员销售的方法

销售人员与客户之间所建立的个人联系会对公司的收入产生巨大的影响。虽然一般而言，面对面的人员直接推销更为有效，但这种方法的成本会更高，比如，人员直接推销比起通过电子邮件或电话联系客户，所花费用更多。因此，采用面对面方式的销售团队最适合于有针对性的目标客户、产品以及销售活动，准确地说，这种方法适用的条件就是人员推销所产生的累积利润超过累积成本，超过耗费成本相对较低的销售渠道所产生的利润。一般而言，它适用的范围包括：

客户或潜在客户

- 潜力巨大，对公司具有战略重要意义，而且对面对面的直接营销方式很敏感。
- 非常看重有创造性地解决问题，或者直接商讨，以及演示、安装等涉及直接人际交流的推销方式。
- 购买过程非常复杂。

产品或服务

- 潜力巨大，对公司具有战略重要意义，而且对面对面的直接营销方式很敏感。
- 复杂或者要求针对客户的难题提供解决方案。
- 需要按客户的需求及各自的采购过程来定制公司的产品和信息。

- 购买过程非常复杂。

销售活动

- 消费者和销售人员之间的相互交流和讨论可以产生明显的收效，这些相互交流的手段包括倾听、了解客户作出决策的过程，评价他们的需求，给客户提供更多的信息，作出示范，根据客户的个性化需求来定制产品，解决各类问题、应对不同观点以及进行谈判等等。
- 要求和各种人展开合作，包括客户方或者其他销售人员。

如果能够针对合适的客户人群、产品以及销售活动，那么一支提供高效的人员推销的销售队伍就可以成为公司宝贵的财富——这支强大的直接服务于客户的队伍可以给企业带来显著的竞争优势。

企业什么时候应该将他们的销售职能外包出去

人员销售也可以通过将销售职能业务外包出去来实现。企业可以不雇佣销售人员，而是将全部或部分销售职能外包出去，与独立的个人或推销机构（推销伙伴企业）签订合同，来销售公司的产品和服务。推销机构的类型因行业不同会有差异，主要包括代理商、经纪人、分销商、制造企业的商务代表、独立合同经营商、批发商、代理人、增值再销售单位（简称为 VAR）等等。有时候，这些推销机构仅仅只销售一家企业的产品和服务，而有时候，它们会经销功能互补的产品，甚至各个竞争企业的产品。

企业现状中有几个因素决定着它最好是自己进行销售还是将其外包出去。

如果属于下列情况，企业应该自行开展销售业务：

- 公司希望严密控制其销售活动，保证所有的努力都用到其自己的产品上；而且保证针对各类产品、活动、客户，所有销售活动能够得以恰当的分配；而且如果需要的话，企业可以快速地作出调整。
- 企业希望通过控制招聘人员的要求、招聘流程，以及销售人员的培训及辅导等环节来保证推销人员的品质。

- 企业希望销售活动能与其他部门紧密协调起来，比如营销部、客户服务部以及运营部等等，让企业所有的员工都能更好地了解客户需求以及竞争对手的情况。
- 企业希望了解客户，并且掌控客户的整体体验；企业将拥有的与客户的关系以及对客户需求的了解当作企业实现竞争优势的重要来源。

如果企业属于下列情况，那么它应将销售业务外包出去：

- 销售机构拥有企业不具备的能力，比如它与客户企业关键的决策者建立了坚实的关系。
- 企业希望快速进入一个市场。
- 企业的产品属于销售机构目前代理的产品类别（例如，通过办公用品分销商销售的回形针产品）。
- 销售机构可以将企业的产品与其他产品组合起来，从而为客户提供一个完整的解决方案（例如，电脑行业中的增值代理商就可以将电脑的软硬件组合起来销售）。
- 销售机构有能力将产品销售给更多的客户，而这往往是企业负担不起来的（例如，在边远地区的小客户）。
- 企业想要控制成本、降低风险、仅将销售费用直接用于提高销量。

采用销售机构的公司需要建立一个机制，去激励他们为公司的销售倾尽全力。这个机制当中应该包括机构激励方案、市场营销方案、机构的管理者、销售流程支持、销售分析以及最终用户激励方案等，这几个方面虽然企业不能控制，但至少它们可以影响机构的销售效果。

一般来说，自己开展销售业务的公司对于销售人员的效果可以掌控得更好。本章下面的内容将分析这类企业可以如何去创设、保持，并不断改进它们的销售团队。

调整改进销售团队的驱动因素

因为建立维持销售团队的成本很高，而且它对于公司收入有着重大影响，所以大多数雇用自己销售人员的企业都会积极地探索如何使这支团队的效率最大化。企业外部发生的事件使企业需要改变销售团队，这可以提供一个打造优秀团队的机会。除此以外，企业自身希望不断创新销售团队的动机也会带来提升销售团队效率的机会。下面我们进一步分析这两类，分别由外部事件和内部创新动机所驱动的销售团队提升的情况。

由外部事件驱动的销售团队的提升

当企业外部发生某些事件，要求销售团队作出适当回应时，销售团队往往需要进行调整。例如：

- 企业投放崭新的产品线。
- 经济繁荣或者经济衰退给销售团队带来了新的机遇和挑战。
- 企业兼并了另一家公司，而这家公司的销售团队的客户与本企业的大量客户是一致的。
- 消费者的力量增强了，于是原有的销售过程就不那么有效了。
- 竞争对手投放了新产品，并提高对销售团队的投入，目标是进军利润潜力最大的细分市场。
- 随着越来越多的同质产品或服务的出现，销售团队需要给客户提供独特的价值。

销售团队是否能够有效地应对重大事件对企业的赢利有着重大的影响。图 12-2 描述了两家公司面临的极具挑战性的外部事件，总结了其销售团队如何面对以及产生的相应结果。这些例子说明了销售团队对于外部事件的反应水平会对企业产生重大的影响。

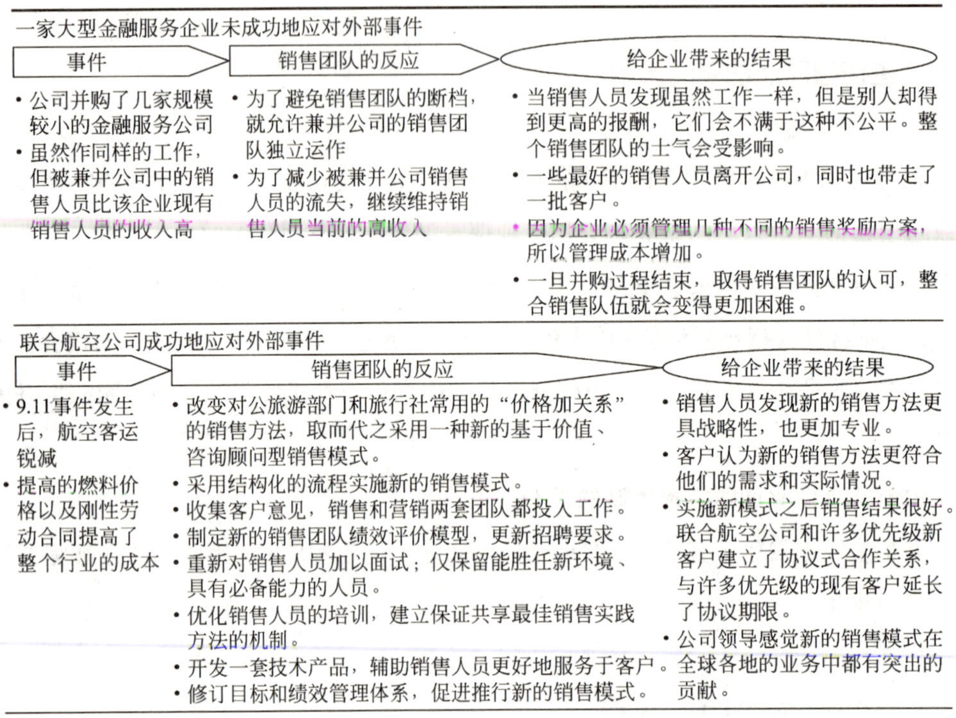

图 12-2　对比两个销售团队如何应对具有挑战性的外部事件

图 12-2 的例子表明，远见卓识通常是销售团队能够成功地应对外部事件的关键因素。美国联合航空公司首先对新的商务环境中其销售团队应具备的特征进行了展望与规划，从而成功地应对了变化，它使得公司创设出一种有凝聚力的执行计划，并围绕着这个计划来调整销售团队的体系流程以及各种活动。但是那家金融公司在面对兼并多个小公司的外部事件时，并没有形成关于销售组织的远见卓识。如果这家金融公司能够预先形成这种远见，那么每一次兼并之后它都可以采取措施，引领销售团队朝着这个远见目标发展，而这很有可能会产生更有利的长远效果。

追求效率：通过不断创新来提升销售团队水平

优秀的企业不会只在市场发生重大变化或是出现重大事件的时候才调整其销售团队。相反，他们会**积极不断地追求效率**，从而持续地提高销售团队的水平。许多成功的企业都会采取各种举措来提升销售队伍的效率。瑞士诺华公司是一家全球化的医药厂商，它利用标准化的程序和分析工具来挖掘机会，提高其全球各地的销售队伍的效率。还有一些企业拥有专门的员工来负责提高改进销售人员的能力和效率。通用公司就有一个被称为“卓越商务”主任的管理职位，它专门负责提升全球销售人员的效率，它要开发出统一的管理模式，并总结最佳的实践表现，推广至企业各类业务当中。企业通过对比表现最好和表现平平的销售人员所实现的业绩，就可以大致了解销售队伍的效率，可以给企业带来什么样的影响。表现最好的销售人员，即在其负责的区域里相对于潜力而言，实现了最佳的效果，他们代表了销售队伍可能实现的业绩水平。因此提升销售队伍效率的一种途径就是投入开展销售活动，建设销售体系和流程，帮助业绩平平的销售人员向优秀人员学习，从而提高销售团队的总体平均水平。

在瑞士诺华公司评价销售团队效率的流程中，销售经理首先会区分出优秀的和一般的两组销售员，然后通过观察它们的典型推销过程，来判断他们是如何影响客户的购买过程的。诺华公司找到那些令优秀销售员业绩突出的成功方法，然后将这些方法纳入到销售部门的培训计划中。公司运用新的培训方法、调整业绩评估程序来表彰这些成功的作法。经过训练的销售人员会模仿那些优秀的人员，客户对他们也有更佳的认可。公司曾经开展过一次问卷调查，要客户从与他们打交道的销售员中选出最满意的，结果显示经过完整培训的销售员被选中的比率为 46%，同时期没有经过完整培训的销售员被选中的只有 22%。而客户的偏好与更佳的销售业绩也是相连的。

其他一些公司的销售经理们也曾经通过改革销售队伍，使优秀销售人员的表现深入人心。这些公司改进了招聘方案，按照优秀销售人员的特点和技能水平来挑选应聘者。还有一些公司将优秀销售人员开发出来的数据及工具广为传播，让所有的销售人员共享。通用公司的“企业卓越商务”部门认为这种做法是“最好的实践”，通用公司所有的业务单位都应该将最佳销售人员作为标杆做到最好。这样就激励所有人都努力奋斗。

我们在全球数百家公司中，都看到了提升销售团队业绩的机会，请看下面几个例子：

- 一家化工公司对其销售管理团队进行了评估，它让所有的销售人员对其经理进行 360 度的业绩评价，涉及主要的管理能力，比如领导能力、沟通能力和员工督导能力等等。公司发现大约有 40% 的销售经理被认定为："他所负责的区域未达到预期"。公司认识到，在一段时期内，能力较差的销售经理会导致业绩下滑，因此这家公司就大刀阔斧地改革，提升销售管理层的水平。

- 有一家保险公司，超过 60% 的新进销售人员在他们完成第一年的劳动合同之前就选择了离开。从前，当市场处于不断发展的阶段时，这种频繁的销售人员流动还被认为是公司成功的商业模式的一个特点。公司每年都会聘用数千名新的销售人员，因为公司知道当他们发现自己不适合这个工作的时候就会选择离开。然而随着市场变得饱和，这种模式就不灵验了。市场机遇远不如从前，很多有潜力的人很快就离开了，而公司用于招聘和培训的投资根本没有机会收回，因为没有足够多的人坚持足够长时间去创造有效的价值。公司发现，相对于那些努力打拼几个月才作成一单生意的销售员，那些很快做成第一笔交易的人更有可能留下来，于是公司启动了一项计划，专门帮助这些新进职员更早取得成功，其中的具体作法包括在招聘环节采用更有针对性的标准来筛选候选人，还有为新进人员提供更好的培训、督导以及更合理的工作安排。
- 一家制药公司通过分析发现，销售人员的上门推销中，只有针对 30% 的医生是实现了利润的，这些医生的处方占公司药品销售的 90%。然而销售人员近一半的时间却是花在其余的 70% 的医生身上。于是这家公司就启动了一项计划，指导销售人员应该如何更有效地利用时间，而且还给每一个销售人员提供数据，让他们了解更好地选择目标人群可以提高业绩。
- 一个化妆品公司对其销售区域的工作量数据进行分析之后，发现其销售区域中，大量存在工作压力过大（25% 的销售地域），以及压力过小（32%）的情况。于是这家公司就将压力过大区域中的一些尚未充分覆盖的客户调整给那些压力过小的销售区域的人员，从而显著地提高了销售人员的效率和客户服务水平。

理解和提升销售团队业绩的一个框架

要想寻找方法，提高销售人员的业绩，首先必须理解销售团队的组成要素及其联系，了解销售团队是怎样影响公司业绩的。我们曾经在美国西北大学凯洛格商学院和其他一些地方讲授一门课，名为“提升销售人员业绩”，上课之初，我们会问到场的销售经理一个简单的问题：“你怎么知道你拥有的是一支成功的销售队伍？”他们的回答五花八门，有的属于直接反应，有的是深思熟虑的结果。图 12-3 所示为针对我们问题的一些典型的答案，它们都围绕着几个内在相联的影响销售团队业绩的方面。这些销售经理告诉我们，在一个成功的销售队伍中，那些拥有很强技巧和能力，信心十足、志在必得的**销售人员**会投入开展恰当的**活动**，来促使**消费者采取行动**，进而影响企业的**经营业绩**。

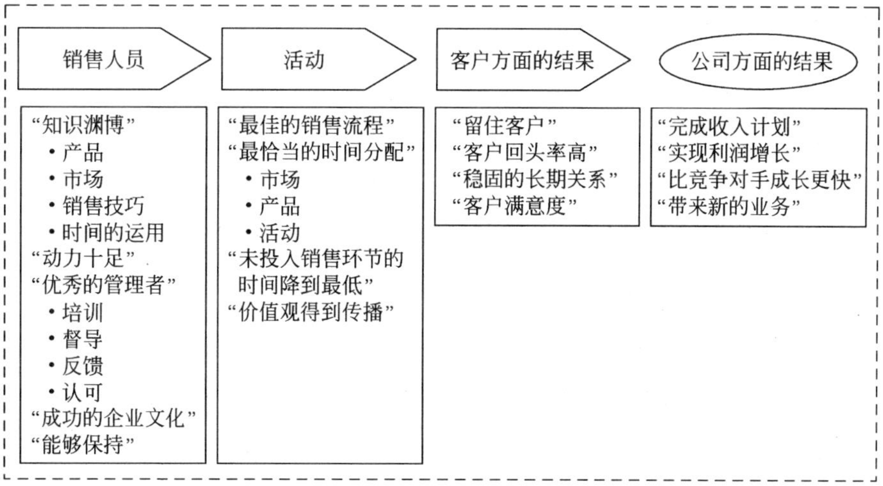

图 12-3　销售土管描述成功的销售团队：销售团队效率的几个维度

销售经理可以通过他们的决策、通过采用不同的流程以及方案来提高销售团队的效率。我们把这统称为“**销售业绩驱动因素**”。如图 12-4 所示，这些销售业绩驱动因素成为最核心的根基，各种组成要素将销售人员联系到一起，进而影响公司的业绩。销售经理可以通过有效地管理这些业绩驱动因素，打造一支优秀的销售团队。

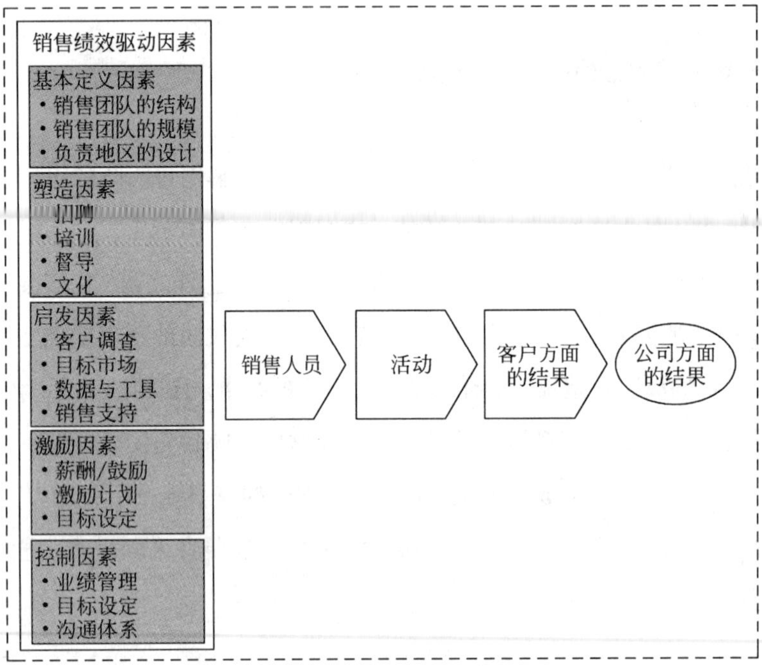

图 12-4　五类销售业绩驱动因素及其影响

销售业绩驱动因素

这些因素可以分为五类，图 12-4 就每个类别都举出了一些例子。这些类别通过不同方式影响销售团队。本章下面将更加详细地分析每一种类别里列出来的这些驱动因素的定义及相关内容。（见图 12-11—12-15）

基本定义因素——例如销售团队的规模及结构。这些因素明确销售团队的组织，具体地列明给销售团队的投入，通过建立合理的组织结构，赋予销售人员清晰的角色，让他们清楚自己的未来。

塑造因素——例如销售人员的招聘和培训计划。这些因素会塑造销售团队中的成员，保证每个人拥有恰当的技能、能力，以及形成成功必备的价值观。

启发因素——例如销售数据和工具。启发整个销售团队，提供销售人员和经理所需的旨在理解顾客并取得成功的信息。

激励因素——例如销售薪酬和激励计划。对销售人员形成激励，激发销售人员积极努力工作并取得成功。

控制因素——例如销售团队业绩管理系统——要控制这些因素并引导销售团队

的各项活动，保证销售团队始终以实现公司目标为方向。

每个销售业绩驱动因素都可以有很多方式产生影响。然而为了简便起见，这个框架根据它们影响最显著的领域进行了分类。例如，“薪酬和激励”因素被列入“激励因素”，因为合适的报酬和激励方案会促使销售人员努力工作，并完成有挑战性的工作。然而，“薪酬和激励”也可以属于“**塑造因素**”，因为薪酬和激励方案会有助于吸引合适的人来做销售工作；另外，它也可以属于一种**控制因素**，因为企业通过向合适的产品或顾客群加大投入，就能够告诉销售人员公司希望他们做什么。

利用框架评价和提升销售团队的业绩

图 12-4 突出了两个方面，可以帮助销售经理去评价其销售团队的效率并发现提高效率的机会。

首先，这个框架表明，评价销售团队的业绩有很多方法。销售经理们经常聚焦于公司业绩——也就是说，如果一个销售团队能够始终实现目标，那么它通常被看作是“杰出的”。但是实现目标仅仅是衡量一个好的销售团队的标准的一个方面。实现利润目标也许是一个成功的标志，但也可能表明是他们运气好。全面地评价销售团队的业绩就要审视多个层面的要素。销售经理需要针对图 12-4 中框架的各个环节，提出问题。

- 针对各个产品线，我们的目标是否都实现了？（公司业绩）
- 我们客户的需求是否得到了满足？（客户方的结果）
- 我们的销售人员是否开展了正确的工作？（工作方面的结果）
- 他们是否得心应手？（销售人员）
- 针对每一个销售业绩驱动因素，我们是否都做得很完美？（销售业绩驱动因素）

其次，这个框架表明影响销售人员业绩的根源在于销售业绩驱动因素。在这些驱动因素方面表现优异就会创建出一支强大的销售团队。销售经理应该审视他们负责的决策、业务流程、各种活动及相关体系，针对销售团队面临的问题、挑战及忧虑寻找解决办法。如果能够保证所有销售业绩驱动因素都得到有效的管理，而且与公司战略相辅相成，那么销售经理就能够打造一支完美的销售团队。

这个框架显示了一种合理、全面的决策方法、它可以帮助企业在面对各种挑战和机遇时，采取适当措施，保证它们的销售团队做到最好。下面我们来分析这个框架会有助益的四种情况。

第一种情况：事件发生在销售团队之外

整个行业及经营环境或是公司内部发生的一些事件往往会给销售团队带来新的挑战和机遇。销售经理们经常告诉我们，他们面对的主要问题都来自于销售团队以外——例如，**顾客**改变了购买的方式，**竞争对手**变得更加咄咄逼人，经济低迷招致更差的市场**环境**，或者公司执行的新**战略**改变了公司原来的产品组合和目标市场等等。这个框架就可以帮助销售经理评估这些事件对销售团队产生的影响，进而他们可以决定应该调整哪些销售业绩驱动因素，来帮助销售团队取得成功。

图 12-5 显示了一个决策流程，表明需要调整哪些销售业绩驱动因素，来成功地应对企业外部和内部发生的各类事件。

这个事件对销售战略的影响程度有多大？ ⇨	需要对销售团队的结构和角色作出哪些改变？ ⇨	销售人员需要哪些技巧和能力才能获得成功？ ⇨	我们怎样鼓励销售团队高效地开展新的活动？
我们将聚焦于新的或者不同的细分市场吗？ 我们的价值定位会发生什么改变？ 我们需要建立一个新的销售流程吗？如果是这样，那么新的销售流程应该是什么样子的？ “深入市场”的战略会受到什么样的影响？	新的销售和营销战略是否能够在现有的销售团队结构下得以实施；组织和销售人员的角色需要改变吗？ 如果必须改变，那么我们如何来定义： • 销售需要扮演何种角色？ • 最佳的销售团队的结构是什么样的？ • 我们是否需要更多或者更少的销售人员？ • 我们是否需要重新调整销售地域划分？	现有的销售人员是否拥有高效执行新销售流程所需的技巧和能力？ 如果需要获得新的技巧和能力，那么我们可以怎样打造销售团队的能力？ • 我们能否培训现有的销售人员掌握必须的技能？我们是否需要建立新的招聘标准？ • 我们是否需要改变招聘流程以及销售经理的选聘流程？ • 对于无法适应的人员，我们该怎么办？ • 我们怎样更好地留住业绩最优秀的人员？ • 现在的企业文化是否与新环境相吻合？如果需要，我们可以怎样改变企业文化？	我们如何启发销售人员？我们是否需要给销售人员提供新的客户调查结果或者选择目标市场的相关信息？客户关系管理系统以及其他的系统会受到什么影响？ 我们如何激励销售人员？是否需要执行一种新的薪酬补偿体系，或者新的激励计划？ 我们如何控制销售人员？我们如何评价测度成功？我们如何设定目标？沟通和协调系统需要改变吗？

图 12-5　调整销售团队适应重大事件的决策流程

第二种情况：出现特殊的销售团队问题

最好的销售经理总能洞察事件之间的联系。他们经常能够发现具体问题背后的根源，这些根源如图 12-3 所示。例如，他们会发现**销售人员**开始变得自满；或者针对重要客户的销售**活动**太少，或者销售人员没有实现预期的**客户目标或销售业绩**等等。当销售团队出现这类的具体问题时，这个框架就能够用来追踪溯源，明确究竟是哪些销售业绩驱动因素出了问题，同时揭示出应该如何调整，找到出路。

诊断的过程。图 12-6 表明企业可以一步步地诊断出销售团队的一个具体问题，即“销售人员没有投入足够时间来开发新客户”，方法就是将问题的根源追溯到那些销售业绩驱动因素上，进而加以校正。这些驱动因素会在本章稍后做详细的讨论（见图 12-11—12-15）。

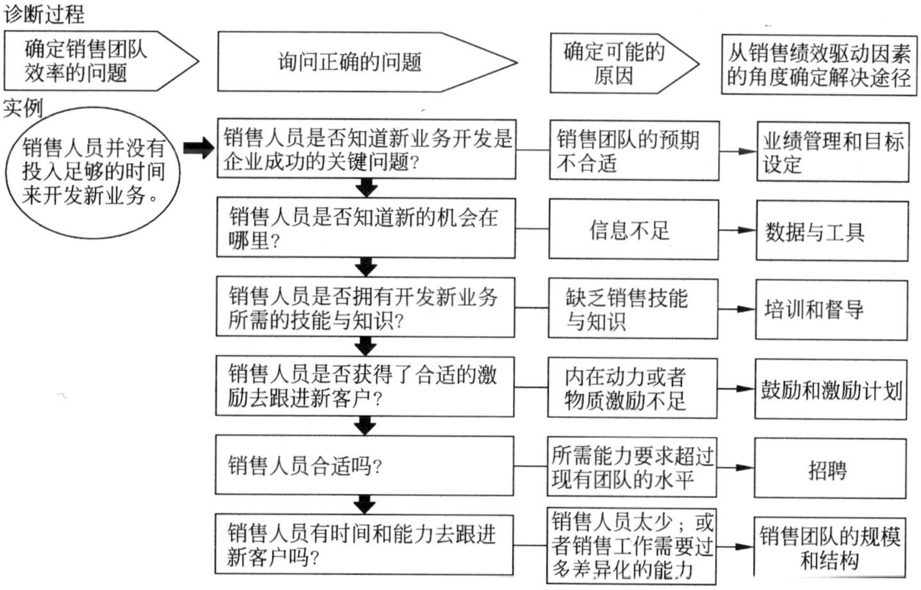

图 12-6　诊断销售团队问题的过程实例

这个诊断过程通过询问一系列问题，确定问题可能产生的根源以及最终的解决方法。那些诊断问题可以加以调整，来强调销售团队遇到的一系列挑战。还要对那些问题加以排序，目的是那些首先被问到的问题所涉及的销售驱动因素是最容易改变的。例如，一般来说，对销售业绩管理的流程、目标、数据以及工具可以很快作出调整，同时不会对销售团队造成严重干扰。图 12-6 下方的一些问题所涉及的销售驱动因素改变起来就相当困难——招聘计划和销售团队的规模及结构。因为这些因素决定着销售团队的人员构成，以及客户销售任务的分配，所以一般而言，改变它们往往会严重干扰销售团队，而且难以实现，需要更长的时间才能奏效。一些公司通过改变那些易于改变的因素就获得了成功。而另一些则必须调整那些更难改变的因素才能找到有效的解决途径。针对那些最困难的挑战，一般而言，企业都需要对多个因素加以调整。

第三种情况：公司希望提高销售效率

通常情况下，销售经理就是希望销售团队越来越优秀，他们需要寻找最好的办法来改进工作。有几个诊断工具可以揭示显著提高效率的方法。通过分析反映销售区域的活动，各种机遇和结果的历史数据，销售经理就可以掌握各种销售业绩驱动因素执行的效果如何。与竞争对手进行比较，并向行业标杆看齐就能帮助公司发现机遇，提高销售效率。

采用业绩曲线分析方法来确定最优秀的销售人员。企业挖掘提高销售团队效率的方法中，有一种很有效，就是观察自己销售团队中优秀销售人员的特征和开展的活动（本章前文提到的诺华公司的例子就是这样）。但是如何确定哪些销售人员属于这种“最优秀的”，却并非总是那么显而易见的。传统的方法在测度业绩水平时，会采用销售经理的看法以及负责地区中的指标排名来评判，例如销售指标以及取得的配额指标，但是这些方法都无法提供全面的评价，因为这些方法都无法将地区因素（比如市场潜力，市场增长情况或者竞争密度等等）与销售人员个人的能力及努力程度因素对销售的影响清楚地区分开来。许多销售团队（包括诺华公司）都曾经采用过一种分析工具，叫作“**业绩曲线分析方法**”来辅助传统方法，找到最优秀的销售人员，业绩曲线分析方法（见图 12-7 中的例子）是观察销售地区的历史数据，进而通过控制地域因素的差异（在这个例子中，就是市场潜力因素），然后突显出销售人员对地域绩效的影响（在这个例子中就是销售指标）。

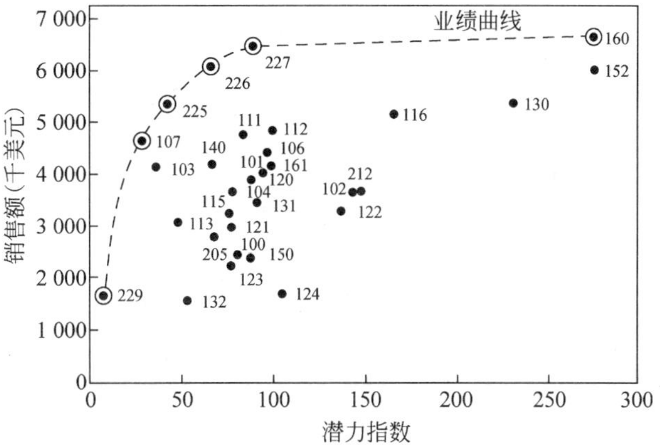

图 12-7　业绩曲线分析方法（以一家生产消费品包装材料的企业为例）

图 12-7 中的每个点都代表一个销售地区。每个地区的潜力都用指数来表示（100 代表平均水平），地区潜力结合销售人员所提供的具体销售数据及企业统计数据来决定。销售业绩表现最好的地区就是那些与潜力相比，实现了最高销售量的地区。

图中最上方，将代表销售业绩最好的地区的点连接而成的曲线就代表了销售业绩的曲线边界——换句话说，就是该地区可以实现的最大销售量。这一销售业绩水平是可以达到的，因为有销售人员曾经实现过。业绩最优秀的销售人员就是那些位于或接近销售业绩曲线的人员。销售经理就可以通过将这群销售人员的特点和表现与其他人进行对比，从而掌握究竟是哪些性格特征以及行为方式引发了成功的销售。他们可以将这些性格特征和表现回溯到根源性因素上，从而揭示需要怎样调整销售团队，才能让这些引发成功的特征和表现深入渗透到每个销售人员身上。

使用销售业绩计分卡来确定提高销售效率诸因素的优先次序。当诊断分析表明许多因素都有可能提高销售业绩时，企业往往能够通过因素排序，集中改进最重要的因素而取得良好收效。绩效计分卡是一个非常有用的工具，如图 12-8 所示，它可以评估销售业绩，并根据可能产生的影响进行优先排序。

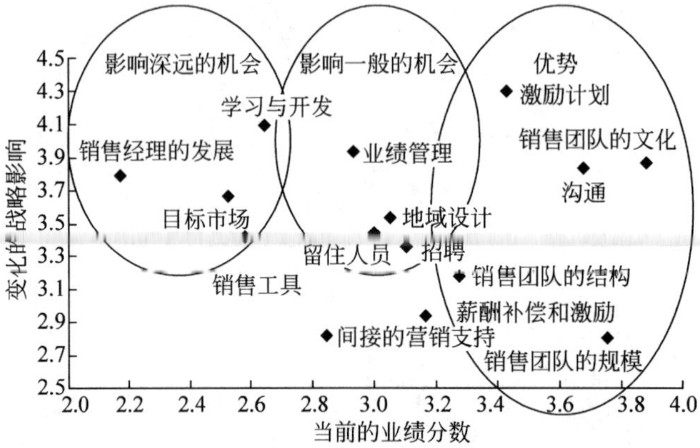

图 12-8　销售业绩记分卡（以一家保健公司的瑞士分公司为例）

计分卡从两个指标角度来衡量销售业绩驱动因素：一是**绩效表现**，二是**战略影响**。绩效分反映的就是销售组织使每个业绩驱动因素实现最大化的能力。企业可以通过数据分析，标杆对比，结合企业领导或有关专家的意见，来计算出绩效分。此外，本章稍后论及的重要驱动因素的**最佳表现**列表（图 12-11—图 12-15）也是一个非常有用的工具，可以评估销售团队在许多业绩驱动因素方面的表现。战略影响指标反映的是某个销售业绩驱动因素对企业取得成功的重要性。绝大多数企业都是根据高管层的判断或外部专家的意见来决定某个因素的战略影响分。

绩效计分卡可以揭示在某一个时间点上，企业的绩效状况以及销售业绩驱动因素对企业战略的影响。

每个因素在计分卡上的位置都代表着一个行动。对于战略影响不大，但是绩效水平很高的因素，比如例子中的销售队伍的规模，就可以维持在现有水平。对于战略影响重大而且绩效水平很高的因素，比如激励计划，就要密切监控，以确保其保持高水平。对于战略影响不大而且绩效水平低的因素，比如例子中的间接销售支持因素，可以加以监控，看看随着时间的推移其影响是否会增大。对于战略影响大但绩效水平低的因素，比如例子中的培训、销售经理的发掘、市场定位，以及帮助销售团队的各种工具，它们揭示了提高效率的最佳机会，是销售经理首先考虑解决的问题。

绩效计分卡不是普遍适用的，它只针对某个企业，而且只针对评估进行当时的具体条件。随着销售人员的业绩改善，销售业绩驱动因素会向右移动，相反，则向左移动（大多数情况下，是环境发生了改变，导致现行做法不再奏效；或者销售经理及具体的销售人员没能保持住较高的业绩水平。）

第四种情况：当企业在某个特定的驱动因素上发现了问题

通常情况下，销售经理们都只是从单个驱动因素角度思考如何提高效率——比如“我们需要**改变地域划分**，因为各个区域存在巨大的潜能差异，它使销售团队内部产生了不公平”，“销售人员需要更精确、更及时的**信息**，因为在信息技术领域我们有许多问题”或者“员工士气很低，因为我们**设定目标的过程**导致了许多不公平的销售目标。”但是我们发现，大多数销售难题都需要针对多个销售业绩驱动因素，来寻找解决方案。大多数情况下，销售经理们会关注那些非常明显的（比如报酬）、没有什么威胁的（比如培训），或者能够带来新希望的（比如客户关系管理系统，简称为CRM）的因素，但同时会忽略掉那些不太显性、或者很难改变的因素，比如文化、领导力和招聘等等。本章所描述这个思维框架将销售团队的问题和可能的解决方案联系到了一起。

改善销售业绩的驱动因素

一旦销售经理明确了哪些销售业绩驱动因素需要改善，他们就需要采取措施去改变和提高这些目前存在问题的驱动因素。为了对销售人员和他们的活动产生预期的影响，这些决策就需要与公司的**销售战略**密切吻合。下面，我们来分析销售战略中的关键因素，然后提出一些建议，说明怎样通过围绕战略调整每一类驱动因素，来实现最好的效果。有关这些主题的其他一些研究框架及主要观点请详见下列研究人员的成果，包括 Zoltners，Sinha 和 Lorimer（2009）。

一个公司为了使它的销售驱动因素达到最佳目标，就需要制定一套有很强凝聚力而且得以很好沟通的**销售战略**，将销售人员的目标和公司的目标协调一致。如图 12-9 所示，销售战略在公司的业务战略、目标、具体任务与销售人员之间搭建起一座重要的桥梁。

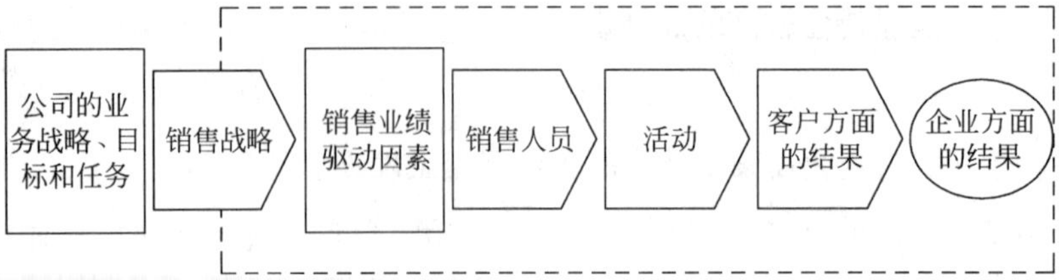

图 12-9 将公司的业务战略与销售团队的活动和结果联系起来

好的销售战略包括三个重要组成部分。第一，它必须定义出目标**细分市场**，并明确指出哪些细分市场要采用人员销售（以及哪些采用其他的销售渠道）。第二，要明确指出企业向每个细分市场传递的**价值定位**。第三，它要清楚地定义传递价值的最佳**销售过程**，包括人员销售在针对每个细分市场销售中扮演的角色。销售部门要和营销团队协调一致，共同制定销售战略决策，并且不断地通过市场细分、客户产品设计价值定位开发、精化销售流程，加以微调。

在一个出色的销售团队中，所有这些驱动因素都可以改善公司的销售战略。图 12-10 列出了一些重要的**最佳实践作法**，对比这些做法企业可以确定其销售战略制定的效果。

	最佳实践做法
销售战略的设计与实施 它是关于企业客户、价值定位以及销售方法的计划。	1. 营销人员和销售人员依照确定的业务流程共同制定销售战略。 2. 定义有实际意义的、有实践操作性的细分市场；根据每个细分市场的需求调整产品和服务。 3. 针对每个细分市场开发一种销售流程，它不仅符合价值定位战略，而且还能反映客户的购买流程。 4. 公司在效率和成本的基础上，选择销售渠道，让细分市场了解新的销售流程。 5. 销售团队向每个细分市场传播突出的价值定位，特别强调与其他产品和服务相比客户可以实现的利益和价值。

图 12-10 制定出色销售战略的一些重要的最佳实践做法

定义因素：构建适当的组织结构

定义因素方面的决策应该和企业的销售战略保持一致，并强化销售战略；而且一般而言，它需要在其他决策作出之前完成。图 12-11 列出了一些重要的**最佳实践做法**，公司可以使用这些方法来判断自身在几个关键因素上，制定决策和实施决策的效果。针对销售团队的定义因素，如何制定好的决策，关于这个主题还有其他的研究框架和结论，详见 Zoltners，Sinha 和 Lorimer（2004）。

	最佳实践
销售团队的结构 定义了销售的角色和销售人员的上下级关系	1. 当销售流程的复杂性超过一般销售人员的水平，要求更高的能力和技巧时，公司会聘请销售专家（他们擅长于市场、产品或者销售活动）。 2. 销售团队的结构既能实现目标，又非常高效，而且与企业战略相吻合，可管理性强。 3. 战略性的大客户得到特别的关注。 4. 公司清楚地定义了每个销售人员的角色，具体明确了这个角色要获得成功必须具备的关键知识、技巧和能力。 5. 公司明确了职责分明的销售人员上下级关系。 6. 销售团队的结构根据变化的业务需求进行调整。
销售团队的规模和资源分配 销售人员的数量以及他们在细分市场、产品以及销售活动方面投入的时间	1. 公司明确销售团队应该怎样将时间分配给各种销售活动、各类消费人群，以及各类产品；可以估算出针对不同细分市场执行销售流程所需的努力程度。 2. 公司可以估算出不同努力程度可以在不同细分市场实现的销售增量，包括结转销售（例如由于今年的努力在未来几年中实现的销售）。 3. 公司根据对各种机会以及销售范围的分析，来制定销售团队规模和任务分配方面的决策。 4. 公司在制定销售团队规模决策时，会考虑商业环境中本身固有的风险和不确定性。 5. 公司在制定资源分配决策时，会根据各种机会考虑销售业绩情况，而不会因为某些产品、市场或者地区性团队的具体利益诉求，而产生偏见。
销售地域设计 销售人员对现有客户和潜在客户所负责任的划分	1. 公司设计销售地域的原则是让客户的需求与负责这一地域的销售人员或销售团队的能力相匹配。 2. 公司是基于业务标准（工作量、地区潜力和旅行情况），而不是基于某些具体人员的需要，来制定销售地域和地区设计。 3. 销售团队采用正式的、中央集中管理的流程，来评价地域设计方面的变化，同时还会考虑销售经理的看法，重视当地市场的具体需求。 4. 销售团队负责的地域设计方案每1-2年会审核一次，当出现重大事件（例如发布新产品）会影响地域间的工作量和地区潜力时，公司要进行全面的评估。 5. 要采用高效的任务分配工具，来实现并维持非常优秀的工作任务安排。 6. 在地域设计发生改变时，公司拥有具体的交接过渡方案，能够让销售人员与客户的关系不受到干扰和影响。

图 12-11　销售团队基本定义因素决策的一些重要的最佳实践做法

塑造因素：培养销售团队拥有正确的营销技能、水平和价值观

图 12-12 列出了一些重要的**最佳实践做法**，公司可以使用这些方法，来判断自身在几个销售队伍塑造因素上，制定和实施完美决策的效果。

	最佳实践做法
招聘 编制销售工作细则并发掘、挑选、吸引最合适人员加入销售团队的过程。	1. 公司定义了销售工作的目标，及时更新工作描述，而且针对每个销售角色都有理想的候选人标准。 2. 公司利用多种途径(推荐、校园招聘、内部安置等等)，储备了大量的高水平候选人，并跟踪各种途径招聘的结果，保证能够持续不断地提高候选人库的水平。 3. 评价和挑选过程包括行为面试以及/能力测试，判断备选人是否达到成功所需的行为标准。 4. 评价和挑选团队要包括经过专业面试技巧培训的业绩优秀的销售经理。 5. 招聘团队要考虑候选人是否拥有工作成功所需的个人性格特点，要理解光有经验是不够的。 6. 销售经理要持续性地招聘新人，掌握一些优秀备选人，防备预料不到的岗位空缺。要避免为应对紧急情况的应景式招聘。 7. 公司拥有正式的吸引人才的计划，能够说服最好的候选人加入公司。
培训和督导 指导性方案和管理人员的指引，用以帮助销售人员获得并提高成功所需的技能与知识	1. 培训和督导项目聚焦于一些关键能力上，这些能力是成功执行销售任务所必需的。 2. 利用各种课堂培训、在岗培训以及自学的方法，让培训项目既可以实现预定目标(对于关键能力影响显著)，而且还很高效(让销售人员没有花在客户身上的时间降到最低)。 3. 公司通过督导、信息支持，以及业绩管理流程，将课堂培训和继续学习融合在一起。 4. 特别在环境发生变化时，公司鼓励销售人员自己努力学习，设立机制促进大家的知识共享。
文化 引导销售人员的选择和行为方式的一套非书面表述的规则、价值观、规范标准。	1. 公司明确了恰当的"理想的销售文化"，这种文化符合客户的需求，尊重销售人员，重视公司的目标与战略。 2. 销售团队内部有强烈的文化共识——销售人员在面对具体困境时都会作出一致的选择。 3. 文化有力度。公司的口号和使命说明书的表述不仅仅停留在语言的层面——销售人员充满激情地践行，日常工作中习惯于用它们引导自己的选择。 4. 销售主管会不断地向销售团队宣传符合理想销售文化的行为方式，给恰当行为予以奖励，保证他们言行一致。 5. 销售主管会成为销售团队的表率；销售主管明确传播的价值观和他们的行为之间有清晰的联系。 6. 所有销售绩效驱动因素的调整目标都是加强这种理想的销售文化。 7. 公司阶段性地对销售人员进行问卷调查，目的是对销售文化作出评价。如果现有文化和理想文化之间存在差距，那么公司要采取措施，弥补差距(例如召集销售经理开研讨会，讨论解决文化方面存在的问题)。

图 12-12　销售团队塑造因素决策的一些重要的最佳实践做法

启发因素：提供销售人员成功所需的信息

图 12-13 列出了重要的**最佳实践做法**，公司可以使用这些方法来判断自身在几个销售团队启发因素上，制定和实施完美决策的效果。

	最佳实践
选定目标、数据和工具 客户信息的管理和帮助销售团队计划时间、更高效地服务于客户的各种工具	1. 销售体系的设计目的是帮助和优化销售工作流程；而不只是销售经理加以控制的工具。 2. 销售报告和工具以一种视觉化的、定制型的、相对简单的形式，提供最基本的信息，帮助销售人员和销售经理评估并提高业绩。 3. 销售团队拥有很好的数据，来测度客户以及地域的潜力，并利用这些数据改进目标设定、选择目标市场、进行绩效管理以及销售团队的部署。 4. 公司根据客户的潜力及需求来细分市场，给销售人员提供数据和指导，帮助他们针对每个市场适当地调整产品和销售流程。

图 12-13　销售团队启发因素决策的一些重要的最佳实践做法

激励因素：激励销售人员达成目标

图 12-14 列出了一些重要的最佳实践做法，公司可以使用这些方法来判断自身在两个关键的激励因素方面，制定和实施完美决策的效果。如何制定销售团队激励决策，还有其他一些研究框架和相关成果，详见 Zoltners Sinha 和 Lorimer（2006）。

	最佳实践
薪酬补偿和鼓励 销售团队获得薪酬补偿和基于业绩的激励（奖励和佣金）的方法。	1. 公司针对每一个销售岗位都确定了目标收入范围，而且比其他企业同类岗位有竞争力。 2. 对于短期销售产生重大影响的销售岗位，给与更高的变动薪酬奖励。 3. 销售激励方案依据业绩制定，最优秀和最差的人员得到的报酬要有实质的差距。 4. 销售激励方案鼓励采取符合公司战略和理想销售文化的各种销售活动。 5. 方案要足够简单，让销售人员都能够明确他们的业绩如何影响自己的收入，而且他们可以很容易地向别人解释这个方案。
激励方案 通过奖励和认可（在常规的薪酬补偿方案之外），激励销售人员努力工作、获得成功的各种方案。	1. 销售团队的激励方案各有差异，符合不同人群的具体需求。例如，公司可以开展销售竞赛，符合销售人员追求成功的需求；还可以召开销售会议，符合他们加强社交联系的需求；还可以通过"总裁俱乐部"的会员形式对他们的工作加以认可，满足他们自我满足的心理需求。 2. 所有的激励方案都要与理想的销售文化相辅相成。

图 12-14　销售团队激励因素决策的一些重要的最佳实践做法

控制因素：保持销售人员方向正确

图 12-15 列出了一些重要的**最佳实践做法**，公司可以使用这些方法来判断自身在几个关键的控制因素上，制定和实施完美决策的效果。

	最佳实践
业绩管理 通过制定目标、设计行动计划、衡量业绩、继续跟进等环节控制业绩的过程。	1. 公司提供一个基于统一分类系统和销售人员能力模型的框架，供经理们评价销售人员使用。 2. 销售团队有明确的业绩管理流程，不仅为销售人员确定目标和计划，而且根据这些目标来衡量他们的业绩，并给于适当的奖励或改进建议。 3. 销售经理定期与销售人员会面，不断地提供反馈、指导、阶段性成果的回顾以及年度业绩评价结果等。 4. 业绩评价会考虑各个销售区域之间的差异，会给那些区域潜力较差但工作努力的员工适当的奖励。
目标设定 在区域层面上设定销售、成长或者其他目标	1. 公司统一地为销售团队制定有挑战性的、仍然可以实现的、公平的目标。 2. 公司采用标准的数据分析，并考虑营销团队和销售团队的意见，来制定具体的全国性销售目标。公司不会制定可能损及团队士气的过高目标。 3. 公司根据对各个区域的发展趋势和市场潜力，并考虑销售经理的意见，在各个区域间分配全国性销售目标。 4. 公司有销售激励应急方案，如果出现市场不确定性事件，它可以显著地上调或下调销售目标。 5. 在不确定性较高的区域，销售目标通常为短期目标，而且不仅仅明确数字本身，还会具体提出合理的业绩范围。

图 12-15　销售团队控制因素决策的一些重要的最佳实践做法

总　结

销售团队对于企业的收入和成本都有重要的影响，然而成功地管理销售团队对于任何企业而言，都是一项极具挑战性的任务。出色的销售团队要有出色的**销售人员**，他们要开展适当的**销售活动**，来满足**消费者**的需要，并实现**企业的效益**。要打造、维持，并不断改进一支优秀的销售团队，最佳的方法就是保证企业的决策、工作流程、各类项目及组织体系——这些影响销售人员的因素被称为**销售业绩驱动因素**——得以高效地管理，并与企业的业务战略保持协调一致。

作者简介

安德里斯·扎特尼尔斯（Andris A. Zoltners）是美国西北大学凯洛格商学院的 Nemmers 营销学教授。他是致盛咨询公司（ZS Associates）的创始人之一和联席主席，这是一家拥有 1500 名员工、经营涉及北美、欧洲和亚洲的全球性商业咨询企业。他曾与人合著过四本关于销售队伍管理的书籍，包括《建立一支优秀的销售队伍》

（2009 年）、《提高销售队伍业绩的指南》（2001 年）。他在迈阿密大学（University of Miami）获得学士学位，在普渡大学（Purdue University）获得硕士学位，在卡内基-梅隆大学（Carnegie-Mellon University）获得企业管理硕士学位和博士学位。

普哈卡·沙恩（Prabhakant Sinha）曾于 1983 年至 1987 年任教于凯洛格商学院市场营销学系，目前在凯洛格商学院的销售队伍绩效高管培训项目和印度商学院任教。他是致盛咨询公司（ZS Associates）的创始人之一和联席主席，这是一家拥有 1,500 名员工、经营涉及北美、欧洲和亚洲的全球性商业咨询企业。他曾与人合著过四本关于销售队伍管理的书籍，包括《建立一支优秀的销售队伍》（2009 年）、《销售队伍激励补偿指南》（2006 年）。他在印度理工学院卡拉格普尔分校（I.I.T. Kharagpur）获得工学学士学位，在麻省大学（University of Massachusetts）获得博士学位。

萨利·罗瑞摩尔（Sally E. Lorimer）是一位咨询师和商业专栏作家。她从前是致盛咨询公司的一名资深专家，曾为许多企业做过销售队伍绩效方面的咨询。她曾与人合著过三本关于销售队伍管理的书籍，包括《建立一支优秀的销售队伍》（2009 年）、《设计销售队伍、获得战略优势》（2004 年）。她在密歇根大学（University of Michigan）获得工商管理学士学位，在美国西北大学凯洛格商学院获得工商管理硕士学位。

延伸阅读

Zoltners, Andris A., Prabhakant Sinha, and Sally E. Lorimer (2004), *Sales Force Design for Strategic Advantage,* New York: Palgrave Macmillan.

Zoltners, Andris A., Prabhakant Sinha, and Sally E. Lorimer (2006), *The Complete Guide to Sales Force Incentive Compensation: How to Design Plans That Work,* NewYork: Amacon.

第三部分

当代营销中的新问题

第十三章

针对金字塔底层消费者的市场营销

博比·J. 考尔德

理查德·科尔斯基

玛丽亚·弗洛里斯·莱特列尔

引 言

传统市场营销的目标是刺激消费者产生需求，并且将消费者从一个公司的客户转变为另一个公司的客户。正是出于这种思想，那些低收入的消费者，尤其是处于金字塔底层的消费者，根本无法引起市场营销的兴趣。如果人们无力购买商品，那么针对他们做营销是没有丝毫意义的。

贫困问题好像并不是一个市场营销问题，而是一个社会问题。在资本主义的经济体系中，事实上是一些人居于社会边缘。据世界银行统计，有超过 30 亿人的日均生活费低于 2.5 美元。[1] 过去，有超过 10 亿人的日均生活费低于 1.5 美元，而且近期发生的实际经济衰退还将导致至少 9000 万人加入这个人群。[2] 这个问题非常复杂，原因在于随着世界范围内许多农村地区的极度贫困，农村贫困人口大量涌入城镇，但这个人

[1] World Bank Development Indicators, 2008.

[2] United Nations Millennium Development Goals Report, 2009.

群并无任何准备，根本无法参与经济活动。近期世界人口已经从以农村人口为主转变为以城镇人口为主，而这种转变主要发生在一些更为贫穷的国家。贫困甚至还会阻碍城镇中的贫困人口进入满足基本生活需求的市场，例如房屋市场。

针对农村社区，已有一些应对的方法，但是那些城市中的贫民区不同，他们面临的是根本无力的选择，也就是说，他们只能加入仅存在交易关系的市场，但这个市场又恰恰是他们根本无力应付的。比如以房屋为例，城市贫民所居住的地方，他们都无法提供合法的所有权文件（而这个问题本身在一些国家就是多年都无法解决的）。他们大多没有银行账户，没有信用记录。抵押贷款也不具备条件。人们被迫自己搭建棚户，引发了过度拥挤，让人们心中充满绝望。而且由于居住条件的限制，孩子们深深地陷入了贫困的循环圈，他们在拥挤的、没有灯光照明的房屋里根本无法学习，而且所居住的环境充满了各种危险和犯罪的诱惑。

毫无疑问，贫困是一个社会问题。它同样是一个市场营销问题，也是一个机会。为了比较这两种观点，在我们分析针对处于金字塔底层的消费者展开营销之前，我们首先来介绍一下相关的背景，看当今大企业是如何将贫困看成是社会问题，而不是市场营销的机会。

企业的社会责任和相关的方法

越来越多的企业针对社会问题作出回应的方式，比如针对贫困这样的社会问题作出的应对，都是通过企业社会责任（CRS）来进行的。虽然企业的社会责任项目会采用五花八门的形式，但是它们有一个共同点，就是企业花钱做好事。其中一种方式是赞助基金会。另一种方式就是避免或者纠正不当的行为（例如避免使用童工）。

近年来，社会责任项目已经开始强调直接针对问题，而且所采用的方法不仅能够惠及他人，而且也能够让公司获益。这种趋势简单地表述出来，就是“通过做好事来挣钱”。这种观点是建立在 C.K. 普拉哈拉德（C.K. Prahalad）于 2002 年提出推广的一种思想基础上，当时他提出私营企业可以将企业的社会责任活动当成一种机会，将社会责任项目融入企业经营当中，从而减少并缓解全球的贫困问题。[3] 实际上，理想

[3] Prahalad, C.K.(2009), *The Fortune at the Boitom of the Pyramid,* Upper Saddle River, NJ: Wharton Publishing.

目标就是双方均受益。例如印度的一家牛奶生产商可以通过建设村庄收买中心来解决供货的问题，这些收购中心从农户手里收购牛奶，这些农户们有可能只有一头牛或者两头牛。这样这家公司不仅实现了大规模的供应链，同时它汇集了数百万计的小农户，如果没有企业，这些小农户根本无法把它们的牛奶卖出去。[4] 一旦企业获得了农户的信任，他们就可以帮助农户提高奶牛的健康水平，从而提高奶牛的产奶量，而这样就会给公司提供品质更好的产品以及更加充足的牛奶源。

2006 年，波特（Porter）和克雷默（Kramer）又将这种方法推进了一步，[5] 他们呼吁企业采取更具战略性的社会责任和活动项目。他们的观点是企业通过分析社会问题如何影响企业，然后设计专门的项目来应对这些社会问题，从而获得竞争优势。他们援引了丰田公司及其面临的汽车尾气排放问题的实例。丰田公司投资开发普瑞斯混合动力技术，从而使所生产的汽车实现低尾气排放，使丰田公司拥有了领先其他企业的技术优势，而这种优势最后将给企业带来丰厚的利润。

但是针对企业的社会责任项目有很多批评意见，认为企业的慈善基金非常有限，但是需求却是无限的。这些批评意见认为社会问题应该交由政府或者非营利机构更加有效地解决，而不是由单个企业去解决。这些批评人士还指出，即使在政府层面，一些慈善帮助还是存在许多问题。有许多慈善基金都是因为效率低下或者腐败问题被浪费掉，而且这种援助有可能滋长依赖心理。还有一种批评意见，认为战略性的企业社会责任项目如果效益不错，那么企业就应该专注那么做。因此企业的社会责任项目并没有什么特殊之处。

在这种背景下，人们逐渐对“社会企业家”这样的概念产生了浓厚兴趣，其代表人物就是比尔·盖茨及其盖茨基金会。主要思想就是投资那些颠覆性的技术或者社会企业，来真正解决类似疟疾这样的社会问题。

早期有一个著名的社会企业家的实例，就是穆罕默德·尤努斯（Muhumad Yunus）及其格莱珉银行（Grameen Bank，又译作乡村银行或者孟加拉乡村银行——译者注）。从 1983 年开始，这家银行开始向乡村贫苦户发放贷款，首先在孟加拉，然后是非洲和拉丁美洲。这家银行将贷款人变为银行的成员，和大多数靠抵押放贷的

---

[4] Prahalad, C.K., p.15, see Note 3.

[5] Porter, Michael, and Mark Kramer(2006), “Strategy and Society: The Link between Competitive Advantage and Corporate Social Responsibility,” *Harvard Business Review* (December).

银行相比，它的贷款偿还率高很多。它的贷款对象主要是妇女，她们普遍用贷款来经营小生意，例如手工艺品和家庭自制奶酪等等。这种方法开创了通过微型金融机构（MFI）来提高生活水平的一种模式。

还有一个经典的例子，这家企业名叫 Desarrollos Agropecuarios Bravo，它生产一种品牌为 Aires de Campo 的有机食品。这家企业成立于 2002 年，最开始它生产有机蔬菜，包括生菜、菠菜、芝麻等等，现如今它通过雇佣当地居民在整个墨西哥生产各种各样的有机食品。在这些情况下微型金融机构采用了不同的方式——有的是为了赢利，有的属于非营利，有的兼而有之——但是其主要目的都是促进中小企业发展，进而提高人们的收入和生活水平。这种模式以可以让穷人得到低息贷款，而备受赞赏，但是还有一些微型金融机构仍然受到人们的批评，例如墨西哥的"Compartemos"微型贷款银行就曾经受到人们的批评，原因是它通过高额的利息为投资人赚钱。

近年来，社会企业家活动经常和社会投资相伴而行。例如，聪明人基金（Acumen Fund）就是这样一家风险投资机构，它接受的某些投资项目的回报率低于市场的平均水平，比如在印度开办产妇保健机构，或者在坦桑尼亚开办一家企业专门生产防治疟疾传播的蚊帐。大多数情况下它是把资金借给一个合伙人。还有一些基金，例如斯科尔基金会（Skoll Foundation）、瑞士施瓦布社会创业基金会（Schwab Foundation for social Entrepreneurship）和爱创家基金会（Ashoka），都是鼓励赞助这类社会企业活动的机构。

因此，当前企业应对诸如贫困这样的社会问题的基本情况就是：企业的社会责任至少从理论上讲，已经扩展为更具战略性。核心观念就是将影响企业的社会问题转化为机会。企业通过解决社会问题，在做好事的同时，会在市场当中获得更大的优势和获利潜力。非常理想的情况是，企业的社会责任的内容融入其业务当中，成为企业远大理想和敏感经营的组成要素，影响企业的常规决策。也就是说，企业会仔细分析社会问题，这些社会问题一方面为给企业带来负面影响，另一方面也会在技术、供应链、分销渠道或者其他领域给企业带来获得优势的机会。否则的话，问题最后还是留给公共部门或者社会企业家们，他们会通过一些特殊的技术或金融方面的创新方法来解决问题，尽管典型的情况是所实现的回报率低于市场平均水平（也许我们应该希望如此）。

在本章中，我们将分析企业可以将社会责任的相关活动融入业务当中，对企业的决策有所启示，特别是在市场营销的领域。我们相信聚焦于那些处于金字塔底部的消费者可以让企业在市场营销方面开发新的能力。

超越社会责任："今日遗产"项目

当企业将社会问题看作是营销问题时，它就可以真正地开始将企业社会责任融入其经营业务当中。此时问题就会变成："位于金字塔底层的消费者通常是企业并不关注的边缘人群，而且传统的营销也不强调这类人群，如何向他们营销呢？"为这些消费者制定营销战略，我们必须有创新的思维方式。

这里有一个企业社会责任方面的实例，它可以很好地说明应该如何去思考针对这些消费者的营销活动。墨西哥水泥集团是世界上最大的水泥生产企业，十几年前这家企业推出了一个项目，名叫"今日遗产"，目的就是帮助墨西哥的城市贫民建筑房屋。从这个项目成立之初，我们就介入其中（我们当中的一员就是这个项目最初概念的主要开发人之一）。如何向位于金字塔底层消费者作营销，我们的观点也在实践中不断发展变化，我们将采用这个案例来说明我们的观点。下面，我们先介绍一下"今日遗产"这个项目的相关背景信息，然后再来分析我们获得的经验教训。经验教训指的是那些并非在顺境下，而是在逆境中拼搏学到的东西。大多数情况下成功的原因有很多，而且运气往往是其中之一。在"今日遗产"这个项目的实施过程中，企业曾经尝试过不同的方法，而且毫无疑问在未来它仍然会尝试各种方法。这个案例远不是金融课本中的一个例子，倒是我们可以从中获得丰富的经验教训的指导。

C.K. 普拉哈拉德在他的著作《金字塔底层的财富》（2004）当中详细地描述了"今日遗产"最初的概念，伊斯雷尔·莫雷尼奥·巴尔塞洛（Israel Moreno Barcelo），即该项目的总经理2009年在这本书最新的版本中又对它作了进一步分析。它成为企业社会责任方面一个创新的案例，同时它还被认为是一个成功的商业案例，说明如何围绕公司的附加服务来设计企业的营销渠道（详见第十一章"营销渠道设计和管理"）。

1998年，在梵希斯克·加尔扎·赞布拉诺（Fancisco Garza Zambrano）的率领下，墨西哥水泥集团启动了一个项目，专门针对墨西哥水泥市场当中自行建筑（自助式服务）的细分市场。这个细分市场的消费者住在城市中的贫民区，占总人口的40%

多。这些消费者占到水泥消费的30%—40%，他们甚至有可能消费更多。

项目一开始，墨西哥水泥集团的一组员工和咨询顾问就进入哈利斯科州（Jalisco）克罗拉达市（Mesa Colorada）的一个城市贫民区当中，时间长达一年多，他们将一个玉米饼铺改建为一家“花园式”（旗舰）办公室。他们的目的就是去了解这个细分市场中的消费者，了解如何向他们推销水泥和其他的建筑材料。先期的努力遭遇失败。最初为了让产品价格更低，他们尝试对消费者推销小于正常包装的水泥产品。这种做法失败了，原因在于它不符合这群消费者要长期积累建筑材料的习惯。这类消费者是要在他们的房屋里建造不同的房间，而不是去做那种小型项目。

墨西哥水泥集团认识到它必须根据这些人的生活方式以及他们看待建筑的方式，来重新思考营销活动。[6] 因此，那个团队和一些当地居民的小组签约，帮助开展实验，他们对这些实验进行了观测。

大多数对这个项目的记载都聚焦在城市贫民区所面临的财务困境上。他们没有足够的钱，甚至连建一间房屋的钱都不够。大多数人都是购买少量的建筑材料，然后不断地积累。很多时候这些建筑材料会损耗掉。而且如果这些建筑材料放在屋子外面，还有可能被人偷走。所以就产生了一种观点，如果人们可以获得足够的信贷，那么他们就可以一次把建一间房屋所需要的所有建筑材料都买齐。尽管这个逻辑确实通顺（而且微型金融项目也确实有它的优点），但是它还不是“今日遗产”项目最有价值的发现。

深入的当面访谈以及关于民族习惯方面的研究（详见第三章“营销调研和了解消费者”）表明，在这个地区建筑房屋面临的主要障碍并不是融资问题，而是这群消费者没有能力在一段时间里攒够足够的钱，来购买建设一个房屋所需要的所有建筑材料。研究人员发现，即使这些消费者得到了较大一笔资金（比如年底的奖金），他们也会把这些钱用来防范无法预见的紧急情况（比如健康保险）、或者购买庆祝节日所需要的物品、或者能够提供立刻欢愉的消费品。一位“今日遗产”项目的参与人曾经这样描述：

---

[6] 为了进一步讨论使用营销调研理解社会价值，见 Maria F. Flores Letelier, Charles Spinosa, and Bobby J. Calder(2000), “Taking an Expanded View of Customers' Needs: Qualitative Research for Aiding Innovation,” *Marketing Research* 12(Winter), 4-11.

当你手上有钱的时候，你会花掉它。我会想是用这钱来买水泥，还是啤酒呢，和放在我屋前那一袋水泥相比，啤酒会给我更大的满足感。水泥会迫使我劳作，但啤酒不会。就这样钱就花掉了。[7]

这一消费人群不能承诺持续地攒钱，其中一个表现就是“**坦达**”（Tandas）。“坦达”是一种公共的储蓄贷款机制，一群人，通常是10个人，在一定期限内组合在一起，把钱汇集到一块儿。每周每位“坦达”会员，投入一定数额的钱，比如100比索，但只有一个人会拿到所有的钱，他们会采用赌博或者内部协议的方式来决定究竟由谁来拿这个钱。最主要的一个发现就是即使人们通过“坦达”机制拿到了一笔钱，绝大多数时候在这笔钱拿到手之前，就花在根本无法预料的一些“紧急事件”或者其他一些东西上。从表面上看，“坦达”仿佛是一个储蓄的工具，但实际上它是一个支出的工具，人们用来获得即刻的欢愉。

经验教训一：战略必须强调社会价值观

那个研究小组决心进一步探索“坦达”机制的启示。所以他们就用50个家庭（后来又增加至200个）做了试验，这些家庭不是从“坦达”中拿到钱，而是被赋予得到建筑材料的权利。如果他们把“坦达”延长到更长的期限，那么他们就可以积累得到足够盖一间房子所需的建筑材料。

从这个试验中，研究小组发现建设房屋的最大障碍不仅仅是这个人群难以承诺将钱花在一个既定的目标上，而且还在于他们难以承诺在未来始终保持一致的行为。这对于营销业务的启示就在于，企业不仅要很有成效地刺激消费者积攒建筑材料，它还需要做得更多。企业制定战略时需要认识到一点，即位于金字塔底层的消费者的传统社会价值观和其他消费者是不一样的。

这些实验揭示了这些消费者所拥有的社会价值观。[8] 实验调查对象承认，他们不愿做那些需要预先规划的长期承诺，而奢望改变命运。他们不能确定现在的工作能够持续多久，因此害怕承担大笔花销的负担。更糟的是，当他们的家人出现某种紧急

[7] CEMEX internal document(2007), Market research study(August).

[8] CEMEX(2007), see Note 7.

情况，而要求他们必须离开工作岗位时，他们往往又没有能力就离职的情况与雇主谈判，因此大多数时候他们只是默默地离开工作岗位，之后再去应付失业带来的问题。这种人们无法承诺的现象导致了一般的家庭要花 25 年才能建成自己的房屋，而且一间房子也需要花三到七年的时间，这还要取决于家人当中是否有人是泥瓦匠。研究小组从实验当中了解到了，一个最大的挑战就是让人们坚持足够的“坦达”期限，因为这要求他们预先对未来作出规划。这代表了一种和传统价值观相悖的矛盾，这种矛盾必须首先解决，才能让这一群消费者开始计算建筑材料，开始建设更好的房屋。

从这个花园的实验中，墨西哥水泥集团了解到它需要开展一个项目，通过这个项目人们可以建造自己的房屋，而无需完全采纳一种预先规划的态度。于是这个研究小组就没有过分地强调建筑材料的“坦达”机制，他们决定围绕建筑遗产作文章，也就是说将房屋传给自己的孩子。研究小组对这个地区消费者的深入研究表明，人们将自己的房屋看作是自己可能的遗产。那么把房屋卖掉就意味着失败；因此人们的目标就是去建造一栋可以传给孩子的房屋。这样遗产的概念就把这群人和未来连接到了一起，使他们感受到的对未来规划的需求与传统价值观的冲突变得最小化。

在这之前，从来没有人曾经向这些住在城市贫民区的人们提过遗产的概念。在墨西哥，与遗产有关的金融业都是专门针对富人服务的。因此，且不说完整的一栋房屋，即使一个完整的房间对这群消费者来说都是遥不可及的梦想。人们普遍认为这是一个非常令人期望的目标，但它却是一个白日梦。这个目标即使让他们想象，看来也仿佛更像是无法实现的东西。

为了吸引这些消费者，墨西哥水泥集团采用了“今日遗产”的主题，聚焦于让人们把自己的房屋建设成可以留给孩子的遗产，也就是说消费者通过**今日**具体的行动，可以为未来作预期和设计。公司把家的概念宣传为一种持久的东西、包含各种耐用的材料，例如砖块、混凝土和水泥，而不是城市贫民区普遍的建筑材料，比如木材、铝材、纸板或者波纹板等等。这里的关键就是人人都有一个目标，这个目标和人们的价值观是相符的。一旦这些消费者作出承诺，公司的项目就允许他们在 70 周的时间内建好一个房间，这比平均的建设速度快三倍。

墨西哥水泥集团如今还持续地开展实验，探索让人们聚焦于将房屋建设成遗产的新方法。项目遇到的一个主要挑战就是，在人们建成了一间房屋之后如何让人们继续地建设更多的房屋。这些消费者的传统价值观不可避免地和这种更加长远的做法产生了冲突。在完成了第一间房屋建设的人当中只有 38% 的成年人会继续建设更多的房屋。为了刺激消费者建设更多的房屋，墨西哥水泥集团针对那些拥有良好记录的人们，引入了一个更高级的方案。这个新方案名叫“今日遗产刺激计划”允许某些会员在完成所有的支付之前，分三批更早地得到建筑材料。这种方法就是让这些成员感觉到他们得到了奖励，因为他们拥有无可挑剔的支付记录，这样就能激励他们能更快地建设房屋。

墨西哥水泥集团还开始为建设房屋雇佣泥瓦匠提供融资服务，这个服务可以大大提高 55% 的没有泥瓦匠的家庭的建设速度。但是，它还是难以增加建设更多房屋的消费者的人数。把房屋建设成遗产，让建设房屋更加符合未来的规划并不能完全解决这个问题。公司必须寻求新的战略，更好地弥合传统价值观和为未来作规划之间的思想差异。其中关键问题就是要改变贫穷消费者安于现状的局面。

经验教训二：战略必须带来新的消费者

城市里处于金字塔底层的消费者往往是一大家住在一起，但是从很多角度而言，他们和社会方方面面是割裂开来的。典型的情况是，他们并不参与交易活动，这些交易活动往往是建立在双方的权利责任基础上。他们生活的常规模式是体现等级制度的保护者与被保护者的关系。即使在他们的社区内部，他们彼此之间的关系往往也因为怀疑和缺乏信任而变得非常松散。即使在家庭内部，公社型的生活方式也不会产生凝聚力很强的家庭。因此得到的一个经验教训就是营销战略需要克服这种孤立的局面，通过创建社交建立联系。那种在社交层面上孤立的消费者不可能认为某样产品和自己这样的人相关。

一开始，“今日遗产”项目推出了一项战略，旨在围绕产品创立社交层面的支持，目的就是对抗这群消费者社交圈孤立的负面状态。公司开始在“今日遗产”的员工和消费者之间构建交易类型的关系。例如，他们构建了互动式的销售过程，让人们可以交流建设房屋时面临的挑战和预计的目标。墨西哥水泥集团的销售代表将人们请到当地的办公室，或者社区的一个中心，然后他们会沟通一个半小时，讨论他们在建设房屋时面临的挑战。他们会问一些问题，比如他们已经建设了几间房屋、建设这些房屋花了多长时间、建设当中遇到了哪些困难，他们是否出于建设房屋的目的而加入了"坦达"。这种沟通交流一直持续下去，直到消费者公开承诺他们有建设一间房屋的目标。逐渐地人们开始意识到他们在建设房屋时所面临的各种障碍，这种见面和会谈就提供了非常必要的社交层面的支持。他们会倾听那些已经建成房屋的人讲各自的经验，而且还能听到伴随建成房屋而产生的远大抱负。后来证明这种最初的会面讨论，对刺激人们产生建设房屋的愿望非常关键。

从这种互动销售的初期经验当中，"今日遗产"项目的第二条重要经验教训开始显现。针对处于金字塔底层的消费者进行营销时，最好的办法并不是直接把他们当成单独的消费者，更好的办法是把它们当成一个社会群体，通过现有的或者新建的社交联系向他们营销。因此墨西哥水泥集团就把这个项目建设成为一种俱乐部的形式，收取会员费，而不是把服务费算在建筑材料的价格当中。（那个花园试验表明，如果把服务费算在建筑材料的价格当中，就会使得参与的消费者聚焦在建筑材料上，而不是关注建设房屋所需要的所有步骤上。）公司要求参与的消费者支付一周的会员费（大约是总费用的 15%），来换取更快建设自己房屋的优惠条件。他们会再付一周的会员费，而这笔费用就会用来购买他们建设房屋所需的建筑材料。

墨西哥水泥集团认识到低收入人群的这种公社型居住的特点。而俱乐部会员模式体现的小组直接相互作用对于向前推进有多么重要。会员们知道他们有必要每周都攒钱，因为如果他们不作贡献，其他的会员就会受到影响。在早期执行以建筑材料为内容的"坦达"机制时，如果一个会员没有支付他应该支付的部分，那么另一个会员就拿不到他应得的部分。到了后期，墨西哥水泥集团将会员们汇集成更大的部门，这样会员们就可以彼此激励，为其他会员分担，尽自己的责任。

这个小组还设计了社交联系方式，通过与公司资助的具体个人直接联系，帮助人们聚焦于更长远的目标。这样，会员们可以得到一个技术顾问的咨询意见，帮助他们按照目前建设的情况，设想他们未来房屋的样子。虽然大约 45% 的人家中已经有泥瓦匠了，但是他们仍然缺乏建设房屋的规划。所以非常普遍的情况就是，当需求产生的时候，他们会根据具体的情况自行建设房屋。研究小组在社区里发现了许多已经建成了一半但被放弃的房屋，因为人们发现他们不再需要在那个地方建设一个房子。他们还发现因为一些房屋妨碍建设第二层或者其他必需的基础设施，而被拆掉。技术顾问的作用就是要引导人们思考他们正在建设的房屋。例如他们正在建设的房屋和他们希望未来建设的房屋是否符合？按照他们的设想是希望孩子也在同一栋房子里结婚住下来吗？根据彼此之间的交流，技术顾问提供房屋的设计。而且，技术顾问还会根据建设房屋的各个步骤，分解列出所需的建筑材料。建设房屋地面、墙壁和顶棚的材料列在一起，这就给人们建设自己的房屋指明了道路。

消费者还将和一个合同经理联系，合同经理会解释公司和俱乐部成员双方的责任。俱乐部成员都承诺定期支付货款。相应地，"今日遗产"项目承诺会在70周当中，固定建筑材料的价格，这样人们就可以相应地规划支出，而无需考虑通货膨胀的威胁。除此以外，送货上门的服务还可以让他们一次就得到建设房屋所需的大量建筑材料。最后还有一点，尽管人们在这个过程的5周之后的任何时间都有权利收到很多建筑材料，但是他们可以选择凭单的方式，用来储存建筑材料。当他们准备建房时，就可以用凭单换取建筑材料，这些建立在相互承诺基础上的交易关系对于这群消费者而言是一种崭新的交易方式，这种方式刺激了新的消费行为。

除了这些交易关系之外，"今日遗产"项目会鼓励参与者在成为会员之后，承担社会责任。对于低收入人群而言，让他们签署详细规定彼此责任的合同并不是常规的做法。人们不仅不信任那些字体很小的印刷品，而且也害怕非常详细的纸质文件。但是，墨西哥水泥集团认为参与者需要理解他们所作出的承诺以及涉及的后果。一旦进入正式程序，参与者就开始理解只有他们承担生产者的角色，他们的房屋才能建成。他们必须签署一份简单的文件，其中详细地列出了他们的责任和项目方的责任。在有的情况下，参与者会描述他们和家庭成员之间的对话，内容是由谁来承担为建设房屋作出贡献的另一份工作。正如下面引述的这段话所反映的那样，这也体现在家庭成员间的关系当中。[9]

> 我的孩子们不想继续念书了，我们只有 间房子。他们刚刚读完初中，就不想继续读下去了。但是当他们看到我们在扩建房屋，他们将会有一个自己的空间，他们决定继续读书——瓜达拉哈拉（Guadalajara，2007）。
>
> 我的儿子现在有一台个人电脑，这在过去根本不可能，因为那时地方太小，每个人都有自己要做的事情。我的丈夫早上6点起床去上班，我的女儿

[9] Kotler, Philip, and Nancy Lee(2009), *Up and Out of Poverty*, Upper Saddle River, NJ: Wharton Publishing.

们看电视，听音乐。当我们所有的人都待在一间房子里，要想学习是不可能的。——马瑞利娅（Morelia，2007）

现在我的女儿总抱着书看；而且她也是利用新房屋最多的人，因为那里电视总开着。——马瑞利娅（Morelia，2007）

项目的目标是将公司与消费者联系起来，并在家庭众多成员之间以及与其他消费者建立更加紧密的联系。墨西哥水泥集团，利用这种方法，开始让现有的会员招募新会员。这些会员又被称为“**联络人**”（绝大多数是来自社区的妇女），她们参加培训，其间不仅能够了解公司的产品，而且公司还会向她们介绍自己为自己工作的价值。她们充当了“今日遗产”房屋项目的代言人，激励社区中的其他人建造自己的房屋，同时还能得到一些报酬。根据这些**联络人**所招募的新会员数量以及这些会员留在项目中的情况，公司支付给她们佣金。公司会教给她们如何在社区中给自己树立形象。

墨西哥水泥集团增强社区紧密联系的另一种方法是通过当地经销商与消费者打交道推行的。虽然“今日遗产”项目与公司的分销网络一同合作，但它能直接与经销商联系。“今日遗产”项目并不是通过分销商将建筑材料产品强行推销给会员，它改变了整个关系网的结构，它通过从当地经销商手中购买项目所用的建筑材料，给经销商们创造出了需求。经销商获得较低的毛利，但是反过来，却能保证稳定的需求，其中包括毛利率较高的一些建筑材料。经销商们通过参与“今日遗产”项目，使自己的销售额翻了一倍，于是逐渐地他们开始重视与会员之间的关系。

从这些活动中可以看出，“今日遗产”项目是怎样在更好地推销建筑材料的同时，让处于金字塔底层的消费者更好地成为消费人群，更好地成为一个社区。

经验教训三：战略必须站在高屋建瓴

“今日遗产”项目可以被看成是针对建筑材料的一个细分市场的营销战略。它也可以被看作是一项拥有自己营销战略的独立事业。但是，越来越明显的却是应该有更加宽广的战略眼光。这是因为诸如“今日遗产”这样的项目，必然会面对高额的交易成本。它有 84 个项目办公室，每一个办公室都有若干个合同经理、技术顾问和**联络人**，因此要在短期内实现投资回报是很困难的。正是出于这个原因，最近，墨西哥水泥集团缩减了“今日遗产”项目办公室数量，原因就是它们不能“收支相抵”，而且公司还减少了其他办公室中的工作人员。但是，不幸的是，这么做就限制了这个项目能够实现的效果。据我们估计，如今每年“今日遗产”项目会服务4万个家庭，在城市贫民自建房屋的家庭中，它所占比例还不到0.4%。因此需要一个更宽广的视野。如果把“今日遗产”项目仅仅看成是一个细分市场战略或者独立事业营销战略，那么就没有把它给墨西哥水泥集团这个品牌在各个细分市场带来的总体贡献考虑在内。在历史上，墨西哥水泥集团的一些子品牌，例如“Cemento Tolteca”和“Cemento Monterrey”，都积极努力地将品牌打造为一种差异化产品，将自己与竞争品牌区别开来。但是营销调研表明，在“今日遗产”项目推出后，这些子品牌的品牌价值都有大幅度提升，良好的口碑在目标人群中传播，致使其他细分市场中的消费者也更加喜爱这个品牌。

公司通过市场开发也实现了更高的回报率。这已经清楚地显现出来了。在前期的一项活动中，当会员签字加入“今日遗产”项目时，会有一个销售代表让他们从三所参与的学校中选择一个，公司进行捐助。随着会员们每次支付款项，这所学校都会得到点数，积累的点数每年两次为给学校换来建筑材料。这个项目的目标不仅仅是让人们信任、认可“今日遗产”项目，而且还增加对建筑材料的需求。还有类似的活动，专门针对在社区中建设道路，也帮助墨西哥水泥集团提高了道路建筑材料的销量。

从无到有地真正开发低收入人群市场是一个漫长的历程，其中包含不断推行的试验和不断地总结经验教训。随着消费者知识的积累，良好口碑的传播，积极的效果会慢慢浮现，当地经济得到进一步刺激，规模和经验也会使成本下降。当然“今日遗产”项目正是如此。这其中得到的经验就是必须将项目视为更高级别、推动全面业务的营销战略，它聚焦于长期的市场开发，以及对企业业务整体的回报贡献。如果只把它当成一种市场细分战略或者独立业务营销战略，那么从长期看，它一定会面临资金不足、评价过于狭隘的局面。

如果从这两种有限的角度来看，“今日遗产”项目甚至都无法从细分市场实现的水泥销售中获取利润。而墨西哥水泥集团也缺乏很好的指标，来科学地测定这个项目实现的更大影响。同样地，它也需要明确“今日遗产”项目给企业品牌带来的良好口碑效应。

我们的发现就是，“今日遗产”以及类似的项目，应该被看作为从更高的层面驱动企业业务的营销战略，而且它会给企业带来显著的影响。我们认为一般而言，这种项目应该站在企业营销的高度，而不是在产品营销的层面上加以管理。就组织结构而言，“今日遗产”项目不应该隶属于产品营销业务，而应该在企业层面上直接由墨西哥水泥集团来领导。这也意味着它不应该被归为“企业社会责任”业务。

推广这些经验教训

从“今日遗产”项目中获得的经验教训，对于针对金字塔底层消费者制定营销战略有几点启示，表明必须有不同的思路。我们将这些不同之处与传统营销战略思维进行对比分析。

从利益阶梯到社会价值观

从根本上讲，营销战略就是让产品对于消费者更有意义。传统的战略方法中，企业努力地将产品关键属性或关键特征与清晰的消费者追求的利益联结到一起，此时产品的利益能够满足消费者追求的重要目标。这种含义会在品牌定位陈述当中得到清楚的表达，从而成为营销战略的基础（详见第四章“确定合理的品牌定位”以及第十六章“由品牌引发的创新”）。其中核心的逻辑经常被称为“阶梯化”。对于消费者，非常重要的一种产品属性被识别出来。例如宝洁公司的“汰渍”洗衣粉，产品属性就是去渍的成分。产品利益就是让衣物尽可能地洗净（“强力汰渍，污渍全消”），而更高一层的产品利益可能会是因为衣物洗净，而无需购买新衣物（“风格可以选择，洁净始终如一”）。传统意义上讲，好的战略会向上追求更高的目标，而这往往与某种情感的反应联系在一起。

最近，科特勒（Kotler）和李（Lee）在其所著的《脱离贫穷》（2009）一书中提出，针对穷人的营销战略应该建立在品牌定位陈述的基础上，方法与汰渍之类的产品战略一样。[10] 他们引用的例子就是 Net Mark 公司在非洲营销经防疟疾的杀虫剂处理过的蚊帐。其战略就是根据下面这种品牌定位陈述来定位其蚊帐产品。

---

[10] Kotler, Philip, and Nancy Lee (2009), *up and out of Poverty*, Upper Saddle River, NJ: Wharton Publishing.

我们希望母亲们将经杀虫剂处理过的蚊帐（简称为ITNs）看成是保护家人、远离疟疾的最佳方法，而且是优于未经杀虫剂处理过的蚊帐的选择，因为这种蚊帐真的能够杀死蚊子。

请注意，"经杀虫剂处理过"这个产品属性被提升为"真的能够杀死蚊子"以及能给家人带来更好的保护。

当然，在针对金字塔底层消费者作营销时，利用体现利益提升的品牌定位陈述是个不错的主意。这意味着将传统的营销思维运用到针对穷人的营销活动中。但是，从"今日遗产"项目中获取的经验教训却是，传统思维是远远不够的。回忆一下，建一间新房子的好处对于消费者而言再清楚不过了，但它不是仅仅调动消费者参与"今日遗产"项目，还需要解决消费者顺从传统价值观的问题。

对于处于金字塔底层的消费者而言，他们有可能即使已经明确了与产品相联的目标所代表的益处价值，仍然会不相信这些目标是现实的，或者对他们是有实际意义的。我们从这里吸取的教训就是消费者是根据所接受的社会价值观来解读目标的含义。一般而言，营销企业会努力地向上追求与主流价值观吻合的目标，会想当然地认为文化是一样的。但是对于处于金字塔底层的消费者而言，文化却是不一样的。

尤其值得一提的是，营销企业必须让自己适应被哲学家查尔斯·泰勒称为"导向价值观"的东西。导向价值观不是经济意义上的价值观。它是从文化的角度描述究竟什么是有意义的生活。它关乎的是那些最核心最宝贵的部分。因此如果与导向价值观相反，那么一定是不合适的，甚至是很麻烦的。

"今日遗产"项目针对的目标消费人群的导向价值观就是，他们认为命运是上天注定的，而且规划未来不仅是件不可能的事儿，而且还会招致灾难。他们生活在崇尚"今日有酒今朝醉"的社会里，人们的社会地位从一出生就注定了。运气或是上帝决定着事情的结果，当然还有赞助人以及权威当局也会决定事情的结果。改变现状的努力会招来他们的嫉妒和不信任。所以作长远规划就是傲慢自大的表现。冲在别人前面就代表不尊重他人。相反，如果积极参与家庭或社区的聚会活动，那么，就能得到别人的尊重。人们把大部分收入都花在一些活动上，例如女子的成年礼、洗礼或者一些宗教仪式等等。在这种导向价值观作用下，针对在更短的时间内更有效地得到建设一间房屋的建筑材料，消费者虽然能够看到这种项目的好处，但是他们并不认为这种项目适合他们。对他们而言，这种方式从文化上讲是不恰当的，而且从某种程度上讲，还是令人感到可耻的。

有时候，从文化意义上讲，一些导向性目标就是如此强大，几乎无法动摇，海地的巫术就是这样，它强调的就是命运以及规划无用的思想。然而，消费者往往面临价值观冲突的情况，一方面他们信仰传统价值观，另一方面他们也信仰一些新兴的价值观。而这正是"今日遗产"项目针对的目标人群所面临的状况。这些消费者住在一个范围更大的社会当中，周围的人们都看重努力奋斗。尽管这与其强大的传统价值观相矛盾，然而他们却能感受到两种价值观当中的某种拉力。从价值观冲突中产生出来的拉力就产生了追求改变的可能性。

利用价值观上的冲突来引发改变或者引发消费者新的行为，最好的方式就是被称为"搭桥"的做法。如果我们可能找到一种方式，将相互冲突的价值观像搭一座桥一样连接起来，从而减少相互之间的冲突，那么消费者就很容易接受改变。"今日遗产"项目也是利用了"遗产"的概念，把接受命运、拒绝规划的传统价值观与努力奋斗的新兴价值观连接起来。这种连接非常有效，因为它已经是消费者思考未来的一种方式了。在文化的意义上，从遗产的角度思考未来，就是为家人做一些事，这是可以接受的，这不同于从个人发展或者物质生活角度去思考规划未来。

而且，尽管遗产是未来的事情，但是它也是目前就可以有所作为的事情。建房子的行动会在未来让家庭拥有一间房屋或一幢房屋。而今日的行为可以创造出能成为遗产的东西。这样，"今日遗产"项目就从文化的意义上，将更高效地收到建筑材料的好处与未来建设房屋的目标合理地连接到了一起。

最后一点，孤立无助和顺从命运是针对处于金字塔底层消费者作营销必须面对的独一无二的挑战。为了刺激这群消费者，我们不仅仅需要强调产品能带来的好处，而且还必须帮助他们克服宿命的思想，帮助他们认识到传统价值观与产品目标之间有清晰的关联。打个比方，我们必须搭建一座社会意义上的桥梁，让消费者感到追求某个目标不仅是可能的，而且还是很安全的。

桥梁的概念不仅仅是个比喻。它可以让我们非常具体地去思考如何帮助消费者。按照《轻推一把：改进有关健康、财富和幸福的决定》(Nudge)(2009)一书的说法，强调各种可能性，帮助人们在城市贫民区建房子属于一种经典的"最难作出明智选择"的情景。消费者受到其导向价值观的影响，会很自然地拒绝作出一些决定，这些决定的特点包括以后才能看到好处、难以作出、不经常作出，或者反馈很有限。[11] 而这正体现了“今日遗产”项目的过人之处。它给消费者提供了一架实实在在的桥梁，帮助他们实现自己的目标。遗产能让人立刻产生痛快的愉悦，而且选择很简单，也没有突显规划未来暗含的困难与障碍。

我们的结论就是，针对金字塔底层消费者的营销战略应该将两个要素结合起来，一个是产生冲突的传统价值观，另一个是创造强大品牌必须追求的产品益处，特别是如果影响深远的价值观妨碍消费者识别或者接受产品益处及其目标时，更应如此。我们认为这里分析的价值观冲突是大多数针对金字塔底层消费者作营销的活动的核心特征。

从向消费者推销变为产生消费者

传统意义上讲，营销战略就是企业通过各种理由或者支持性的信息，努力说服人们相信其品牌利益。销售人员和其他的消费者具有战略层面的重要性，但是他们只被当作与消费者沟通、传递信息的工具。越来越多地，企业开始采用病毒式营销方法，通过口碑效应或社交媒体来影响消费者。这些渠道从根本上讲和广告信息传播采用的付费媒体是一样的。企业越来越多地追求各种传播渠道之间的互动性。

但是针对金字塔底层消费者作营销，需要的不仅仅是这些。随着这群消费者发现自己远离传统的导向价值观，他们会感觉自己正失去与他人的联系，从而孤立于社会。这样，除了要说服消费者，我们还需要给他们的行为提供社会层面的支持。莱特列尔（Letelier）和斯皮诺萨（Spirwsa）（2003）曾经把这种方法更宽泛地定义为产生和发掘“有生产力的消费者”。[12] 其中的核心概念就是，营销战略应该让处于金字塔底层的消费者发生转变，变为在以交易市场为本质特征的社会世界里能更好发挥作用的消费者。

针对处于金字塔底层消费者的营销，会给这群消费者创造新的机会，但是除了加剧的孤立状况以外，它还有可能招致怨恨。这些消费者甚至可能说不清他们在干什么。

---

[11] Thaler, Richard H., and Cass R. Sunstein(2009), *Nudge*, 75-82; A Caravan book, www.caravanbooks.org.

[12] Leterlier, Maria F, Flores and Charles Spinosa(2003), “Developing Productive Customers in Emerging Markets,” *California Management Review* 45(Summer), 77-103.

正如“今日遗产”项目所表现的那样，这个问题会因为消费者没有应对涉及双方责任的交易关系方面的经验，从而变得更加复杂。因此营销战略必须在努力向他们推销产品的同时，开发“创造出”消费者。

我们通过与这群处于金字塔底层的人们相互交流，开发创造出消费者，帮助他们成为更适应交易关系的消费者。例如，“今日遗产”项目的合同经理就经常同这群消费者讲解，合同关系意味着什么。而销售人员会与他们保持互动，让他们有机会亲身体验摆脱现有生活方式，积极投入建造房屋遗产的变化。为顺利完成项目的消费者举办的庆祝活动也替代了人们以前习惯的节日聚会。

很理想的情况是，开发消费者的努力可以推而广之，让处于金字塔底层的消费者参与营销过程。“今日遗产”项目就将培训泥瓦工纳入整个项目。开发有生产意义的消费者的最终目标就是让消费者和他们的社区更好地融合，加强与社区的联系。“今日遗产”项目还开展了针对学校和公路的类似营销活动，其目的不仅仅是促进销售，也是要加强社区联系。

因此，营销战略的目标就是产生并开发出企业可以更好服务的消费者，而且能够更好地为社区的经济与社会作出贡献。核心就是创造消费者积极投身经济活动与社会交往的能力。

从产品营销战略转变为更高层面的营销战略

很自然地，人们会将“今日遗产”这样的项目看成是一种产品。细分市场战略（也就是说，我们怎样才能向墨西哥的低收入人群推销更多的水泥）。或者，它还可以被当成一个小型的独立的事业部或者经营单位，有自己的产品营销战略。但是这两种做法都不能完全凸显这个项目的价值。

有一种更好的方法。营销是一种职能业务，而其中的产品营销战略往往最受人关注。实际上，大多数年度营销规划都是产品营销战略。但是“今日遗产”这样的创举项目需要有一种更加宽广、更高层面的视角。一个原因就是如果不这样做，就有可能无法完全凸显项目的价值，但是除此以外，还有两个别的原因，需要将这种项目区别于产品营销战略。

第二个原因是复杂性的问题。一般而言，人们会简单地表述营销战略，例如可能通过 B 分销渠道把 A 产品推销给 C 类目标人群。这种简单的看待战略的思维方式虽然可以引发出许多创新营销的可能，但是针对“今日遗产”这样的项目，非常重要的一点就是要记住它所处的环境更加复杂。正如积极推动企业社会责任项目的人士指出的那样，处在金字塔底层的消费者生存在一个复杂的环境当中，这个环境充满了各种状况和影响因素。建房子不可能真的和衣食、健康、政府或是教育割裂开来。贫穷是多层面的东西。

因此，这就意味着营销必须超越那种简单的 ABC 方法，变成应对复杂局面的战略。“今日遗产”项目已经表明了，这种复杂性会明显地增加问题的难度，但同时，这种复杂性也会创造出各种机会。比如，墨西哥水泥集团已经成功地将政府提供的住房补贴纳入“今日遗产”项目当中来。这些补贴可以用来直接支付消费者参与项目的费用，这就让政府补贴更好地服务于贫民。

通过在更大范围内开发类似于“今日遗产”的项目营销战略，以及通过和其他企业、机构展开合作，就有可能创造出更具创新力的战略。和单一企业独立发展相比，这种复杂结构更容易产生更具创新力的思想，更不用说执行的环节了。这正说明针对金字塔底层消费者的营销应该有更宽阔的视角。

第三个原因与品牌化有关。越来越多的企业都面临与其整个产品线有关的一个具体问题。一方面，他们希望提供越来越多的产品，同时为小众群体甚至个体消费者提供定制化产品。而另一方面，这种产品的扩散会与企业的业务协同发生冲突。公司很难给所有这些产品都提供充足的营销预算。其结果就是企业会在营销活动中损失一些经济利益。要应对这个问题，企业就必须制定志存高远的品牌化战略。这样的战略不仅仅涉及族品牌（或者品牌群），这种战略中，产品是由共同的定位陈述连接在一起（“汰渍”就是一个例子），众多产品构成了一个群体。公司支持的是这一群体。相反，志存高远的品牌化战略中，不同的产品是凭借共享的知觉概念或类同特征更加松散地连接在一起的（见第十六章“由品牌引发的创新”）。这种战略的关键就是要为多种类型的产品创造出一个共享的特征，而每种产品各自拥有独特的品牌定位。

针对那些采用共享特征连接起来的产品，创造出品牌体系，就给“今日遗产”这样的项目营造出创立志存高远的战略机会。这些项目，特别是诸如“遗产”这样的主题思想，就能够成为将不同品牌与一个更大的概念相联系的基础。贝内特（Benell）、格拜（Gobhai）、奥赖利（O' Reilly）和韦尔奇（Welch）共同撰写的《利于企业》（*Good for Business*）一书中，这些营销业务的高管们就明确支持在营销中开创这种真实的企业品牌。[13]

这种品牌化战略最近的一个例证是通用电气公司的"绿色创想"（ecomagination）战略。通用为其环保项目创立了一个族品牌。最近它又将之扩展至"健康创想"（healthymagination），旨在利用科技改善人类健康。尽管这种品牌化战略针对的主要是企业内部的举措，但是有理由相信"今日遗产"这样的项目也可以采用相同的方法，实现族品牌的目标。这与所谓的"公益营销"活动完全不同，宝洁公司的"生活、学习和成长"全球公益事业战略就是"公益营销"的实例，它通过赞助"特殊奥林匹克"运动会之类的活动，改善有特别需要的儿童的生活。这种公益营销一般是努力通过企业社会责任的相关举措来提高企业的声誉。但"今日遗产"这样的项目直接采用志存高远的品牌化战略，追求的目标远超过企业美誉。它给企业创造真实的机会。

总 结

也许"今日遗产"项目最大的启示就是企业需要超越社会责任的传统做法，真正地理解如何向穷人作营销。

向穷人作营销要求企业对营销战略有更丰富的思考。它要求企业不只是明确产品特征，并使之符合消费者的目标。它要求企业重新审视那些虚无的传统价值观。它要求企业不仅仅是推销产品，更要刺激产生一批在市场上更为活跃的消费者。它要求企业不仅在单个产品的层面上，而在更高的境界上创立营销战略的新思路。

最终，企业从针对金字塔底层消费者作营销当中取得的收获很可能不仅是发现了一个消费者的新源泉，而是从整体上讲，更好地开展市场营销。

---

[13] Benett, Andrew, Cavas Gobhai, Ann O'Reilly, and Greg Welch(2009), *Good for Business: The Rise of the Conscious Corporation,* New York: Palgrave Macmillan.

作者简介

博比·J. 考尔德（Bobby J. Calder）是凯洛格商学院市场营销学系的Kellstadt营销学教授及现任系主任。他还是西北大学Medill新闻学院的新闻学教授、Weinberg文理学院的心理学教授。他曾经在许多企业、政府部门和非营利机构担任咨询顾问。他最近出版了《凯洛格整合营销论》（由John Wiley & Sons出版社2003年出版）、《凯洛格广告及媒体论》（由John Wiley & Sons出版社2008年出版）。他在北卡罗来纳大学教堂山分校（University of North Carolina at Chapel Hill）获得学士学位、硕士学位和博士学位。

理查德·科尔斯基（Richard Kolsky）美国西北大学凯洛格商学院高管培训项目的讲师。他也是Kolsky&Co.的创始人和总裁，这是一家营销战略咨询的企业。理查德曾供职于白宫，曾经给世界各地的客户做过咨询和培训，行业涉及寿险、柑橘加工以及法律服务等广大领域。他在布朗大学（Brown University）获得了工学和经济学的学士、硕士双学位，在耶鲁大学（Yale）获得了经济学博士学位。

玛丽亚·弗洛里斯·莱特列尔（Maria Flores Letelier）是一名咨询师，专长于为新市场开发新产品和服务。她在理解和进入低收入的墨西哥市场以及美国的西班牙裔消费者市场方面有独到的专业经验。她曾任Cheskin公司的驻墨西哥代表，这是一家位于加州的咨询公司。她在加州大学伯克利分校（University of California at Berkeley）获得学士学位，在西北大学凯洛格商学院获得工商管理硕士学位。

第十四章

社交媒体的影响

拉克什曼·克里希纳穆尔蒂

希亚姆·戈皮纳特

引　言

互联网近年来通过社交媒体的方式以及产生消费群体的方式对营销产生了深远影响。当互联网最早出现的时候，许多公司，比如直销电脑的戴尔公司就把互联网看成是销售的一种自然的、低成本扩张。还有一些著名的技术企业，比如思科公司（CISCO）、国际商业机器公司（IBM）和微软公司（Microsoft）也把互联网看作是和客户联系和交流的方式。而另一方面，主要的消费品生产企业，甚至是一些零售商，一开始在网络上的表现是比较差的。随着时间的推移，消费品的制造企业认识到了互联网是一种提供产品信息的有效方式，传统的实物零售商也看到了电子商务的机会。伴随着这些发展，开始出现了一些网站，消费者可以在网络论坛上发帖子，分享对产品看法。

这就直接导致了博客（blogs）、播客（Podcasts）、社交网站 Facebook、微博网站 Twitter、视频共享网站 YouTube 和其他一系列社交网站的出现，它们给企业营销带来了不同的问题。企业开始失去了对消费者营销的控制，因为消费者可以打断他们的沟通。比如戴尔公司可以在网站上或者用平面媒体促销它的产品，但是购买产品的消费者却可以通过网络来交流他们好的坏的消费体验。它们被称为**病毒式营销**或者**社交营销**，因为消息传播的速度是惊人的，所以它对公司的品牌营销和传播能够带来正面的或者负面的影响。本章将分析这些社交媒体的新影响。

社交媒体：一种越来越重要的工具

最近，多米诺（Domino's）这家生产营销匹萨饼的公司不得不面对一些负面宣传，因为它的两个员工制作匹萨饼时行为不当，他们把这段录像通过网站上传到互联网上。据说，在这段视频上传后的48小时之内就有近一**百万**的点击次数。如果是传统的电视广告，要让一百万人收看那得花多少钱！如果使用传统的广告方式，多米诺得花一大笔钱，但是它现在通过免费的YouTube网站，以快得惊人的速度回应了这条不幸的负面消息，多米诺公司大约花了两天多时间来回应这条负面宣传。这是企业营销必须面临的挑战。

这里面的教训就是企业需要充分使用它们能够达到的所有媒体，包括新型的社交媒体。他们必须组建一个快速反应团队，非常迅速而且有效地应对争议问题。就在这次事件发生之后，多米诺公司在网站上开设账户，而且感受到这些社交媒体在对抗负面宣传等方面的强大力量。多米诺公司也获知大多数收看这段视频的人对那两个员工的行为非常讨厌，对公司很同情。

1982年在芝加哥所发生的泰诺氰化物中毒事件也是一个很有趣的例子，可以让我们对比分析今天无时无刻存在的媒体环境。有7个人服用了被氰化物污染了的泰诺胶囊后死去。强生公司，也就是泰诺的制造商，警告全国消费者，当时它是通过最主要的媒体——电视和报纸来道歉，公司还花了10亿多美元召回了所有的泰诺产品，尽管其实只有胶囊被感染了。除此以外，公司还承诺将所有的胶囊泰诺产品更换为固体药片。这次事件引发了防篡改式药瓶的开发。强生公司当时并没有互联网可与消费者进行沟通，它依赖于当时标准的沟通工具。但是这家公司作出快速的强有力的反应，它向公众传递的信号，是公司关注消费者的利益，所以这家公司并没有像有些人担心的那样，受到太大的负面影响。如果同样的事件发生在今天，强生公司有可能会立刻通过网站来发布视频材料或是采用它的博客、Facebook和Twitter账户，来加强电视和平面媒体的宣传力度。现在企业具备通过媒体针对消费者关心的问题进行快速全面的反应能力。

戴尔电脑公司是另外一家广泛而且有效地使用社交媒体的企业。2006 年，戴尔公司推出了一项大型活动，旨在倾听消费者和关键的影响人物在博客当中对戴尔电脑的评价，以及和消费者交流他们通过什么渠道购买电脑。诸如谷歌警报器这样的工具可以帮助企业跟踪人们说了些什么以及在什么地方说的这些话。有许多人都在谈论戴尔电脑，这家公司选择介入这些人群，否则，机器人说什么将会成为主流的信息。戴尔电脑现在已经登录 Facebook 和 Twitter，而且在雅虎网站上非常活跃，在这个平台上消费者会咨询各种问题，包括技术和戴尔计算机。戴尔公司还建设了一个网站，称为“思想风暴”（www.ideastorm.com），这个网站收集消费者关于现有产品、新产品等反馈意见，它还鼓励消费者提出反对意见、创新的思路，并和消费者展开对话。这个网站背后的概念，被称作“集思广益”，将大量消费者产生的创意有效地汇集起来。公司还可以通过这个网站，来宣传一些创意的思路。按照戴尔公司官网的说法，到 2009 年，网络上的消费者社区已经贡献了 12,000 多条创意，而且公司已经实施了其中的 372 条。

在一次名为“戴尔电脑是如何将社交媒体视如它的业务”的网络座谈会上，戴尔公司负责社区与沟通的主管利安娜·弗雷（Liana Frey）提出，和消费者通过社交媒体进行交流已经对戴尔公司的技术支持平台产生了积极的作用，因为一些消费者可以回答另外一些消费者提出的问题。如果提出问题的那位消费者认为解决方案是有帮助的，那么他就用绿色标示出来。她还提出这种客户之间的交流还为戴尔电脑公司节省了不少资金。[1]

戴尔电脑通过让一些消费者回答另一些消费者所提出的技术问题，而获得成功。与之非常类似的是直觉公司（Intuit），这家公司开通并管理着一个论坛，它们将这个论坛命名为“直觉公司的快书生活社区”（Intuit’s Quickbooks Live Community）。在这个论坛上用户可以询问、查询问题。据说有大量的问题都是由用户自己回答的，有时候答案比这家公司自己的技术人员所提供的还要好。这家公司也说这种通过社交媒体实现的客户之间的交流给公司省了不少钱。[2]

---

[1] Frey, Liana(2009), “How Dell is Integrating Social Media into our Business,” WOMMA webinar(August 27).

[2] Jana, Reena (2009), “How Intuit Makes a Social Network Pay,” *BusinessWeek* (July 13-20).

企业是否应该参与社交媒体，如今已经不再是问题。大多数公司都**必须**这么做。问题就在于采用什么形式。社交媒体不仅仅是 Facebook 和 Twitter。还有很多第三方的网络论坛、博客、播客，以及维客（Wikis，供多人协同写作的网络系统——译者注），这些媒体由公司自己主办或者由公司资助，而且未来还会有其他的形式。所有的这些社交媒体都会影响企业，而这些影响有可能是正面的也有可能是负面的。不同行业的企业应该采用不同的方式来利用这些媒体。

例如，金融服务企业（例如商业银行、信用卡发行公司、保险公司等）利用社交媒体的方式可以参与论坛讨论。在这种论坛上人们可以提出问题、回答问题，话题涉及当前的各类话题，比如信用卡欺诈、只付利息的房屋贷款。企业还可以采用由公司的专家开设博客的方式，发表日志，也可以评论别人的博客。公司还可以监督社会舆论，这样就可以快速有效地作出反应。例如，2008 年和 2009 年，当时许多金融企业的声誉因为金融危机而受损，但是一些非常精明的金融企业就非常谨慎地学会了如何通过社交媒体建立它们的美誉。

在汽车行业，丰田公司被认为是创造性地使用了社交媒体。例如，一家名为“iCrossing”的英国数据营销公司，帮助丰田公司宣传其 iQ City Car 系列产品，让消费者对这种产品有所认识。这家公司开展的活动当中包括“超英里活动”（The Hypermiling Campaign），它的目的就是在网络社区中激起人们的兴趣。[3] 丰田公司的 iQ 博客网站（WWW.toyota.co.uk/iqblog）的浏览量提高了 212%，显示出爆炸式的增长。这种做法使得丰田公司的宣传可以到达新的受众人群，因为在主要的三种社交媒体渠道中它都获得了正面的评价——包括影响力深远的博客文章、Twitter 和 Flickr（私人照片存储与共享网站）。

另外，丰田公司还把它的网络新闻中心和视频共享网站 YouTube、照片共享网站 Flickr 和微博网站 Twitter 结合起来。这就使网络社区中的人群可以非常容易地看到和丰田相关的活动、图片、视频和其他材料。在这种高曝光率的基础上，公司的网络新闻中心允许消费者不用输入密码，就可以在线参与底特律汽车展览 2010 年新车的发布。[4]

---

[3] Jennings, Rebecca, Christine Spivey Overby, and Jennifer Wise(2009), “Case Study: Social Media Helps Toyota Communicate Complex Attributes Of New iQ,” *Forrester* (September).

[4] Schwartzman, Eric(2009), “Online Newsroom Best Practices with Toyota Social Media Supervisor Scott Deyager,” www.ontherecordpodcast.com(May 21).

不仅仅是汽车行业认识到了社交媒体在吸引消费人群方面的重要性。在电子产品中，百斯买（Best Buy）连锁商店就使用Twitter来促销产品。而移动研究公司（Research in Motion）在社交网站Facebook上开设了一个非常流行的关于黑莓（BlackBerry）手机的网页，它拥有25万粉丝。西南航空公司（Southwest Airlines）在Twitter上面非常活跃，而且在康卡斯特（Comcast）平台上也很活跃（Comcast是美国领先的有线电视、娱乐和通信产品及服务运营商。——译者注）。Zappos（美国最大的网上邮购鞋业公司——译者注）在Facebook上也建立了一个网站，用特价商品来回馈它的忠诚用户；捷蓝航空公司也使用Twitter来促销它价值599美元的"月票"产品。

社交媒体和口碑效应对于文化领域也会产生极大的影响，包括那些生命周期非常短暂的电影、戏剧、音乐会和艺术展览开幕式等等。在参加这些活动后甚至在活动期间所发出的文字描述，正面的和负面的观点都能够立刻产生直接影响，而这些影响是传统媒体所无法复制的。当然这种方法并不能削弱由评论家和其他有影响的人士所作出的评价和评级。但是，有研究表明，消费者更容易相信和他们自己非常类似的人的意见，而非专家的意见。温斯坦公司是电影《无耻混蛋》（*Inglourious Basterds*）的制片方，这部电影的主演是布拉德·皮特，公司曾经为通过Twitter抢到票的观众提前放映了影片。它们还在电影常规首映时，组织了一场网络微博走红毯活动，此时走红毯的是那些知名的"微博红人"。还有一些教堂、牧师都在尝试使用Facebook和Twitter，希望对年轻人有所影响。甚至教皇都拥有他自己的网站！

社交媒体影响公众对于政治领域中的观点的力量也非常强大。奥巴马总统的竞选活动就使用了互联网，不仅为他筹集到数百万计的竞选资金，而且还通过这种方式测试了竞选活动的主题，并展开了和公众的对话。对于企业来说，博客可以告诉企业消费者正在思考的问题。对于广告商而言，消费者在博客和其他的社交网站中所表达出来的情绪可以更好地解读广告所产生的直接影响，而这些是标准的市场调查无法完成的。但是要注意一点，网络上的消费者具有自我选择的特点，高品质的市场研究追求的是随机抽样的结果，所以在使用自我选择网络调查结果时，一定要小心。但是，即使在传统标准的营销调查当中，初期的样本是随机选定的，但是回应人群从技术上来说并不是随机的，特别是当回答问题的人群只是一小部分的时候，更是如此。

这种媒体真的能够帮助企业获得成功吗?

和单向广告传播的传统媒体相比，新型的社交媒体能够创造出忠诚的品牌用户吗？答案还不明确。针对任何新型媒体，都存在很多早期渲染的成分，从长远角度来说，它所形成的影响很难估测。传统媒体在营造强有力的、标志性的品牌方面是非常成功的，过去几十年如此，未来仍然如此。这样的例子有很多，象牙肥皂、可口可乐、雀巢公司、凡士林、奔驰汽车、李维斯、哈雷摩托车等等。这样的品牌在纷繁而稀奇的社交媒体环境中将如何发展下去？新品牌是否能够长久，而新型社交媒体所产生的大量纷乱和干扰因素是否会缩短消费者的关注期限，继而引发品牌的提前衰亡？

戴尔公司有20多个账户，都是由戴尔公司的人员进行管理的。这家公司努力囊括所有的消费者能接触到的信息。虽然从短期来看，消费者的信息接触点可能是多重的，但是很有可能未来还会出现某种均衡。其实大多数博客、论坛和社交网站是完全不相干的。总是会有服务小众人群的网站，但是主流网站将会和这些数量不多的小众网站结合在一起，进而控制全局。

事实上，诸如Facebook和Myspace这样的社交网站已经成为许多互联网用户的首页，表明了这些新型媒体的强大影响。比如，Facebook的用户可以进入亚马逊书店，而无需离开原来的网页。因为提供电子邮件、即时信息、视频上传分享、照片发布的功能，所以Facebook这个网站已是一个独立的社会团体，它已经拥有3亿个常规用户，而且数量还在增长！ Myspace网站也正在打算提供电子邮件服务，正成长为一个强有力的网络社区。杰弗里· 瑞伯特（Jeffrey Rayport）是市场空间公司（Marketspace）的创始人和总裁、前哈佛商学院的教授，他对未来社交媒体的发展作了非常有趣的断言。他提出Facebook的用户带有社会形象的符号特征——这是一种数字化的符号——这将改变广告商的投资方式。广告商将不再在网络上购买空间，他们有可能会选择购买某些类别的社会形象，这样一般这些人群出现时，它们就可以到达这些人群。[5] 他把它命名为“**根据行为确定目标市场**”（behavioral targeting），而且已经有一些广告商使用这种方法，它们使用电脑中的暂存资料（cookies）来收集数据，跟踪消费者，展示他们有可能感兴趣的广告。

---

[5] Rayport, Jeffrey(2009), “How Social Networks are Changing Everything,” *BusinessWeek* (May 7).

但是，社交媒体也不是所有人都需要采用的，就如同并不是每一家公司都需要客户关系管理系统（Customer Relationship Management，简称为 CRM）一样。如果跟踪个体消费者层面的数据可以更高效地帮助企业了解消费者的需求，那么这家企业将能够从客户关系管理系统中有所获益。英国的零售企业乐购（Tesco）公司就有效地利用了客户个体层面的数据。另一方面，美国的超市连锁店就不是这样做的（这里的许多连锁店都采用"忠诚会员卡"的办法，但是对消费者的积分奖励并不是定制的）。类似地，如果企业需要投入资源来监督网络社区的消费者，并和他们展开交流，它必须回答几个基本的问题：

- 我们现在缺少什么信息，如果拥有了这些信息我们会怎么使用？
- 是否可以通过诸如 Facebook 和 Twitter 这样的社交网站获得这些信息？
- 通过这些媒体和消费者进行交流是沟通企业信息的有效方法，这种方法和电子邮件营销相比是不是更好？
- 我们如何管理公司和社交网络之间的信息沟通？
- 公司是否应该不让员工看到 Facebook 和 Twitter 网站上的文字？
- 我们如何评价投入社交媒体的效果？
- 对这些社交媒体的投入是否会让消费者更多地了解公司？或者提高他们的购买欲望？实现更大的销量？降低成本？是否能使公司对消费者的问题作出更快的反应？

采用社交媒体的企业可以通过上面这些问题来评价它期望涉及的程度和方式。最好是一开始小规模介入，然后边干边学。一旦企业得到了消费者提出的反馈意见，那么它就应该做好准备作出回应，否则它就会面临失去消费者的风险。

因为社交媒体还是一个相对比较新的现象，所以企业会很想尝试使用。有些时候，企业的产品和它的客户之间存在一种天然的亲和力，企业可以利用这种亲和力。例如星巴克咖啡可以通过 Facebook 和 Twitter 网站给浏览者发放新型咖啡饮品的电子优惠券，然后很快就能测算出效果。戴尔电脑也可以对它的计算机产品进行这样设计，苹果公司对于它希望宣传的某些应用程序、网络鞋店 zappos 针对其鞋类产品等都可以这么做。这些做法是将传统的优惠促销改变成电子的方式，唯一例外的就是这些促销优惠券发放的对象是喜欢这些企业的客户，而不是向空中发放优惠券。企业不能简单地将这些在 Facebook 或 Twitter 网站上的浏览者人数作为是否成功的标准，这些促销活动成功与否取决于这些虚拟的客户群是否能够目的明确地采取行动。

早期研究的结果

毫不奇怪的是，关于这些新兴媒体所能产生的影响的结论性研究仍然不多。但是确实已经有了一些研究。例如，有研究评价了在网络上和用户联系最紧密的品牌，星巴克位于首位，紧随其后的是戴尔电脑、卓越网、谷歌和微软公司。这个结论有点儿出人意料，因为星巴克咖啡并不是一个天然拥有网络用户的公司。这些研究调查了十一种营销渠道，包括社交媒体，研究人员使用几种不同的评价标准测算了企业和用户联系的紧密程度。[6] 这些研究表明，采用六种或者六种以上渠道和客户联系的公司与用户的紧密程度更高，而且采用新型社交媒体的企业也会更加高效地与其客户展开联系。

还有一些研究表明，消费者和他们所使用的品牌之间有可能存在一种互惠性的、意味深长的、具有差别性的、不断发展的关系。[7] 随着某些消费者寻求和他们一样喜爱相同品牌的消费者，"品牌社区"的概念就形成了。"品牌社区"是一个特殊的、没有地理边界限制的人群，它的建立源自由这群人对品牌的偏好所形成的社会关联。[8] 关于品牌社区的研究已经表明，这些社区会影响成员的认知和行为，能够加速社区成员间的信息沟通和交流，能够帮助成员对刚刚进入市场的新产品展开评价。[9,10] 而互联网的快速发展也帮助促进了这类社区的发展，特别是网络品牌社区的发展。例如，Oraclecommunity.net 这个网站可以让购买甲骨文公司产品的用户互相交流。但是，这个网站的作用还不仅仅如此。网站的会员们可以分享个人的故事、图片、食品，甚至

[6] Serkin, Tova(2009), "The World' s Most Valuable Brands. Who' s most engaged?" www.engagementdb.com(October 27). 遗憾的是，作者并未详细地解释研究方法，所以联系程度是如何定量评价的并不清楚。

[7] Fournier, Susan(1998), "Consumers and Their Brands: Developing Relationship Theory in Consumer Research," *Journal of Consumer Research,* 24(4), 343.

[8] Muniz, Albert, and Thomas O' Guinn(2001), "Brand Community," *Journal of Consunter Research,* 27(4), 412-432.

[9] Muniz, Albert, and Hope Schau(2005). "Religiosity in the Abandoned Apple Newton Brand Community," *Journal of Consumer Research,* 31, 737-747.

[10] Brown, Stephen, Robert Kozinets, and John E Sherry Jr.(2003), "Teaching Old Brands New Tricks: Retro Branding and the Revival of Brand Meaning," *Journal of Marketing,* 67(3), 19-33.

生日等等。有时这些在线的品牌社区可以加以限制，比如在“任天堂俱乐部”（Club Nintendo）当中，只有拥有产品代码的人才能够加入在线俱乐部。[11]

阿尔戈舍米尔（Algesheimr）等学者分析了这些社区是如何发展的。[12] 他们的研究表明，消费者最初是通过使用一个产品从而和一个品牌形成了某种联系，这种产品具有功能效益和符号效益。紧随其后的是在品牌社区成员之间所实现的一种联系。客户和品牌之间的联系会影响到客户之间的联系，也就是说，影响到他和别的会员的相互交流。阿尔戈舍米尔等学者的研究形成了一个重要结论，即社区成员的行为目的（例如建议、积极参与等等）会转化为实际行动。网络论坛的重要特征在于信息是面对公众的。因此，一个人并不是必须在论坛当中发布信息，才能获得产品有价值的信息（也就是说，双向沟通此时并不是基本的特征）。

关于在线口碑效应（online word-of-mouth，简称为 OWOM）的研究主要是针对娱乐业的（例如电影、电视节目等等）。在电影行业中，尼尔森公司所进行的一项研究表明，消费人群产生的在线口碑方式，对常看电影人的人而言，是第二大重要信息来源。[13] 对于观众而言，影响最多的是电影预告片，在线口碑紧随其后，然后才是明星效应、影片类型、影评专家的观点，以及广告等等。所有排在后面的这些消费者需求驱动因素在早期的营销研究中都有大量的研究。而现在，因为可以用在线口碑相关的数据，所以研究人员开始评价在线口碑这种方式在电影放映前和放映之后所产生的影响。这二者之间的区别是非常重要的，电影放映前在线口碑反映的是人们对电影的期望，而电影放映之后，在线口碑反应的则是电影观众根据真实的体验所作出的评价和反馈。

关于哪些类型的在线口碑方式是重要的，存在不同的观点，但是一个普遍的结论就是观众的评价对于未来人们是否会去观看影片有着重要的影响。因此首映日的表现非常关键，成败往往在此一举。但是，首映日的表现还不是最关键的因素，换句话说首映日影片只针对极少数市场投放，然后紧接着几周在另外的市场进行放映更关键。戈皮纳特（Gopinath）等学者的研究的主要结论就是博客的点击数量和博客的文章

[11] Dholakia, Utpal, and Silvia Vianello(2009), “The Fans Know Best.” *Wall Street Journal,* (August 17).

[12] Algesheimer, Rene, Utpal Dholakia, and Andreas Herrmann(2005), “The Social Influence of Brand Community: Evidence from European Car Clubs,” *Journal of Markerting,* 69 (3), 19-34.

[13] A.C.Nielsen(2007), “American Moviegoing Study.”

数量对票房都会产生非常重要的影响。[14] 毫不奇怪，诸如纽约这样的城市市场对于博客数量的反应更加积极一些，而另外一些城市，诸如坦帕市（Tampa），市场对于制片方推出的广告则反应更为灵敏一些。这是为数不多，将由企业所产生的媒体（例如广告）和消费者产生媒体（例如博客）进行了直接对比的学术研究之一。

另外，戈德（Godes）和梅斯林（Mayzlin）尝试去理解网络论坛当中帖子对于电视节目的排名榜所产生的影响。[15] 他们采用了 1999 年到 2000 年美国热播的 44 个电视节目进行研究。收视率方面，他们采用了尼尔森公司的排行榜数据，网络口碑方面，他们采用了 Usenet 新闻集团访谈方式得到的数据。他们指出，对电视节目排行榜产生影响的因素既包含数量因素（评论的广度），还包括内容因素（论坛帖子的差异性）。

希互利埃（Chevalier）和梅斯林也研究了网络书店，例如亚马逊网络书店以及巴诺书店网站（barnesandnoble.com）当中书籍的排行榜对于这些网站上销售排行榜的影响。[16] 在网站研究中，研究人员们也尝试对比正面的和负面的网络口碑所产生的相应影响。切弗里尔和梅斯林发现负面的意见所产生的影响要比正面的评价更为深远。在一个相关的研究当中，星（Shin）等专家发现负面的评论会导致价高的物品降价，而正面的评论会使一些低价的物品提高价格。[17] 同样，在一些并非针对网站所进行的研究当中，研究人员也发现了负面的在线口碑效应所产生的严重影响。比如，卢奥（Luo）等专家发现消费者对航空产业的投诉会对业内企业的未来股票收益率产生不利影响。[18]

尽管研究人员已经采用了不同的方法来量化在线口碑效应，然而并没有太多的研究，可以让我们了解这些网络对话的本质特征。但是，格宾纳斯等专家已经证明，如果产品在一个市场当中相对属于新产品时，那么在线口碑效应的影响是最大的，而这

---

[14] Gopinath, Shyam, Pradeep Chintagunta, and Sriram Venkataraman(2009), "Do Blogs Influence Movie Box-Office Performance?" Working Paper, Kellogg School of Management, Northwestern University.

[15] Godes, David, and Dina Mayzlin(2004), "Using Online Conversations to Study Word-of-Mouth Conununication," *Marketing Science,* 23 (4), 545-560.

[16] Chevalier, Judith, and Dina Mayzlin(2006), "The Effect of Word of Mouth Online: Online Book Reviews," *Journal of Marketing Research,* 43(3), 345-354.

[17] Shin, Hyun, Dominique Hanssens, and Bharat Gajula(2008), "The Impact of Positive vs.Negative Online Buzz on Retail Prices," Working Paper, Anderson School of Management, UCLA.

[18] Luo, Xuoeming(2007), "Consumer Negative Voice and Firm-Idiosyncratic Stock Returns," *Journal of Marketing,* 71(3), 75-88.

种深度影响会随着时间的推移慢慢地减弱。[19] 这项研究表明，如果一个品牌包含众多类型的产品，那么它应该将大量的网络营销预算投入在较新的产品上，而非较为成熟的产品上。戈皮纳特研究的第二个重要发现在于，当产品属于新产品时，那些基于产品属性的对话更为重要，而当产品处于生命周期当中的成熟期时，关于情感方面的对话则变得更为重要。企业可以利用这些信息来开发更为有效的广告战略。这项研究表明，在产品生命周期的初期强调产品的特性，而在稍后阶段应该强调情感因素，吸引消费者参与。

最近的一些研究还关注影响者以及被影响者的特点。福曼（Forman）等学者的研究分析了评论者所具有的特征会如何影响社区会员看待这些评论，以及如何影响他们的购买决策。[20] 他们发现，和匿名的评论者相比，那些署名的评论在网络社区当中会更被看好。例如，在电影行业中，戈皮纳特等学者发现，如果一个地区的市场拥有更多的 40 岁以下的人口，那么与其他市场相比，对博客这种形式的反应就更为敏感。[21] 这项研究还发现，影响因素还包括这个市场当中宽带的渗透水平以及家庭收入的状况。最后，戈皮纳特等学者研究表明，在手机行业中，企业为了预测未来的销售业绩，应该跟踪最热门的网络发帖人。[22]

尽管学术研究还未涉及各种不同形式的由消费者所引发产生的媒体，但是他们的分析的广度和力度都能够给那些深谋远虑的企业提供一些启示。

总　结

社交媒体正在改变着企业和消费者彼此沟通的方式。市场营销现在变成了时时刻刻毫不间断的一种活动。因此企业必须去评估，而且参与各种各样的沟通媒介方式，

---

[19] Gopinath, Shyam, Jacquelyn Thomas, and Lakshman Krishnamurthi(2009), "A Framework for Linking the Dimensions of Online Word of Mouth to Firm Performance," Working Paper, Kellogg School of Management, Northwestern University.

[20] Forman, Chris, Anindya Ghose, and Batia Wiesenfeld(2008), "Examining the Relationship between Reviews and Sales: The Role of Reviewer Identity Disclosure in Electronic Markets," *Information Systems Research,* 19(3), 291-313.

[21] Gopinath, Shyam, Pradeep Chintagunta, and Sriram Venkataraman(2009), "Do Blogs Influence Movie Box-Office Performance?" Working Paper, Kellogg School of Management, Northwestern University.

[22] Gopinath, Shyam, Jacquelyn Thomas, and Lakshman Krishnamurthi(2009), "A Framework for Linking the Dimensions of Online Word of Mouth to Firm Performance," Working Paper, Kellogg School of Management, Northwestern University.

包括电视、平面媒体、网络，以及社交媒体，这样它才能够以现有客户和潜在客户所希望的方式服务好他们。

从营销者的角度来看，企业的成功是由销售测度的。即使拥有很高的知名度，消费者也非常喜欢，但是如果这些不能转化为销售量，那么它还是不够的。这样，营销者就必须牢记，营销的各个要素，包括价格、分销渠道，以及客户服务，都必须要做好准备。这些新兴的社交媒体提供了一些机会，它能够让现有的客户和潜在的客户产生好感和吸引，而这些情感会让名牌得到进一步的提升。测量消费者是否真的忠诚，并不是去看消费者是否在绝大多数时候都购买相同的品牌，而要看消费者会不会向他人推荐这个产品，或者当品牌并不处于有利地位时，比如产品的价格比竞争对手高，或者该产品没有库存时，消费者仍会购买它。

这是市场营销的黄金时代。市场营销就是创造价值、沟通传播价值，并抓住价值。营销要针对个体消费者的偏好相应地提供产品和服务。互联网和社交媒体这种非常独特而且全新的方式最终使得一一对应的关系变成可能。未来 10 年、15 年将会获得成功的企业就一定是能成功利用这些新型社交媒体的企业，企业不仅是良好的倾听者、积极的参与者，还是完美的接近者。让我们拭目以待吧！

作者简介

拉克什曼·克里希纳穆尔蒂（Lakshman Krishnamurthi）美国西北大学凯洛格商学院 Montgomery Ward 杰出营销学教授。他在 James L.Allen 研究中心担任凯洛格定价战略与策略项目的主任，曾任市场营销学系的系主任 11 年。他与拉克什·沃拉教授（Rakesh Vohra）合著的《定价的原理：分析方法》即将出版。他在印度理工学院马德拉斯分校（IIT,Madras）获得工学学士学位，在路易斯安纳州立大学巴吞鲁日分校获得工商管理硕士学位，在斯坦福大学（Stanford University）获得统计学硕士学位和营销学博士学位。

希亚姆·戈皮纳特（Shyam Gopinath）美国西北大学凯洛格商学院营销学的博士生。他曾因由消费者产生的广告内容方面的研究获奖，此研究刊登于工商管理网络杂志“BNET”和《麻省理工学院斯隆商业评论》。他是营销学最知名的学术期刊《营销科学》的特别审稿人。他在印度卡瑞拉大学（University of Kerala）获得理学学士学位。在印度理工学院马德拉斯分校（IIT,Madras）和弗吉尼亚大学（University of Virginia）获得理学硕士学位。

第十五章

从车轮到微博：创新源自何处？

戴维·盖尔

引　言

如今，管理人员面对的重要问题之一就是如何促进企业的创新。一些因素结合起来，使得企业尤其需要创新，比如全球性的竞争加剧、信息与技术的传播速度越来越快，以及对企业越来越专业化的管理等等。过去，优秀的新产品可以确保企业在相当长的一段时间内获得相对较高的利润，但如今，因为竞争对手可以快速地模仿，所以坐享其成只会导致企业利润的不断下降，从而最终落败。管理人员非常清楚达尔文的“适者生存”的市场法则，认识到企业的未来取决于它创新的能力。

正是因为渴望了解创新，所以有许多学者写了大量的书籍和文章，分析管理人员如何促进创新的产生。实际上，关于这个话题的文献数量是急速增加的。大多数文献往往聚焦于少数创新型企业，关注那些技术领域或者设计领域里的典型企业，比如谷歌和IDEO公司等等。这些文献研究了这些企业如何成功地实现创新，进而从这些企业的经历中提炼出一些经验教训。尽管这些发现往往是有用的，但是通常情况下，有一点并不明确，也就是说，这些具体企业的轶事类的经历是否能够适用于其他企业，或者其他场合。例如，尽管谷歌公司一开始并没有赢利计划书或者商业计划书，然而它仍然实现了巨大的成功，但是如果仅仅从谷歌公司的经历，是难以推断出制定商业计划书的价值的。相对于一些没有商业计划书而获得成功的企业而言，大多数企业往往会因为没有商业计划书而遭到失败，而这种现象是不可能从观察单一的企业或少数一些企业就可以发现的。

本章将从一个新的视角分析管理人员可以如何在企业中促进创新的产生，我们的启示来源于杰拉德·戴蒙德（Jered Diamond）的著作《枪炮、病菌与钢铁》（*Guns, Germs, and Steel*）当中关于创新发展的历史的介绍和分析。我们希望从这种历史学看待创新的新视角，探索出在企业中实现创新的新思路。

《枪炮、病菌与钢铁》的启示

1997 年加州大学洛杉矶分校的地理学和生理学教授杰拉德·戴梦德出版了《枪炮、病菌与钢铁》。[1] 这本书针对人类历史进行了深入的分析，从农业的产生到现代社会，主要目的是探讨各种文明兴衰的原因。这本书里有一章《创新是需要之母》，戴梦德在这一章中详细地描述分析了创新发生的历史，和我们本章的主题非常契合。

在《创新是需要之母》这一章中，戴梦德运用了一些历史实例，挑战了一些关于创新本质的经典观点。我们在本章中主要分析和企业创新紧密相关的一些结论。

创新是需要之母

戴梦德所提出的和一般人直觉正好相反的一个结论就是，和传统观点不同，历史上绝大多数重要创新发生的原因都不是为了迎合某种迫切需要，相反这些创新是由一些工匠和业余爱好者出于自己的好奇心开发出来的，目的并不是企业根据客户的需求或者追逐利润而开发出来的。戴梦德用汽车来例证。当汽车被发明出来的时候，马匹满足人们陆路交通的需求已经有数千年，铁路也有数十年的发展历史。但是并没有出现促成汽车发明的事情，比如马匹的数量突然短缺，或者人们对铁路运输有什么不满。实际上，从尼古拉斯·奥托（Nikolaus Otto）1866 年发明内燃机算起，一系列工匠和业余人士对它进行了改进，50 年之后，企业才开始在汽车生产中大量采用它。历史上许多著名的发明，包括飞机、电脑、照相机、打字机、电视，还有雅虎互联网搜索引擎

[1] Diamond, Jared(1997), *Guns, Germs, and Steel,* New York: W.W.Norton.

等等，都要归功于一些工匠和业余人士。[2]

戴蒙德还发现绝大多数发明最重要的用途并不在它们最初的设计方向上。他举了托马斯·爱迪生（Thomas Edison）发明留声机的例子。当爱迪生发明留声机的时候，他列出了十种可能的应用领域。在这些应用方面，播放音乐的用途排在后面，而排在前面的用途包括记录垂危之人的遗言、播报时间、为盲人录制书籍等。最开始，爱迪生的结论是留声机没有任何商业价值。但是，仅仅几年之后，他发现留声机作为一种商业听写设备具有商业价值。类似地，当有企业家在留声机的基础上开发出点唱机来播放音乐的时候，爱迪生担心这种东西会削弱这种设备严肃的商业用途。到最后，许多年过去了，爱迪生才承认播放音乐实际上成了留声机最主要的应用领域。戴蒙德还举了蒸汽发动机的例子，蒸汽发动机最初的发明用途是把水从煤矿里抽出来，但后来它被用来给纱厂供电，最后在给机车和蒸汽船供电中实现了它最重要的商业价值。

尽管戴蒙德主要分析了二十世纪之前的发明，然而当代我们仍然可以找到大量的实例，说明许多发明的最大商业价值并不是在其初始设计的应用领域。例如，"伟哥"最初是辉瑞制药公司开发出来治疗心绞痛的药品，非常偶然地，有一些病人提到这种药帮助他们克服了勃起功能障碍，后来它才沿着这个方向得到了进一步开发。[3] 另一个例子是 YouTube，这个网站是 2005 年 2 月 14 日创建的，在这个情人节，几个创建网站的人没有约会的机会，于是他们觉得可以建立一个不错的视频约会的网站。他们在"Craigslist"分类广告网站上发布了广告，希望吸引那些借助视频约会的人们来访问网站。于是，很快，用户就利用这个网站去发布各种各样的视频，和朋友以及陌生人共享。到 2006 年 7 月的时候，每天这个网站上上传的视频就有 65,000 多条。[4]

还有一个类似的例子，杰克·多尔西（Jack Dorsey）是微博网站"Twitter"的发明人之一，他曾经在 2009 年中戏谑地谈论过他的这个发明用在了没有预计到的领域，他说，"Twitter 的设计本意是给那些空虚的、自大的、有点儿自恋的人提供一种方式，让那些同样感伤的人们来阅读和分享他们非常平庸而且有点愚蠢的想法。当我听说伊

[2] Thomson, David G.(2006), *Blueprint to a Billion,* Hoboken, NJ: John Wiley & Sons.

[3] Boolell, M., M.J.Allen, S.A.Ballard, S.Gepi-Attee, G.J.Muirhead, A.M.Naylor, I., H.Osterloh, and C.Gingell(1996), "Sildenafil: An Orally Active Type 5 Cyclic GMP-specific Phosphodiesterase Inhibitor for the Treatment of Penile Erectile Dysfunction," *International Journal of Impotence Research,* 46, no.4, 47-52.

[4] Arrington, Michael(2006), "YouTube's Magic Number-$1.5 Billion," *TechCrunch* (September 21), www.techcrunch.com/2006/09/21/youtubes-magic-number-15-billion/.

朗人利用我心爱的发明服务于他们自己的目的——例如组织政治运动、通知外界对专制政权采取行动等等——我简直不敢相信，他们毁掉了这么美好、这么单纯、绝对中立的一样东西。”[5]

戴蒙德还提到，绝大多数重大发明所实现的最重要的应用领域在发明之时并不存在，或者当时人们都还想象不到。也就是说，和传统观点不同的是，直到一样东西被发明出来，人们才认识到某些方面需要创新（这就是戴蒙德书中那一章标题的含义）。戴蒙德举了汽油的例子。在十九世纪，石油当中的中间馏分油被用来点油灯，而汽油，这种最易挥发的部分，人们是不用的。直到内燃机被发明和利用，人们才认识到这种被浪费的产品是发动机的最佳燃料。最近的一个例子是互联网，它最早的前身是美国国防部连接雷达站的网络。[6] 谁会想象得到，互联网最终会被用来下载音乐、写博客、开社交网站，以及和全世界的人们实现即时沟通呢？

发明是累积的

戴蒙德的第二个重要结论和传统的“发明英雄论”恰好相反，传统观点认为正是那些“伟大的”发明家和科学家才推进了重大的发明。戴蒙德指出，实际上，发明是一个累积的过程，其间绝大多数发明只不过是基础性的，是为那些重大发明成果作出主要贡献；而且创新诞生的环境往往比某一个发明者本人更为重要。

作为例证，戴蒙德回顾了蒸汽发动机的发展史，人们一般认为它是 1769 年由詹姆斯·瓦特（James Watt）发明的。戴蒙德详细地记载了，瓦特的蒸汽机是对一台类似的发动机所做的改进，后者是由托马斯·纽科门（Thomas Newcomen）57 年前开发出来的（这种发动机卖了 100 台）；而这种发动机是受托马斯·萨弗里（Thomas Savery）1698 年研发的蒸汽机的启发，萨弗里又是受到 1680 年丹尼斯·帕潘（Denis Papin）的设计启迪，帕潘的设计则是源自于克里斯蒂安·惠更斯（Christiaan Huygens）的创意。戴蒙德还举了一个类似的例子，爱迪生“发明”白炽灯泡之前 40 多年间，就有一些发明家曾经开发出来白炽灯泡。如果观察轧棉机、飞机、电报等等发明，都可以发现类似的过程。

---

[5] Taylor, Jim(2010), “Technology: The Law of Unintended Consequence,” *Psychology Today* (January 27).

[6] Kruse, Amy, Dylan Schmorrow, and Allen Sears(2004), “ARPANet.” *In Berkshire Encyclopedia of Human-Computer Interaction*, Ed. W.S.Bainbridge, Great Barrington, MA: Berkshire, 37-40.

虽然戴蒙德没有分析过，但是同样值得注意的是那些往往被归功于一个天才的科学发现，却是由几乎同时代的其他科学家首先发现的。例如微积分［艾萨克·牛顿（Issac Newton）和戈特弗里德·莱布尼茨（Gottfried Leibniz）］[7]、狭义相对论［阿尔伯特·爱因斯坦（Albert Einstein）和亨利·庞加莱（Henri Poincare）][8]、进化论［查尔斯·达尔文（Charles Darwin）和阿尔弗雷德·拉塞尔·华莱士（Alfred Russel Wallace）］[9]、万有引力反平方定律［艾萨克·牛顿和罗伯特·胡克（Robert Hooke）］等等[10]；还有脱氧核糖核酸（DNA）的结构，在沃森（Watson）和克里克（Crick）之前实际还有许多科学家都有所发现。[11] 这些例子实际上印证了牛顿的那句名言："我看得远，因为我是站在巨人的肩膀上。"这句话也很有意思，虽然它确实是牛顿在给罗伯特·胡克的一封信中写的，但是这句话在十七世纪是一句很流行的话，而且至少500年前伯纳德（Bernard of Chartres）就曾经说过这句话。[12]

创新的传播

戴蒙德除了研究具体的创新是**如何**产生的，他还分析了在一个社会当中大多数创新是**从哪里**产生的。戴蒙德的答案是一个社会中使用的大多数创新是从别的文化传入的：也就是说，大多数创新并不是由使用者发明的，而是他们从别的文化引入采用的。

例如，字母、水车、齿轮、磁罗盘、风车、门锁、滑轮、石墨、暗箱，它们每一个都是在世界的历史长河中，从欧亚地区独立地被发明出来，然后传遍整个大陆。为了说明这个现象，戴蒙德引述了车轮的发展历史。有证据表明，第一副车轮大约在公元前三四百年出现在黑海附近，随后的几百年间，它传遍了整个欧亚大陆。有两个证据可以证明车轮有一个独立的源头，一个是它在第一次出现之后的迅速传播（速度之快，

[7] O' Connor, John J.(1996), *The Rise of Calculus*, St.Andrews, Scotland: University of St.Andrews.

[8] Poincaré, Henri(1906), "Sur la Dynamique de l' électron," *Rendiconti del Circolo Matematico Rendiconti del Circolo di Palermo,* 21,129-176.

[9] Slotten, Ross A.(2004), *The Heretic in Darwin' s Court: The Life of Alfred Russel Wallace,* New York: Columbia University Press.

[10] Westfall, Richard S.(1980), *Never at Rest: A Biography of Isaac Newton,* New York: Cambridge University Press.

[11] Judson, Horace F.(1996), *The Eighth Day of Creation: Makers of the Revolution in Biology,* New York: Cold Spring Harbor Laboratory Press.

[12] McGarry, Daniel D., trans.(1955), *The Metalogicon Of John Of Salisbury: A Twelfth-Century Defense Of The Verbal And Logical Arts Of The Trivium,* Berkeley, CA: University of California Press.

几乎难以将之记为独立的发明），另一个是一个事实，所有的车轮都拥有相同的设计，都是三块木板连接起来。

因为某样创新在一个团体中让人们体会到足够的优势，而这种优势被别的团体中的人们所发现和采用，这样就有了发明的传播。当那些拒绝采纳创新或无法采纳创新的团体被那些采纳了创新的团体所取代时，创新就会得到进一步的传播。

戴蒙德分析了两种创新传播的主要途径：第一是详细地规划重新创造出来一种新东西；第二则是简单地从现有发明中获取灵感，加以改造。也就是说，一旦人们发现了某种创新的东西，那么可以发明什么，以及可以采用什么模式运作这种创新产品，这些知识使得其他团体的人们能够模仿，或者反过来促进这些创新的发展。

针对第一种途径，即规划创新的途径，戴蒙德提出了有可能促成创新发生的四种主要方式。第一种方式是**和平的贸易**，对此他引用了日本1954年从美国购得晶体管的例子。第二种方式是**间谍活动**，对此他引用的实例是公元552年阿拉伯人从东南亚谋得了蚕。第三种是**移民**，戴蒙德引用的例子是1685年胡格诺人离开法国，导致后来他们所掌握的服装制造以及玻璃制造的技术的传播。第四种是**战争**，他引述了公元751年中国人在塔拉斯河战役中被阿拉伯人打败的例子，这场战役之后，阿拉伯人利用俘虏中的造纸专家，发展了当地的造纸工业。

对企业创新的启示

戴蒙德的著作对于理解企业中的创新有一些非常重要的启示。

发明还是创新

大多数创新之物最初发明时都不是为了满足某种具体的需求，这个结论能给我们什么启示呢？通常情况下，结论就是，绝大多数创新思想的最终商业价值都无法**事先**决定，所以企业应该促进创新，而不能对具体的商业运用前景有太多顾虑。因为无论是发明也好，还是发现也好，它们的本质都是偶然性的，所以企业往往会认为，它们应该营造一种环境，给创新投入足够的资源，而不过多地明确其商业用途，从而保证有这种意外的收获。

在关于创新的研究中，“Post-it”即时贴经常被人引用来作为支持这种观点的主要例证。关于这种即时贴的故事是这样的，1968 年，一位名叫斯潘塞·西尔弗（Spencer Silver）的科学家在 3M 公司的实验室里工作，他偶然发现了一种可以重复使用的、对压力敏感的胶粘剂，它最终成为了 3M 公司的即时贴中使用的胶粘剂。[13] 这样，企业就会得到一个结论，认为胶粘剂的发现具有偶然性，所以它们应该促进开放式的研究，从而实现这类意外收获。

但是，可以说这种结论是不正确的。真实的情况是，那些基础研究（即那些针对具体产品的研究）造成商业失利的概率要比获得商业成功的概率高很多，因此几乎不可能给企业带来足够的商业回报。相反，正是**因为**戴蒙德所分析的发明具有无法预期的特点，所以商业回报往往会流向**创新者**，而不是那些**发明家**。发明意味着一种崭新的概念。相比较而言，创新则是将一项发明加以商业开发。相对而言，发明会有很多很多，但是创新的数量则是很有限的。

举个例子，美国专利商标局每年会公布 10 万项专利，其中只有很少一部分能够最终被开发为有商业价值的成功产品。[14] 类似地，大学的技术专利处积累了许多未授权的专利，还有许多技术甚至都没有申请过专利；那些研究型的重点大学都认为，如果他们能够把发明授权出去，即使募得的资金仅仅能够补偿研究预算的 5%，他们就非常幸运了。

同样，成功的发明家往往都是失败的创新者。有许多例子，比如贝尔实验室发明的晶体管和 UNIX 操作系统、施乐公司帕洛阿尔托研究中心发明的图形用户界面、以太网和激光打印机；所有这些发明后来都是由一些创新者所采用，进而挖掘了它们主要的商业潜力。

要理解为什么会这样，让我们回来再次分析蒸汽机的例子。奥托的蒸汽机高达 7 英尺、非常笨重、产生的动力很小、因此不适合开发成商业产品。直到许多工匠和业余人士（他们从各自的发明中也没有获得任何经济利益）对它做出了多次改进之后，才使得汽车被企业家精致地开发成一种有用的商业产品，给生产企业带来了丰厚的回报。大多数重要发明的早期都经历了类似的过程。

企业不同于业余人士、工匠、政府，以及大学资助的研发实验室，它不可能耗时

---

[13] Petroski, Henry(1992), *The Evolution of Useful Things,* New York: Knopf.

[14] Dematteis, Bob(2004), *From Patent to Profit: Secrets & Strategies for the Successful Inventor,* New York: Square One Publishers.

50年来开发一种没有明确商业潜力的技术。许多大型企业都认识到了这个问题，从而改变了内部管理的模式，例如通用电气公司，从前公司的研发部自主管理着各类研究项目；但如今，公司要求各个研究项目的资助要具体到业务部。[15]

因为最终引发有用创新的发明是极少的，相对来说几乎无法预期其未来，而且开发的过程会很漫长，所以企业的焦点应该放在**创新**上，也就是说，应该聚焦于将现有的发明转化为**有明确商业价值的产品**。这并不意味着企业不应该致力于去发明东西，但是企业的重点应该是把现有的发明加以改进，让它变成具体的应用，这就是在创新。

实际上，那位科学家偶然发现胶粘剂，从而引发了即时贴的诞生，这个例子可以很好地说明上面的观点。虽然这种胶粘剂的发明者斯潘塞·西尔弗也做了一些改进，但是直到3M公司另一位研究人员阿特·弗莱（Art Fry）六年之后发现了它的用途，这种胶粘剂的开发才真正得以推进。在明确了它的用途之后，这家公司又用了好几年来进一步研究、开发、精细处理，之后即时贴这种新产品才得以成功推出。[16] 所以说，即时贴实现商业成功，核心的驱动因素是对发明的**创新性应用**，而不是发明本身。

预测消费者的需求

如果我们接受了这种观点，认为企业应该把重点放在创新，而非发明上，那么企业应该**如何**把重点放在创新上呢？因为研究发现大多数发明最终的用途并非设计初衷的方向，而且绝大多数应用本身是在发明出现之后才开发出来的，所以我们就可以认定，成功的创新战略应该聚焦于**创造性地应用现有的发明**以及将各种发明结合起来。成功创新的标志就是开发出那些发明目前还不存在但是将会（全部或部分）确实存在的应用领域。

再进一步说，因为研究发现绝大多数发明的产生并不是为了满足消费者紧迫的需求，所以在消费者认识到自己的需求之前，企业明确消费者的需求非常重要。实际上，现在营销研究人员普遍认同的一种观点就是，消费者通常对自己的偏好并不清楚，因此典型的情况是消费者无法自发地表达出他们对根本不存在的商品的需求。对于那些间断创新型的产品（即那些从消费者价值定位角度，不连续提升的产品），情况更是

---

[15] Larson, Charles F.(1999), "R&D in Industry," *AAAS Report XXIV: Research ε Development FY 2000.*

[16] Petroski, Henry(1992), *The Evolution of Useful Things,* New York: Knopf.

如此。亨利·福特（Henry Ford）就曾经说过："如果我真去问我的客户他们想要的是什么，那么我造出来就会是一匹跑得更快的马。"

任天堂（Nintendo）公司是一个例子，它在消费者认识到自己的需求之前，成功地识别出来符合消费者需求的产品应用领域。当时，游戏机的用户和其他的游戏机生产企业都在关注生产出更强大的游戏机，但是任天堂却识别出一种需求，那就是消费者需要一种游戏系统，可以通过肢体互动实现更加直观的控制。假设一下，如果任天堂真的是生产消费者所要求的产品，那么它只会制造出图形更好看的更强大的游戏机而已。但是，任天堂互动式的 Wii 系统满足了痴迷玩家以及其他一般玩家并没有（有可能他们根本没有）表明的一种需求。因此，任天堂在推出 Wii 系统之后，从游戏控制机市场中一家垂暮企业摇身一变成了行业的领跑企业。索尼公司游戏机事业部的总裁平井一夫（Kazuo Hirai）努力模仿任天堂的成功，他在 2009 年东京游戏博览会上宣布："我们要制造出一种大家从未想象过的游戏机。"[17]

还有一些关于创新者的例子，他们在消费者提出需求之前或者在一种应用出现之前，就识别出现有创新产品的崭新应用领域；例如即时贴，还有一些企业把爱迪生的留声机应用到投币机和音乐收藏机当中，开发出来点唱机。反过来，1969 年，当霍尼韦尔公司（Honeywell）开发出第一台家用计算机时，它设想这种设备的唯一应用领域就是管理支票本和食谱卡。于是他们向家庭主妇们推广营销霍尼韦尔厨房电脑，售价 1 万美元，结果一台都没有卖出去。[18] 正如这些实例说明的那样，明确那些目前并不存在（而且消费者也说不清），但可以满足消费者需求的应用领域是成功创新的核心。

关注企业外部环境

戴蒙德的研究发现，一个社会中的大多数创新源自其他的文化，这个结论和企业创新直接相关：成功企业所采用的大多数创新都来自于企业外部。这是真的，因为无论企业员工多么聪明，多么有创造性，企业文化多么有利于产生创新，然而企业之外

[17] Tabuchi, Hiroko(2009), "Apple' s Shadow Hangs Over Game Console Makers," *New York Times* (September 25), www.nytimes.com/2009/09/26/technology/26games.html.

[18] Cowan, Ruth Schwartz(1985), *More Work for Mother: The Ironies of Household Technology from the Open Hearth to the Microwave,* New York: Basic Books.

的聪明人和有创造性的人的数量总会多得多。在企业外，创新会有许多源头，包括公司的客户、或者行业内其他的企业、或者其他的行业等等。因此，成功的创新大多数情况下，取决于企业能否成功地识别、采纳、调整、改进、融合源自企业外部的那些创新。

成功地从企业外部采纳、调整各种创新的企业实例有许多。例如，第一资本公司（Capital One）是一家信用卡发行企业，就以其执行的营销战略著称，这种战略就是创造性地围绕着信息开展营销活动。在第一资本公司诞生之前，传统的信用卡发卡公司都是仅仅服务于高端市场（也就是信用评级高的客户），所有的信用卡都收取 50 美元的年费，贷款利率为 19.9%（APR 是 Annual Percentage Rate，是美国诚信信贷法中要求披露的贷款利率。——译者注）。第一资本公司利用信息来确定更小的细分市场，然后用高度定制的产品去服务这些目标市场，从而改变了整个市场。[19] 但是实际上，第一资本公司的创新就是将信息技术的进步应用到传统的细分市场和目标市场战略中来。

类似地，哈拉斯公司（Harrah's）受到第一资本公司的启发，在一个完全不同的行业中，即博彩酒店业当中，开创了自己的基于信息的营销战略。这样，哈拉斯公司就成为其行业中第一家进行调整采用信用卡的创新的企业。[20]

美国在线公司（AOL）也是将现有的创新应用于新领域的一家企业。美国在线公司成为全美最大的互联网服务提供商，它执行的战略的核心就是把光盘寄到消费者手中，让他们免费试用 30 天。发放免费的美国在线光盘的零售点有许多，比如金考复印店，经常它们还会夹在每天的报纸里派发。一些时候，全国的主要报纸每份里都会夹入美国在线的光盘。[21] 当然，如果和第一资本公司基于信息的战略相比，美国在线的基本手法一点儿都不新，但它是样本抽取的一个实例，而样本抽取是一种拥有很长历史的营销方法。

类似地，租赁的概念也不是施乐公司开创的，但是当它向诸如 IBM 这样的大型技术企业出让技术，以及说服消费者投资购买复印机时，它的失利让它改变了战略，

---

[19] McNamee, Mike(1999), "Capital One: Isn't There More to Life Than Plastic?" *BusinessWeek* (November 22).

[20] Watson, Hugh J., and Volonino Linda(2003), "Customer Relationship Management at Harrab's Entertainment." In *Decision Making Support Systems: Achievements, Trends and Challenges,* Hershey, PA: IGI Publishing, 157-172.

[21] Swisher, Kara(1999), *AOL.com,* New York: Three Rivers Press.

转而采用了以租赁为基础的商业模式，最终成为施乐公司成功营销的法宝。[22]

还有许多成功的企业，都是采用了其他公司的创新或者购得这些创新。例如，谷歌公司的 AdWords 程序是其建立在拍卖方式基础上的关键词广告程序，是公司几乎全部赢利的源泉，它模仿的就其竞争对手 Goto.com 一个类似的程序。[23] 而 Goto.com 的创始人比尔·格罗斯（Bill Gross）又是受到传统的纸质黄页的启发，才开始了这项创新。不仅如此，谷歌公司的地图应用程序也是这样，它是仅次于谷歌搜索引擎的第二大最流行的应用程序，这个程序前身是谷歌从一家澳大利亚公司买来的，之后它们又作了调整、改进，并融合了一些其他的功能。并购这种方法同样也加速了飞利浦这个荷兰电子产品品牌的快速发展，它从一家位于华盛顿的小公司手中买到了"Sonicare"品牌，获得了电动牙刷的生产技术。[24]

许多企业现已认识到外部创新的重要性，企业外部已经成为企业取得创新的重要来源，因此它们明确地到企业外去寻找、评估并购大量技术。例如，互联网设备制造商思科公司就将其创新战略定位于并购外部的创新企业，每年它都会并购 50 多家这样的新企业。[25] 这样，思科公司就把基础的研发工作外包给那些创新企业，能够集中精力发现那些关键的重大创新，然后通过并购、调整、改进，将这些创新融入企业。类似地，2001 年，宝洁公司的首席执行官阿瑟·雷福礼（Arthur Lefley）就首创了一个被称为"联系并开发"的项目。作为这个项目的一部分，宝洁公司建立了 75 只技术侦察小组，在全球搜索可用的创新技术。[26]

还有一些企业非常成功地将企业外开发出来的创新技术融入企业，生产出创新的产品。苹果公司既不是 MP3 的发明者，也不是智能手机的发明者，但是它却非常精于将许多各异的创新技术结合到一起，生产出 iPod 和 iPhone 这样的创新产品。另一个例子是可口可乐公司经过四年的开发新近推出的喷流型饮料机。这种分装机可以实现销售 120 种饮料，但是它的体积却比传统的饮料售卖机小 40%，而传统的售卖机只能

---

[22] Kearns, David T., and David A. Nadler(1993), *Prophets in the Dark: How Xerox Reinvented Itself and Beat Back the Japanese,* New York: HarperCollins.

[23] Karp, Scott(2008), "Google AdWords: A Brief History of Online Advertising Innovation," *Publishing 2.0: The (R)evolution of Media* (May 27), http://publishing2.con/2008/05/27/google-adwords-a-brief-history-of-online-adver-tising-innovation/.

[24] Smith, Chris(2000), "Philips Agrees to Buy Optiva Corporation," *E-Dental.com* (August 31).

[25] White, Bobby, and Vauhini Vara(2008), "Cisco Changes Track in Takeover Game," *Wall Street Journal* (April 17).

[26] Huston, Larry, and Nabil Sakkab(2006), "Connect and Develop: Inside Procter & Gamble's New Model for Innovation," *Harvard Business Review,* 84, no.3, 58-66.

分销6至8种饮料。可口可乐公司的新型喷流型饮料机结合了制药行业中采用的微剂技术、智能手机中使用的操作系统，以及意大利汽车生产商的造型设计等等。[27] 类似地，一家位于美国加州的新企业推出了一种名为“Elliptigo”的设备，它将一种椭圆的机械装置和自行车结合在一起，锻炼的人可以在户外像骑自行车一样，在这种设备上做椭圆形的蹬踩动作。[28] 总之，正如所有这些例子所展示的那样，成功的创新战略的关键点在于找到和利用现有的一种创新技术，通过调整、改进和融合，将它变成一种崭新的、往往尚未被开发出来的产品。

总 结

本章介绍了杰拉德·戴蒙德的著作《枪炮、病菌和车轮》中有关创新发展历史的一些主要结论，试图在企业创新领域获得一些启示。本章限于篇幅，所以并未全面地分析管理人员如何可以在企业中实现创新。本章标题中的问题是创新源自何处，依据戴蒙德的研究发现，我们可以得出一些结论，这个问题的答案有两个方面：一是现有发明的崭新应用；二是源自企业外部。因此，本章在企业创新领域获得了三条重要的启示：

1. 企业创新的焦点不应该是发明本身，而应该是现有发明的崭新应用。

2. 在营销领域，创新的标志就是识别出尚未被清楚表达的消费者的需求，并开发出可以满足这些需求的应用方法。

3. 绝大多数创新源自企业外部（甚至行业外部），所以这些创新技术的识别、调整和兼容并蓄是企业成功的创新战略的基础。

---

[27] Stanford, Duane D.(2009), “Coca-Cola Seeks Edge With 120-Drink Jet Fountain,” *Bloontberg.com* (April 6), www.bloomberg.com/apps/news?pid=20601110&sid=aMfTlEvNNSCc.

[28] Garvey, Jude(2008), “Run While You Ride on the ElliptiGO Bike,” *Gizmaq* (September 25), wwwgizmag.con/run-while-you-ride-on-the-elliptigo-bike/10076/.

作者简介

戴维·盖尔（David Gal）美国西北大学凯洛格商学院的营销学副教授。他在宾州大学（Penn State University）获得理学学士学位，在斯坦福大学（Stanford University）商学院获得硕士、博士学位。他在凯洛格讲授关于营销新产品和新服务的课程。

第十六章

由品牌引发的创新

博比·J. 考尔德
爱德华·S. 考尔德

引 言

虽然能够实现创新的途径有很多条，但是许多企业经常仅仅局限于一种或者两种途径，因此限制了它们自己的成长潜力。"实现创新的途径" 指的是将一系列具体的思路、过程、或者体制应用到企业当中，产生出积极的商业结果。例如，把研究开发的过程和实践应用到企业当中，来改进产品，这就是遵循了实现创新的研发途径。但是实现创新还有很多其他的途径，这往往不被许多企业熟知。具体而言，虽然市场调研和技术研发是实现创新的有利途径，但是还有许多其他的途径，比如商业模式的创新以及由设计引发的创新等等。因为在看待创新的方法方面存在许多误解，所以企业并没有充分挖掘各种途径来实现创新。

正如戴维· 盖尔在第十五章当中所强调的那样："从车轮到微博：创新源自何处？" 多年来，许多关于创新的理论已经变成经典的认识。例如说，他提到过一些误解，比如人们认为创新主要是由企业内部产生的，或者说是从企业、组织或者国家内部产生的。这种误解导致企业在内部的元素上大量投资，比如组织结构、资源、生产流程，来提高他们实现创新的能力。事实上，大量创新的观点是在各种边界之间传播的时候显露出来的：包括企业的合作伙伴、流入流出的员工，总体而言是在不同的边界之间发生的不断增加的信息流。盖尔所得到的结论就是企业应该探索外界的各种启迪，利用这些信息流来帮助他们找到创新的途径。

现在一些企业正在积极地尝试超越传统的思想，开始转向企业外部寻找创新的思路。盖尔举了一个非常有名的例子，也就是宝洁公司的“联系和开发”项目，这个项目正体现了这家生产消费品的企业已经认识到创新的源泉不仅仅是来自于企业内部。这个项目让许多科学家、工程师和企业家与宝洁公司一起利用新技术和新思维进行开发。实际上，这是一个双向的平台，它让企业外部的人员和组织也能够同样利用宝洁公司内部创新的优秀技术。

另外一些企业已经开发出来诸如“开放式创新”和“生产能力投资”这样的项目。除此以外，还有很多规模更小的企业围绕着创意源自企业外部这个观点来构建它的商业模式。例如，Innocentive 就是这样一家企业，它将自己称之为“向创新开放的社区”。从根本上讲，Innocentive 这个公司搭建了一个非常便利的网络，它把面临挑战和问题的人们以及可以提供解决方案的人们联系起来，无论他们身在何处。

如果说在历史上曾经有一段时间，企业内部的投资是创新唯一清晰的途径，正如上面这些例子显示的那样，那么现在我们所处的世界已经发生了变化——随着信息技术和通讯技术的进步，妨碍知识传播的因素已经显著地减少。因此我们实现创新的方法也应该相应地发生变化。但是，理论往往落后于真实的世界。而且各种误解在人们的脑海中根深蒂固。许多企业还是过于依赖历史上成功企业的案例，重视从过去那些为数不多的成功企业身上学习经验。而将通过对这样的案例研究所得到的结论被奉为“经典理论”，无论这些理论是否实用，许多企业仍然大量地使用这些理论来指导它们的实践。有点讽刺意味的是，可能正是关于创新的错误观点实际上限制企业实现创新的能力。

为了公平起见，我们必须承认经典的理论并不是一点没用。如果我们没有任何指导性原则或启发式思维，就来单独地评价一个举动，那么这个过程将会陷于停顿。所以在很多情况下，经典的理论会带来效率。但是这里的风险在于创新的经典理论是有局限性的。它妨碍了我们在更宽广的领域或新的方向展开思考。下面我们将进一步讨论关于实现创新的经典理论是如何限制企业，即使采用关注企业内部实现创新方法的企业，在尝试创造出成功的新产品和新服务的时候都会遇到限制。

创新不仅仅是市场调研和技术研发

成功的新产品从哪里来？如果你问绝大多数管理人员这个问题，他们会告诉你有两种主要的创新途径，可以促进新产品和新服务的诞生。第一，创新源自于对客户需求的了解。客户在现实生活中存在的需求为企业带来创新的机会。比如说，如果消费者希望在旅途中也能够听到他们所收集的全部音乐，这个机会引发了 iPod 诞生。如果消费者希望和家人、朋友紧密地联系在一起，分享彼此的故事，这就引发了 Facebook 的诞生。需求有可能是功能性的，但是它们也有可能是社会性的或者情感性的——在很多情况下，这三者同时存在。有的时候，消费者可以清楚地说明他的需求，但是还有一些时候，他们并不十分清楚。这里关键在于，每一种成功的创新都是建立在那些重要的、尚未得到满足的需求基础上，或者至少说每一种成功的雏形都是建立在一种尚未被清楚表达的问题基础上。如果不能发现一种新的需求，或者满足消费者需求的一种新方式，那么就根本没有可能实现创新，因此并不奇怪许多企业投入大量的资源，努力揭示和理解消费者的需求。

关于成功的新产品的来源问题，许多管理人员会给出的第二个答案就是技术进步。当现有的技术得到改进，或者出现完全崭新的技术时，创新的机会就出现了。这些技术进步使得企业可以更好地满足消费者的需求，而此时消费者并不知道他们有此需求。比如说，信息技术的进步让我们可以收发电子邮件、可以跟朋友发短信、能看到最近的体育比赛的结果，想在外面吃饭还可以预订——所有这一切都是通过移动电话实现的。技术无处不在。我们工作当中有技术。技术还有能力让我们的家实现供暖。据说还能够让我们和天涯海角的任何人展开沟通。正是因为技术的普及性，所以它往往是人们所想到的满足消费者需求的首要途径，而且也是创造消费者需求的首要途径。过去，谁会需要电话呢？

当然，有许多创新都源自深入了解消费者的需求，以及技术进步。因此，企业组建营销调研组织和研发小组来探索创新的来源是正确的。实际上许多大型企业都围绕着这两种方法组建了大型的组织，凭他们的努力寻找创新的来源。但是当创新的理论认定市场调研和技术进步是实现创新的**唯一**的途径时，问题就出现了。实际上，实现创新的途径还有更多，成功的企业应该视野开阔，做好准备利用各种产生创新的途径。

商业模式创新和由设计引发的创新

在我们讨论由品牌引发创新这种新途径之前，我们要介绍两种另外的新途径：商业模式创新和由设计引发的创新。除了那些实现创新的传统途径外，这些方法都是我们本章提倡的实现创新的多种途径。

商业模式创新

采用新的商业模式实现创新这种途径需要企业全面地思考，企业是如何为消费者创造价值，让自己生存下来的。[1] 在许多情况下，并不需要放弃营销调研或者技术进步这些传统的创新的途径。企业并不是发现了一种新的客户需求，或者找到了一种新的技术，其实企业能给消费者提供的是一种完全崭新的经营方式。

例如，如果企业认为有一种更好的商业模式，能给客户带来利益，那么它就可以利用现有的技术进入这个新的市场，或者从另外一个市场借用某种技术进入新的市场。例如，汽车保险公司可以进入人寿保险市场，但它并没有什么突破性的见识，关于人们为什么要购买寿险，它也没有任何新的计算模型，它有的只是一种崭新的生意模式。保险代理可以把寿险和汽车保险捆绑在一起销售。如果在交通事故中出现死亡或者致残，这种保险产品就能够提供额外的保障。这对于消费者而言，可能会是一种便利的、一站式的获得额外保障的方法，对于企业而言，这也是用较少的投入产生收入增加的方法。消费者的需求不是新的，但是传递这种产品的方式是崭新的。

这种创新要求企业认真思考商业模式中的所有组成要素，以及这些要素相互配合的程度。从消费者的角度而言，企业需要分析消费者是怎样得到产品的（比如，送到客户家中，零售店销售），消费者购买产品的支付方法（比如，现金还是贷款）。从企业的角度而言，商业模式的创新就需要企业考虑赢利的模式（也就是说，实现营业额的方式，实现毛利的模式），以及需要什么样的资源和商业流程才能提供消费者所需要的解决方案（也就是说人和设备等等）。

---

[1] Johnson, Mark, Clayton Christensen, and Henning Kagermann(2008), "Reinventing Your Business Model," *Harvard Badness Review,* 50-61.

举一个商业模式创新的例子，道康宁公司开创了 Xiameter 商业模式，它实际上是道康宁的一家子公司，通过网络大批量销售有机硅产品。道康宁公司认识到，其优秀的有机硅产品超越了许多消费者的需求——换句话说，道康宁公司的传统商业模式所提供的产品的质量和服务都**超出了**客户的需求。市场当中绝大多数客户都了解他们需要什么样的产品，而且他们只需要便捷的途径买到便宜的有机硅产品。这些客户并不需要和销售代表或技术代表讨论具体的产品配方问题。他们也不需要企业针对他们的订单作出任何定制化的服务。而且，他们也不愿意为那些他们并没有消费的服务或者产品支付过高的价格。因此，道康宁公司就开创了 Xiameter 这种崭新的商业模式新平台。这个平台大批量销售有机硅产品，没有花里胡哨的服务。这个平台也不提供定制的服务。它依赖于互联网技术，信息技术以及自动化来保证价格低廉，而且企业有利可图（如图 16-1 所示）。在这个例子中，产生创新的来源并不是消费者什么新的需求或技术进步，而是一种崭新的商业模式。

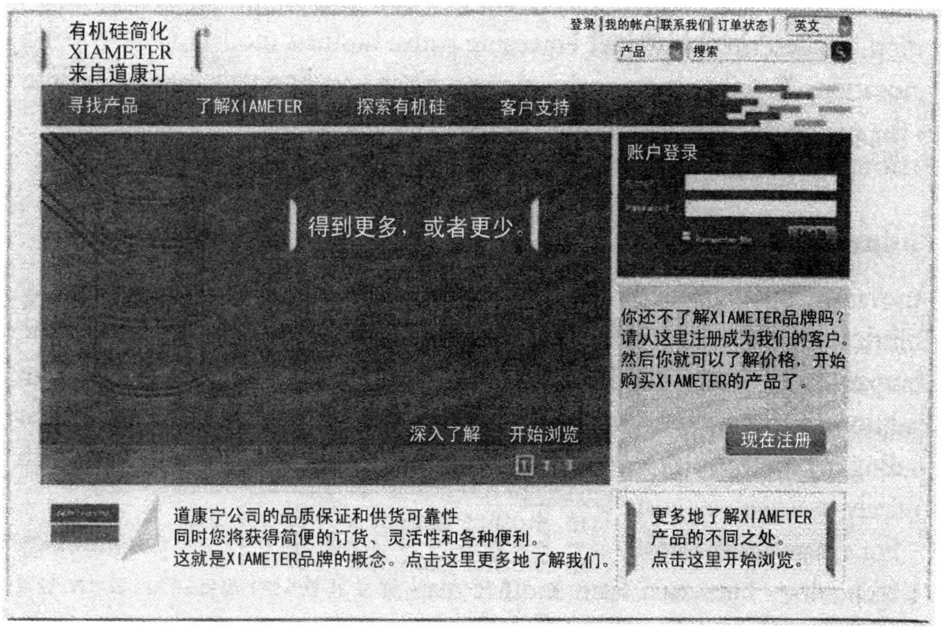

图 16-1　Xiameter’s 公司采用商业模式设计方法实现创新

从这个事例我们还可以得到两个重要的启示。首先，道康宁公司并不是基于对消费者进行更深入的了解来实现创新。这家公司始终认为那些消费者只是根据他们可以得到的最优惠的价格来大批量地购买有机硅产品。第二点，Xiameter 这个平台也没有提供更多的技术进步——这里销售的正是企业所销售的基本有机硅产品。这家公司实现创新的途径是商业模式。道康宁公司通过让它的产品方便廉价，从而改变了消费者的价值取向。它还通过自动化的处理程序，更低廉的成本支出，改变了商品送货的模式。道康宁公司的这个新平台深受消费者的欢迎，成为它获得成功的亮点。

由设计引发的创新

越来越多的人认识到设计是非常重要的一种产生创新的途径。当然设计在创新中总是扮演着重要的角色。如果说得粗浅一点，设计就是一些选择，每一种商品都代表着工程师、营销人员和战略人员所作出的一系列选择（往往是隐性的）。目前，许多企业都在利用设计原则和设计思维通过创新实现新的增长。这与传统的观点形成了天壤之别，在传统的观点中，设计的角色要么是事后诸葛亮当产品或者服务存在某种大的缺陷时才能醒悟，要么设计就会被单纯当作是专业设计人员的一种审美的活动。

我们来看一个例子，Oxo 公司是一家生产家居产品的企业。萨姆·法伯（Sam Farber）妻子的关节炎引发他展开思考，从而开发出一系列美观实用的产品，1989 年他建立了这家 Oxo 公司。当时他认识到，许多厨房用具都是功能型的，很少具有非常好的设计。比如说削皮器只能实现削皮的功能，刀具只能切割，但是许多厨房用具都不那么好用，也不舒服，看起来也不好看。所以当时他就产生出一种想法，他认为一套设计精良的厨房用具的市场有可能很大，比关节炎患者这个市场要大多了。这家公司决定采用设计的原则和设计的思维方式来开创一系列新的厨房用具，这些用具和传统的厨房用具并**没有什么不同**，但是它们确实给使用者提供完全不同的体验。这家公司和纽约精美设计公司（Smart Design）合作开发出一系列新的产品，他们称之为"舒适把握"（削皮器见图 16-2 所示）。Oxo 还设计了符合人体工程学的橡胶握把，让这些厨房用具使用起来方便舒适。他还通过增加刀片的厚度和锋利程度来提高功能。他还增加许多流行的元素，不仅仅让人们喜欢使用这些产品，而且还把这些产品变成了值得展示的东西。通过将产品的形式、功能和消费者的总体体验综合考虑，Oxo 公司开发出一流的产品，深受消费者的欢迎。而且，这家公司遵循设计引发创新的思路，拓展了企业的产品范围，生产出来大量的家居产品，而且在此过程当中取得了巨大的成功。

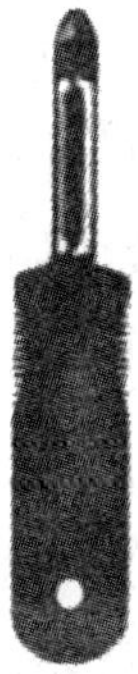

图 16-2　Oxo 公司采用设计的方法实现创新（削皮器，www.oxo.com）

与道康宁公司的商业模式引发创新的例子不同，Oxo 公司的成功恰好在于它实现创新的不同途径。当然对消费者的洞察也扮演了重要的角色。而且新技术（比如材料方面的新技术）对于最终产品也产生了影响。但是正是设计的原则和设计的思维方式才将这两者完美地结合在一起。因此此时给企业带来商机的核心要素是设计。

由品牌引发的创新

正如前面道康宁和 Oxo 公司这两个案例所显示的那样，根据可以获得的资源，引发创新的战略途经有很多种，有可能是企业尚未满足的消费者需求，有可能是新技术，或者商业模式，或者是设计本身。既然如此，那么有一个问题就会比较令人好奇，这就是企业并没有将自己的**品牌**作为创新的**来源**。我们的观点和经典理论不同，我们认为品牌不仅仅是创新的结果——还可以成为创新产生的重要**途径**。

从表面上看，将品牌当作是创新的来源可能看上去会同探索消费者未被满足的需求非常接近。毕竟，品牌表达的就是产品的创意或者含义，它们针对的恰恰是消费者追求的相关目标（详见第四章“确定合理的品牌定位”和第五章“撰写品牌定位文本，并将之落实为品牌设计”）。一个强大的品牌，往往有清晰的定位描述，它向消费者展示一种独特的满足某愿望的途径。非常容易能够看出，为什么品牌会被完全看成是创新的结果，而非创新的来源。但是，尽管品牌确实是源自消费者的需求而诞生的，但是一旦品牌成熟之后，这个强大的品牌就会在消费者心目当中形成一种概念，引导他们消费这种产品，左右他们消费这种产品的体验。比如说，如果你了解麦当劳餐厅的定位，而且你喜欢这个品牌，那么麦当劳的巨无霸汉堡将不仅引导着你到麦当劳餐厅去吃饭，而且它还会影响到你在吃巨无霸时所经历的真实体验。

品牌一旦确立成熟之后，它就像赋予了自己生命。它们存在于消费者的脑海中，作为正面的要素指引着顾客的消费活动和预期。从这一意义上来说，品牌可以被看成是创新的来源。一旦公司在某个产品类别中培育了一个品牌，那么它就满足了消费者的某种需求。之后这个品牌可以用来引导企业扩展到新的产品类别。即使这家企业并没有发现支撑他们进入新的产品类别的消费者的新需求，或者科技方面的进步，然而这个品牌仍然可以让企业进入到新的产品类别当中，与其他企业展开竞争。

因此，由品牌引发的创新就是利用成熟的品牌来进入新的产品类别，它是在利用这个品牌，而非依靠一些新发现或者技术进步，专门针对这个新的产品类别开发新产品。但是，情况会复杂得多。目前，许多企业把跨类别的品牌战略看成是一种巩固策略，而非创新策略。所以在我们分析由品牌引发的创新之前，我们还需要分析一下与产品整合和品牌结构相关的一些问题。

产品整合和品牌结构

许多企业都在通过努力将产品整合成越来越少的独立品牌，来管理其各类产品。这种整合背后的主要动机就是实现商业合力。如果让每一种产品都拥有一个独立的品牌（非常微小的产品延伸除外），那么管理好产品类别是非常有可能的。这种品牌通常被称为“族品牌”。[2] 这些品牌可能被赋予了作为生产企业的共同识别要素，但是这些品牌并不会在消费者脑海中产生任何关联。这里的问题在于这种平台结构支撑起来是非常困难的。每一种品牌必须制定它自己的营销预算，企业无法利用对一种产品类别的投入，来扩大另外一个产品类别当中产品的销售。

企业为了解决商业合力的问题，传统的做法是转而采用“品牌组合”（系列品牌、主品牌）的结构。企业的目标是建立一些品牌，然后与这些品牌相关联还有许多子品牌。此时品牌组合的数量较少，而子品牌的数量很多，这样企业就可以更好地支持平台建设，实现好的效果。一种产品是否应该属于一个品牌组合的子品牌，确定标准应该是这种产品是否与这一品牌组合或者主品牌拥有共同的定位描述。例如，虽然卡夫

[2] Aaker, David A.(2004), *Brand Portfolio Strategy,* New York: Free Press.

公司（Kraft）在其“通心粉和奶酪（Macaroni & Cheese）”品牌下，营销许多子品牌，但是所有这些子品牌的定位都是儿童喜爱的食品，因为奶酪含量高（即孩子喜欢）。其中有一个子品牌是“最奶酪（The Cheesiest）”，还有一个是“螺旋（Spirals）”。如果某种产品和主导品牌定位并不相符——那么它就应该单独定位——这种产品的销量必须很高足以支撑这个品牌，要么它将成为企业裁撤的对象。

尽管品牌组合这种结构方式能够形成合力，但是问题在于，就像通心粉的形状一样，当产品离开那个轴心扩张以后，子品牌策略的问题越来越明显。如果卡夫公司希望引进一种产品，一种可以在微波炉当中加热的通心粉和奶酪产品，那么这种产品可以被定位成奶酪含量高吗？品牌组合这种结构能够解决合力的问题，但是它却阻碍了创新。要扩大一个品牌组合是很困难的，因为其中的产品必须定位相符，也就是说它们的定位要非常类似。而由品牌引发创新的策略的目标就是利用品牌来实现创新，摆脱由于产品整合以及品牌组合结构形成的阻力。由品牌引发创新的方法有两大类：一类是品牌组合的方法；第二种是平台系统的方法。

品牌组合的方法

传统意义上讲，许多企业在扩大品牌组合的时候都非常警惕，特别是涉及不同的产品类别时更是如此。实际上，这当中确实是有风险的。比如，以卡夫的那个微波炉加热的产品为例，针对用微波炉给孩子做快餐这件事儿，如果母亲的看法是用微波炉是必需的，不可避免的，而并不是让孩子更快乐的事儿，那么卡夫引入这种产品就很危险。但是应该承认一个事实，在成熟的品牌组合内部确实存在创新的潜力。利用一个主品牌进入一个新的产品类别意味着，虽然品牌定位几乎一样，但是这个产品类别中仍然会有创新。

让我们举个例子，宝洁公司目前有一个抗衰老面霜的主品牌，叫作玉兰油全效修护霜。它的定位就是满足消费者的一些需求，包括改善皮肤的弹性，亮白滋润皮肤和舒缓干燥。玉兰油这个主品牌包含几个面霜的子品牌，但是公司希望进入沐浴液这个新的产品类别。而这个产品类别属于价格敏感度很高的市场，竞争也非常激烈。如果宝洁公司没有挖掘出新的消费者需求或者新的科技，那么要在这个产品类别中实现创新就是很困难的。但是它却拥有玉兰油全效修护霜这个品牌，这个品牌代表了一种减少皱纹的方法。如果把这个创意引入沐浴露当中，那么就产生了创新。如果消费者并没有明确沐浴露要减少皱纹这种需求，那么他们很有可能会抗拒一种宣称能对抗皱纹的昂贵的沐浴露。但是将玉兰油全效修护霜变换成另一种形式的抗皱产品的创意却不一样。这之间的差别是很微妙的，但是足以支撑市场。这样想一下吧——消费者知道这个品牌，而且喜欢它。那么宝洁公司的创新就是提供了一种使用品牌的新方法。如果说消费者有某种需求，那么这种需求更多地是对品牌的需求，而不是一种未被满足或者未清晰表达出来的需求。

宝洁公司可以在其他的产品类别中也采用这种办法实现创新吗？答案是否定的，因为比如说，要把全效修护霜引入到除臭剂这个产品类别当中可能就会非常困难。但是如果当前的品牌定位可以很好地引入到新的产品类别中（例如在这个实例当中，面部的抗皱效果被引入身体的抗皱效果），那么这个品牌就能够成为引发创新的强大动力，而无需企业有什么突破性地发现或者技术进步。

让我们来看关于这个逻辑的另一个例子。梅赛德斯—奔驰品牌采用的就是品牌组合结构，其中它的旗舰品牌就是 S 级轿车。这种品牌的定位可以这样描述：

> 革命性的 S 级轿车让你拥有安全踏实的驾乘体验，它集合无可比拟的而且前瞻性的技术，让你享有纯粹的驾驶乐趣、完美的魅力造型、突出的创新、豪华精致的设计和顶级的安全防护。

奔驰品牌组合在轿车类别当中还有许多子品牌（也许数量太多了）。但是如何有可能在其他的产品类别当中，实现那种由品牌引发的创新？有一个潜在的类别，这就是驾驶培训，这个市场发展很快，而且可能很有吸引力让奔驰公司也进入这个市场。而此时公司的目标是利用奔驰汽车的品牌定位，来确定如何在驾驶培训这个平台上利用这个平台。这个品牌的定位当中强调“纯粹的驾驶乐趣”和“顶级的安全防护”。奔驰公司认识到这种定位可以引入到驾驶培训学校中，在这种驾驶学校里，学生可以安全驾驶，并享有驾驶乐趣。

因此奔驰公司的一个很好的目标市场就是那些希望教会他们十几岁的孩子不仅会开车，而且在形成坏习惯之前就学会安全驾驶汽车，享受开车乐趣的消费者。那么此时针对孩子的定位就可以表述为：

对于那些年龄只有12岁的小司机而言，你可以在一个充满乐趣的环境中学会安全驾驶。

结果就是一个被称为“梅赛德斯—奔驰驾驶学校”的创新思路。它不仅提供基本的培训项目，而且还会培训一些更具挑战性的项目，比如夜间驾驶、高速公路驾驶、与朋友一起开车、在恶劣的条件下开车，还有很多在这个年龄段的目标人群看来非常有趣的东西，以及能够提高他们驾驶水平的内容（见图16-3）。

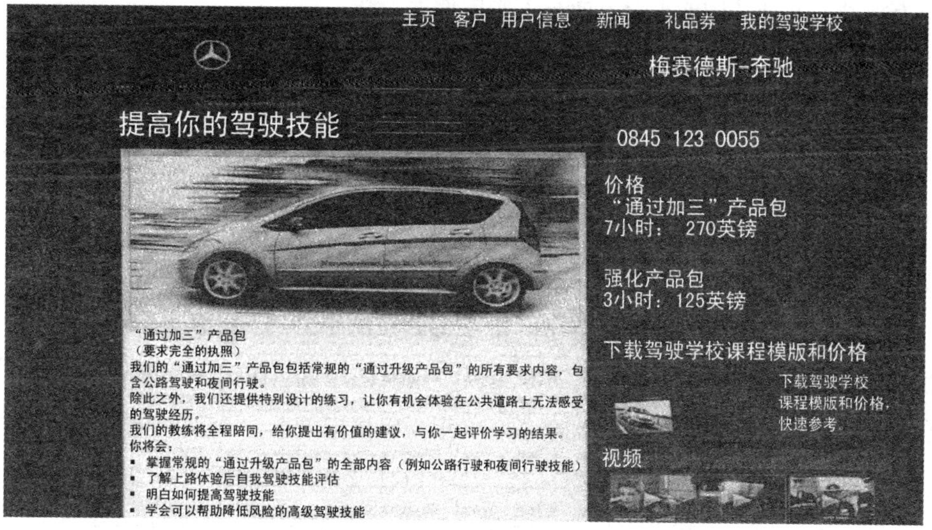

图16-3 梅赛德斯-奔驰采用品牌组合的方法实现由品牌引发的创新

我们可以认为说，奔驰公司发掘了一种尚未被清晰表达出来的消费者需求——就是利用丰富多彩的、更加有趣的方法培训儿童驾驶汽车。但是，同样地，在这个例子当中还有这个品牌创造出的新需求。对于那些目标人群而言，如果把孩子送到本田的驾驶学校或把孩子送到奔驰的驾驶学校去，其意义完全不能相提并论。正是奔驰这个品牌创造出这种需求，而这种需求就是让你的孩子开始学习驾驶的时候就拥有奔驰汽车的驾驶体验。

正如这个例子显示的那样，这种由品牌组合引发创新的方法就是要利用现有的品牌定位来思考，相同的品牌在一个新的产品类别中会有什么新的含义。品牌的定位仍然相同，而且能够显示可以如何在新的产品类别当中落实好这个品牌。无须考虑品牌的边界模糊或者稀释，因为在两个产品类别当中品牌定位是完全一致的。消费者可以看到，在这两个产品类别中，消费品牌采用的是完全不同的方式。

品牌系统的方法

还有一种由品牌引发创新的方法，更加有用，而且总体而言更容易使用。它仍然和品牌结构有关，和管理众多品牌有关。前面我们提到过，传统的品牌结构决策是在族品牌和品牌组合之间进行决策，族品牌结构当中品牌都是独立的，而品牌组合结构当中有许多子品牌共用相同的定位。尽管品牌组合策略是一种营销创新的方法，但是这种方法并不允许共同的定位方面有太多的偏差。

在传统的品牌结构，也就是在族品牌和品牌组合结构之外，还有第三种选择，被称为品牌系统的方法。这种方法并不是利用现有的品牌组合当中的品牌定位来进入一个新的产品类别，而是针对新的产品类别开发出新的品牌定位。但是，这种新的品牌定位和现有的品牌定位在更高的层面上是相互关联的，它被称为**共同本质**。共同本质可能是消费者共享的一种深层体验，有可能简单地说，就是联系这两种品牌的一套概念。

举一个例子，是关于维珍品牌的。维珍经营着航空公司，还有音乐商店，生产可乐饮料，还是移动通讯服务商，它还涉及很多其他的领域。在每一个产品类别当中这个品牌的定位都不完全相同。比如在美国，作为手机运营商，维珍的定位是针对那些年龄更轻的消费者，它提供更优惠的价格，可以让这些消费者享受移动通讯的服务。但是在所有的产品类别当中，维珍公司又强调一种概念，这种概念就是特立独行的体验，以及自由个性的概念。这就是这个品牌体系的核心特征。

最基本的原则必须与相似性有关。怎样才能让两样完全不同的东西看上去相似或者有关联？如果每个产品类别中的品牌定位都不一样，那么这些品牌怎样才能具有相似性呢？实际上，如果我们说的是苹果和橘子，我们仍然能找到它们之间的相似性。它们都是水果，都是圆的，而且吃的方法都很相似。所以在某些相似性的基础上，即使完全不同的东西也可以看成是有关联的。

“品牌体系”这种方法就是要明确一些相似性的基础，给一个品牌在完全不同的产品类别中进行不同的定位。如图 16-4 所示，这里的原则就是要把定位不同的品牌联系起来，这种联系凭借的是一种更高层次的共同本质，而本质是由消费者共同的体验或一系列概念所定义的。正如图 16-4 中双向箭头所示的那样，这种本质源自不同的品牌定位，同时又会丰富这些品牌定位。如果一个品牌在一种产品类别中实现了突出的定位，而且直接贡献于系统的本质，那么它就能够增强这个品牌在另一个产品类别中的定位。

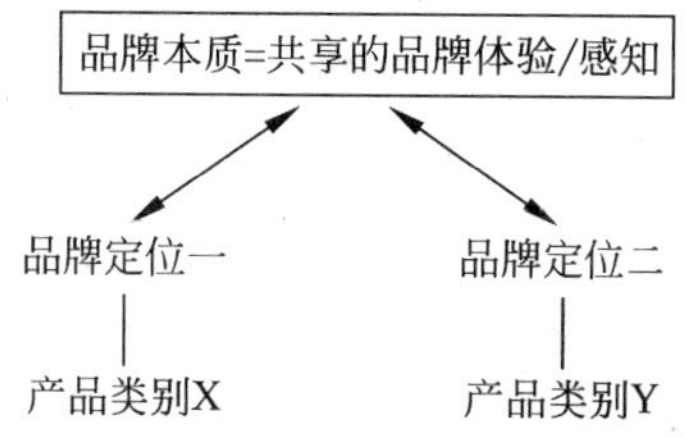

图 16-4　品牌体系的逻辑

下面这个例子是亚洲一家生产婴儿配方奶粉的企业，它的品牌定位是这样的：

> 这个品牌的婴儿配方奶粉针对关注社会地位的母亲，她们对新生婴儿满怀期望，这种奶粉是医生推荐食用的，因为先进科技，所以它能够保证婴儿全面健康地成长。

很显然，这种定位围绕的是产品的可信度、权威性和科学原材料。这家企业，它还为年幼儿童生产系列饮品。而此时这种饮品的定位可以表述为：

> 这个品牌的营养饮品针对关注社会地位的母亲，她们尽力为自己蹒跚学步的孩子提供一切好的东西，这种产品将深受孩子的喜欢，先进的营养科技将保证孩子健康成长。

在这个产品类别中，品牌的定位是围绕着孩子喜欢的口味以及妈妈感觉良好展开的。请注意，在两个产品类别中差别性定位，可能会让人感觉到说的是两种不同的品牌，或者两个不同的品牌组合，目的是让人们不产生混淆，品牌定位也不会稀释。定位当中，一方面是口感很好，另一方面是从医学或者科学角度表现的产品质量。这样，“品牌体系”通过一种共同的本质将定位不同的品牌关联起来，于是解决了前文说的这种品牌结构存在的问题。在这个实例中，这家企业认识到这两种定位都彰显了两个概念：一是家长都希望孩子过得更好；二是家长会把对孩子更高的期望看成是自己的荣誉。其中共同的本质概念就是一种骄傲的、雄心勃勃的和热情洋溢的状态。图 16-5

所示为最后形成的“品牌体系”。

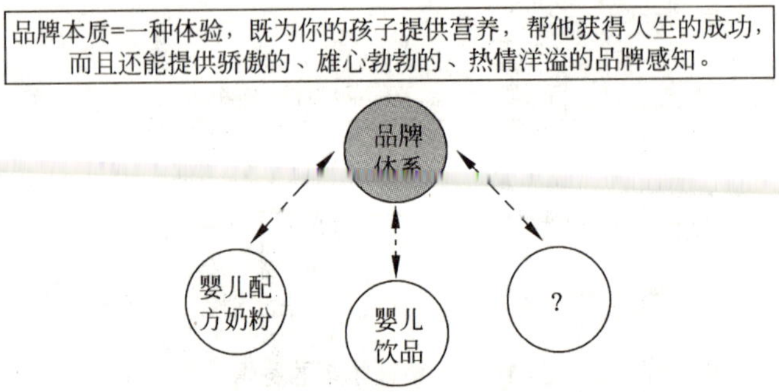

图 16-5　实现由品牌引发的创新的品牌体系法实例

这个例子说明了“品牌体系”这种做法可以解决品牌结构的问题，它可以让一个品牌实现在另一产品类别中完全不同的定位。品牌的设计、品牌的名称以及视觉特点都能够反映出相似的本质，但同时又能表现出定位的差别。传统的品牌结构主要包括族品牌结构和品牌组合结构，而“品牌体系”这种方法不仅能够在传统的品牌结构之外有所拓展，而且它还开拓了一种实现创新的途径。请再次查看图 16-5。如果品牌体系已经构建完成，那么问题立刻就会变为品牌可以进入哪些其他的产品类别。企业就不再局限于传统的两种做法，或是在新的产品类别中开发产品，作为单独的投资；或是用一种类似的定位进入新的产品类别。此时问题就会变成，怎样利用品牌的本质作为一种优势，“怎样定位品牌，让它既符合这种品牌本质，又能兼顾这一类产品独一无二的特性？”

思考一下，在婴儿配方奶粉的例子中，这家企业是否应该努力进入针对怀孕妈妈或哺乳妈妈的维生素补充剂这个产品类别。从表面上看，进入这个产品类别有可能是很有前景，但也充满风险。而引入一个完全崭新的品牌可能耗资巨大。而且如果要挖掘一种未被满足的消费者需求或者改进产品的化学配方，可能都很困难。如果这家企业采用的是品牌组合的结构方式，那么从一家婴儿配方奶粉的生产商转为生产针对怀孕和成年妇女的维生素补充剂，这会产生混淆，会稀释品牌的价值。但是“品牌体系”的做法不仅解决了品牌结构的问题，而且还启发了在产品类别中实现创新的思路。

如果没有营销调研或者科技进步，要明确如何定位一个维生素补充剂的新品牌可能很难。但“品牌体系”的思路就是，即使是一种不过度渲染的、模仿跟随式的定位，只要具有与系统的完整性，那么它就可以因为与系统本质的关联而产生更大的影响，在婴儿配方奶粉的例子中，品牌体系的本质就是一种感觉，即培养孩子，让他在生活中获得成功，补充剂产品指示着那份骄傲、抱负和激情。因为明确了这种品牌系统的本质，所以这种维生素补充剂产品的定位就可以表述为：

> 这个品牌的维生素补充剂针对的是怀孕的妈妈或哺乳的妈妈，她们对家庭期望很高，只需一粒，就可以满足你的全部营养需求，而且它还会让你的孩子在出生前及哺乳期内就赢在起点。

此时，创新之处就是这种补充剂和那种体验、感觉之间的关联，而这些体验和感觉正是品牌体系的本质。这个体系开创了顾客消费这个品牌的新方法。这种方法在传统的市场调研和技术进步方法之外给了企业寻求创新以有力启示。

总 结

从传统角度讲，许多企业都是通过发掘消费者未被满足的需求或者借助崭新的技术进步实现创新，但它们又往往仅局限于这两种途径。毋庸置疑，它们确实是非常有价值的引发创新的途径，但是我们不应该认定它们是**唯一**的途径。任何资源，无论是企业内部的，还是企业外部的，都有可能成为创新的一种途径。正如我们看到的那样，商业模式和设计本身都可以成为从企业内部引发创新的方法。成熟的品牌是另一种资源，应该也成为企业的另一个创新之源。

但是，正是由于品牌结构的问题，所以由品牌引发的创新一直是被低估了。有两个因素阻碍了品牌引发创新的潜力，一是拓展品牌组合会让品牌面临混淆或稀释的真实风险；二是拓展族品牌会招致大量的花费。即使没有发现新的消费者需求，也没有突破性的技术进步，消费者仍然会以不同的方式更多地消费一个品牌的产品。企业可以抓住这个发展的良机，方法有两个，一是寻找新的产品类别，在这种新类别中产品可以以几乎相同的办法来实施品牌化策略（即品牌组合的方法），二是寻找一种共同的品牌本质，让企业可以借助不同的市场定位进入一个新的产品类别（即品牌体系的方法）。无论哪个，这两种由品牌引发创新的途径都应该是多渠道创新战略的一部分。

作者简介

博比·J. 考尔德（Bobby J. Calder）是凯洛格商学院市场营销学系的Kellstadt营销学教授及现任系主任。他还是西北大学Medill新闻学院的新闻学教授、Weinberg文理学院的心理学教授。他曾经在许多企业、政府部门和非营利机构担任咨询顾问。他最近出版了《凯洛格整合营销论》（由John Wiley & Sons出版社2003年出版）、《凯洛格广告及媒体论》（由John Wiley & Sons出版社2008年出版）。他在北卡罗来纳大学教堂山分校（University of North Carolina at Chapel Hill）获得学士学位、硕士学位和博士学位。

爱德华·S. 考尔德（Edward S. Calder）是Innosight公司的一名咨询师，这是一家知名的管理咨询公司，旨在帮助企业通过不断创新实现持续的发展。他曾就职于许多知名企业，涉及行业广泛，专注于工程、技术和保健企业。他在西北大学获得理学学士学位，在麻省理工学院获得理学硕士学位。

第十七章

管理产品花色品种：源自消费心理学的一些启示

瑞安·汉密尔顿

亚历山大·切尔内夫

引　言

传统的理论认为商品更多的花色品种会促进消费者的选择。得出这个结论有很多原因。最直观的一种解释，也是经济学的一个重要结论，就是更多的产品花色为消费者提供一种机会，让消费者的个人偏好和产品种类实现更好的匹配。商品更多的花色品种能促进消费者的选择，因为在作出未来购买决策的时候，消费者可以非常灵活地改变主意。消费者很可能喜欢商品的品种更多，很简单的理由就是更多的选择能够赋予他们一种更显著的自由的感觉。

商品的花色品种增多就会增大一种可能性，即消费者选择的范围有可能达到最大。实际上，当消费者感到他们可选择的品种并不是全部的可能性时，他们就会延迟购买。例如，每当消费者在一个提供更多的商品花色的商店里时，他们更有可能选择购买，原因就是各种可能的选择几乎全都有了。

但是，已经有一些证据开始证明，虽然在消费者看来，商品花色品种多是有一些优势的，但是往往并不值得消费者投入更多的时间和精力从中作出选择。实际上，增加商品的花色品种有可能会损害到企业的利润，因为消费者会面临选择方面的过重负担。当面临很多选择的时候，消费者有可能变得不堪重负，进而什么都不选。企业已经注意到这个问题，而且相应地作出了回应。许多大型的快速消费品生产企业——包括宝洁、高露洁、联合利华等公司——都开始大规模地压缩产品线、整合品牌、精简产品的花色。这些公司已经发现，减少商品的花色品种并不会把消费者赶走，实际上这种做法还会增加销售额，提高消费者的满意度。

本章中，我们要从消费者的角度分析更多的商品花色品种具有的优势和劣势。首先我们要分析消费者面对更多或者更少的花色品种时产生偏好的最重要的驱动因素。然后我们提出了一些具体的解决方法和企业可以采用的制订花色品种方面的决策思路。

关于商品花色繁多的悖论

最近一些行为研究显示出一个非常有趣的矛盾现象。当消费者面临各色商品要作决定时（比如选择哪一家商店去购物），他们往往更喜欢有更多的花色品种。但是，当他真的要从中作出商品选择时，相对于选择较少的情况，在面对更多选择时，他们往往不太可能作出选择，而且信心不足。面对众多的花色品种时，他们经常根本作不出选择。这种消费者最初的偏好以及后续的行为之间的不吻合现象，就说明消费者实际上无法准确地预测他们对各色产品的需求，往往过高地估计了花色品种繁多的吸引力。有许多研究都证明，这种矛盾现象不仅仅出现于那些消费者介入程度相对较低的情形，比如选购杂货，而且这种矛盾在消费者作出重要决策时也是存在的，比如消费者决定是否参与企业的员工退休方案。

为什么消费者面临更多的选择时他们作出选择的可能性会降低？有三个主要的因素会导致消费者的选择面临过重的负担：评价各种方案的认知成本提高、作出选择的认知成本提高，以及消费者的预期提高。

评价各种方案的认知成本提高

为什么消费者面临更多的选择时，他们作出选择的可能性会降低，其中一个原因在于当消费者面临的选择增多时，他们也需要付出更多的努力来评价这些选择。人们实际上是“认知方面的吝啬鬼”，往往不愿意或者不能付出更多的努力，在众多的花色品种当中作出选择。每一种花色品种都会包含新的信息，包括产品的性能、价格、尺寸、颜色和品牌，而这些新的信息都必须进一步处理和评价。当可选的花色增多时，这种选择的认知成本也会提高。[1]

与更多的花色品种相连的这种更高的认知成本会导致负面的结果，即使消费者要作出的决策是非常重要的，比如理财决策等等，也是如此。例如，有报道说，当退休金保险方案提供更多的投资选择时，相对于较少的投资选择，它所吸引人们的参与程度更低。平均而言，退休保险方案每增加 10 种基金，它所吸引的参保率就会降低 2%。[2]

作出选择的认知成本提高

除了处理各种方案信息，消费者还必须作出选择，选出一种（或者较少的一组）可能的方法，然后放弃其他的。面临的选择更多，决策难度就越高。这是因为，当面临的选择更多时，消费者需要多比较各色商品的特征区别，更重要的是，当消费者选择某一个花色品种，那么他将放弃的潜在的利益也会提高。因此当企业提供更多的花色品种时，实际上会让消费者的选择变得复杂化，因为消费者必须放弃一些从根本上说非常重要的利益诉求。[3]

我们用吉列的剃须膏来做例子，每一款产品都强调一种独特的利益诉求：滋润皮肤、肌肤重生、保护皮肤、舒适享受、针对敏感肌肤等。假如消费者面对的只有两种产品，一种提供更多的肌肤保护，另一种强调肌肤滋润，此时消费者就可以简单地决定，是否值得为稍稍多含有一些磨砂的剃须膏放弃滋润的剃须膏。但是，若增加更多的花色品种，这会让消费者更难作出决定。比如说，如果消费者需要比较剃须膏额外的舒适，更多的滋润、保护肌肤，以及针对敏感肌肤的配方等所有这些特点，他会给肌肤重生的剃须膏什么样的评价呢？除非消费者已经非常清楚他更偏好哪种类型的剃须膏，否则他最后会任意选择一种或者选择一个没有吉列那么多花色品

[1] Iyengar, S., and M. Lepper(2000), "When Choice Is Demotivating: Can One Desire Too Much of a Good Thing?" *Journal of Personality and Social Psychology,* 79(December), 995-1006.

[2] Sethi-lyengar, S., G.Huberman, and W. Jiang(2004), "How Much Choice is Too Much? Contributions to 401(k) Retirement Plans." *In Pension Design and Structure: New Lessons from Behavioral Finance,* O.S.Mitchell and S.Utkus,(Eds.), Oxford: Oxford University Press, 83-95.

[3] Chernev, A.(2003), "When More Is Less and Less Is More: The Role of Ideal Point Availability and Assortment in Consumer Choice," *Journal of Consumer Research,* 30(2), 170-183.

种的品牌［比如妮维雅（Nivea）或者巴巴索（Barbasol）］，这时他们需要放弃的东西会比较少。

消费者的期望提高

更多的花色品种还有第三个问题，它往往会提高消费者的期望，认为有一种产品会完全符合他们的预期。这种消费者提高的期望会让他从较大的商店里空手而回——即使某些商品和他的期望非常接近。因此，当消费者在一些选择性很少的小商店里购物的时候，虽然这些小商店里的商品并不完全符合消费者的偏好，但是因为它与消费者对于这种小商店花色品种有限的预期相吻合，所以消费者往往反而会得到满足。

但是，当消费者在一个大型的超级市场里购物时，消费者往往会不满意，原因是他们在这样的大型商店里找到"理想的"商品的期望提高了。

那些把花色繁多定位为企业核心优势的零售企业很有可能是在给自己设置了一个无法实现的期望。[4] 通过承诺产品花色最多来吸引消费者的商店，往往会让消费者产生出不实际的期望。这样，如果消费者是去买鞋，仅仅因为他或者她的预期不一样，就有可能产生两个不同的结果：她在选择相对较少的百货公司买鞋时可能非常满意；但是当他到一家专门卖鞋的店里买鞋时，眼花缭乱的选择会让他或者她变得更为挑剔——而最后面对网络上销售的数不胜数的鞋子时，他有可能还不愿意将就，不愿凑合买一双。同样的道理也可以解释为什么在小地方，人们更容易找到对象。小城镇的居民会在较小的一个明确的范围内寻找最合适的对象；但大城市的居民会设定一个更高的标准，他们觉得从那么多的潜在可能性来说，他们应该能够找到理想的伴侣。这样，在小城市，人们选择有限的情况下，一对男女可能会感觉非常般配；但是放到大城市，单身男女成堆，他们也许就会被认为不那么合适了。

对选择的启示

认知成本的提高、选择难度加大，以及消费者期望的提高，这些与花色品种众多相连的问题，会给零售企业以及消费者带来负面影响。选择方面过度的负担导致消费

[4] Diehl, K., and C.Poynor(2010), "Great Expectations?! Assortment Size, Expectations and Satisfaction," *Journal of Marketing Research,* 47(2), 312-22.

者作出选择的难度提高，而这往往又会降低消费者对于他最终选择的商品的满意度。除此以外，如果消费者又面临很多有吸引力的选择，那么这将使他们对自己作出的决策信心更不足，消费者不确定他们是否作出了最佳的选择，还是把更好的选择漏掉了。和花色品种繁多相连的选择上的负担，还会让消费者延迟他们的决定，甚至根本就不买了。所以说，制订一些战略，更好地管理更多选择带来的负担，不仅对消费者会有重大的启示，而且对制造商和零售企业都会有重要的启示。我们确定了几种方法，可以有效地管理产品的品种花色，这些方法的焦点是尽可能地降低过多选择带来的负面影响。

管理过多选择的战略

我们研究发现有几种战略可以很好地管理由选择过多带来的负担问题。这些战略可以分为两大类：（1）优化产品花色的战略；（2）优化消费者的决策过程的战略。

优化商品的花色品种

企业生产的产品类别或者商店销售的产品类别比所有的单个产品的总和更为重要。因此，花色品种作为一个整体，需要进一步优化，目的是为消费者创造最大的价值——减少决策负担的风险——同时对企业带来的成本压力最小。优化商品的花色品种可以采用三种方法：优化产品花色的数量、精简商品品种结构，以及提高产品品种的差异性。

优化产品花色的数量。减少过多选择带来的负面影响的一个战略就是优化产品花色的数量。最明显的一种解决途径就是将商品花色品种的数量减少到一个水平，在这个水平上，增加一种花色品种所带来的优势不及使消费者决策过程变得更复杂而带来的劣势。例如，大型的网络百货商店在几乎所有的产品类别中，会显著地减少商品的花色品种（平均达到 54%）。尽管有人可能会认为这样做会使一些消费者产生不满，他们无法找到自己想要的产品，但是实际上，在商品的花色品种数量减少之后，各类商品中的销售额平均提高了 11%。在商品花色品种减少之后，75% 的消费者实际上是增加了消费额。[5]

针对减少商品的花色品种，应该放弃哪些品种呢？制造企业或者零售企业应该怎样减少商品的花色品种，才能将对消费者的负面影响降到最低呢？一种方法就是分析各种花色品种的吸引力程度。研究表明，消费者在众多花色品种当中作出的选择取决于多种产品的吸引力。所以，当消费者面临的产品包含那些更具吸引力的花色品种时，他往往更喜欢较少的品种数量。比如，当消费者需要选择是去一家产品品种更多的商店还是去一家更少的商店时，如果两家商店的产品都是很有吸引力的，那么他很有可能去那家小商店。[6] 这就说明，零售企业可以通过销售更有吸引力的产品来弥补花色品种较少带来的劣势。例如，冰激凌行业已经证实，品种花色实际上是和品质联系在一起的，例如高端的品牌（例如哈根达斯）的产品花色往往比低端品牌更少。从管理消费者感知的利益诉求和成本投入角度讲，最佳的花色品种数量往往是，经营高端产品的商店要少于经营低端产品的商店。

有三种普通的战略，可以提高花色品种总体的吸引力：提高质量、经营畅销产品、专注小众市场。

提高质量会提高产品的吸引力。由高端品种构成的产品结构对消费者更具吸引力，而低端品牌构成的产品结构对消费者吸引力较低。这种战略的缺点在于提高质量有可能耗资巨大，这意味着提高质量往往是提高产品花色品种决策中最昂贵的一种战略。

另一种耗资较少的战略是经销那些市场中较大的细分人群都偏爱的产品。比如说，那些畅销产品的商店就有可能维系更多消费者，它们会被认为更具吸引力。这说明，那些产品数量较少，但所经营的产品都是畅销产品的商店，就会比那些虽然产品数量繁多，但是特点平平的商店具有更大的优势。鲍德斯书店最近就采用了这个战略，他们在实体书店里减少了书籍的数量，只销售那些畅销书。

满足小众市场的需求也是一种很好的战略。有些产品花色虽然对大多数消费者而言吸引力较低，但是他们却能非常好地符合某些消费人群的口味（比如，一些书店

[5] Boatwright, P., and J.Nunes(2001), "Reducing Assortment: An Attribute-Based Approach," *Journal of Marketing,* 65(3), 50-63.

[6] Chernev, A., and R.Hamilton(2009), "Assortment Size and Option Attractiveness in Consumer Choice Among Retailers," *Journal of Marketing Research,* 46 (June), 410-420.

专门针对特殊民俗、生活方式，或者语言等偏好）。如果零售企业的产品当中有少量专门针对小众市场的产品，那么它们可以更好地吸引某些消费人群。包含高端产品和畅销产品的花色产品结构一样，明确定位的产品花色也可以提高其客户偏好的程度，即使产品的花色不多。

简化产品花色结构。除了管理产品花色的数量，提高其吸引力之外，另一个解决思路就是精简花色品种，从而降低一些与品种繁多相连的认知成本。产品品种的精简一般有三种途径：分类方法、目标方法和特殊方法。

分类方法。企业可以根据产品的物理性质，例如制造商、尺寸或类型等等来组织产品的花色品种，从而降低消费者的选择负担。让各色产品易于查找，就会提高消费者选购一种商品、而不是放弃选择的可能性。因随着产品花色的增加，消费者选择的复杂程度就会提高，所以在商品的花色品种增多时，清晰地摆放非常重要。

一方面，虽然花色繁多的商品明显地从清晰的布置中获益，但是如果商品数量不多，有的时候有点杂乱无章反而会效果很好，因为这种有点杂乱的摆法会让消费者看来显得比摆放得很整齐的商品更多种多样。[7] 消费者喜欢商品花色繁多主要的原因之一是商品具有多样性，所以如果商品的种类并不多，那么不要过于整齐地摆放反而会增加其吸引力。因此，有的时候，在商品种类较少的情况下刻意的不加以整齐摆放，会让企业在不增加产品数量的情况下增加吸引力。

目标方法。还有另外一种方法，它不是按照商品的类别来摆放商品，而是根据商品实现的目标来摆放商品。这种方法按照商品所满足的消费者的目标来归类摆放。例如，许多城市的导游手册都会按照分类的方法将各种活动进行划分（例如餐厅、剧院、音乐等等）。但是这些活动还可按照消费者的目标进行归类：比如说首次约会要做的事情、为了给客户留下深刻印象要去的地方，或者用不到 20 块钱消磨一晚上时光的方法。

这种按照商品实现的目标进行归类的方法可以降低消费者的搜索成本，因为它提供了一种更加直观的、或者更加自然的方法。因为大部分消费者在购物时是有明确目

[7] Kahn, B., and B. Wansink(2004), "The Influence of Assortment Structure on Perceived Variety and Consumption Quantities," *Journal of Consumer Research,* 30(4), 519-533.

标的，所以这种按照目标来组织商品的分类方法通常在消费者决策时，能够更加吻合消费者的思维过程。除此以外，按照目标分类的方法还可以节省消费者的时间，因为它可以把作用互补的商品放在一起。例如，零售店可以把早餐所需要的所有商品都放在一起，而不是将它们分散地放在商店里的四五个地方。赫兹租车公司最近就开始使用这种根据消费者的目标进行分类的方法，他们把车辆分为“威信”、“乐趣”、和“环保”等等类别。一些消费者希望租一辆有趣的车来度假，那么如果按照车辆大小来搜索就可能是多余的；毕竟，无论是一辆宽敞的汽车，还是一辆迷你的宝马跑车，都可以被认为是很有趣的汽车。在赫兹公司的新系统中，这两类车都被归为“乐趣”这一类，这就赋予了消费者更简单的方法，可以找到他们真正希望找到的目标。

一些零售企业已经开始综合利用分类方法和目标方法这两种战略。他们已经不再满足于传统分类摆放商品的方法，而是开始将同一个产品分别按照分类方法和目标方法进行摆放。例如，通常情况下，消费者既可以在水果区域（分类方法）找到香蕉，还可以在牛奶的旁边找到（目标方法），对于那些早餐喜欢吃麦片和香蕉的消费者而言，寻找起来会更加容易。

特殊方法。还有一些企业按照商品对某些特殊人群的吸引力程度，采用特殊方法将产品加以分类摆放。这种战略可以降低消费者的搜索成本，因为消费者在开始寻找时，就很有可能找到他所需要的商品。零售企业根据消费者自己的偏好来组织摆放商品，为使每个消费者更有可能尽早地找到自己希望购买的商品，这样就避免了发生消费者的搜索认知成本。因为这种方法不仅要求企业产品花色繁多，而且还要符合众多消费者的各自偏好，所以很显然，这种方法在网络购物的情况下是最常见的，因为在网络购物中改变产品的组织只需要点击几次鼠标就可以了。在实体商店中，知识渊博的销售人员会起到重要的作用，他们评估消费者的潜在需求，然后引导消费者选购他们最喜欢的商品。

提高商品的差异化

减少消费者选择负担的另一种方法是提高产品花色品种的差异化。差异化程度不够或者差异化程度不高都可能导致消费者的选择负担。

我们来举两个品牌牙膏的例子，这两种牙膏都有几种不同的品种。第一个品牌提供四种不同口味的牙膏：肉桂、香蕉、柠檬和薄荷。第二个品牌提供四种不同功能的牙膏：口腔疾病预防、防止牙垢形成、洁白牙齿和口气清新。就产品互补的程度而言，这个例子中的两个品牌显然是有差异的。针对低端品牌，把两种或者更多无法互补的产品特征结合在一起，并不会提高产品总体的效用。比如说，把肉桂和薄荷这两种味道综合到一起，并不能创造出一种更好的牙膏。相比较而言，在第二种品牌里，不同品种牙膏之间差异化特征是互补的，将它们合在一起有可能产生出更多的功能。例如，他的口腔疾病预防和和防止牙垢形成结合在一起就是很好的选择。

那么，究竟是互补元素的结合（例如功能）还是并不互补的元素的结合（例如味道），更受消费者的欢迎呢？我们的研究表明，消费者一开始会偏好那些由互补元素构成的产品花色。但是，当那需要作出选择的时候，他往往更有可能选择那些由不可互补的要素组成的产品花色（比如味道），而不是那些互补元素组成的产品花色（例如功能）。[8] 因此，通过增加互补元素，从而增多产品的花色品种往往会降低这种商品所有花色品种的吸引力。这是因为，一种互补元素会显示出原有产品有瑕疵的方面，这样就降低了这种产品总体的吸引力。因此，每种新型的用来扩展产品线的互补元素最终会让现有产品**变得吸引力降低**，因为那些新的产品特征会让原有产品变得逊色。因此，互补元素形成的产品花色最终会导致消费者选择的可能性下降。如果企业希望增加销售量，那么尽管那些互补的元素在最初可能会比那些不能互补的元素，看上去倒更能增加销量，然而制造企业和零售企业都应该围绕那些不能互补的元素来开发产品的品种花色，比如根据味道开发具有差异化的牙膏就是这样的例子。

差异化程度过高有可能导致概念混淆。当产品在很多方面都具有差异化，而这些差异化不可能结合在一起时，就会出现这个问题。例如，我们举两个餐厅的例子：有一家餐厅的甜点价格各不相同，而另一家餐厅的甜点价格统一。如果消费者不确定他们会更喜欢哪一种甜点，他们很有可能会利用价格来帮助作决定（例如，不太宽裕的时候选择便宜的，而在特殊场合选择最贵的）。但是，如果消费者有明确的偏好，当他们最喜欢的产品和他们的花费目标相互冲突的时候，他们就会感觉难以选择（例如那些经济不太宽裕的消费者，最喜欢的却是那种最贵的甜点）。这种与消费者偏好不相吻合的定价方法会使消费者的决策过程变得更加复杂，从而降低消费者针对差异化程

---

[8] Chernev, A.(2005), "Feature Complementarity and Assortment in Choice," *Journal of Consumer Research,* 31(4), 748-759.

度很高的商品总体的选择可能性。[9] 这个发现在实践当中会给我们的一个启发，也就是说企业需要明确那些关键的让消费者的选择具有差异化的产品属性，而且对过多的产品属性加以差异化并不能帮助提高销售量，而会损害产品的销售。

优化消费者的决策过程

除了优化企业的产品花色设计之外，企业还可以通过优化消费者的决策过程来减少消费者的选择负担。具体而言，有三种方法可以简化消费者的决策过程：(1) 降低偏好的不确定性，(2) 提供标准化产品，(3) 管理决策过程。

降低偏好的不确定性。产品的花色品种繁多产生的潜在负面影响，主要是消费者在自己的偏好和现有产品之间会产生混淆，所以降低偏好的不确定性也可以减少消费者选择负担的可能性。一种特别有效的方法就是帮助消费者在看到商品之前，就明确产品属性组合是他们"理想的"目标。[9] 实际上，**当消费者寻找商品**时，如果根本没有一种理想化的产品属性组合方式，也就是说没有一种商品能够更好地结合各种属性，并且能够提供最高的效用，那么他们必须理清自己的偏好（也就是说，明确哪些他们认为是重要的，哪些价值是他们所追求的）。只是问题在于，随着产品的花色品种增多，消费者说清自己理想目标的难度也会提高。这样，消费者的选择过程在他面临众多的花色品种时会变得异常复杂。因此，当消费者面对众多的花色品种，而他又没有一个明确的目标，此时他很有可能一边捉摸自己的理想目标，一边又必须寻找满足这种目标的产品——往往会空手而归。

因此，如果企业可以让消费者在评估各种产品花色**之前**就明确自己的偏好，那么它就可以减少消费者混淆的可能性，将消费者的选择负担消灭在萌芽状态。例如，生产电脑的戴尔公司在它的网站上，在给消费者呈现各种定制化产品之前，会让消费者回答几个基本问题，这样就可以帮助消费者明确他购买电脑时最关注的几个重要的产品特征。这种在消费者选择前的偏好表达可以帮助企业简化消费者的搜索过程，从而降低众多花色品种带来的负面影响。

[9] Chernev, A.(2006), "Differentiation and Parity in Assortment Pricing," *Journal of Consumer Research,* 33(2), 199-210.

提供标准化产品。企业还可以通过提供标准化产品，来帮助消费者解决面临众多选择时的难题。标准化产品使消费者的选择变得更加容易，因为它会从两个非常微妙的但是非常重要的方面改变消费者的决策。首先，标准化产品可以成为一个参照点，可以让消费者用这种标准化产品来评价其他的产品。消费者对比一种产品和标准化产品之间的优劣，要比让他把一种产品和所有的其他产品作比较要容易得多。第二，标准化产品还可以给消费者提供一种更省力的决策方法，消费者无需投入更多的精力去搜索和比较评价。

即使针对那些非常重大的决策，比如是否捐献器官或者是否参与退休保障计划，设置一种标准化产品都会对人们的选择产生重大的影响。以退休保障计划为例，如果标准化的做法是必须加入，但可以选择退出，此时人们选择加入的比率就会远远高于另一种做法，即标准作法是不加入，但可以选择加入。[10] 零售商也可以采用标准化产品的策略，他们可以在众多花色品种当中突出一个花色品种，让消费者在了解其他品种之前更多地考虑这种产品。[11] 这种把消费者的注意力吸引到一种产品上来的做法，不仅仅可以增加主要陈列商品的销售量，还可以让消费者更容易地对众多花色品种加以评价，并从中作出选择。

管理决策过程。帮助消费者克服众多花色品种带来的负面影响的一个战略，就是把消费者的关注焦点从选择类别上（选择零售企业）转移到选择具体商品上（选择这家商店里的一种商品）。[12] 实际上，在消费者选定在那里购物时，产品花色繁多的优势有可能非常突出，而它相应的劣势——比如选择某种商品的难度就不大了，看上去也就不那么重要。对消费者而言，在选择某一种商品时，花色品种繁多所相连的劣势就会变得特别突出，因此如果可以把消费者的关注焦点移向最终的产品，那么这就是一种非常有效的作法。

例如，经营产品数量较少的零售企业可以在广告中提醒消费者，他们过去在众多

[10] Thaler, R., and S.Benartzi(2004), "Save More Tomorrow: Using Behavioral Economics to Increase Employee Saving," *Journal of Political Economy,* 112(1), S164-S187.

[11] Hamilton, R., and A. Chernev(2009), "The Impact of Product Line Extensions and Consumer Goals on the Formation of Price Image," *Journal of Marketing Research,* 46(3), 410-420.

[12] Chernev, A.(2006), "Decision Focus and Consumer Choice among Assortments," *Journal of Consumer Research,* 33(1), 50-59.

的产品中选择购物的那种（容易产生混淆的）体验，这样就会降低花色品种繁多对消费者的吸引力。当消费者把关注的焦点放在一家商店里的时候，花色品种繁多给消费者带来的那种优势就会荡然无存。

总 结

给消费者想要的，这种战略，虽然从直觉上对企业很有吸引力，但是这会导致企业过度地扩张产品线，不断地增加产品的花色品种。从管理产品的花色品种角度而言，给消费者更多的选择并不总是最好的策略。有时企业提供更多的选择相反会事与愿违，会导致销售量下降，而且消费者会陷入过度的选择负担之中。我们分析了管理人员解决选择负担的两种方法：（一）从产品的规模、结构和差异化方面优化产品的花色品种，（二）通过降低决策的不确定性，帮助消费者做好决策，或者把消费者的注意力转移到他所希望的商品上，从而优化消费者的决策过程。理解消费者对各色产品的心理，会赋予企业一种竞争优势，让他们可以更好地设计产品组合，在保持成本最低的同时，让企业给消费者带来的利益实现最大化。

作者简介

瑞安·汉密尔顿（Ryan Hamilton）是埃默里大学商学院（Goizueta Business School, Emory University）的营销学副教授。他在杨百翰大学（Brigham Young University）获得应用物理学的学士学位，在西北大学凯洛格商学院获得营销学博士学位。

亚历山大·切尔内夫（Alexander Chernev）是凯洛格商学院的营销学副教授。他在索菲亚大学（Sofia University）获得心理学硕士、博士学位，在杜克大学（Duke University）获得工商管理博士学位。两位作者对本章的贡献相当。

第十八章

聚焦目标的营销调研：应对预算减少的方法

安杰拉·Y. 李

引　言

所有的管理人员可能都会同意，要作出好的决策就必须有好的信息。有时候，管理人员认为他们已经掌握了所需要的信息。还有些时候，他们认为即使还没有掌握所希望的所有信息，还是必须根据已经掌握的信息作出决策。还有一些时候，他们认为需要掌握更多的信息才能作出最终的决策。每一年，大量企业投入数十亿美元来进行营销调研，帮助管理人员作出更好的决策，但是在经济不景气的时候，企业很快会减少在营销调研等方面的投入。所有这些看上去都表明，营销调研好像并没有实现很好的价值。

实际上，并不是每一份营销调研的报告都能给管理人员提供可利用的信息。很多时候管理人员收到报告，但是对于报告的结论却很失望。要么这些报告呈现了一些他们已经清楚的东西，要么这些报告存在许多空白，必须让他们进行大量的猜测，或者随意地制定战略和执行战略。但是除了削减营销调研的预算以外，企业还有另外一种途径，可以提高营销调研的效益——保证营销调研按照预定目标执行；也就是说，提供有用的信息，帮助管理人员作出明智的决策。

本章的目的并不是分析收集更多信息的正反两面的意见。很多人都已经对它分析过了。本章的目的是分析应如何收集管理人员需要的有用信息。许多关于营销调研的书籍和教科书都清楚地列出了营销调研的过程：

- 明确调研目标和任务。
- 设计营销调查的方案。
- 明确抽样调查的方案和抽样规模。
- 收集数据。
- 分析和解释数据。
- 汇报结果，提出建议。

这个过程反映了营销调研的理论内涵。它遵循非常合乎逻辑的顺序，从进行营销调研的原因入手，继而是要进行的研究类型，最后是呈现结果的报告。那么会有什么问题呢？

最大的一个问题在于，管理人员通常会忽视清楚确定调研目标和调研边界的重要性；因此，最后他们有可能得到了许多“不错的”信息，但仍然缺乏能帮助他们作出决策的关键信息。即使营销调研采取了完全正确的数据收集的方法，除非所收集到的数据能够用来支撑建议，否则它们有可能是没有用处的。成功的营销调研，能够提供有用的信息，它要求信息的使用者（决策者）和信息的提供者（调研者）之间有密切的合作。例如，一个企业在考虑降低所生产的机器产品的价格，来扩大利润，它会让调研人员分析价格降到不同水平时，公司可以卖掉多少台机器。正常情况下，这种被要求进行的营销调研可以很快地、有效地进行。如果营销调研人员能够理解这项调研的目标，那么他们就可以更好地解释和分析与这个决策相关的信息。例如，在收集被访者对降价的意见的同时，还可以分析消费者对某些产品特征有什么样的评价。而如果企业可以生产出仅仅包含这些关键的产品特征的新型廉价产品，这些额外的信息将能够帮助企业提高利润。

这样，如果调研人员能够理解调研背后的原因，那么研究结果的质量和有用性就会大大提高。鉴于此，决策者和调研人员之间保持紧密合作关系，对于收集有用的数据是非常重要的前提条件。但是，仅仅了解业务问题和营销调研的原因还是不够的。营销调研人员还必须清楚地、针对性很强地确定营销调研的目标，这样调研才能够得到有用的信息，而不会浪费资源去收集那些对决策过程没有太大用处的“不错的”信息。

要让营销调研的结果对管理人员有用，调研人员就需要采用**聚焦于目标**的营销调研规划方法。这个概念指的是从营销调研将要实现的目标入手，然后向前推。这就保证了营销调研过程当中的每一步都是由预期结果指引，而不是由预期目标指引的。下面我们来分析这种方法是怎么做的。

第一步：从准备调研报告入手

为了帮助管理人员实现他们的目标，调研人员应该一开始就聚焦于营销调研过程的**最终阶段**，也就是调研目标实现的阶段——首先准备调研报告，然后向前推。明确要提出什么样的建议（比如是否投资某项业务），明确应该进行什么样的分析论证（例如赢利分析），这反过来又帮助调研人员明确了需要收集哪些信息（例如消费数据、市场份额、价格、固定成本和变动成本等等），而且明确了如何分析这些数据。

最终的调研报告没有调研是写不出来的，没有数据建议也是提不出来的。但是报告的结构框架可以预先设计好，这样当获得了数据之后，研究人员需要做的就是把数据填进去。首先准备调研报告这种做法可以保证对营销调研的投入，每分钱都花在刀刃上——也就是说将要收集到的数据是正确的，不合适的数据不会收集上来。从本质上讲，准备调研报告可以帮助微调调研的目标。

第二步：考虑如何分析数据

明确了如何分析数据可以帮助调研人员了解，如何收集数据以及数据应该以何种形式进行收集。数据应该是定量的或是定性的，或者二者兼有？消费者偏好是否应该采用等级顺序量表的方式（例如，“请按照针对下列品牌的喜欢程度对它们进行排序，1 是最喜欢”），还是采用认同度量表的方式（例如，“请采用所提供的评级标准对下列品牌作出评价，1 是非常不喜欢，7 是非常喜欢”），还是采用选择的方式（例如，“请选出你最喜欢的品牌”）？

举个例子，假设调查的目的是为一家男装店进行细分市场分析。目标是更好地了解商店现有的顾客和潜在顾客的需求，最终的报告中要对不同的细分市场作出描述。描绘时会包含关于每个细分市场的一些信息，例如人群的价值观、生活方式、兴趣爱好、产品的使用方式和购物偏好，还有他们的人口统计方面的特征。调研采用的工具应该能够揭示这些不同的主题，而且被访者的回复应该能够提供量化的数据，从而进行**因子分析**（一种统计数据约减归纳的方法，用以探求大量的变量之间的相互关系，以及对这些变量作出基本面的分析）或者**聚类分析**（一种统计方法，按照这种方法人们被“聚类”分析，一个类别中的消费者具有近似的特点，而不同的类型之间有明显的差异）。调查通过让消费者表明他们针对一系列话题的表述（例如，“选择服装我更看重时尚，而非舒适”）的同意程度，从而取得这些量化的数据。典型地，回复从“完全不同意”到“完全同意”，分为 5 级或 7 级，而每一级会被赋予一个量值（比如，1= 完全不同意，5= 完全同意）。如果最终的调研报告需要包含被访者对其购物体验的描述，那么调研工具就应该包含开放式问题，逐字记录下被访者的意见。

因此，了解数据会启发营销调研人员应该怎样收集数据。如果希望获得定性的数据，那么就应该采用诸如个人面谈、网络专题小组等等方式（可以记录大量、与具体环境相关的信息）。如果要进行量化数据的分析，那么问卷调查方式就是恰当的。

明确要进行哪种类型的定性分析，也可以帮助调研人员决定应该怎样问问题，以及怎样测量评价被访者的回复信息。典型的信息包含人口统计要素、人们的价值观和态度，例如对一些问题的感觉和偏好，还有他们的购物目的，过去的行为等等，每一类信息都有一个或者多个变量。基本地，可以采用下面这四种不同的度量方式来测度评价一个变量：定类尺度、定序尺度，定距尺度和比率尺度。所采用的度量类型决定着可以进行的分析类型。**定类尺度变量**从统计分析的角度而言，是最严格的（通常限于频数、百分比和众数）；然后是定序变量（中位数即可）和定距尺度变量（平均数和标准方差就能说明问题），而**比率尺度变量**限制性最小（通常包含许多变量，例如频数、百分比、众数、中位数、极差、百分位数、平均数、标准方差和几何平均数等等）。

例如，一本杂志的编辑可能希望调查他的读者，了解他们喜欢阅读的杂志。读者的偏好可以用不同方式来测量。调查者可以给读者呈现出一系列杂志，让读者指出哪些杂志是他们在过去的 12 个月内阅读过的。这种“选出所有使用的选项”的方法就可以针对每一本杂志提供一个定位尺度数据（1= 是，0= 否），而所有被访者的答复可以加总处理。这样在调研报告中就可以这样说：“我们的读者中有 85% 的人跟进阅读过，表明这本杂志是最受读者欢迎的杂志。”或者，还可以给对方一些杂志，让他们根据自己的偏好为杂志排顺序。这样就可以得到每一种杂志的排序结果，这样报告中就可以说：“X 是最受读者欢迎的杂志，因为在我们的读者中大部分人认为它是最受欢迎的杂志。”还有一种方法，就是让被访者评价他们喜欢阅读杂志的程度，从 1 至 5 排序，1 是最不喜欢，5 是最喜欢（另外还有一格备注栏，写着“从未读过这本杂志”）。由这种定距尺度方法收集的数据在报告中可以得出这样的结论：“X 杂志受欢迎程度最高，对它的喜欢程度评级为 4.75，Y 受欢迎程度最低，评级为 2.3。”但是，非常重要的一点是要注意，根据读者对这个问题的回答，作出读者对这两种杂志投入阅读的比例的表述是不正确的；也就是说报告中不能这样说：“读者喜欢阅读 X 杂志的程度是 Y 杂志的两倍。”最终直接的对比分析，就需要比率尺度的方法。例如，可以询问对方订购翌年的杂志，他们愿意付出多少钱。用货币表示的他们的愿意程度就代表了一种比率尺度的数字，因此在报告中可以这样说：“该杂志在读者中有最高的吸引力，一位读者愿意平均支付 36 美元来订购翌年这种杂志，这个价格是另一本杂志的 1.5 倍。”

这样，希望作出的表述就能够指出应该进行的数据分析的类型，而这将会有助于明确应该怎样收集数据，应该询问一些什么问题，应该怎么提问，以及应该采用哪种类型的尺度度量方法。

第三步：决定如何收集数据

了解了如何收集数据就能够帮助明确需要调查多少人，以及如何招募这些被访者（也就是说抽样的方法）。调研人员可以选择随机抽样（或者概率抽样）以及非随机抽样方法。随机抽样方法要求总体中的每一个单元（例如现有的客户）都具有明确的可能性，被纳入样本之中。样本是采用随机选择的方式取得的，例如由电脑产生的随机数目列表。相比较而言，非随机抽样方法并不采用随机选择的方法，不会受到许多可行性问题的影响，比如应答者的有效性、成本，以及时间限制等等。随机抽样的关键好处在于，因为它采用了随机抽样的统计理论，所以就可以计算出采样误差的大小（也就是说，从样本得出的评价程度，很有可能不同于从总体人口中测量出来的程度）。这样研究人员就可以依据研究发现，针对整个人群进行普遍概括。而非随机抽样的方法不能采用采样误差。但是，这并不意味着，非随机抽样的调查不能提供关于调查人群的相关信息。典型的情况是，非随机抽样的方法花费较少，也更节约时间，因此根据调查的目标不同，它有可能是一种有效的方法。

例如，如果调查的目的是寻找不同的产品定位的创意，那么它就不要求调查目标人群的典型代表，它也不要求有许多被调查对象。这个调查的目的很简单，就是寻找不同的创意，然后进行开发、思考、评价，最终进行测试。因此，采用非随机抽样方法掌握从少量的被访者中收集信息就是一种恰当的方法。但是，如果营销调研的目标是针对一种定位战略提出建议——要有量化的数据表明不同的定位创意对目标人群的吸引力程度——那么此时就应该采取随机抽样的办法。在考虑了目标人群的异质性之后还应该考虑恰当的抽样规模、采样误差的大小，以及希望实现的置信水平。这样，了解要询问的那些问题，就能够帮助调研人员决定抽样的方法和抽样的规模。

第四步：确定调研的工具和设计

了解如何收集数据——采用随机抽样或者非随机抽样方法——能够启发调研人员应该采取何种调研设计以及采用最合适的调研工具（例如，深度访谈、主题调研、现场观察、邮件调查、网络调查、电话调查）。调研设计是一个蓝图，或者规划，表明如何实现调研目标；调研设计有三大类——**探索型**、**描述型**和**因果型**。常见的做法是调研人员在不同的阶段会采用不同的设计方案。如果采用倒推的方法，研究人员可以保持调研设计方案和调研的目标最为契合。

探索型调研方案是限制因素最少，最为灵活的。在收集数据之后，这种方法仍然会顾及到一些不可预期的因素的发生，以及需要调整的信息要求。例如，开放式问题的方式能够让调研人员用主题调研小组和面谈方式深度了解对方的意见。因此，诸如定性研究的探索方法在调研过程的早期阶段是非常有用的。定性研究的方法有益于产生创意或者作出假设。它可以帮助管理人员理解定量研究的结果。但是，对这些研究结果的解释是建立在判断的基础上。这种方法很少会提供精确的量化评价，因此对调研结果进行普遍化处理的能力就非常有限。在针对非随机抽样的样本时，探索型调查的方法就会采用。

相比较而言，描述型的方法和因果型的方法结构性较强，灵活度较低。一旦开始收集数据，那么就几乎没有可能改变所收集的信息。这些方法有一个前提，也就是认为调研人员对所调查的问题已经了解很多。因此，这些方法一般会在调研过程的稍后阶段采用。描述型调研是对一些市场特征和功能特点进行量化展示。当管理人员希望发展不同的细分市场，或者估计不同细分市场的规模，预测销售等等的时候，可以采用这种方法。从根本上讲，这种类型的调研可以回答关于谁、什么、什么时候、活动方式、频率、数量等问题，要求对所研究的现象有丰富的知识积累。例如，采用描述型调研方法的研究人员需要知道它的目标被访者是谁，需要收集什么样的信息。如果调研人员并不了解这些，那么很显然首先应该进行探索型调查。

当研究的目的是了解某些因果关系，那么就应该采用因果型调研。比如一个制药公司面临关于销售队伍的一个决策：销售人员每个季度应该拜访医生多少次？对这个问题的回答就需要了解销售人员拜访医生和医生处方行为之间的影响。类似地，如果是一家生产消费品的企业，它有一个关于定价方面问题：公司是否应该将产品的单价提高 0.5 美元？答案取决于价格变动对销售额、市场份额和这种产品带来的利润等因素的影响。在这两个例子中，调研人员的目的都是明确一种营销要素变量（例如销售人员的拜访次数，价格）对于相关变量（例如医生的处方行为，销售量）的影响。当使用随机抽样的办法时，研究结果可以作普遍化推广处理，此时研究既可以采用因果型方式，也可以采用描述型方式。

营销调研设计方式的选择从本质上讲，应该具有迭代性，最恰当的调研设计方式取决于调研人员当前的知识结构和对问题的理解，这些都会随调研的过程推进发生变化。采用向前推的方式，研究人员可以了解他是否非常清楚应该问哪些问题、怎么问、去问谁。因此，他就能够判断哪一种调研设计方法会起到最佳的效果。

从明确的计划入手展开一个项目研究是非常有用的——这是营销调研的科学本质。但是调研人员和决策者都必须愿意修正、更新这个计划，根据他们在这个过程中所了解到的知识——这才是我们所说目标驱动型营销调研的魅力。

案例分析：美味薄饼屋（Vive La Crepe）

为了说明这些步骤，我们来分析一个案例。美味薄饼屋是一个刚刚开张三个月的餐厅，位于美国伊利诺伊州的埃文斯顿市（Evanston，Illinois，埃文斯顿是美国西北大学凯洛格商学院的所在地——译者注)。这家餐厅希望了解它是否应该扩大当前的业务，继而在周一到周五提供早餐。它目前的营业时间是周二至周五上午 11 点到下午 10 点，周六上午 9 点到下午 11 点，星期天从上午 9 点到下午 9 点。

美味薄饼屋的营销调研预算非常有限，但是它又不希望盲目地采取行动，因此就邀请了凯洛格商学院的一组学生把这作为一个课堂案例进行分析。这个调研小组的成员知道，他们的建议必须建立在对两个问题的理解基础上，一是当地人对早餐的需求，第二是这些需求中这家餐厅有可能获得多大份额。为了开展研究，这个小组采用了我们上面分析过的营销调研的四个步骤。

第一步：明确需要什么信息

为了评估埃文斯顿消费者对早餐的市场需求，研究团队认为这些应该是有用的信息：

- 埃文斯顿当地居民的人口统计数据和用于购买食品的花费数据。
- 列出埃文斯顿的餐厅，以及提供早餐服务的餐厅的信息。
- 一周五天竞争对手餐厅提供早餐时客流量方面的信息。

为了评价专门针对美味薄饼屋的早餐需求，调研团队认为下面这些信息应该是相关的：

- 周一到周五影响消费者决定在哪里吃早餐的因素。
- 周一到周五在外吃早餐的消费者对美味薄饼屋的认识，以及他们来此吃早餐的可能性。
- 美味薄饼屋的现有客户对它的感知态度。
- 美味薄饼屋的现有客户在周一到周五来此吃早餐的可能性。

在明确了最终报告所需要的信息之后，调研团队成员分析了这些信息的具体形式，以帮助他们明确应该如何收集数据。

第二步：思考如何分析数据

这项调研的目标是评价周一到周五人们是否会来到美味薄饼屋吃早餐。调研团队认为最终的调研报告应该包含这样的结论，例如："百分之X的被访人表明周一到周五他们肯定会来美味薄饼屋吃早餐。"针对这种表述，调研团队设计的问卷调查中包含下列问题：

美味薄饼屋是一家位于埃文斯顿市中心的新开张餐厅。在周末的上午他们提供一系列早餐类食品，包括法式薄饼、蛋饼、华夫饼、松饼，还有鸡蛋。如果美味薄饼屋在周一到周五也提供早餐，你在这五天中某一天去那里吃早饭的可能性是多少？

【 】肯定会

【 】也许会

【 】也许会也许不会

【 】可能不会

【 】肯定不会

这样，了解了他们所需要的具体信息就让研究团队明确了应该怎样收集数据，应该怎样问问题。

第三步：考虑如何收集数据

因为这项调研的目标是评价消费者在周一到周五针对美味薄饼屋早餐的潜在需求，所以调研团队就设计了一个问题来量化人们来这里吃早餐的可能性。因为调研人员需要能够将被访者的购买意图数据进行普遍化处理，推广至问卷调查并未包含的其他的去餐厅吃早餐的消费者，所以他们知道他们必须调查两组随机抽样人群：一组随机抽样的人群是现在从周一至周五在餐厅吃早饭的人，第二组随机抽样的人群是美味薄饼屋的现有客户。

调研团队决定在餐厅外面进行街头随机拦截调查，来评价消费者在餐厅吃早餐的频率，以及他们会来这家餐厅吃早餐的可能性。调研团队的成员确定了四家周一至周五提供早餐的餐厅，他们制定了一个时间计划，在一周中的不同日子，在每一家餐厅外进行拦截式调查。他们的计划是询问离开餐厅的人当中的1/3，请他们参与问卷调查。

日期	时间	地点
周六，5 月 17 日	早上 9 点 –10 点	Vive La Crepe,Clarke’s,Le Peep
	早上 10 点 –11 点	Lucky Platter,Walker Brothers
周日，5 月 18 日	早上 9 点 –11 点	Vive La Crepe,Clarke’s,Le Peep
		Lucky Platter,Walker Brothers
	早上 10 点 –11 点	Clarke’s,Le Peep,Walker Brothers
周二，5 月 20 日	早上 9 点 –10 点	Clarke’s,Le Peep,Walker Brothers
	早上 10 点 –11 点	Lucky Platter,Walker Brothers
	下午 5 点 –6 点	Vive La Crepe
周三，5 月 21 日	早上 9 点 –10 点	Le Peep,Clarke’s
	下午 6 点 –8 点	Vive La Crepe
周四，5 月 22 日	早上 9 点 –10 点	Le Peep,Walker Brothers
	早上 10 点 –11 点	Clarke’s,Lucky Platter
周六，5 月 24 日	早上 9 点 –11 点	Vive La Crepe

这个调研团队明白他们必须在调研基础上，针对美味薄饼屋周一至周五的早餐生意进行需求预测。因此，他们制订了一个计划，对平日在外吃早餐的消费者和这家餐厅的现有客户进行系统的抽样。

第四步：明确调研工具和调研设计类型

显然，购买目的的数据必须源自随机抽样的两个人群，第一是这家餐厅的现有客户，第二是在其他餐厅吃早餐的消费者。因此，调研团队决定在不同的餐厅外面的街道上进行随机拦截调查。但是，问卷调查并不是唯一的手段，可以获得团队所需要收集的所有数据，所以调研团队还明确了其他一些数据收集的方法，针对第一步中明确的其他信息类型，这些方法更为合适。

- 埃文斯顿市居民的人口统计数据和花费数据可以通过美国人口普查局和劳动统计局获得。
- 埃文斯顿市所有餐厅以及营业时间可以通过网络查到。
- 那些竞争对手的餐厅提供早餐时的客流量状况可以通过现场观测来了解，可以记录下这些餐厅被占用的餐桌数、一块吃饭的人数、账单的平均金额、以及选择的食品种类。

- 影响消费者决定去哪里吃早餐的因素，可能需要对在竞争对手餐厅吃早餐的消费者进行调查。
- 平时在外面吃早餐的消费者对这家餐厅的认知态度，以及他们来这里吃早餐的可能性，通过上面第四条当中建议的问卷调查可以了解这方面的信息。
- 餐厅的现有客户对这家餐厅的态度认知，这需要针对餐厅的现有客户进行一次调查。
- 美味薄饼屋现有客户来吃早餐的可能性，相关数据可以从上面第六条建议的问卷调查获得。

这个调研小组从最终报告入手，反过来进行调研的规划。这个目标驱动型营销调研规划过程可以确保采用恰当的调研设计类型，使用合适的调查工具，提出关键的问题，找到合适的人群作抽样样本，进行恰当的分析，从而保证实现调研的目标。

总　结

营销调研的过程是一个围绕着如何使营销调研遵循逻辑的、科学的原则过程。调研人员需要了解好的调研需要经历的步骤和顺序。但是遵循这种逻辑顺序还是不够的，优秀的调研人员可以充分理解和践行营销调研的**科学和艺术**两个层面。一旦制定了调研计划，优秀的调研人员可以把规划过程反过来。从调研报告入手，向前推，就可以保障调研目标得到最大的满足——因为这样就选择了正确的人群抽样，提出了关键的问题，采用了恰当的评价测度方法，运用了合适的数据分析技术。这样通过把调研最终的目标作为起点，然后向前推，制订营销调研的规划，调研人员就可以保证向管理人员提供制定决策所需要的恰当信息。这样在研究结果的充分性和有用性两个层面上就不会产生过多的质疑或者失望情绪。

作者简介

安杰拉·Y. 李（Angela Y.Lee）凯洛格商学院的 Mechthild Esser Nemmers 营销学教授。她与人合作编著了《凯洛格中国论：获得成功的战略》。她在夏威夷大学马诺亚分校（University of Hawaii at Manoa）获得工商管理学士学位，在香港大学（University of Hong Kong）获得哲学硕士学位，在多伦多大学（University of Toronto）获得博士学位。

第十九章

整合销售与营销，提升客户价值、实现企业增长

安德里斯·扎特尼尔斯

普哈卡·沙恩

萨利·罗瑞摩尔

引言：成功地为客户提供直接服务的企业

销售与营销工作紧密配合，都是为了一个共同的目标：**为客户传递价值，实现企业的目标**。完美整合营销与销售团队能够建设一支强有力的、团结的、为客户直接提供服务的队伍，从而使企业能够成功地实现其产品和服务的产业化，并且能够很好地传递价值，不断地增强其品牌吸引力，从而实现企业的销售收入、利润和市场份额。

销售队伍配合营销团队为了成功地向客户传递价值，必须完成许多不同的而且往往是非常复杂的任务。这就要求他们不仅具备各种知识，还要掌握不同的技术与能力。这些工作中有一些是策略性的，而还有一些工作是战略性的。策略性的工作就是满足客户日常的需求——例如，回答潜在客户所提出的问题，或者处理客户的重复订单等等。而战略性的工作聚焦于制定营销战略，实现企业长久的成功——比如理解企业的客户是什么人、他们有什么需求，他们如何看待企业的产品，与竞争对手相比公司的产品有什么优势，以及客户的需求和竞争对手会在未来发生怎样的变化。

需要面对客户提供直接服务的成功企业必须在长期战略和日常工作之间搭建一座桥梁。销售人员需要明确哪些客户和潜在客户是最具吸引力的，需要予以关注，哪

些商品和服务是需要加以强调的，针对不同的客户哪些价值定位是最有效的等等。这些企业还需要制定价格、设计促销方案、准备好销售宣传材料和有关工具，进行季度或年度销售情况预测等等。

如果所有这些完全不同的活动可以成功地推行，那么就不仅能够开创与客户良好的关系，还可以将这种良好的关系维持下去。而这项工作所涉及的范围很广，都会远远超出任何一个个人所具备的能力。各种技术、知识和能力都需要结合在一起，才能更好地管理与客户的日常交往，制定市场营销战略和规划，同时还能够完成各项任务，在战略和策略之间架起一座完美的桥梁。因此有必要明确销售与营销的角色差异。同时，因为销售和营销工作拥有共同的目标，而且实现这项目标要求这两个职能相互依赖，所以两者之间也必须协调一致、充分沟通。

区分销售与营销工作的典型框架

图 19-1 所示为典型企业中有代表性地区分销售与营销工作的方法，这个图中两个部分的重叠说明这两项职能需要有效的协调。在这种区分框架中，营销工作所承担的主要是**上游**活动的责任——这些活动出现在潜在客户购买商品或者有可能成为忠诚客户之前一系列任务的前期。这些活动包括市场调查、竞争对手分析、战略开发、市场细分、产品开发和定位、制定品牌战略、客户沟通，以及包装方面的任务。营销部门还要保证将完成这些工作必需的宣传资料和相关信息传递给销售部门。

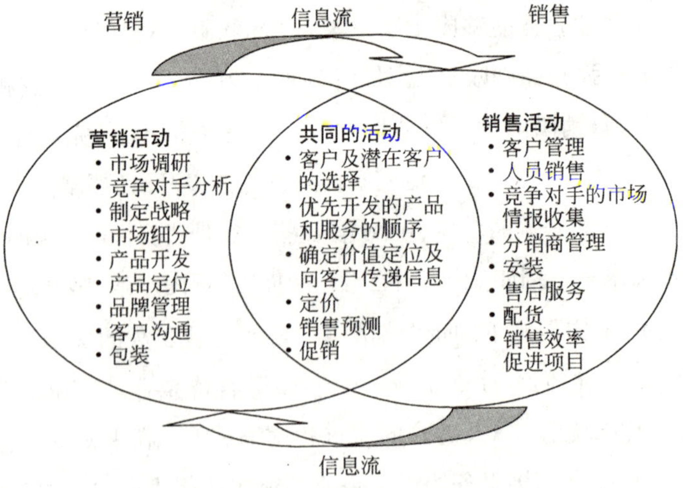

图 19-1　销售与营销工作的典型划分

而销售部门所承担的责任主要是支持下游的活动，这些活动往往出现在与客户联系的过程的后期，此时涉及的更多的是与客户和潜在客户的日常交往。这些活动包括客户管理、人员销售、针对竞争对手的市场情报收集、分销渠道管理、安装服务、售后服务、商品配送，以及销售效果评估等等。销售部门还要负责将这些活动反馈回来的信息回传给营销部门。

图中两个圆圈的重叠部分涉及一些共同的任务，要求营销部门和销售部门共同决策、相互配合。这些任务包括客户和潜在客户的选择、产品和服务的开发顺序、确定价值定位和设计传递给消费者的信息、制定价格、销售预测以及开展促销活动等等。这些活动和任务都要求销售部门和营销部门协同努力。

销售部门和营销部门要取得成功，图 19-1 的框架图中所有的组成职能都必须有效地完成。特别是：

- 企业必须成功地完成**营销任务**。本书其他章节涵盖了做好营销工作的许多方面。
- 企业必须有效地完成**销售任务**。本书第十二章《组建一支强有力的销售队伍》涉及如何完成这项任务。
- 营销部门和销售部门之间**信息传递**必须通畅。
- 销售部门和营销部门必须协同合作，完成那些**共同的任务**。

下面，我们将分析企业可以采用一些什么方法，促进这些目标的实现。

区分销售与营销工作的其他方法

图 19-1 显示的是一个普遍性框架，说明在那些直接面对消费者的企业当中销售工作和营销工作是如何分配的。但是根据客户的需求和企业的目标不同，每一家企业都有其各自需要完成的任务，都拥有区分销售与营销工作的最佳方法。下面我们将分析几种企业组织销售和营销工作的方法，以及相关框架的一些例子。

销售团队和营销团队需要合作完成共同任务的程度，根据企业不同是有差异的。正如图 19-2 所示，有两种不同的情形：一种是“重叠部分较少”，这时销售和营销工作涉及的共同任务并不多，还有一种是“重叠部分较多”，这时销售部门和营销部门必须展开广泛的合作，共同完成许多任务。

图 19-2　销售与营销之间的合作需求不同的企业

独立的销售与营销团队

在一些企业中，销售团队和营销团队基本独立，仍可以获得成功。营销部门负责的工作主要包括制定产品战略、扩大企业和产品的知名度、引起消费者的注意，而执行工作以及客户的跟踪工作交给销售部门。比如一家制药企业的销售主管曾经将这个过程描述为“工作移交”。当被问及企业如何确定细分市场的时候，这位销售主管是这样回答的：“明确细分市场是营销部门的工作，而我们的工作是针对具体的客户实施细分方案。”

相互合作的销售与营销团队

在另外一些企业当中，销售部门和营销部门广泛地展开合作，共同完成许多任务——例如，共同决定细分市场、确定价值定位、制定共同的标准来吸引消费者、制定合适的价格、开发出一些工具来支持销售工作。有一家为大型单位提供餐饮服务的企业，据它的领导估计，营销部门几乎花了一半的时间，来和销售部门进行直接的合作——比如说设计供销售部门使用和在展览会上使用的宣传材料，以及针对具体的客户和潜在客户制定出一些方案。

由销售主导的和由营销主导的企业

在一些企业中，销售团队和营销团队的受重视程度基本相当，这两个部门针对企业获得成功的重要性也是基本相同的。但是还有一些企业，其营销部门或者销售部门有一方占主导地位，如图 19-3 所示。

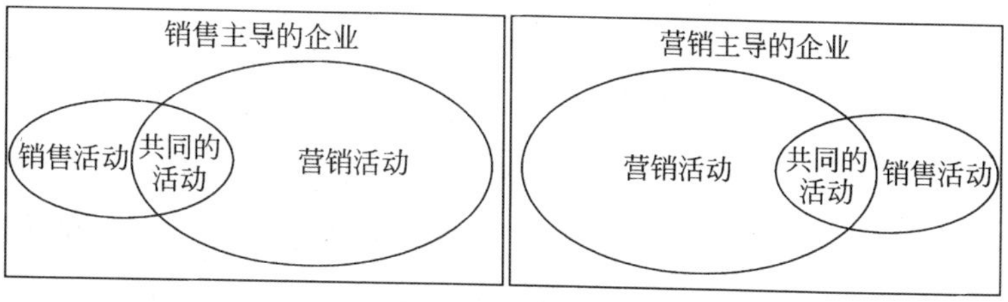

图 19-3　销售或营销一方主导的企业

由销售主导型企业。许多开展企业间业务的公司——比如，在技术领域、保险行业、医疗保健行业，还有物流行业——从传统上讲都是销售主导型企业。这些企业获得成功的主要因素是差异化的产品、销售人员和客户之间的人际关系，以及销售队伍为客户创造的价值等等。因此，这类销售主导型企业会将主要的与客户联系的精力放在人员销售和客户管理上。这些企业将营销部门看成是辅助销售的一种职能，其任务是帮助销售团队完成任务。这些企业花在会产生长远战略影响的营销活动上的时间会比较少。西班牙有一家医疗技术企业就是这种销售主导型企业，它们的营销部有一句口号，非常贴切地反映了这类销售主导型企业的思想："销售部门的任务是服务好客户。营销部门的工作是服务好销售部门。"

营销主导型企业。营销主导型企业包括许多 B2C 类的企业。除了制定营销战略以外，这些企业要依靠各种营销方法，和客户展开联系，扩大市场对其产品的需求，包括广告、互联网销售、直接邮件营销、产品目录营销等等。例如，在 Lands' End 和乐乐滨（L.L.Bean）这样的互联网零售企业和目录营销企业当中，销售人员的主要职能就是处理订单，包括接听客户的电话，而且在这些企业当中，因为消费者会在网络上直接下订单，因此就不再需要销售人员的帮助。管理大师彼得·德鲁克曾经这样总结许多营销主导型企业的思想："营销的目标就是让销售变成多余"，"企业管理的正确格言应该越来越变成'从销售向营销转化'"。[1]

拥有多重分销渠道的企业。一些企业——例如消费品制造企业——通过多重分销渠道才能到达它的市场。宝洁公司通过各种杂货店、药店以及大型的商场来销售企

[1] Drucker, Peter F.(1973), *Management: Tasks, Responsibilities,* and *Practices*, New York: Harper & Row.

业产品，但是最终的产品用户是家庭消费者（被称为消费者）。像宝洁公司这样的消费品制造企业会依靠销售队伍来影响客户（推式战略），也会采用营销手段来影响消费者（拉式战略）和客户。随着零售企业变得越来越强大（一些大型的零售企业控制了相当大的市场份额，沃尔玛就是这样），这些消费品制造企业的营销部门的角色进一步拓展到和大型客户展开联系，这些企业要求销售人员和营销人员有更紧密的合作。图 19-4 所示为消费品制造企业（或者拥有多重分销渠道的企业）如何组织与客户联系的工作。

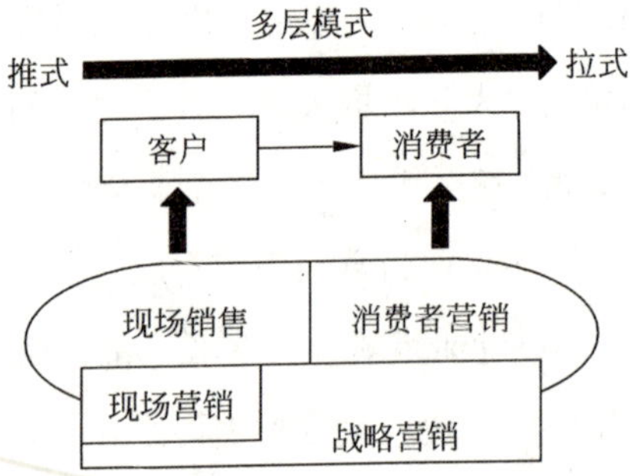

图 19-4　一个销售业务与营销业务在多层分销环境中合作的企业

在这种情况下，好几个团队同时展开工作。**现场销售团队**与各个零售行业的企业建立并且维持关系。**面对消费者的营销团队**通过开发品牌，宣传品牌和竞争对手的差异化，来吸引**消费者**产生需求。还会有一个**现场营销团队**，来帮助销售团队执行针对大型零售企业的营销方案（例如产品类别管理项目、针对营销渠道和消费者的促销项目、合作开发广告项目、或者提供定制化产品）。还有一个团队，是**战略营销团队**，它监管营销活动，引导针对消费者的营销活动和针对销售现场的营销团队。各种不同的销售队伍和营销队伍展开合作，充分沟通非常关键，这样才能保障它们能够围绕消费者的欲望、客户需求、企业的目标和战略，步调一致，协同作战。

销售队伍和营销队伍整合协同面临的挑战

如果销售队伍和营销队伍能够整合协同，那么会赋予企业强大的力量，但是许多企业都发现两者的整合非常困难。尽管销售部门和营销部门相互依赖，才能实现传递客户价值、实现企业目标的共同任务，但是通常情况下，他们拥有完全不同的思维方式，和如何实现这些目标的不同视角。图 19-5 所示为销售部门和营销部门之间三个重要的思维差异。

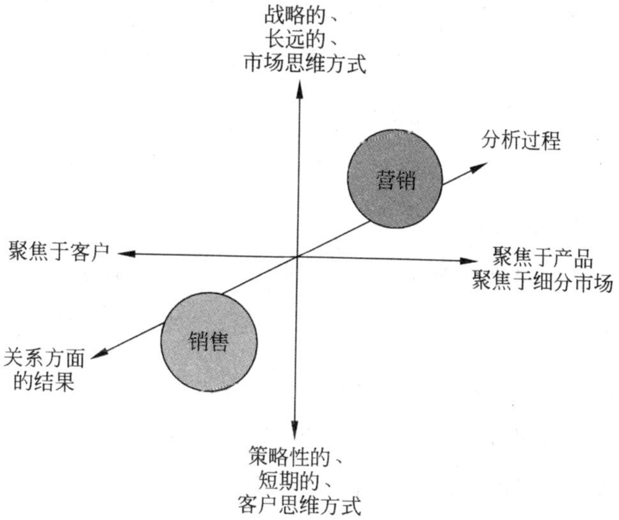

图 19-5　销售部门和营销部门的三重思维差异

聚焦于客户还是聚焦于产品和细分市场

销售人员负责具体的客户，因此他们被认为能够深入了解客户各自的需求。营销人员往往面对的是总体客户。负责产品的经理被认为能够在许多细分市场中提升产品和品牌的价值。而市场细分经理往往会依据概括总结后的客户数据，从总体上来了解整个细分市场的需求。

关系与结果还是分析与过程

销售工作取得成功取决于销售人员为了实现企业目标和具体客户建立关系的能力。而营销工作需要分析问题的能力，成功与否要取决于是否能够收集和分析数据，从而宏观地了解细分市场和产品可能的机会。

短期的客户策略还是长期的市场战略

对销售团队的判断、评价和奖励，往往和短期财务目标的实现联系在一起，比如年度的、季度的、甚至月度的销售目标。但对营销人员的判断往往要看他是否能够建立一种长期的竞争优势。营销项目和营销决策所产生的影响，有时候许多年都未必会显现得非常清晰。

这些思维方式的差异有可能成为优势的来源，也可能成为销售部门和营销部门产生冲突的来源。一方面，专业化会让他们变得更加高效。也就是说销售部门聚焦于和具体的客户营造良好的关系、实现短期的销售目标，而营销团队则主要分析总体的市场趋势、制定战略、实现长久的成功。这种“分立而独立征服”的方法要求企业在工作中配备能力最恰当的人员，同时在他们聚焦于具体的任务和目标过程中，允许人们不断增强自己的能力、拓展知识。

而另一方面，这种思维的差异有可能在销售人员和营销人员之间产生冲突，因为两者需要相互依赖才能实现共同的目标。有时，当一个团队（销售部门或者营销部门）认为另一个部门没有很好地完成工作时，就会出现冲突。例如，营销部门努力工作，自认为已为销售团队开创了很好的市场局面，但是销售部门有可能认为营销部门的工作做得并不力，因此不予跟进。当销售部门和营销部门感觉到奖励不公平时，他们也会产生冲突。例如，营销部门有可能觉得他们所设计的创意让销售团队获得了成功，但是他们的所得却非常少，而销售人员拿走了几乎所有的收益。这种冲突特别在某些领域经常发生，比如说设计市场吸引方案、定价等等，在这些活动中销售人员和营销人员必须紧密地合作才能收到好的结果。

2007 年，我们曾经在凯洛格商学院一个关于整合销售与营销战略的培训班中，针对学习的销售主管和营销主管开展了一个调查，这个调查显示了企业在整合销售与营销工作的过程中面临的困难。在他们学习课程之前我们询问这些主管，“你现在面临哪些销售和营销业务整合的问题？”在参加调查的 34 位主管中（他们当中有一半属于销售部门，一半属于营销部门），有 29 个人明确表示出于各种不同的原因，他们的企业在有效地整合销售与营销业务时面临困难，这些原因详见图 19-6。这项调查更加完整的结果请参看“组建一支强有力的销售队伍”一章。[2]

---

[2] Zoltners, Andris A., Prabhakant Sinha, and Sally E.Lorimer(2009), *Building a Winning Sales Force: Powerful Strategies for Driving High Performance,* New York: Amacom.

配合时遇到的挑战	销售主管或营销主管的一些表述原话
销售与营销拥有不同的责任与视角。	•“营销人员对在市场上应该怎么做有3万英尺长的远见，但销售人员对与具体客户怎么打交道只有3英尺长的看法。”(营销主管，媒体) •“销售人员注重眼前，而且并不在乎资源只到位了80%；而营销人员则要更多的时间、更多的调研，还有更高的预算。”(销售主管，会展营销)
销售与营销拥有不同的目标和标志成功的指标。	•“销售只管销售额，不管利润。产品管理才兼顾二者。”(营销主管，技术) •“对销售人员的补偿方法与营销目标不符。”(营销主管，保健)
销售与营销在合作活动中有冲突。	•“销售与营销团队在市场细分、机会和优先顺序等问题上意见不一。”(营销主管，医药) •“销售团队不信任营销团队。销售人员更愿意自行设计针对客户具体问题的营销材料。”(销售主管，金融服务)
销售与营销的信息流有中断。	•“销售人员非常清楚每个客户的需求，但是营销人员无法系统地收集、分析这些信息。”(营销主管，金融服务) •“营销人员很少能为销售人员提供真正有价值的情报信息。”(销售主管，汽车零配件)

图 19-6 销售与营销业务配合不当的一些普遍原因

销售与营销业务成功整合的四个促进因素

有一些方法，可以帮助企业促进在销售团队和营销团队之间建立紧密的配合——使企业的**营销业务**和**销售业务**都有效地开展，**信息**能够在营销部门和销售部门之间无缝地通畅传递，两个部门可以相互合作，成功地实现共同目标。图 19-7 显示了企业可以用来实现并促进销售团队和营销团队密切配合的四种因素，还有相应的目标，以及企业实现这些目标可以采用的一些措施手段。

促进销售与营销业务配合的要素

	文化	人员	组织结构	业务流程/体系
目标	•聚焦于客户 •信任、尊重、团队合作 •承认差异性 •“一致性”	•良好的销售或营销技能 •沟通技巧 •具有合作精神的团队成员	•建立明确销售业务和营销职能恰当作用的组织机构，并促进二者间的合作与沟通	•采用既鼓励实现销售与营销业务成功，又促进二者合作与沟通的业务流程和体系
代表性的解决方法	•从人员、组织结构、业务流程/体系的角度设计解决方法，鼓励建设理想的企业文化 •传播理想的企业文化 •奖励符合理想企业文化的行为 •“言行一致”	•通过招聘、培训、督导，建立一支在销售、营销、沟通、合作方面拥有优秀技能的团队	•组建专业化程度和规模均合适的销售和营销团队 •对销售和营销有统一的领导 •采用跨职能的任务小组及相互整合的角色方式，鼓励二者实现合作与沟通	•明确有效的销售与营销职能合作的业务流程并记录下来 •采用正式及非正式的沟通渠道 •提供有效的信息系统

图 19-7 促进销售与营销业务配合的四个要素

销售团队和营销团队相互配合所面临的最困难的挑战，要求企业必须综合利用多种促进要素。下面我们分析一些具体的解决思路。

创建一种以客户为焦点、以团队为导向的企业文化

销售团队和营销团队的密切配合始于一种良好的企业文化。在那些两者可以有效配合的企业当中，人们在描述自己的企业文化时往往采用的是这样一些措辞："以客户为焦点"、"信任"、"尊重"、"团队合作"、"团结一致" 以及 "求同存异"。这些企业的领导为促进建设一种融洽的企业文化，通过向整个企业传递强调统一配合的信息，强化这种企业文化。他们采用的方法包括：

- **沟通，**抓住每一次机会沟通、传播企业文化；重视不断地聚焦于客户需求，作出正确选择的优秀销售人员和营销人员；而且传播相关的实利，说明销售人员和营销人员如何紧密配合，成功地解决各种难题。
- **奖励，**经常性而且持续不断地为那些员工的恰当行为给予奖励。因为典型地，销售人员和营销人员获得报酬的方式和业绩评价指标都不相同，因此一些内在的奖励方法（例如对其工作的认同和赞扬）会比外在的奖励方法（例如奖金或者提高工资）更为有效。
- **"言行一致"，**企业要保证企业领导恪守诺言，言行一致。
- **协调整合，**协调利用其他的促进因素，招募、激励合适的**人员**，执行与企业文化相吻合的**组织结构、管理体系和业务流程**，从而支撑整个企业文化。

招募和培训有团队合作精神的销售或者营销人才

要实现销售业务和营销业务的有效整合，企业就必须为营销部门和销售部门招募合适的员工——这些人不仅擅长完成自己的工作，而且思想开明，乐于团队合作，拥有良好的沟通技巧来促进信息交流，又有合作的技能，能够执行有效的合作决策。

有效地招聘和选择销售人员和营销团队就能够保证，人们拥有加入团队恰当的态度和能力。一旦选定了这些员工，团队建设的培训项目就可以帮助这些团队成员了解要有效地完成自己分内的工作，而且还能够显著地提高彼此有效合作所需的技能和知识。这些培训项目还可以帮助销售人员和营销更好地站在对方的角度思考问题，包括销售人员和营销人员共同参与的培训项目，以及一些交叉的工作安排——例如，营销人员和销售人员一起去拜访客户，或者销售人员参加营销会议。

企业还可以采用跨部门的工作轮岗和职业发展规划，成功地锻炼这些员工。例如，英特尔公司（Intel，资料来源：2009 年 11 月这家公司的网站）就曾经推出过针对科技大学毕业生在销售业务或者营销业务的轮岗计划。参与人员会在一个技术营销的岗位上工作一年，然后在客户管理的岗位上再工作一年，这样从销售和营销的两个角度来帮助他们了解英特尔公司的产品和服务，以及商业模式。在这个项目结束的时候，公司会给这些参加培训的人员分配一个技术营销的岗位或者技术销售的岗位。

构建企业组织结构，促进职能配合

在销售和营销团队配合良好的企业中，这两个团队规模和组织结构都是安排得非常合适的。除此以外，企业还可以通过一些组织结构方面的方法，来促进信息的通畅交流，以及销售和营销人员之间的合作。

销售人员和营销人员共同领导。如果销售业务和营销业务独立进行，各自向自己的领导汇报工作，然后一起向企业的高层领导汇报（例如职能总裁、首席运营官，或者直至首席执行官），那么此时就会出现职能的割裂，从而滋长冲突和内部竞争的土壤。如果销售业务的领导和营销业务的领导可以向一个较低层次的管理人员汇报工作，比如说主管销售和营销业务的一个副总，那么这位领导就可以集中精力确保销售业务和营销业务得到均衡的重视。当销售主管和营销主管是单列的时候，企业可以通过选择两个拥有良好合作关系的主管，来促进这两个职能部门之间的合作。企业还可以采用一些策略，例如将这些部门领导和对方部门的员工的工作地点安排得比较近，或者采用一些共同的指标来评价两个部门的主管的业绩。

跨部门的任务小组。由销售人员和营销人员组成的暂时性的工作小组可以完成一些具体的工作任务，例如设计新的销售宣传材料，或者设计电脑软件，帮助销售人员更好地和客户进行交流。通过一起工作，这些销售人员和营销人员可以集思广益，达到更好的结果。这些任务小组的成员能够更加充分地理解整个销售组织和营销组织，他们自身也能获得发展。通过共同决策，这些团队成员会对这些决策有种主人翁感，从而更加积极地推行这些决策。

将销售和营销角色结合起来。一些新型的长久的销售和营销角色也可以促进这两个团队的合作。可以设计一个整合的角色，让一个人或者一个团队来负责销售人员和营销人员之间的互动与配合。一些整合角色可以帮助促进两者之间的信息沟通，但是并没有权限来影响二者的工作方式。有的企业里，这样的整合角色负责一些具体的合作项目，例如销售和营销人员共同进行销售预测，或者制定价格等等。

希柏系统软件公司（Sieble Systems Inc.）是一家软件公司（2005 年被甲骨文公司收购），它曾经成功地采用了这样的整合角色来促进销售业务和营销业务的配合。[3] 希柏公司的营销机构包括企业营销团队和现场营销团队。企业营销团队负责的领域包括产品品牌化、行业展览会和公共关系业务等等。而现场营销团队会派人员来到当地的销售办公室，直接与销售人员一起设计和执行业务方案，扩大市场需求，帮助销售团队实现其目标。希柏公司还建立了销售促进的组织，帮助将营销业务成功地传递给销售业务。这个团队会对潜在客户进行定量分析，对客户进行信息收集和评价，为现场的销售团队创造机会，既利用由营销活动给企业产生的信息反馈，还针对目标客户进行积极的业务拓展。营销团队促进产生市场需求、并将相关业务转移给销售团队、持续根据具体的兼顾目标进行业绩评价、利用企业自己的客户关系管理系统来监管整个过程，所有这些方法都促进了销售开发团队获得成功。

能够促进相互配合的业务流程和体系

业务流程和体系方面的方法会鼓励通过明确**业务流程**，强调具体问题或者机会，促进销售团队和营销团队展开合作，有效沟通。这样的业务流程会明确任务目标、步骤、参与各方，而且明确各方的责任，定义关键概念（例如，“市场吸引力”究竟是什么，或者“客户价值”究竟是什么），而且明确销售团队和营销团队要作出最好的决策，必须进行哪些信息交流。通常情况下，信息**系统**会支持这些业务流程，让整个业务流程变得更加高效，实现预期目标。

[3] Livneh, Eran(2003), “Marketing and Sales Alignment: How Siebel Does It,” *WebProNews* (September 18), available at http://www.webpronews.com/topnews/2003/09/18/marketing-and-sales-alignment-how-siebel-does-it.

图 19-8 所示为美国联合航空公司的业务流程，这个业务流程图显示出，当这家公司将销售战略转向企业客户和旅行社客户时，它强调销售业务和营销业务的密切配合。当整个行业面临严峻的金融危机挑战时，美联航改变了公司传统的销售方法（这种传统方法是建立在价格和人际关系的基础上），开始采用一种新型的建立在价值基础上的方法，它鼓励销售人员更加深入地理解客户的业务需求，有针对性地提供解决方案，而且不断地向客户表明，这些有针对性的产品解决方案具有更优秀的商业价值，远远胜过那些廉价方案。

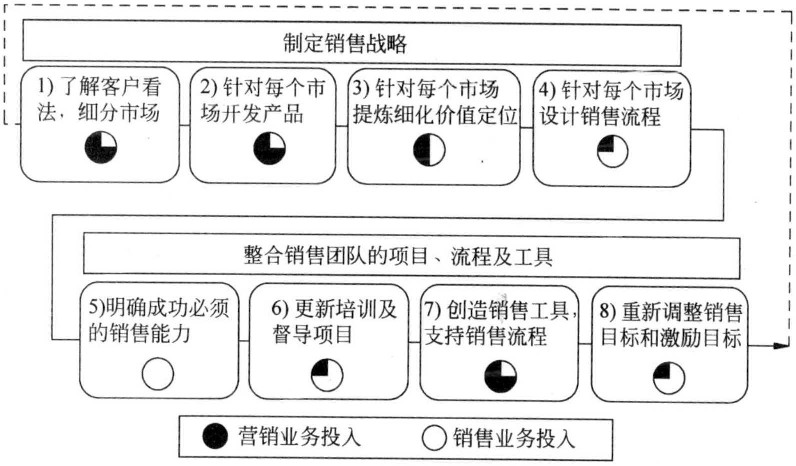

图 19-8　联合航空公司如何通过重组业务流程、强调销售与营销的合作改进销售战略

销售团队和营销团队展开合作，制定新的销售战略，并且通过整合销售团队的开发项目、业务流程和各种手段来推行这些战略。在某些任务中营销占主导地位，而在其他任务中销售则占主导地位。销售人员和营销人员的合作，因为有了高效业务流程的支撑，成功地在美联航公司中推行了新的销售战略，这家公司的领导认为这种新的销售战略给他的全球业务带来了巨大的贡献。

促进销售和营销团队良好沟通的业务流程既可以是非正式的（比如在公共场所非正式的聚会或者一起到外面去聚聚），也可以是正式的（比如季度的规划会议或者项目总结会等等）。支撑销售和营销业务流程的信息系统能够促进双方更加有效地开展信息沟通，让企业与客户的联系过程变得更加有效和高效。这种支撑相互职能的系统实例有：

- **客户关系管理系统**，这种系统可以管理有关客户的数据库，实现对企业与客户交往的统一认识，如果有多个销售人员或营销人员已与客户打过交道，那么公司中的每个人都会了解别人说过什么，做过什么，或者承诺过什么。
- **加强销售业务流程的工具**，这些工具可以帮助完成销售任务，它们包括产品功能设计、客户方案开发，以及定价等。
- **知识管理系统**，这个系统可以促进销售团队、营销团队和企业其他职能部门之间信息的共享。例如，斯图尔特公司（D. A. Stuart）是一家生产金属产品润滑剂的顶尖企业，它曾经率先通过企业的局域网给销售人员提供最新的营销信息。营销部门可以公布最新活动的细节——比如更新的宣传材料、发给一些具体客户和潜在客户的促销材料、对公司网站的修改，公布一些有用的关于竞争对手的信息。而销售人员随时随地都可以得到这些信息。销售人员和营销人员都从这种业务流程中获益匪浅。营销人员了解他的工作可以立刻传递沟通给销售团队，可以付诸实施。而销售人员也从来不会因为不了解营销活动而感到吃惊，从而可以恰当地开展工作。[4]

实现企业的目标要采用哪些促进因素

这些促进因素可以帮助企业提高销售团队和营销团队的工作业绩，改进两者在现有组织结构中开展合作的方法，还可以恰当地改变两者的组织方法。我们下面来分析一下企业在不同情形下应该强调的促进因素。

优化现有的销售—营销的组织结构

一旦企业选择了最佳的方式来组织它的销售和营销业务，它就需要一些促进因素，来确保组织的各项工作都能够尽可能高效地开展。请回忆一下，我们前面曾经说过，销售业务和营销业务可以成功合作的组织结构有四个特点：

---

[4] Cohen, Andy(1998), "Sales and Marketing: Separate but Equal?" *Sales and Marketing Management,* 150 (9), (September).

1. **营销活动**必须有效地完成。
2. **销售业务**必须成功地推行。
3. 两者必须有效地合作，以实现**共同的任务**。
4. 营销和销售团队之间的**信息传递**必须通畅。

尽管促进这些目标实现的最佳方法根据场合不同、情形不同会有所差别，但是我们已经发现有一些针对一些具体问题最为有效的方法（见图 19-9）。虽然招募合适的**人员**总是最重要的第一步，但是，当销售或者营销业务存在一些缺陷时，这一点尤为关键。**业务流程和信息系统**非常重要，它能够保障这两个职能部门之间展开有效的合作，促进通畅的信息传递。**组织结构**的问题也非常重要，它能够保证这两个职能部门展开合作，完成共同的任务，而企业文化也是一个关键要素，它能够保证顺畅的信息传递。

	解决问题的促进因素的相对重要性			
问题或主题	文化	人员	组织结构	业务流程 / 体系
销售业绩差	*	***	*	*
营销业绩差	*	***	*	*
两类业务绩效都差	**	**	***	***
信息流不通畅	***	**	**	***

图 19-9　针对不同销售—营销问题的促进因素

改变销售业务和营销业务组织的方式

有时候，一些公司发现它们可以通过改变销售业务和营销业务组织的方式，使其变得更加高效。改变销售与营销的组织结构，提高不同环境下的工作效率有许多方法，在这里，我们主要分析两种情形，这两种情形我们在企业间业务中经常发现，而且也非常具有挑战性（见图 19-10）。

1. 企业的销售团队和营销团队基本上是独立的，而它希望促进二者的合作。
2. 销售业务占主导的企业希望更加强调营销的职能。

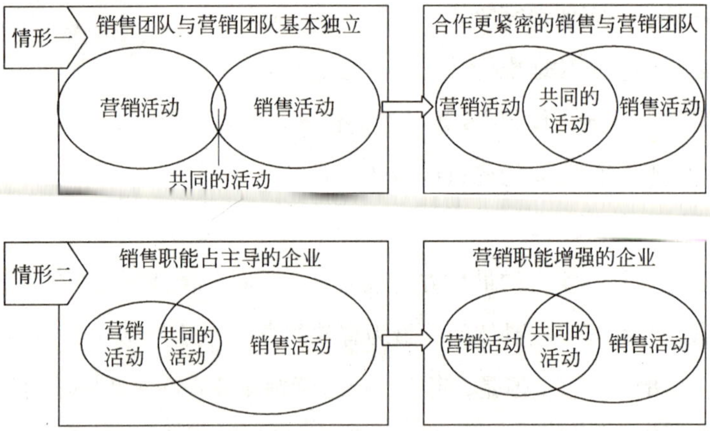

图 19-10　企业希望改变销售与营销团队共事方式的两种情形

改善销售与营销团队合作的促进因素。许多情况下，企业希望通过鼓励销售和营销团队围绕具体的任务，例如市场细分、吸引市场注意、定价等等，将企业的长远战略和日常客户交往结合起来，从而增强其业务能力。在适当的情况下，让营销人员和销售人员结合起来，针对这些问题作出决策，往往会产生出更好的决策，也让双方能更好地推行这些决策。虽然看上去良好的**企业文化**和合适的**人选**可以帮助营销部门简单地将决策“移交给”销售团队加以执行；但是围绕着这些问题双方要实现成功的合作和共同决策，这往往还要求企业在**业务流程和信息系统或者组织结构**方面有促进因素。美国联合航空公司就是在极具挑战性的行业环境中，识别出了这种需求，及时地调整销售战略，提高其经营效率。美国联合航空公司就是认识到销售业务和营销业务展开密切合作能够让企业开发出最好的战略，而且能够最有效地兑现这些战略，所以它使用了一种明确的业务流程（回看图 19-8），来促进实现这个目标所需要的两种职能的合作。

更加强调营销业务的促进因素。那些销售主导型的企业往往会发现，因为他们把大部分资源投入到销售业务中，强调针对具体客户的当前问题，所以他们在思考未来、预期市场变化方面花的时间太少了。而这会让他们变得非常脆弱，特别是当客户需求或者竞争对手发生改变的时候尤为如此。

销售主导型企业强调营销的作用，首先是招募合适的人员，建立合适的企业文化。通用电气公司 2006 年开始执行的一个计划就是一个例子，说明这家从前属于销售主导型的企业如何努力拓展其营销能力，以获得竞争优势。通用公司明确了“商业卓越”属于其成长战略的六个核心因素之一（见图 19-11），目标就是除了提高销售团队的效率，通过更加强调营销工作，实现更佳的有机业务增长（例如市场细分和定价）。

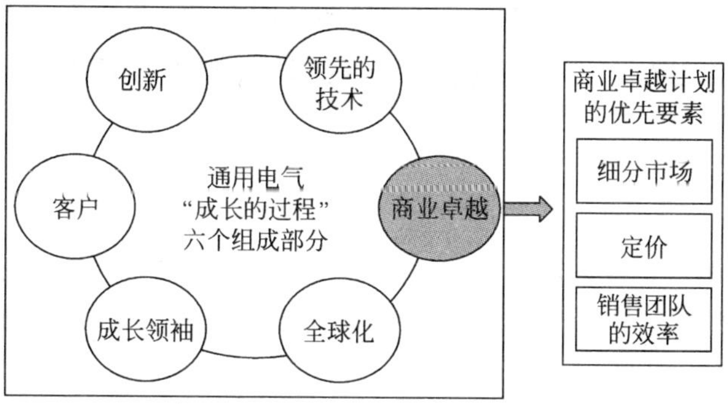

图 19-11　通用电气公司的"商业卓越计划"作为其有机业务成长战略的一部分

建立合适的企业文化，招募合适的人选是通用公司这项"商务卓越计划"推行的第一步。通用公司的总裁和首席执行官杰弗里·伊梅尔特（Jeffrey Immelt）积极地领导推行这种企业文化，让它在企业中生根发展。他把握一切机会，向人们宣传公司成长的目标，以及他提出的"成长作为过程中的一步"的计划，和这个卓越计划的未来前景。2006 年年初，通用公司招聘雇用了一位首席营销官（CMO），来启动和兑现这项计划。而这位首席营销官的首要任务之一就是针对"商业卓越计划"中的三个主要领域——随行就市细分法、制定价格、提高销售队伍的效率。在全球范围内任命相关业务主管。通过建立合适的企业文化，并招募合适的人员，通用公司不断地创建销售与营销业务合作的组织结构、信息系统和业务流程，帮助企业实现有机的增长。

关于通用公司的这项"商业卓越计划"，更多的内容详见本书的"建立一支优秀的销售团队"。[5]

总　结

尽管销售业务和营销业务的积极配合能够提高直接服务消费者的企业的效率，然而对于那些面临不确定性的企业，所处环境竞争激烈的企业，主要客户集中于少数大

[5] Zoltners, Sinha, and Lorimer(2009), see Note 2.

型客户的企业，或者推出新产品和新服务的企业，这种合作尤为重要。有效地利用那些促进因素，可以帮助销售人员和营销人员从不同的角度贡献自己的力量，成为企业成长的来源，而非变成销售业务和营销业务提高效率的阻碍因素。

作者简介

安德里斯·A. 扎特尼尔斯（Andris A. Zoltners）是美国西北大学凯洛格商学院的 Nemmers 营销学教授。他是致盛咨询公司（ZS Associates）的创始人之一和联席主席，这是一家拥有 1500 名员工、经营涉及北美、欧洲和亚洲的全球性商业咨询企业。他曾与人合著过 4 本关于销售队伍管理的书籍，包括《建立一支优秀的销售队伍》（2009 年）、《提高销售队伍业绩的指南》（2001 年）。他在迈阿密大学（University of Miami）获得学士学位，在普渡大学（Purdue University）获得硕士学位，在卡内基-梅隆大学（Carnegie-Mellon University）获得企业管理硕士学位和博士学位。

普哈卡·沙恩（Prabhakant Sinha）曾于 1983 年至 1987 年任教于凯洛格商学院市场营销学系，目前在凯洛格商学院的“销售队伍绩效”高管培训项目和印度商学院任教。他是致盛咨询公司（ZS Associates）的创始人之一和联席主席，这是一家拥有 1500 名员工、经营涉及北美、欧洲和亚洲的全球性商业咨询企业。他曾与人合著过 4 本关于销售队伍管理的书籍，包括《建立一支优秀的销售队伍》（2009 年）、《销售队伍激励补偿指南》（2006 年）。他在印度理工学院卡拉格普尔分校（I.I.T.Kharagpur）获得工学学士学位，在麻省大学（University of Massachusetts）获得博士学位。

萨利·罗瑞摩尔（Sally E. Lorimer）是一位咨询师和商业专栏作家。她从前是致盛咨询公司的一名资深专家，曾为许多企业做过销售队伍绩效方面的咨询。她曾与人合著过三本关于销售队伍管理的书籍，包括《建立一支优秀的销售队伍》（2009 年）、《设计销售队伍、获得战略优势》（2004 年）。她在密歇根大学（University of Michigan）获得工商管理学士学位、在美国西北大学凯洛格商学院获得工商管理硕士学位。

第二十章

管理营销与生产，创造一流价值

安妮·T. 考夫兰

杰弗里·D. 舒尔曼

引　言

让我们设想一下，有一间房屋，每一堵墙壁都是由不同的设计师来设计的，每个设计师对这间房屋都有他自己的目标。结果有可能是灾难性的：最后的设计师可能需要花很长时间才能把这些不同的风格融合到一起。这座房屋很有可能丧失真正的潜在价值。更糟糕的是这间房屋还有可能倒塌。

生产和营销的战略和决策就和这间房屋的墙壁一样；二者对于企业获得市场成功都非常关键。在主管生产的经理建造这幢房屋的时候，他可能关注的是效率和成本最小化。[1] 而如果市场营销经理建造这幢房屋的时候，他关注的焦点则是针对目标消费者，以及比竞争对手更好地满足消费者的需求。如果让他们各自展开行动，他们会将公司引向不同的方向，这样就会丧失最好的机会。然而，如果他们可以协同作战，目标一致，那么这些管理人员就可以很好地掌握利用营销和生产的合力。

实际上，如果企业的市场营销人员忽视生产要素采取一些行动，就会使整个企业

[1] 本章通篇采用“他”的第三人称代词，只是出于解释方便而已。

利润减少（反之亦然）。成功的企业能够识别出营销部门和生产部门存在的正面和负面的外部性。这样就能让企业利用两者的合力，避免部门的职能交叉，从而提高企业的赢利能力。

在本章中，我们首先要分析四个很有启发的实例，我们要说明营销部门和生产部门之间展开互动是非常重要的。随后我们将讨论如果考虑生产力要素，可以如何改进对于营销组合要素的管理（价格、产品、促销、营销渠道），以及相反的，如果考虑营销的要素，可以怎样改进生产的决策。最后我们针对如何将这些思想付诸实践提出一些建议。

生产和营销：等式的两端

许多行业当中，从营销的角度和从生产的角度看待一些具体的问题有可能会给我们带来管理方面的新启示。下面这些事例呈现的是许多企业经常面临的问题，看看它们是如何从这个等式的两端来看待这些问题的。

产品退货的管理

据估算，在电子产品中，即使产品毫无瑕疵，19% 的产品也会遭到退货。而且据估计，美国每年针对这些退回的电子产品，重新包装、仓储、再次销售所需要的成本高达 138 亿美元。[2] 类似地，采用产品目录零售商品的厂家的退货率高达 35%。[3] 而且所有的行业，每年退货的价值据估计高达 600 亿美元，另外还有 400 亿美元的成本用于管理与这些退货相联系的逆向物流工作。[4] 显然，将产品退货管理好对于公司的经营底线是非常重要的。

然而，消费品的退货是由多种原因引发的。一种常见的原因就是产品出现故障（属于生产方面的问题）。但是即使产品质量符合正常标准，它也有可能会被退货，因为消费者在购买了产品之后才认识到这个产品不符合他的偏好（这属于一个营销

---

[2] Lawton, C.(2008), "The War on Returns," *Wall Street Jourttal*, (May 8), D1.

[3] Rogers, D.S., and R.S.Tibbens-Lembke(1998), *Going Backwards: Reverse Logistics Trends and Practices,* Reverse Logistics Executive Council.

[4] Enright, Tony(2003), "Post-Holiday Logistics," *Traffic World* (January 6), 1.

的问题）。

单纯从生产的角度而言，在面对产品退货时，提高利润率的一种作法就是认为退货是正常的现象，并且去寻求管理退货过程的成本最小化的方法。如果上面我们所说的那 400 亿美元的数据是大致正确的话，那么这个战略是非常明智的。这种方法就会让制造商去思考一些问题，比如如何去处理这些被退回来的物品，是自己处理、还是要求零售商去处理，是否向消费者收取退货的补货费用（这很有可能导致消费者对公司不满）。退货费用因为产品不同而会有差异，但是许多公司都在收取（例如，在苹果公司的商店里，对拆开包装的退货会加收 10% 的退货费用；百思买公司针对拆开包装的数码照相机会收取 15% 的退货费用；而美国墙纸公司针对被退回来的墙纸，即使并未拆包装，也会收取 30% 的退货费用）。[5]

一些研究证明，消费者会根据他对一些问题的认知，改变最初的购买决策，包括他感受到的退货的可能性，退货有可能导致的麻烦以及因为必须支付补货费用而导致的经济损失。因此向消费者收取退货费用看上去会降低企业的处理退货的成本（一方面它既减少了真实的花费，另一方面，这种作法还会让退货减少）。但是，这种方法忽略了一种可能性，一些消费者因为他感受到可能会退货的这种风险以及可能引发的退货费用，会永远不再买这家公司的产品。[6]

这个例子表明，以生产为核心的产品退货战略会通过减少退货，从而降低用于退货处理方面的成本。但是这种做法会伤害到企业的营销工作，会妨碍企业吸引更多的消费者，从而最终丧失这些可能给企业带来的利润，实际上这些利润完全能够补足管理退货引发的成本。所以，单单关注生产效率的方法会忽略营销和消费者，而且会忽略了一个非常重要的与退货有关系的消费者需求方面的问题：**消费者为什么会将那些毫无瑕疵的产品也退货，那些惩罚性的退货策略会给消费者带来什么影响**？

---

[5] 退货费用的信息均源自 2009 年 10 月 12 日的以下网站：http://store.apple.com, www.bestbuy. com, and www.usawallpaper.com。

[6] 见 Shulman, Jeffrey D., Anne T. Coughlan, and R. Canan Savaskan (2009), "Optimal Restocking Fees and Information Provision in an Integrated Demand-Supply Model of Product Returns," *Manufacturing & Service Operations Management*, 11(4), (Fall), 577-594; Shulman, Jeffrey D., Anne T Coughlan, and R. Canan Savaskan(2009), "Optimal Reverse Channel Structure for Consumer Product Returns;" Working Paper(December); and Shulman, Jeffrey D., Anne T. Coughlan, and R. Canan Savaskan(2009), "Managing Consumer Returns in a Competitive Environment," 这些文献分别研究了给消费者提供有关退货过程中的退货费用方面的信息的重要性；不同渠道成员分担退货责任的选择；以及竞争因素对退货费用与退货管理的影响。

出于这一原因，企业应该考虑一种综合的、将营销和生产业务结合起来的方法，不仅要管理好退货引发的成本，而且还要更好地清楚地了解消费者退货的动机。

餐厅就餐

餐厅面临的生产方面的一个问题，就是要订购恰当数量（和品种）的食物来准备每天的饭菜。如果餐厅老板能够非常清楚地提前知道将会来就餐的人数，那么这就是一个非常简单的问题了。在加州伯克利镇上的谢兹·帕尼斯（Chez Panisse）餐厅就解决了这个问题，它的办法就是要求每位在主餐厅就餐的消费者提前预订，每天提供固定的菜单，不允许消费者各自点餐。

因为谢兹·帕尼斯餐厅的名声（还有它的创始人艾利斯·沃特斯的名声），以及这家餐厅明确的"慢工出细活，用当地食材烹饪"的市场定位，使这家餐厅往往提前几周就预订一空。**生产方面面临的挑战**（每天晚上采购多少种类的食材，雇用多少侍者）都得到了解决，主要思路就是限制提供食物的种类，以及需要消费者提前预订。但是如果不是这家餐厅极其出色的**营销举措**，这种从生产角度而言可以有效地解决问题的办法是根本不可能的。谢兹·帕尼斯餐厅非常有效地确立了一种品牌定位，保证了餐厅的美誉，使它成为一家永远客满的餐厅。

绝大多数餐厅都不可能像这家餐厅一样。还有一些餐厅也会提供预订服务——目的就是要吸引一些非常在乎时间的消费者，这些消费者非常在意来吃饭时能够有位子——但是这种做法同样也会面临需求高和需求低的不同情况。接受预订的餐厅同样会引发一些费用：预订了的消费者有可能不到（这样就会让餐厅在就餐高峰时期会有一些桌子空着），还必须雇用一些员工专门接听电话接受预订。或者，餐厅也可以不接受预订，这样就可以避免预订未到引发的成本，也不用雇用专门员工接受预订。但是这种策略同样在生产和营销两个方面存在着问题。

从生产的角度讲，不接受预订的做法会提高需求的不确定性，这样就要求餐厅储存"足够安全的数量"的食材，为客人较多的情况做好准备。餐厅老板还有可能整晚都必须在消费者到来的时候（没有提前通知）把桌子拼来拼去，这样就降低了餐厅管理的效率。从市场营销的角度而言，一些非常在意时间成本的消费者就可能不喜欢这家餐厅，因为它不提供预订，这样一来吃饭时可能需要等很长的时间，这样也会丧失掉一些销售的机会。

所有这些影响都会使这家餐厅的美誉和名声得到中和——也就是说这家餐厅有多“火”（这当中既有市场营销的问题，还有生产方面关于食品和服务质量的问题）。[7] 餐厅生产方面的决策（比如餐厅的实际接待能力、员工情况、食品的数量和种类、预订的政策）都是和市场营销决策紧密相联的。只关注其一，而忽略另外一个决策，都会导致不好的结果。

在线百货购物

Webvan 公司是由路易斯·鲍德斯（Louis Borders）所创立的（鲍德斯书店的前任创始人），于 1996 年开张，当时公司承诺提供百货商品的高效在线销售服务。公司在消费者下订单的同一天，在消费者选择商品的 30 分钟之内，把货物送到消费者家中，（包括深夜的商品送达服务）。

Webvan 公司计划采用网络购物平台为它的消费者提供服务，支持这种经营模式的是一种中心枢纽加辐射物流递送站的体系。在每一个中心枢纽站，都会是一个 30 万平方英尺到 40 万平方英尺的物流配送中心，库存的商品量高达 5 万多种（相当于大型超市的货品库存量），在这个配送中心消费者的订单可以得到自动的挑选和包装。集中起来的订单包裹会被运到分销中心，在包装工人那里，他会把每一个订单的货物装上卡车，运到分销网络当中恰当的辐射物流递送站。然后会有一个小型的货车把货物送到消费者的家中。如果充分运转起来，中心枢纽的物流配送中心每一年可以完成 292 万份订单（每天 8,000 份订单），平均订单价值为 103 美元，而每一个中心枢纽站的年营业额可以高达 3 亿美元。

Webvan 于 1999 年 6 月在旧金山的湾区开张，当时的枢纽物流中心设在加利福尼亚州的奥克兰市。这个中心枢纽每天 8,000 份订单的经营能力相当于湾区百货零售业务的 3% 以上。起初公司预计每天 3,300 份订单就能够让公司收支相抵，但是旧金山市场的平均订单规模和平均利润都高于平均水平（但是事实证明订单的数量并非如此）；这家公司每天至少需要 3,000 份订单才能够在 15 个月的计划期内收支相抵。

---

[7] See Alexandrov, Alexei, and Martin A. Lariviere(2008), “Are Reservations Recommended?” Working Paper. Kellogg School of Management(July), for an interesting investigation of this problem.

从市场角度，采用 Webvan 服务的消费者给出了很好的评价；Epinions.com（一家网络评级网站）指出，在 109 位提出反馈意见的消费者当中，有 89% 的人都给出了好评。这家公司的服务对于一些细分人群尤其有吸引力，比如家中有婴幼儿的父母，这些消费者的时间紧张，他们在实体百货店购物的时候感觉更麻烦。

但是，从这家公司的网站上购买，以及重复购物的消费者数量不够多，无法让这种仓储式销售模式实现收支相抵。到 1999 年的 9 月，也就是在旧金山开张三个月之后，这家公司累计销售额仅为 420 万美元，平均每份订单只有 71 美元。在三个月当中，大约有 6 万份订单，而收支相抵的订单数应该 27 万份订单（即 90 天内或者三个月内每天有 3,000 份订单）。这种仓储系统的经营能力仅仅才实现了不到 20%。

但是毕竟，这才是刚刚开始的三个月；在随后的几个月中需求还是有可能向着收支相抵的这个点（或者超过这点）发展的。但是，到 2001 年 2 月，公司所实现的销售水平仅仅是收支相抵的最底线的 2/3。尽管湾区的家庭中有 6.5% 都会从这个网站上订购物品，但重复购买的家庭数量还不到其中的一半。

为了增加营业收入，Webvan 公司开始针对 75 美元以下的订单加收 4.95 美元的送货费，而且将发货时间延长至一小时。然而，虽然这些举措可能会解决一些成本方面的问题，但是它们却只会伤害消费者，实际上这家企业的客户数量从来都没有达到过收支相抵的最低水平。这家公司在 2001 年宣布破产，停止经营。

在这个案例中，企业对于实现销售额的营销能力估计过高，营销调研出现失误，这两者结合起来，使得企业产生了对市场需求过于乐观的预期。而这导致了企业在生产领域投资过大（另外还有过于激进的市场扩张策略），最终断送了企业。值得注意的是，这家公司的失败并不是由于目标市场中消费者有明显的不满足，相反，主要的原因在于企业并没有真正地了解目标市场的特点和规模。[8]

---

[8] 这个例子的资料来源 Bakshi, Kayla, and John Deighton(2000), *Webvan: Groceries on the Internet,* Harvard Business School case # 9-500-052(May 5); Glasner, Joanna(2001), "Why Webvan Drove Off a Cliff," *Wired Magazine*(July 10), viewed online on January 3, 2010.www.wired.com/techbiz/media/news/2001/07/45098; and Hansell, Saul(2001), "Some Hard Lessons for Online Grocer," *New York Times on the Web* (February 19), viewed online on February 19, 2001.http://www.nytimes.com/2001/02/19/business/some-hard-lessons-for-online-grocer.html?scp=1&sq=Some%20Hard%20Lessons%20for%20Online%20Grocer&st=cse. 也请参看本书第二章《确定细分市场和选择目标市场》。

苹果手机：时尚的技术，糟糕的消费者体验

2007 年当苹果公司将其手机产品投放市场的时候，它与美国电报电话公司（AT&T）签署了独家协议，利用 AT&T 的移动通信网络来营销它的手机。相应地，美国电报电话公司要求客户购买无限量数据包的产品方案，每个月费用固定，而且客户要与它签订两年的使用协议。随着苹果手机越来越流行，用户使用 AT&T 的网络带宽的数量随之增加，因为这种手机有许多需要利用宽带业务的应用程序，还因为消费者使用带宽业务的边际成本几乎为零（因为消费者所支付的价格包含使用无限量的数据业务）。因此苹果手机所采用的数据包产品定价方式让消费者没有动机去少使用带宽业务。

到 2009 年 1 月，消费者对带宽服务的使用大幅度增长（美国电报电话公司并没有相应地加大投资，建设其带宽设施），以至于消费者对美国电报电话公司的网络产生了许多恶评，包括速度奇慢，是所有移动通信网络提供商当中网络接入问题最多的。盖特纳集团（Gartner）的一项调查中表明，苹果手机的用户所使用的网络流量是非苹果智能手机用户的 10 倍，因此就导致了电话掉线、语音信息或者短信发送延迟，下载速度极慢等问题，还有非常愤怒的消费者。

美国电报电话公司作为苹果手机在美国的独家代理商获得了很丰厚的营业收入，因为在两年的合同期内，每个苹果手机的用户每年平均都会支付给美国电报电话公司 2,000 美元的费用，（这相当于一般手机用户平均水平的两倍）。因为出现了服务方面的问题，所以美国电报电话公司在 2009 年投入了 180 亿美元来建设网络，针对的主要是苹果手机所使用的 3G 网络。2009 年 12 月，美国电报电话公司宣布他们要思考一些方式，呼吁手机用户"更少地使用无线数据业务"。一位行业分析师曾经这样说，即使美国电报电话公司对消费者提出了这些措施，他们仍然需要"改进系统后台，使得它们的系统可以解决网络同时服务多名用户的问题"。

美国电报电话公司和苹果手机合作的过程表明，即使技术"非常酷"，即使它针对消费者作出了完美营销，即使获得了第三方应用程序提供商的大力支持，增强了它的市场吸引力，但这却不足以使它获得市场的成功；生产方面的问题也是极其关键的，在这个案例当中，就是向手机服务的订购者提供真正的网络支持。实际上消费者

希望购买和消费的并不是苹果手机本身，他们所需要的是苹果手机可以让他们及时地获得服务（包括简单地打个电话）。相应地，这种及时的获取服务取决于对网络管理质量的控制，如果从这个层面上来说没有高品质的保证，那么苹果手机的销售也不会如它预期的那样。[9] 这些生产上的问题会威胁到消费者的满意度，还会威胁到美国电报电话公司与苹果公司之间的关系。而这种情况会为一些竞争对手的新产品提供机会，比如谷歌公司的 Nexus One 手机，这种产品允许消费者购买裸机，允许他们按照自己的意愿选择服务提供商。

在决策中兼顾营销和生产的积极作用

正如前面我们曾经说过的那样，如果不将营销和生产要素综合起来考虑，那么将会影响到企业总体战略的有效性。反过来，如果能够综合考虑营销和生产，企业不仅会让客户得到满意，而且还能获得丰厚的利润。实际上，管理生产业务的人可以向管理营销的人学习，在一些问题上得到一些启示，比如生产多少产品、订购多少原料、提供多大的生产能力。同时，营销业务的研究人员也可以通过了解企业面临的生产方面的限制因素以及成本因素，而有所获益。如果缺乏这方面的知识，营销的研究人员就会错误地认为，产品会在恰当的时间按照恰当的数量生产出来，而不会产生额外的生产、储存以及运输成本。

因此本章要强调的核心思想就是：**企业当中营销部门采取的行动，如果忽略了企业的生产问题（反之亦然），会让整个企业遭受利润的损失。如果企业没有充分实现利润潜力，一方面原因可能是没有认识到一种行为的全部的成本（负的外部性）；另一方面原因有可能是企业的各部门之间没有实现协同作战（正的外部性）。**

[9] 要了解苹果和美国电报电话公司的网络带宽问题的背景信息，请参见：Markoff; John(2009), “Chiefs Defend Slow Network for the iPhone,” *New York Tinres*(June 29), online edition. http://www.nytimes.com/2007/06/29/technology/29phone.html?_r=1&scp=1&sq=Chiefs%20Defend%20Slow%20Network%20for%20the%2OiPhone&st=Search.Richtel, Matt(2009) “3G Phones Exposing Networks’ Last-Gem Technology,” *New York Time*(March 14), online edition.http://www.nytimes.com/2009/03/14/technology/14phone.html?scp=1&sq=3G%20Phones%20Exposing%20Networks'%20LastGen%20Technology&st=Search.Wortham, Jenna(2009a), “Customers Angered as iPhones Overload AT&T” *New York Times*(September 3), online edition.http: //www.nytimes.com/2009/09/03/technology/companies/03att.html?scp=1&sq=Customers%20Angered%20as%20iPhones%20Overload%20AT&T&st=Search.Wortham, Jenna(2009b), “AT&T to Urge Customers to Use Less Wire less Data,” *New York Times*(December 10), online edition.http://www.nytimes.com/2009/12/10/technology/companies/10iphone.html?scp=1&sq=AT&T%20to%20Urge%20Customers%20to%20Use%20Less%20Wireless%20Data&st=Search.

负的外部性是由一个行为人向另一个被行为人（对象）所施加的损害，但是这部分成本他自己并不承担。负的外部性的经典实例就是加工厂的污染。这类制造企业从其生产当中获得销售和利润，但并不承担因污染行为而给邻里带来的成本；这个成本就由这个行为过程范围之外的对象承担了。这样一个行为人就是在不承担相应成本的条件下获得收益。如果这种情况不加以纠正，那么这种行为人就会不断地作出**过多的“恶劣”行为**（比如污染环境），原因很简单，就是因为它不需要承担这种行为的全部成本。

反过来，**正的外部性**指的是一种利益，享受这种利益的群体并不承担获得这种利益所需要的成本。这种情况下我们通常称之为“搭便车”：免费搭便车的人享受了正的外部性的好处，但并没有承担相应的成本。因此，如果不对这种行为加以恰当的调整，那么将导致**正的外部性过少**结果，那么一种体制本可以让人获得的收益也会随之减少。

这里，我们认为企业的生产部门所采取的行动会影响到营销人员改善营销结果的能力。反过来，企业中营销部门所采取的行动也会影响到生产部门的成本。忽略两者之间的关系会导致利润下降，甚至企业的失败。正如前面那些实例所表明的那样：

- 聚焦于生产的产品退货战略会通过尽量减少退货来降低退货引发的成本，但是这种策略会造成企业客户的减少，企业本来可以从这些消费者的身上获得足够的利润来弥补处理退货所引发的额外成本。
- 在餐厅，如果要消除预订引发的成本，那么企业就会无法实现最高的营业收入，因为不提供预订服务将有可能让客户面临长时间等候的风险。而且这也会要求餐厅储备足够的食品，就有可能造成更多的食物浪费；还有一个问题，就是雇佣人员数量不当。
- 在 Webvan 企业的案例中，由于企业过高地估计实现销量的营销能力，以及营销调研活动的不到位，使得企业对于市场需求作出了过于乐观的预期。而这导致企业在生产领域做了过多的投入（还有企业过于激进的市场扩张策略），最终葬送了企业。值得注意的是，Webvan 企业的失败并不是由于目标市场中消费者的不满；相反却是企业并没有真正了解目标市场的特点和规模。
- 苹果公司大力提高其手机产品当中的“时尚元素”，导致它的合作伙伴美国电报电话公司的网络超负荷使用。相应地，也给美国电报电话公司带来了负面的品牌影响，美国电报电话公司必须进行高额投资来保证满足更高的带宽服务要求。（苹果公司的营销给美国电报电话公司带来了负的外部性）。反过来，美国电报电话公司在带宽业务上的投资越大，苹果公司实现的利润就越高，因为苹果手机的“时尚因素”不仅取决于它可以下载的应用程序的数量和种类，而且还取决于可靠而且快速的服务（这就相当于美国电报电话公司的投资给苹果公司带来了正的外部性）。

由于在生产和营销之间，正的和负的外部性同时存在，因此非常重要的一点是反思如何**将这些外部性内化**——也就是说，如何刺激每个人群，让他们产生恰当的动机，从而作出一些行为，有利于整个体系（或者整个企业），而不是仅仅只有利于他们自己。在这种情况下，综合考虑营销和生产的决策的优势就在于，营销调研人员现在会把很多因素看成是**可选择的变量**，而不是**问题的参数**。决策时兼顾考虑营销和生产的问题，就有可能在企业中创建一种机制，保证设置恰当的动机，让企业取得两方面最大的成效。

这种方法最重要的好处在于可以避免重复投资。例如，如果生产部门的目的是要通过减少处理退货的成本而改进逆向物流；而营销部门的目的是要在消费者购买产品之前降低其感受到的不确定性——从而也降低了退货的发生概率。如果企业在这两个方面都加以投入，那么这种投入就会有一部分是多余的，就会浪费企业的部分资源。认识到这些投资的可替代性可以提高企业整体的赢利能力，因为它可以协同部门之间对退货成本和概率的管理。

针对营销人员：决策时考虑生产的因素

综合考虑营销和生产会怎样改变企业的营销决策呢？在下面这个部分，我们将分析营销组合的每一个要素——包括产品、价格、促销和分销渠道（分销方式）。仍将借助前面分析过的实例，目的是分析如果企业的营销人员了解生产问题，会怎样影响营销要素。

产品

我们前面讲过的**餐厅预订**的例子表明，生产的决策有可能增加（或者减少）企业销售给消费者的基本产品和服务。在这个例子中，基本的“产品”就是在餐厅吃的一顿饭。但是，消费者购买的不简简单单是一顿饭；他是要在一个固定的时间吃这一顿饭，因此消费者对于就餐时间和服务有一定的可预测性。

在其他因素都一样的情况下，根据消费者对服务可预测性的评价看法，如果餐厅提供预订服务，那么消费者会对这家餐厅产品和服务予以好评。如果营销人员只关注消费者层面的这些问题，那么餐厅就会提供预订服务，向消费者提供更好的综合服务产品，但是如果这样做，企业就会忽略掉提供预订服务将会带来的成本：包含增加人员来管理这些预定，以及预订但未到的消费者给企业营业高峰期带来的机会成本。亚历山德罗夫（Alexandrov）和拉里维埃（Larivierc）曾研究了这两者之间的关系，并且分析了企业应该如何确定什么时候提供预订服务是最好的（或者不是最好的），他们的结论是：如果预订可以把消费者的需求从高峰时间转移到非高峰时间，那么预订服务可以增加企业的销售，而且提供预订服务在竞争性更强的市场当中会更有吸引力，原因是这种做法会降低消费者对餐厅服务需求的不确定性。[10]

苹果手机的例子也强调了生产方面的决策会怎样改变向消费者所提供的“全方位产品”（例如美国电报电话公司决定拓展其网络带宽）。苹果公司宣传其手机的 3G 服务拥有全方位的功能，包括浏览网页、视频下载、音乐下载、电话语音服务和发送短信，还有很多其他的服务。这些应用程序和苹果手机本身，可能被消费者认为是“一种产品”。但是，消费者真正消费的并不是苹果手机或者它的应用程序本身，消费者真正希望购买到的是连续不断而且可靠的服务。如果通讯网络无法提供足够的服务能力，那么无论苹果手机体积再小，重量再轻，或者（据称）它所支持的应用程序再多，消费者都会感受到一个最突出的问题，那就是服务特别差。这一项由苹果公司的合作伙伴推行的，并不太透明的投资决策，对消费者评估手机的价值有着重大影响，它还会影响苹果公司是否会继续和美国电报电话公司签订独家代理协议。也许在和美国电报电话公司的独家代理协议结束的时候，苹果公司会选择由多家代理商来销售苹果手机——至少从一定程度上会降低整体营销战略在生产领域面临的挑战。

这些例子都强调了一个观点，就是生产活动使企业生产出消费者所购买的“全方位产品”。如果企业忽视了生产方面的质量和效率，那么就会威胁到厂家提供给市场

[10] See Alexandrov and Lariviere(2008), Note 7.

的整体产品；反过来，将生产因素考虑在内，不仅能够保证整体的产品质量，还能大大地提高产品质量。

价格

在前面我们提到的最佳产品退货政策的实例中，研究发现，根据企业是否将重新补货引发的费用以及消费者行为当中的麻烦成本考虑在内——包括消费者是否首先会考虑购买这家企业的产品——企业制定的产品价格会发生变化。总体而言，补货费用越高，最佳产品价格就会越高（例如，往往折扣很高的产品会同时警告这些产品不能退货，这实际上就是收取了百分之百的补货费用）。一个原因在于，消费者愿意支付的“全部成本”把这些花费的预期价值都考虑在内了，另一个原因在于消费者可能会因为不愿支付补货成本，在犹豫不定的情况下，就不买这种产品了。这样，消费者初次购买单位产品实现的营业额以及企业预期销售的产品数量都会因为最佳产品价格以及补货费用而受到影响。

而且，在营销渠道方面，选择哪些渠道成员来处理退货不仅会影响到企业收取的补货费用，而且还会影响到产品的零售价和批发价。在许多情况下，将退货处理的职能（以及确定补货费用的职能）赋予那些能够最高效地处理退货的渠道成员，是最佳的选择。然而，有的时候，即使制造商处理退货的效率并没有零售商那么高，然而制造商还是应该自己处理退货，例如 PetSafe 公司是一家生产隐形狗围栏的厂家，它从零售商那里把退货收回来，然后运到第三方退货处理厂商，Channel Velocity 公司那里进行处理。表面上来看，如果它告诉零售商直接把退货运到 Channel Velocity，那么成本会更低一些，但是 PetSafe 并没有这样做。这种退货渠道策略是非常明智的，其中一个原因就在于这么做会让零售商以更低的零售价去销售产品，这样就会增加市场的需求，从而可以更好地补偿处理退货所引发的成本。

餐厅预订的那个例子也说明了综合考虑生产和营销因素会对价格产生影响。让人有点儿惊奇的是，绝大多数餐厅提供预订服务是不收费的，这样预订服务的价格就为零。总体来说，这种做法会让消费者过度地使用预订服务，从而给餐厅带来负的外部性，在餐厅生意很好的时间段里未兑现的预订，有可能减少餐厅的销售。如果消费者希望在这家餐厅就餐，但在打电话预订之后没能订到，那么他会到另外一家餐厅就餐，那么这家餐厅那天晚上的收入就会有损失。同时，还有一些消费者，虽然**确实**做了预订，但是就餐时间他并没有来，因为他们并不支付这些座位的机会成本，所以也会减少这家餐厅那天晚上的收入，除非当时客人很多，把这些空闲的桌子都补满了。这个问题对于那些高端餐厅影响很大（例如芝加哥的 Tru 餐厅），这家餐厅向那些预订但未到的消费者收取费用（每位客人 75 美元）。这种做法解决了那些预定但未到的客人所引发的负的外部性问题。[11]

苹果手机的例子还给我们提供了涉及定价和生产决策相互关系的另一条启示。美国电报电话公司针对苹果手机设定的那种比较优惠的、无限制使用数据服务的价格忽略了一个现象，那就是这种定价方法会让消费者产生一种动机，即过多地使用网络带宽。虽然这种价位看上去会让每个消费者付出更高的价格，但是正如前面的例子当中介绍的那样，它也带来一种不幸的结果，消费者给了数据网络过度的负担。换言之，如果我们认为消费者对于企业定价的反应行为是正常的，而且是可以预期的，那么我们应该得到一个启示，那就是说，对定价和生产实践要协同管理，这就意味着，美国电报电话公司在制定这种优惠的、无限量使用数据服务的价格时，**本应该**对网络服务能力做更多的投入，这样才能够保证消费者对苹果手机品质的总体满意度。

促销

退货的例子能够最好地说明生产和促销决策之间的关系。消费者经常也会把质量上乘的产品退货，原因是他认识到（在初次购买产品之后）产品并不符合他的偏好，不值得继续拥有。这样，消费者在初次购买的时候感受到的不确定性是这种退货现象的关键问题。如果企业认识到了这一点，厂家就可以采取一些促销活动，来帮助消费者**在采购之前**就能够更好地理解产品和自己的偏好。

例如，一些销售跑鞋的零售商不仅允许消费者试穿产品，而且还允许消费者穿着跑鞋在脚踏车上甚至户外跑上一段距离，来保证这种鞋子适合于他们。在这种“测试性跑步”的同时，训练有素的销售人员还会给消费者一些建议，包括恰当的跑步姿势、脚的位置等等，这些都是在向消费者提供完美的服务，这些做法的辅助性好处就是会减少产品在购买之后被退货。这对企业的好处是减少退货费用。那些认识到这是一种

[11] See Alexandrov and Lariviere(2008), Note 7.

正的外部性的厂商可以采用一些办法，让那些独立的零售商来提供这种“测试性跑步”的服务，从而将零售商的动机和制造商的动机整合在一起。

营销渠道（分销渠道）

在产品退货的那个例子当中，如果仅仅强调生产，那么企业就会把产品退货的责任交由处理效率最高的环节去处理（也就是在营销渠道当中成本最低的那个环节）。换句话说，如果把退货处理的责任交给零售商，残值能够得到最大化，或者逆向物流成本最低，那么就应该这么处理。但是这种逻辑忽略了一个非常重要的战略性因素。如果制造商不承担处理退货的责任，那么它就会影响到零售商，于是零售商在制定零售价格以及零售环节的补货费用的时候，会以增加消费者初次购买产品的数量为目标。如果市场需求更高，使得企业能够获得更多的利润，并且超过了处理退货引发的增量成本，那么这个时候制造商会非常愿意将退货转到上游来处理。而这种战略性的渠道管理的决策显然是超出了生产环节的范畴。

类似地，在苹果手机的案例中，渠道管理方面的问题表现在，美国电报电话公司和苹果公司对向移动通讯网络大量投资的商业动机不同，因为这项投资会非常巨大（2009 年美国电报电话公司的投入高达 180 亿美元，用于改善苹果手机的服务网络。）如果失去独家合作协议，苹果公司有可能获得比美国电报电话公司更大的优势，换句话说，未来消费者可以有更多渠道获得苹果手机，这将吸引新的移动通信服务商投资扩建网络体系。在这两种情况下，营销渠道方面的目标都是给网络合作伙伴提供恰当的回报，让他们拥有足够的动机，大笔投入建设带宽，从而增强苹果手机应用程序的可用度。

总　结

这些例子都说明，将生产要素、各方的动机和职能等问题考虑在内，就能够提高企业涉及各类营销要素的营销决策。反过来，将营销现实状况考虑在内，也可以改进生产领域的决策。两者可以齐头并进。

因为很好地管理营销和生产决策的方法很可能是因具体情况而异的，所以要给出一种“万能型”的方法，帮助企业了解如何才能将两者协同管理好并从中受益是很困难的。但是，下面三个步骤将有助于为企业奠定更加坚实的赢利基础：**（1）收集相关的信息；（2）选择最佳的备选方案；（3）执行方案。**

第一步是**收集所有与企业的生产管理和营销问题相关的信息。从生产管理的角度**，应该了解的问题包括：

- 目前销售产品的市场中有哪些种类的服务提升因素？你所销售的基本产品和消费者目前可以买到或者将能够买到的“全方位产品”之间有什么差别？
- 提供各种服务真正会引发哪些成本？
- 谁能够赋予目前销售的产品价值增值的要素？
- 这些部门（公司内的部门，或者渠道当中的合作伙伴）是否因为提供这些增值服务而得到了足够的补偿？如果没有，他们是否正在创造**正的外部性**，而且有可能不再希望继续下去。

类似地，主管营销业务的管理者需要考虑下面这些问题：

- 消费者对于各种可行的服务加产品的形式会有什么样的评价？
- 不同消费者人群的评价会有什么不同？在努力协调管理营销和生产投入时，这是一个非常有用的细分市场的问题。
- 从企业生产的角度而言，没能提供消费者所希望的服务的机会成本是什么，比如说销售量的下降或者恶化的名声？
- 企业的生产环节是否会影响消费者购买各类服务相对应的产品的意愿？

一旦收集了生产领域和营销领域的信息，就需要对这些数据进行评估，要估算出不同的战略相应的成本和收益情况。从营销的角度，标准的调查手法比如综合分析法，可以用来定量地描述消费者对各种服务对应的产品的评价。从生产角度而言，“基于活动的成本分析”方法可以用来估算企业各个部门的成本，或者不同渠道成员的成本，或者营销部门以及生产部门的不同方案之间的成本（正如前文提到的那样，目的是最大程度地减少重复建设)。

如果收集了所有的相关信息,每一种可能的“全方位产品”的赢利能力就可以确定,此时就可以进行下一步工作:**选择最佳的备选方案**。能够带来最高收益的方案可能需要投入的成本也很高。而最省钱的方案有可能大幅度影响销售量。因为生产和营销之间存在的外部性可能是正的,也可能是负的,所以企业有可能需要放弃销售额,或者接受更高的成本。

最后,在兼顾产品营销和生产两个方面制定出战略之后,第三个步骤——**执行方案**——有可能采用一种自上至下、强调监控的过程,也有可能是一个从下至上、强调激励的过程,两者的目标都在于让各方获得更多的机会,采取预期的行为。[12] 监控和激励是两个会对所有人的行为都产生影响的因素,两者之间完美的平衡,就是要在方案可行而且成本不太高的情况下,识别直接观察和管理(监督的方法)的价值。

重申一下,成功的企业能够识别出而且管理好营销部门和生产部门之间的正负外部性问题,目的就是避免职能交叉重复,提高企业的赢利能力——这是每一个企业最重要的目标。

作者简介

安妮·T. 考夫兰(Anne T. Coughlan)是凯洛格商学院市场营销学系的 John L. & Helen Kellogg 营销学教授。她在 James L. Allen 研究中心担任“分销渠道管理:整合销售与营销项目”的学术主任,著有分销领域的主流教材《营销渠道》。她在斯坦福大学(Stanford University)获得经济学学士和博士学位。

杰弗里·D. 舒尔曼(Jeffrey D. Shulman)在美国西北大学凯洛格商学院获得博士学位。目前他是华盛顿大学商学院(University of Washington’s Michael G. Foster School of Business)的营销学副教授。除了博士学位以外,他还在西北大学获得了文学学士和理学硕士学位。

[12] 见 Jerath, Kinshuk. Serguei Netessine, and Z.John Zhang(2007), “Can We All Get Along? Incentive Contracts to Bridge the Marketing and Operations Divide,” Working Paper, Wharton School, University of Pennsylvania(June),这篇文献有趣地讨论了怎样进行激励设计,才能使营销和生产职能实现最完美的合作。

译 后 记

在向读者奉上这本《凯洛格营销论》（第二版）之际，我们特别希望强调为本书作序的菲利普·科特勒说的一句话："与市场营销学相比，市场变化得更快。"这本书给我们的总体印象就是一批研究市场营销的专家试图紧紧把握市场的变化，努力呈现市场和营销的新变化和新趋势。

市场营销是我们讲授的一门课程，所以书中的话题我们都还比较熟悉。随着营销职能越来越多地涉及企业，市场营销学研究的范畴也几乎无限地扩大到企业经营的所有方面。这本书中的内容可以体现出这个明显的趋势。但是这本书明显有区别于营销方面的教材和书籍的特色。首先，这本书并没有泛泛地论述营销概念和理论，而是选取了其中一些主要的理论焦点。其次，即使这些焦点问题并不新颖，但是各位作者分析论述的角度却与传统理论大不相同，而且还有一些章节专门针对传统的营销理论提出新的观点。再次，本书从篇幅来讲，经典的概念问题只占一半，另外有一大半的内容涉及的都是当代营销面临的新问题、新现象，有许多话题涉及的内容属于最前沿的研究成果。除了这三个特点之外，本书还有一个非常值得推荐的理由，各位作者运用了大量的实例来说明佐证其观点，这些成功和失败的例子最为精彩，不仅能让读者对观点一目了然，而且还能给读者进一步的启发。因为发达的技术和网络，目前在营销领域，恐怕只有想不到，没有做不到。因为所处环境的不同，所以人们往往只关注身边的营销环境和营销问题，这妨碍了创新思想的诞生。他山之石，可以攻玉，确实如此，本书中介绍的很多实例都能使我们受益匪浅。

翻译时，我们查阅了相关资料和网站，尽力使译稿做到准确精练。处理本书中的人名和地名时，我们采用的译法出自于商务印书馆出版的《英语姓名译名手册》（第四版）和《外国地名译名手册》等工具书。需要说明的一点，即使我们很努力地寻找企业名称的中文译名，但确实有些情况下我们找不到，于是书中各位读者可以看到还有一些企业的名字我们保留了原文。另外，我们还对一些读者可能不太容易理解的地方加了注解。具体的分工是西北大学的康蓉翻译前十三章，吴越翻译后六章，西安建筑科技大学的刘艳翻译第十四章。全书由康蓉定稿。

本书在翻译过程中，得到了许多师长和朋友的帮助，我们希望借此机会感谢他们。我们要深深地感谢我们的父母和心爱的彦楼，这本书凝结了他们的辛劳和支持。本书的翻译得到了商务印书馆金晔老师的大力支持和指导，在此一并表示感谢！

尽管我们希望翻译得既准确，又不枯燥。但是由于水平有限，译著中难免有疏漏不妥之处，敬请各位读者不吝赐教。您可以发送电子邮件至 kangrong@nwu.edu.cn。

康蓉　吴越

2012 年 2 月

于西北大学桃园校区

图书在版编目（CIP）数据

凯洛格营销论（第二版）/（美）泰伯特,（美）考尔德编著；康蓉，吴越译．—北京：商务印书馆，2014
ISBN 978-7-100-09807-6

Ⅰ．①凯…　Ⅱ．①泰…　②考…　③康…　④吴…　Ⅲ．①市场营销学－研究　Ⅳ．①F713.50

中国版本图书馆CIP数据核字（2013）第029893号

凯洛格营销论
（第二版）
〔美〕艾丽斯·M.泰伯特
博比·J.考尔德 编著
康蓉 吴越 译

商 务 印 书 馆 出 版
（北京王府井大街36号　邮政编码 100710）
商 务 印 书 馆 发 行
北京瑞古冠中印刷厂印刷
ISBN 978-7-100-09807-6

2014年1月第1版　　开本 850×1168　1/16
2014年1月北京第1次印刷　　印张 26½
定价：65.00元